창업전문가가 들려주는

창업경영과 법률 story

류석희 · 김송병 · 황일연 共著

법률출판사

2015년 본서를 출간하며

안녕하십니까?

본서는 창업을 하고 있거나 창업을 준비하시는 예비창업자님과 대학생을 위한 창업 경영과 법률의 기본서입니다.

창업관련 강의를 수강하고 있는 대학생 및 고등학생, 예비창업자 그리고 현장에서 실제 창업을 하고 있는 창업자들과의 멘토링을 진행하면서 실무적으로 창업자들이 어려워하거나 궁금해 하고, 필요로 하는 사항 등을 기반으로 쉽게 실무적 접근을 할 수 있도록 창업경영과 법률에 대한 내용을 총 정리하였습니다.

급변하는 시장 속에 새로운 아이템을 찾아 창업을 하고 싶지만 어디서부터 어떻게 시작을 하여야할지 모르는 창업자에게 쉽게 창업에 대한 프로세스를 설명 및 정립시켜 줄 것입니다.

경영학을 법학을 전공하지 않았다고 하여 창업을 못하는 것이 아님에도 불구하고 시작부터 겁을 먹는 것은 이미 창업을 할 준비와 자세가 되어있지 않다고 생각됩니다.

맞습니다. 창업의 성공은 정말 어려운 것이며 사막에서 바늘을 찾는 것과 같습니다. 때론 시간과 비용만을 버렸다고도 생각될 수 있지만 그렇다고 내가 생각하는 미래를 내가 생각하는 아이템을 그냥 버린다는 것 또한 향후 후회로 남을 수도 있을 것입니다.

사회에 진출하기 전, 회사에 입사하기 전, 지원 사업에 참여하기 전 등 창업은 본인의 사업적 소질과 판단능력, 의사결정을 경험해 볼 수 있는 기회이며, 소자본의 창업 등을 시작해봄으로써 더욱 더 단단해져 있는 자신을 찾아 낼 수 있는 또 하나의 기회가 될 것입니다.

본서는 창업자 또는 예비창업자의 실패를 최소화할 수 있도록 가이드를 해주기 위해 작성되었고, 현장의 전문가와 창업을 경험해본 교수진들이 함께 작성한 교재입니다.

창업 과연 경영만 잘 한다고 성공할 수 있을까요? 창업자와 예비창업자는 창업을 시작하기 전과 시작한 후에 창업의 Risk를 최소화하기 위한 방안으로 창업에 관한 법률을 한번 정도는 기본적으로 읽어보고 이해함으로써 창업 시 문제가 발생하지 않도록 대비하는 것이 매우 중요합니다.

본서는 창업자 및 예비창업자에게 기본적인 창업경영과 법률에 관한 소양을 간략하게나마 소개하고 이해할 수 있도록 준비를 하였으며, 지속적인 연구를 통해 개정을 통한 창업경영과 법률의 바이블이 될 수 있도록 노력하겠습니다.

창업자 및 예비창업자의 성공을 진심으로 바라며, 늘 건강과 행복을 기원합니다.

마지막으로 본서가 나올 수 있도록 지원해주신 법률출판사 김용성 대표님과 이형규 정무부지사님, 경희대학교 법학전문대학원 소재선 교수님, 전주대학교 창업선도대학 창업지원단 백상용 단장님, 김형규 실장님, 정호연 교수님, 김진수 교수님, 강인선 교수님, 최봉영 멘토님, 이상보 멘토님, 김창현 멘토님, 이종관 팀장님, 오준교 선임 매니저님, 노경민 선임 매니저님, 이진태 매니저님, 국찬호 매니저님, 김미정 매니저님, 이은호 매니저님, 유승일 매니저님, 박민정 매니저님, 김양헌 매니저님, 유진환 매니저님 그리고 고성호 대표님, 김명석 대표님, 김영미 대표님 외 창업사관학교 1기, 2기 졸업생 및 가족 분들께 진심으로 감사의 말씀을 올립니다.

2015.02.

창업경영 · 법률연구소에서

차 례

제1편 창업경영

제2편 중소기업회계기준

제3편 창업법률의 핵심

제1편 창업경영

들어가며

창업은 기업 또는 학교 등에서 진행하는 연구와 같이 아이템(연구과제)를 선정하고 아이템(연구과제)에 대한 예측(즉, 가설) 등을 정리하여 실행될 수 있도록 진행(연구)한 후 최종 성공 또는 실패를 판단하여 사업(연구)성과를 내는 일련의 모델과정이라고 할 수 있다.

창업은 실제로 진행을 할 경우 현실과 다른 것들이 매우 많기 때문에 한 번에 또는 짧은 시간에 성공을 한다는 것은 기대할 수 없다.

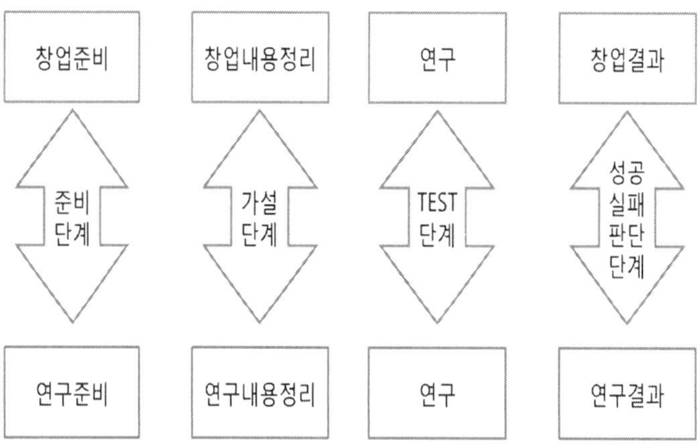

〈창업과 연구과제의 비교〉

따라서 창업은 창업자 스스로가 많이 연구하고, 많이 인내하고, 많이 경험해보고, 많이 행동하고, 많은 네트워크를 구성해야만 하는 지루하고도 어려운 자신과의 싸움과도 같다.

또한 창업자가 어떠한 경험과 지식도 없는 상태에서 자신만의 생각만을 고집하며, 창업을 성공시키겠다는 욕심은 비효율적인 행위인 바, 전문가 및 제3자의 의견을 경청할 수 있는 마인드도 함양하여야 한다.

창업과목은 창업자가 사업계획을 업체에 소개하는 것 이외에도 회사 내에서 신사업개발, 신상품개발, 마케팅개발 등을 통한 사업계획을 보고하는 경우에도 유용하게 사용되고 있다.

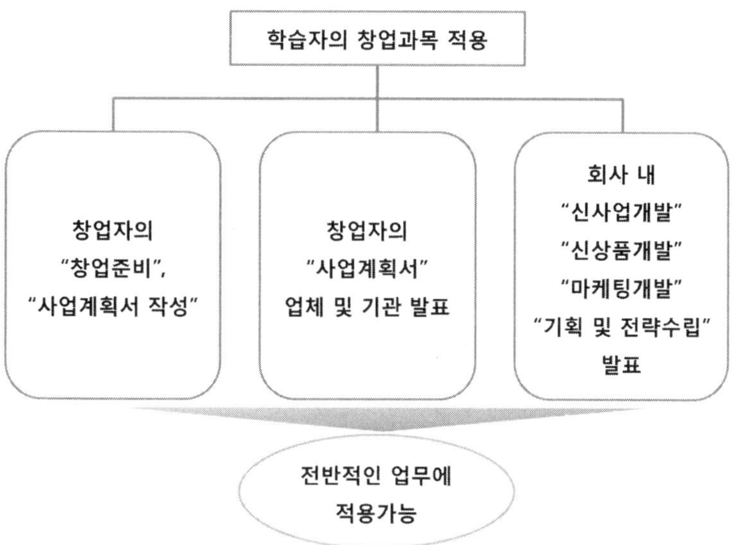

〈창업과목의 활용〉

본편에서는 실무적으로 창업을 하면서 필요한 개념과 사항만을 중점적으로 다루고자 한다.

제1장 창업의 기초

1. 창업의 기초배경

(1) 정의

창업(創業)이란"사업(事業)을 처음으로 시작하여 그 기초를 세움"[1],"사업 따위를 처음으로 이루어 시작함"[2]으로 사전적인 정의를 하고 있다.

「중소기업창업 지원법」(이하 "창업지원법"이라 한다, 창업은 대부분 중소기업이 대상이 된다)은 1986.5.12.에 제정이 되어 시행되었으며,[3] 당시 창업에 대한 정의는 '새로이 중소기업을 설립하는 것을 말함'으로 규정하였으나 2013.8.6. 개정된 창업지원법에서는'중소기업을 새로 설립하는 것을 말함'으로 규정하여 현재 사용되고 있다.[4] 즉, 창업지원법 상 창업의 정의는 개정 전과 개정 후 동일한 해석이 됨을 알 수 있고, 사전적 의미와는 달리 중소기업을 설립하는 것으로 규정함으로써 의미상 차이점이 있다.

최근 창업과 관련하여 벤처기업, 1인 창조기업, 시니어창업, 여성창업, 청년창업, 사회적 기업, 프랜차이즈(가맹사업) 등 다양한 형태 및 방식의 창업이 지속적으로 발생하고 있다.

(2) 창업자 및 사업개시일 기준

일반적으로 창업을 직접 운영하는 자를 말하며, 창업지원법상 창업자는 ① 중소기

---

1) 다음사전, 〈http://dic.daum.net/〉

2) 네이버사전, 〈http://krdic.naver.com/〉

3) 창업지원법 [법률 제3831호, 1986.5.12.제정, 1986.5.12.시행]

4) 창업지원법 [법률 제12009호, 2013.8.6.제정, 2014.2.7.시행]

업을 창업하는 자와 ② 중소기업을 창업하여 사업을 개시한 날로부터 7년이 지나지 않은 자로 규정하고 있다.[5)]

사업개시일의 기준으로는 i) 창업자가 법인인 경우 법인설립등기일로 하며, ii) 창업자가 개인인 경우「부가가치세법」제8조 제1항[6)]에 따른 사업개시일로 한다. 다만, 창업지원법 제33조[7)]에 따른 사업계획의 승인을 받아 사업을 개시하는 경우에는「부가가

5) 창업지원법 제2조 제2호.

6) 부가가치세법 제8조(사업자등록)의 조항 중 해당 조항에 한하여 기재한다.

① 사업자는 사업장마다 대통령령으로 정하는 바에 따라 사업 개시일부터 20일 이내에 사업장 관할 세무서장에게 사업자등록을 신청하여야 한다. 다만, 신규로 사업을 시작하려는 자는 사업 개시일 이전이라도 사업자등록을 신청할 수 있다.

② 사업자는 제1항에 따른 사업자등록의 신청을 사업장 관할 세무서장이 아닌 다른 세무서장에게도 할 수 있다. 이 경우 사업장 관할 세무서장에게 사업자등록을 신청한 것으로 본다.

③ 제1항에도 불구하고 사업장이 둘 이상인 사업자는 사업자 단위로 해당 사업자의 본점 또는 주사무소 관할 세무서장에게 등록을 신청할 수 있다. 이 경우 등록한 사업자를 사업자 단위 과세 사업자라 한다.

④ 제1항에 따라 사업장 단위로 등록한 사업자가 제3항에 따라 사업자 단위 과세 사업자로 변경하려면 사업자 단위 과세 사업자로 적용받으려는 과세기간 개시 20일 전까지 사업자의 본점 또는 주사무소 관할 세무서장에게 변경등록을 신청하여야 한다. 사업자 단위 과세 사업자가 사업장 단위로 등록을 하려는 경우에도 또한 같다.

⑤ 제1항부터 제4항까지의 규정에 따라 신청을 받은 사업장 관할 세무서장(제3항 및 제4항의 경우는 본점 또는 주사무소 관할 세무서장을 말한다. 이하 이 조에서 같다)은 사업자등록을 하고, 대통령령으로 정하는 바에 따라 등록된 사업자에게 등록번호가 부여된 등록증(이하 "사업자등록증"이라 한다)을 발급하여야 한다.

7) 제33조(사업계획의 승인)

① 창업자는 대통령령으로 정하는 바에 따라 사업계획을 작성하고, 이에 대한 시장 · 군수 또는 구청장(자치구의 구청장만을 말한다. 이하 같다)의 승인을 받아 사업을 할 수 있다. 사업자 또는 공장용지의 면적 등 대통령령으로 정하는 중요 사항을 변경하려는 경우에도 또한 같다. 〈개정 2013.8.6〉

② 시장 · 군수 또는 구청장은 제1항에 따른 사업계획의 승인을 할 때에는 그 공장의 건축면적이「산업집적활성화 및 공장설립에 관한 법률」제8조에 따른 기준공장면적률에 적합하도록 하여야 한다.

③ 시장 · 군수 또는 구청장은 제1항에 따른 사업계획의 승인 신청을 받은 날부터 20일 이내에 승인 여부를 알려야 한다. 이 경우 20일 이내에 승인 여부를 알리지 아니한 때에는 20일이 지난 날의 다음 날에 승인한 것으로 본다.

④ 중소기업청장은 창업에 따른 절차를 간소화하기 위하여 제1항에 따른 사업계획 승인에 관한 업무를 처리할 때 필요한 지침을 작성하여 고시할 수 있다.

치세법」제8조 제1항에 따른 사업자등록일로 한다.

(3) 창업범위

창업지원법 제2조 제1호에 따른 창업은 ① 타인으로부터 사업을 승계하여 승계 전의 사업과 같은 종류의 사업을 계속하는 경우[8], ② 개인사업자인 중소기업자가 법인으로 전환하거나 법인의 조직변경 등 기업형태를 변경하여 변경 전의 사업과 같은 종류의 사업을 계속하는 경우, ③ 폐업 후 사업을 개시하여 폐업 전의 사업과 같은 종류의 사업을 계속하는 경우에 해당하지 않는 중소기업을 신설하여 사업을 개시하여야 한다.

상기요건에 따른 같은 종류의 사업범위는 「통계법」제22조(표준분류) 제1항에 따라 통계청장이 작성 · 고시하는 한국표준산업분류(이하 "한국표준산업분류"라 한다)[9]상의 세분류를 기준으로 한다. 이 경우 기존 업종에 다른 업종을 추가하여 사업을 하는 경우에는 추가된 업종의 매출액이 총 매출액의 100분의 50 미만인 경우에만 같은 종류의 사업을 계속하는 것으로 보며, 추가된 업종의 매출액 또는 총 매출액은 추가된 날이 속하는 분기의 다음 2분기 동안의 매출액 또는 총매출액으로 한다(창업지원법 시행령 제2조 제2항 내지 제3항).

---

8) 다만, 사업의 일부를 분리하여 해당 기업의 임직원이나 그 외의 자가 사업을 개시하는 경우로서 산업통상자원부령으로 정하는 요건에 해당하는 경우는 제외하며, 1. 사업을 하던 자와 사업을 개시하는 자 간에 사업 분리에 관한 계약을 체결하가니, 2. 사업을 개시하는 자가 새로 설립되는 기업의 대표자로서 그 기업의 최대주주 또는 최대출자자가 되는 경우에는 창업으로 인정해준다(창업지원법 시행규칙 제2조(사업 분리의 요건)).

9) 한국표준산업분류(KSIC : Korean Standard Industrial Classification)는 산업관련 통계자료의 정확성, 비교성을 확보하기 위하여 작성된 것으로 유엔의 국제표준산업분류(ISIC: International Standard Industrial Classification)에 기초하여 제정되었다. 1964년에 제정된 한국표준산업분류는 유엔의 국제표준산업분류의 개정과 국내의 산업구조 및 기술변화를 반영하기 위하여 주기적으로 개정되었다(통계청 통계분류, 〈http : //kostat.go.kr/kssc/main/MainAction.do?method=sub&catgrp=kssc&catid 1=kssc01〉).

2. 한국표준산업분류의 이해

9차 개정된 한국표준산업분류와 관련하여 통계청 고시 제2007-53호는 2007.12.28.에 확정하여 고시를 하였고, 2008.2.1.부터 시행되었으며, 이를 기초로 한국표준산업분류에 관한 사항을 간략히 살펴보고자 한다.

(1) 대분류별 주요개정 내용정리[10)]

KSIC 8	KSIC 9
A. 농업 및 임업	A. 농업.임업 및 어업
B. 어업	
C. 광업	B. 광업
D. 제조업	C. 제조업
E. 전기, 가스 및 수도사업	D. 전기, 가스, 증기 및 수도사업
	E. 하수 · 폐기물처리, 원료 재생 및 환경복원업
F. 건설업	F. 건설업
G. 도매 및 소매업	G. 도매 및 소매업
H. 숙박 및 음식점업	H. 운수업
I. 운수업	I. 숙박 및 음식점업
J. 통신업	J. 출판, 영상, 방송통신 및 정보서비스업
K. 금융보험업	K. 금융 및 보험업
L. 부동산 및 임대업	L. 부동산업 및 임대업
M. 사업서비스업	M. 전문.과학 및 기술서비스업
	N. 사업시설관리 및 사업지원서비스업
N. 공공행정, 국방 및 사회보장행정	O. 공공행정, 국방 및 사회보장행정
O. 교육 서비스업	P. 교육서비스업
P. 보건 및 사회복지사업	Q. 보건업 및 사회복지서비스업
Q. 오락, 문화 및 운동관련산업	R. 예술, 스포츠 및 여가관련 서비스업
R. 기타 공공, 수리 및 개인서비스업	S. 협회 및 단체, 수리 및 기타 개인서비스업
S. 가사서비스업	T. 가구내 고용활동 및 달리 분류되지 않은 자가생산활동
T. 국제 및 외국기관	U. 국제 및 외국기관

10) 통계청 고시 제2007-53호(2007.12.28.발표자료).

한국표준산업분류상 대분류의 주요개정사항을 살펴보면 아래와 같다.

A. 농업, 임업 및 어업

산업규모 및 산업활동의 유사성을 고려하여 대분류 A. 농업 및 임업과 B. 어업을 통합하였고 야생 식용임산물채취업을 농업에서 임업으로 이동하였다. 조경수 식재 및 농업관련서비스업 중 조경수 식재 및 관리서비스를 N. 사업시설관리 및 사업지원서비스업으로 이동하였고 농업용 기계장비 운영업과 기타 작물재배관련 서비스업을 통합하여 작물재배관련 서비스업으로 분류하였다.

B. 광업

원유 및 천연가스 채굴관련 서비스와 광물탐사 등의 활동을 포함한 광업 지원서비스업을 중분류로 신설하였고, 우라늄 및 토륨광업은 비철금속광업으로 이동하였다. 또한 연탄제조는 대분류 간 이동으로 광업에서 제조업으로 이동하였다.

C. 제조업

정보통신기술(ICT) 산업의 특성을 반영하여 컴퓨터 제조업, 전자부품, 영상, 음향 및 통신장비 제조업을 통합하였으며 다만, 의료, 정밀, 광학기기 및 시계제조업은 ICT 특성 정도와 시계열 유지 문제 등으로 국제표준산업분류와 달리 현행처럼 별도의 중분류로 유지하였다. 제조업에서 타 산업으로 이동한 산업으로는 재생원료 생산업이 신설 하수 · 폐기물처리, 원료재생 및 환경복원업으로 이동하였고 출판업이 출판, 영상, 방송통신 및 정보서비스업으로 이동하였다. 또한 산업영역이 이동된 것으로 편조의복 제조가 섬유제품 제조업에서 봉제의복 제조업으로, 전기코일, 변성기 및 기타 전자 유도자 제조업을 전기제품 제조업에서 전자제품 제조업으로 각각 이동하였다. 제조업부문에서는 특히 산업통계에 의한 전문화율과 포괄률 및 사업체 규모, 증감률 등을 고려하여 하위분류를 신설 또는 통합하였으며 신설된 분류로는 평판디스플레이 제조업, 자동차용 동력전달장치 제조업 등이며 통합된 분류로는 맥

아와 맥주, 석회와 플라스터, 재봉기 및 자수기와 기타 섬유, 의복 및 가죽 가공기계 제조업 등이다.

D. 전기, 가스, 증기 및 수도 사업

산업별 전문화율과 국민계정의 연계성 등을 위하여 발전업에서 원자력발전업, 수력발전업과 화력발전업을 각각 별도의 항목으로 분리 신설하였다.

E. 하수 · 폐기물처리 원료재생 및 환경복원업

환경관련 산업에 대한 분석틀을 제공하기 위하여 각 산업에 산재해 있던 하수처리, 폐기물처리, 재생원료 생산업을 한데 묶고 새롭게 대두된 산업인 토양정화업을 포함한 환경복원업을 신설하였다.

F. 건설업

전문직별 공사업내의 소분류 토목시설물 및 건물축조관련 전문공사업을 기반조성 및 시설물 축조관련 전문공사업으로 변경하고 공정별로 세분하여 건물 및 구축물해체공사업, 기반조성 관련 전문공사업, 시설물축조관련 전문공사업으로 구별하였다. 또한 산업활동의 결합성을 고려하여 별도로 분류되었던 유리공사업과 창호공사업을 통합하고 전문화율이 높은 소방시설공사업을 별도로 신설하였다.

G. 도매 및 소매업

중분류에서 자동차 판매와 같이 분류되었던 차량연료소매업은 소매업으로 이동하였고 정보통신관련 장비 소매와 문화, 오락 및 여가관련 소매를 각각 소분류로 신설하였다.

H. 운수업

소화물송달업을 통신업에서 운수업 영역으로 이동하고 도선업을 기타 운송지원서비스업으로 통합하였다.

I. 숙박 및 음식점업

세분류 다과점의 하위분류인 제과점업을 기타 음식점업으로, 찻집 및 커피숍을 주점 및 비알콜음료점업으로 각각 이동하고 다과점업은 삭제하였으며 증가하고 있는 샌드위치 전문점을 반영하기 위하여 피자, 햄버거 및 치킨 전문점을 피자, 햄버거, 샌드위치 및 유사음식점업과 치킨 음식점업으로 분리하였다.

J. 출판, 영상, 방송통신 및 정보서비스업

신설 대분류로서 전 산업에 흩어져 있는 정보 및 커뮤티케이션 관련 서비스 산업 즉, 출판, 영상 및 오디오 기록물 제작 · 배급업, 방송업, 통신업, 컴퓨터 프로그래밍, 시스템 통합 및 관리업, 정보서비스업을 하나로 묶어 대분류를 구성하였다. 특히 출판업에는 기존 출판영역 이외 프로그래밍(주문형)을 제외한 소프트웨어 출판(패키지형)이 포함되고 소프트웨어 산업의 전문화율과 우리나라의 특성을 고려하여 게임소프트웨어 개발업에서 온라인 및 모바일 게임 소프트웨어 개발 및 공급업을 별도로 세분하였다. 게임소프트웨어 개발과 같은 세분류에서 시스템 및 응용소프트웨어 개발 및 공급업을 신설하고 하위에 시스템소프트웨어 개발업과 응용소프트웨어 개발업으로 세분하였다. 기존 출판업에서 기록매체 출판업은 제외(59 영상, 오디오 기록물 제작 · 배급업에 포함)되었으며 방송업에서는 새롭게 등장할 수 있는 다양한 형태의 방송을 고려하여 유선 및 위성방송업에 기타 방송을 포함하여 유선, 위성 및 기타방송업으로 조정하였다. 통신업에서는 법률에서 사용하는 부가통신업과의 개념이 불일치하고 조사상 어려움을 고려하여 부가통신업을 삭제하였고 전기통신회선설비 임대업과 유선전화 및 기타 유선통신업을 유선통신업으로 통합하였다. 정보서비스업에서는 급변하는 인터넷 산업의 특성을 적절히 반영하기 위하여 데이터베이스 및 온라인 정보 제공업을 포털 및 인터넷 정보매개 서비스업으로 명칭을 바꾸어 새로운 개념을 도입하였다.

K. 금융 및 보험업

금융업의 기준을 통화창출여부에 따라 통화금융업 및 비통화금융업으로 구별하였으나 이러한 기준을 없애고 은행과 저축기관을 하나로 묶어 은행 및 저축기관으로 하고 여신, 리스 등 저축기관이 아닌 나머지는 그 외 기타 금융업으로 분류하였다. 또한 금융업에서는 일반지주회사와 산업특성이 다른 점을 고려하여 일반지주회사와 명확한 구별을 위하여 금융지주회사를 신설하였다.

L. 부동산업 및 임대업

금융업에 포함되었된 지적재산권 등 무형재산권 매매 및 대여활동(무형재산권 임대업)을 임대업으로 이동하였으며 주거용 건물공급업을 주거용 건물 개발 및 공급업으로, 부동산 감정업을 부동산 감정 및 평가업으로, 부동산 중개업을 부동산 자문 및 중개업으로, 경기 및 여가용품 임대업을 스포츠 및 레크레이션용품 임대업으로 각각 명칭을 변경하였다.

M. 전문 과학 및 기술서비스업(N. 사업시설관리 및 사업지원서비스업)

현행 사업서비스업을 전문, 과학 및 기술서비스업과 사업시설관리 및 사업지원서비스업으로 나누어 2개의 대분류를 신설하였다. 국제 및 타분류와의 연계성을 고려하여 수의업을 보건업에서 전문 과학 및 기술서비스업으로 이동하였고 회사본부를 세분류로 신설하였으며 그 세세분류로 제조업회사본부와 기타 회사본부로 세분하였다. 또한 산업분석의 필요성을 감안하여 전기전자공학연구개발업과 지도제작업을 각각 신설하였다. 여행사 및 기타 여행보조서비스업이 운수업에서, 조경수 관리 및 유지서비스업이 농업에서 사업시설관리 및 사업지원 서비스업으로 이동하였다.

N. 공공행정, 국방 및 사회보장행정

정부직제와 기능을 고려하여 세분한 8차 개정을 변경하지 않았다.

O. 교육 서비스업

지금까지 별도의 항목으로 분류되지 않았던, 교육활동을 직접 수행하지는 않지만 교육활동을 지원하거나 교육과 밀접하게 관련되어 있는 활동을 포괄하여 교육지원 서비스업을 별도의 소분류로 신설하였으며 오락 및 운동 관련 산업에서 분류되었던 스포츠 및 레크레이션 교육활동을 교육서비스 영역으로 이동하였다. 또한 조사 및 분석의 가능성과 타당성 등을 고려하여 대안학교를 별도의 세분류로 신설하였다.

Q. 보건업 및 사회복지서비스업

사회복지서비스업 하위분류 명칭 중 시설을 시설 운영업으로 일괄적으로 변경하고 수용복지시설을 거주복지시설운영업으로 변경하였으며 또한 노인수용복지시설을 노인요양시설운영업과 노인양로시설운영업으로 세분하였다.

R. 예술, 스포츠 및 여가관련 서비스업

영화 및 방송 산업을 신생 대분류 출판, 영상, 방송통신 및 정보서비스업으로 이동시키고 남아있는 공연산업을 창작 및 예술관련 서비스업에서 포괄하였다. 스포츠시설 운영업 중 태권도, 수영 등 전문교육활동이 교육서비스업으로 이동하였으며 또한 지역단위 등의 문화 및 여가관련 산업을 포괄하기 위해 기타 도서관, 사적지 및 유사 여가관련 산업을 신설하였다. 산업규모 및 전문화율을 고려 낚시장 운영업, 골프연습장 운영업을 별도항목으로 분류하였으며 도박장 운영업을 갬블링 및 베팅업으로, 노래방 운영업을 노래연습장 운영업으로 각각 명칭을 변경하였다.

S. 협회 및 단체, 수리 및 기타 개인서비스업

산업규모 및 전문화율을 고려하여 미용업을 두발미용업, 피부미용업, 기타 미용업으로 세분하고 개인서비스업의 특성을 반영하여 맞선주선 및 결혼상담업, 애완동물 장묘 및 보호서비스업을 신설하였다.

T. 가구내 고용활동 및 달리 분류되지 않은 자가소비를 위한 재화 및 서비스 생산활동

달리 분류되지 않은 자가소비를 위한 재화 생산활동과 서비스 생산활동을 각각 중분류로 신설하였으며 특히 달리 분류되지 않은 서비스 생산활동은 사업체 통계조사에는 적합하지 않지만 특수목적의 통계를 위하여 별도의 항목으로 신설하였다.

(2) 개정에 따른 분류구조별 항목 수 및 분류구조의 이해

1) 분류구조별 항목 수

대분류		중분류		소분류		세분류		세세분류	
8차(구분류)	9차(신분류)	8차	9차	8차	9차	8차	9차	8차	9차
A 농업, 임업 B 어업	A 농업, 임업 및 어업	3	3	8	8	21	21	37	34
C 광업	B 광업	3	4	7	7	12	12	18	17
D 제조업	C 제조업	23	24	71	83	174	180	473	461
E 전기, 가스 등	D 전기, 가스, 수도	2	2	4	4	6	6	7	9
–	E 폐기물, 환경복원	–	3	–	5	–	11	–	15
F 건설업	F 건설업	2	2	7	7	13	14	43	42
G 도·소매업	G 도매 및 소매	3	3	21	20	54	58	162	164

I 운수업	H 운수업	4	4	12	11	21	20	48	46
H 숙박, 음식	I 숙박 및 음식점업	1	2	2	4	6	8	22	24
J 통신업	J 출판, 영상, 정보 등	1	6	2	11	5	25	9	42
K 금융, 보험	K 금융, 보험	3	3	5	8	15	15	34	33
L 부동산, 임대	L 부동산, 임대	2	2	5	6	10	13	21	21
M 사업서비스	M 전문, 과학, 기술	4	4	16	13	29	19	70	50
	N 사업시설, 사업지원		2		7		13		21
N 행정, 국방등	O 행정, 국방, 사회보장	1	1	5	5	8	8	25	25
O 교육서비스	P 교육서비스	1	1	5	7	11	16	23	29
P 보건, 복지	Q 보건 및 사회복지	2	2	4	6	10	9	22	21
Q 오락, 문화등	R 예술, 스포츠, 여가	2	2	7	4	21	17	55	43
R 공공, 개인	S 협회, 수리, 개인	4	3	11	8	24	18	49	43
S 가사서비스	T 자가소비생산활동	1	2	1	3	1	3	1	3
T 국제, 외국	U 국제 및 외국기관	1	1	1	1	1	1	2	2
20	21	63	76	194	228	442	487	1,121	1,145

2) 분류구조 및 부호처리

분류구조는 총 5단계로 ① 대분류(알파벳 문자 사용/Sections), ② 중분류(2자리 숫자사용/Divisions), ③ 소분류(3자리 숫자 사용/Groups), ④ 세분류(4자리 숫자 사용/Classes). ⑤ 세세분류(5자리 숫자 사용/Sub-Classes)로 구성되며, 창업지원법 시행령 제2조 제2항에서 명시하고 있는 세분류는 ④에 해당한다.

부호처리는 아라비아 숫자만을 사용할 수 있고, 중분류의 번호는 01부터 99까지 부여하고, 대분류별 중분류 추가여지를 남겨놓기 위해 대분류 사이에 번호 여백을 두도록 규정하고 있다.

소분류 이하 모든 분류의 끝자리 숫자는 "0"에서 시작하여 "9"에서 끝나며, "9"는 기타 항목을 의미하며, 앞에서 명확하게 분류되어 남아 있는 활동이 없는 경우에는 “9”기타 항목이 필요 없는 경우도 있고 각 분류단계에서 더 이상 하위분류가 세분되지 않을 때 “0”을 사용한다.

3) 분류구조에 따른 창업범위 세분류 확인방법(case)

U. 국제 및 외국기관(대분류) Activitiesofextraterritorialorganizationsandbodies		
분류구조	국문	영문
99 (중분류)	국제 및 외국기관	Extra-Territorial Organizations and Bodies
990 (소분류)	국제 및 외국기관	Extra-Territorial Organizations and Bodies
9900 (세분류)	국제 및 외국기관	Extra-Territorial Organizations and Bodies
99001 (세세분류)	주한 외국공관	Foreign Embassies
99009 (세세분류)	기타 국제 및 외국기관	Other Extra-Territorial Organizations and Bodies n.e.c.

상기 나.의 분류구조별 항목 수의 대분류 U를 기초로 설명을 하면, 9차 개정된 산업분류는 중분류(U99) 1개, 소분류(U990) 1개, 세분류(U9900) 1개, 세세분류(U99001, U99009) 2개이며, 창업범위에 속하는 사항은 세분류인 U9900이므로 이에 대한 세분류 사항을 참고하면 된다.

3. 창업범위 제외 업종

상기 산업분류 중 창업지원법 시행령 제4조(창업에서 제외되는 업종)에 규정되어 있는 ① 금융 및 보험업, ② 부동산업, ③ 숙박 및 음식점업[11], ④ 무도장운영업, ⑤ 골프장 및 스키장운영업, ⑥ 기타 갬블링 및 베팅업, ⑦ 기타 개인 서비스업[12], ⑧ 그 밖에 제조업이 아닌 업종으로서 산업통상자원부령으로 정하는 업종은 창업범위에서 제외된다.[13]

---

11) 호텔업, 휴양콘도 운영업 및 상시근로자 20명 이상의 법인인 음식점업은 제외하고 있다.

12) 산업용 세탁업은 제외로 하고 있다.

13) 창업지원법 제3조(적용범위)에 따라 창업에 관해서만 적용되며, 창업 시 창업지원법 시행령 제4조에 의한 제외 업종을 사전에 살펴보고 진행하여야만 향후 창업자의 실수에 따른 불이익 및 Risk 등을 예방할 수 있다.

4. 한국표준산업분류 검색방법[14)]

〈1단계 통계분류 click〉

14) 통계청, 〈http://kostat.go.kr/portal/korea/index.action〉 (2014.03.기준)

〈2단계 한국표준산업분류 click〉

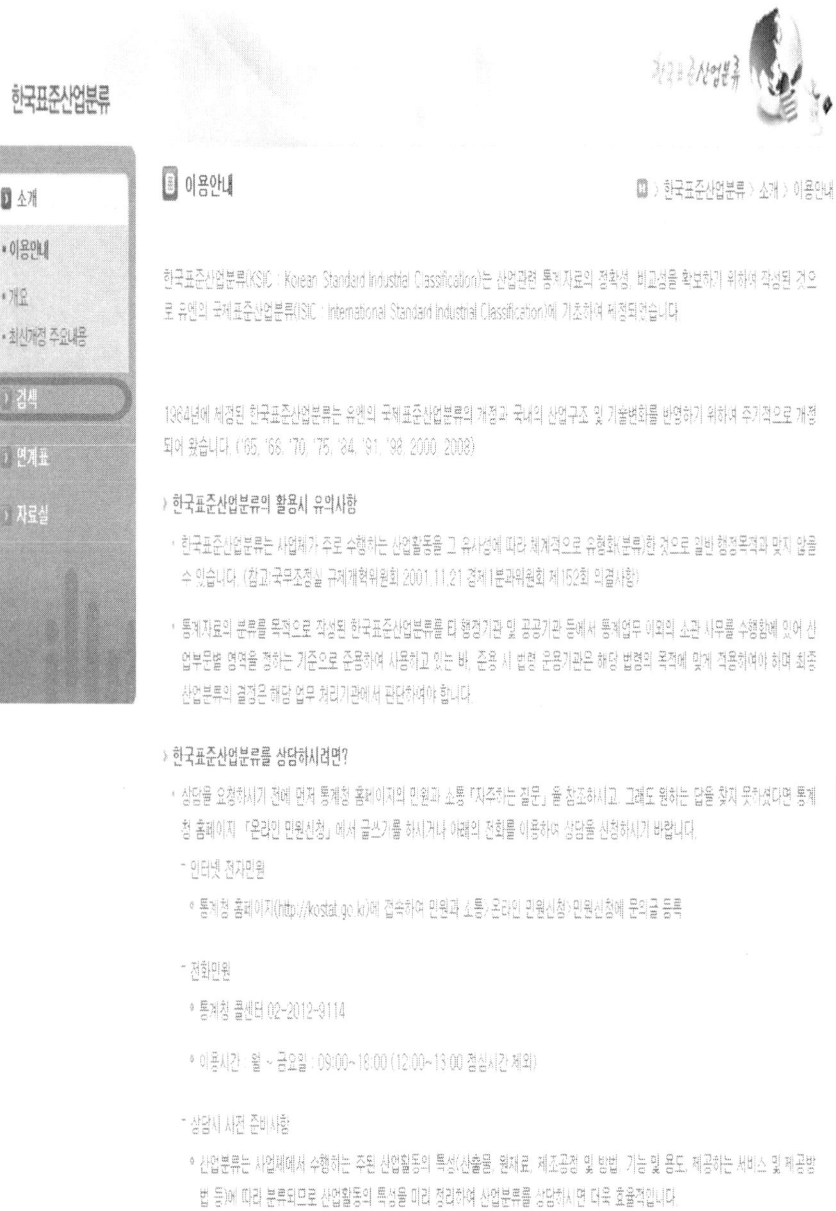
한국표준산업분류
소개
• 이용안내
• 개요
• 최신개정 주요내용
검색
연계표
자료실
이용안내
한국표준산업분류 > 소개 > 이용안내
한국표준산업분류(KSIC : Korean Standard Industrial Classification)는 산업관련 통계자료의 정확성, 비교성을 확보하기 위하여 작성된 것으로 유엔의 국제표준산업분류(ISIC : International Standard Industrial Classification)에 기초하여 제정되었습니다.
1964년에 제정된 한국표준산업분류는 유엔의 국제표준산업분류의 개정과 국내의 산업구조 및 기술변화를 반영하기 위하여 주기적으로 개정되어 왔습니다. ('65, '68, '70, '75, '84, '91, '98, 2000, 2008)
한국표준산업분류의 활용시 유의사항
· 한국표준산업분류는 사업체가 주로 수행하는 산업활동을 그 유사성에 따라 체계적으로 유형화(분류)한 것으로 일반 행정목적과 맞지 않을 수 있습니다. (참고:국무조정실 규제개혁위원회 2001.11.21 경제1분과위원회 제152회 의결사항)
· 통계자료의 분류를 목적으로 작성된 한국표준산업분류를 타 행정기관 및 공공기관 등에서 통계업무 이외의 소관 사무를 수행함에 있어 산업부문별 영역을 정하는 기준으로 준용하여 사용하고 있는 바, 준용 시 법령 운용기관은 해당 법령의 목적에 맞게 적용하여야 하며 최종 산업분류의 결정은 해당 업무 처리기관에서 판단하여야 합니다.
한국표준산업분류를 상담하시려면?
· 상담을 요청하시기 전에 먼저 통계청 홈페이지의 민원과 소통 「자주하는 질문」을 참조하시고, 그래도 원하는 답을 찾지 못하셨다면 통계청 홈페이지 「온라인 민원신청」에서 글쓰기를 하시거나 아래의 전화를 이용하여 상담을 신청하시기 바랍니다.
- 인터넷 전자민원
◦ 통계청 홈페이지(http://kostat.go.kr)에 접속하여 민원과 소통>온라인 민원신청>민원신청에 문의글 등록
- 전화민원
◦ 통계청 콜센터 02-2012-9114
◦ 이용시간 : 월 ~ 금요일 : 09:00~18:00 (12:00~13:00 점심시간 제외)
- 상담시 사전 준비사항
◦ 산업분류는 사업체에서 수행하는 주된 산업활동의 특성(산출물, 원재료, 제조공정 및 방법, 기능 및 용도, 제공하는 서비스 및 제공방법 등)에 따라 분류되므로 산업활동의 특성을 미리 정리하여 산업분류를 상담하시면 더욱 효율적입니다.

〈3단계 검색 click〉

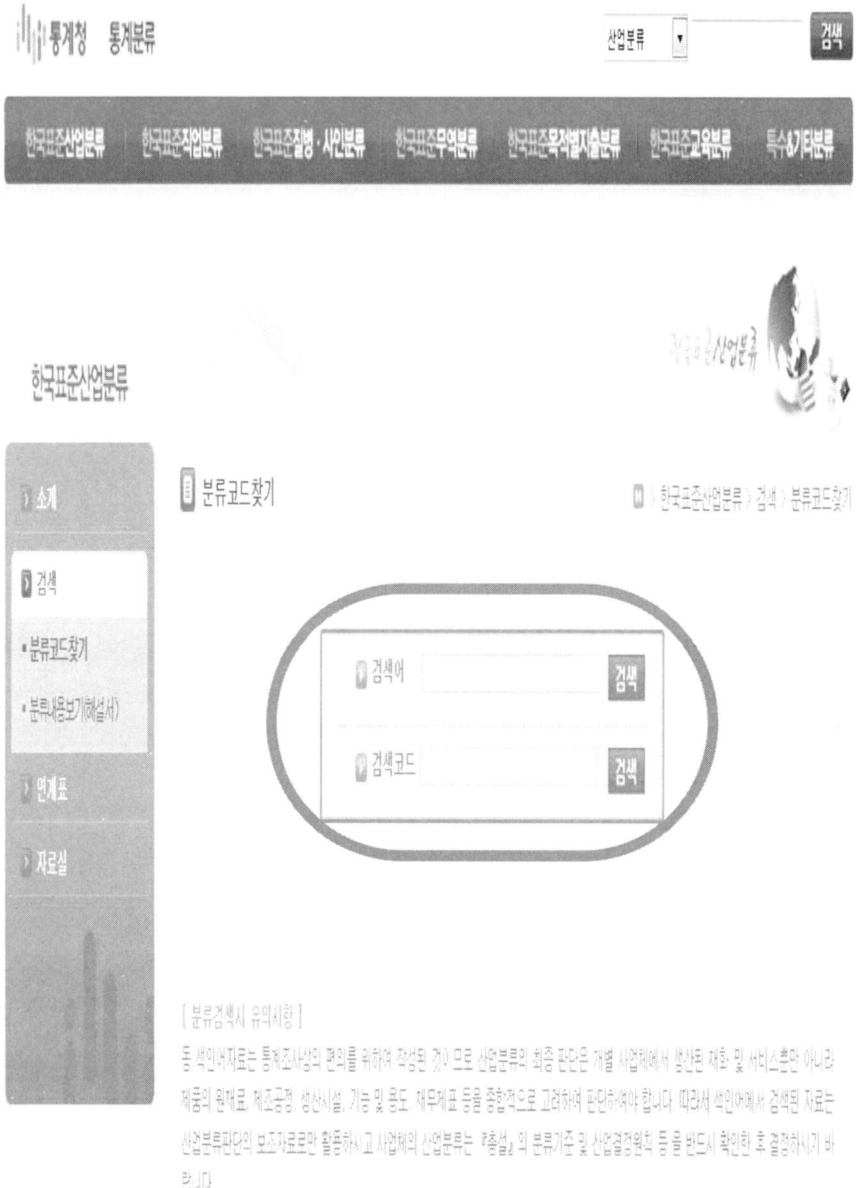

〈4단계 검색어 또는 검색코드 기재 후 click〉

〈검색결과 확인〉

상기의 단계별 절차에 따라 검색을 하여 해당되는 산업 및 산업분류코드를 살펴볼 수 있으며, 더 나아가 검색메뉴 중"분류내용보기해설"을 추가 검색해봄으로써 상세한 산업내용 및 예시, 제외사항을 살펴볼 수 있다.

5. 창업의 기본적 요소

(1) 창업의 기본적 필요요소

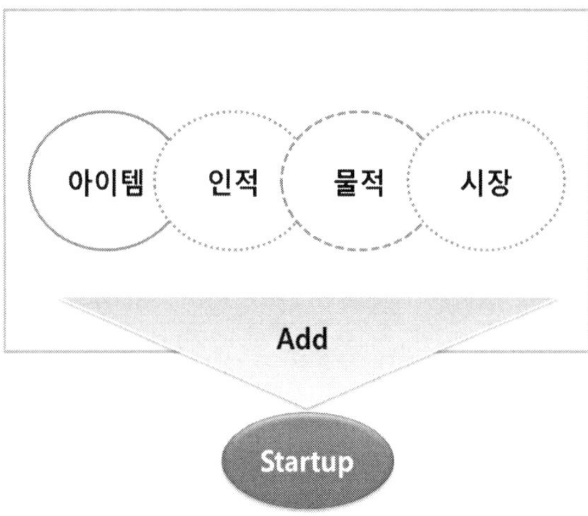

상기의 그림과 같이 아이템+인적+물적+시장이 있어야만 창업을 할 수 있는 그림이 형성된다.

즉, 창업을 위해서는 ① 인적으로 창업자를 포함한 조직적 개념의 전문적인 직원들과 자신을 지원해 줄 수 있는 인적 네트워크가 필요하며, ② 물적으로 창업을 할 때 필요한 자본, 돈이 필수적으로 필요하고, ③ 아이템의 명확화가 필요하며, ④ 해당 아이템을 생산하여 판매할 수 있는 시장이 필요하다.

(2) 문제점

1) 아이템

창업의 성공과 실패를 결정하는 매우 중요한 요소로 아이템에 대한 구조와 편리성 그리고 제3자의 Needs, Demand 등을 충분히 고려하여야 하며, 좋은 기술과 서비스를 통해 가격 및 품질의 경쟁력을 확보하여야 한다.

그러나 대부분의 경우 현재 잘 팔리고 있는 제품 등을 가지고 카피하거나 그대로 사용하는 경우가 많아 지식재산권 침해에 따른 분쟁 등이 발생되기도 한다.

즉, 창업자만의 신규성 또는 진보성적인 요소가 없다면 해당 아이템은 시장에서 이미 사장되거나 사장될 제품이라고 보는 것이 맞다.

2) 인적자원

자신의 아이템에 대한 생각을 같이 공유하며 현실적으로 어려움을 함께하고, 아이템을 정교화 시킬 수 있는 아이디어뱅크의 적극적인 인적자원이 필요하다.

대부분의 창업자는 타인과의 소통 없이 오로지 자신만의 세계를 가지고 만 가려고 하고, 제3자(전문가 등)의 의견에 대해서는 무시를 하려하는 경향이 많아 이는 곧 창업 실패와 연결된다.

따라서 자신과 함께 일할 수 있는 인재를 통한 조직을 구성하고, 제3자의 의견에 대해서 일부 수용할 수 있는 자세도 필요하다.

3) 물적요소

창업은 돈이 없으면 못하는 것이 사실이다. 이를 해결하기 위한 방안으로 자금조달의 방법인 투자, 융자, 지인(친구, 부모님 등)에게서 돈을 빌리는 방법이 있다.

하지만 창업자의 창업성공을 기대할 수 없는 상황에서 어떠한 투자자 및 금융기관 등에서는 창업자에게 투자 등을 고려하지 않는다.

따라서 이러한 어려움을 해결하기 위한 대책방안의 수립이 필요한데 이는 사업계획서 또는 투자계획서를 통한 설명회를 통해 적극적으로 유치에 나서는 방법을 고민하여야 한다. 이와 관련하여 사업계획서의 작성 방법에서 자세히 후술하기로 한다.

4) 시장

모든 것이 갖추어져 있다고 하더라도 최종 제품을 판매할 시장이 없다면 이는 판매해보지 못한 체 사장될 위기에 처하게 된다. 따라서 해당 제품을 만들 경우 시장에 대한 환경을 명확히 분석하여야 하고, 필요한 경우 제품을 구매 또는 판매해줄 수 있는 업체와 구매조건부 계약을 체결하여 제작을 하는 것이 필요하다.

6. 창업진행방법

창업은 자신의 비용으로 시작을 하는 방법과 중소기업청 소관 창업진흥원에서 전국 거점대학에 지정한 창업선도대학을 통해 사업화지원비를 받아 전문가의 도움을 받아 가며 아이템을 정교화한 후 창업진출을 안정적으로 할 수 있는 방법이 있다.

(1) 직접창업

직접창업은 창업자 본인이 사업의 성공과 실패를 알 수 없는 상태에서 모든 리스크를 안고 모든 임대차 및 각종 비용을 부담해 가며 아이템을 통한 즉시 창업을 하는 형태로 경우에 따라 투자자 또는 금융기관의 융자를 통해 사업을 진행한다.

(2) 지원화 창업

지원화 창업은 상기에서 소개한 창업진흥원에서 창업을 지원하는 사업으로 창업선도대학은 전주대학교, 경일대학교, 연세대학교 등 2015년 현재 28개의 대학에서 운영을 하고 있다.

창업선도대학은 일반형과 입소형으로 구분되며, 일반형의 경우 사업화 지원비를 받아 창업자 스스로가 아이템을 성공시키는 형태이다.

입소형의 경우 사업화지원비(시제품제작비 및 마케팅비 등)+전문멘토링(멘토 · 교수)+전용교육+전용공간무상제공 등을 지원받을 수 있는 제도로 창업에 관한 전용교육을 통해 자신에게 부족하거나 필요한 교육을 받으며, 언제든지 멘토 · 교수들을 통해 무료로 멘토링을 받을 수 있어 창업에 대한 실패적 리스크를 최소화할 수 있다는 장점이 있다.

창업진흥원에서는 지속적으로 창업선도대학의 수를 늘려가고 있으며, 사업화 지원비를 통해 자신의 비용이 아닌 국가의 지원을 받아서 할 수 있는 유용한 제도로 적극 활용해볼 필요성이 있다.

주의할 사항으로는 예비창업자(현재 사업자등록을 하지 않은 창업자) 또는 사업자등록 이후 1년 이내인 창업자(개인과 법인 포함)에 한해서만 지원신청이 가능하다.

〈신청절차〉

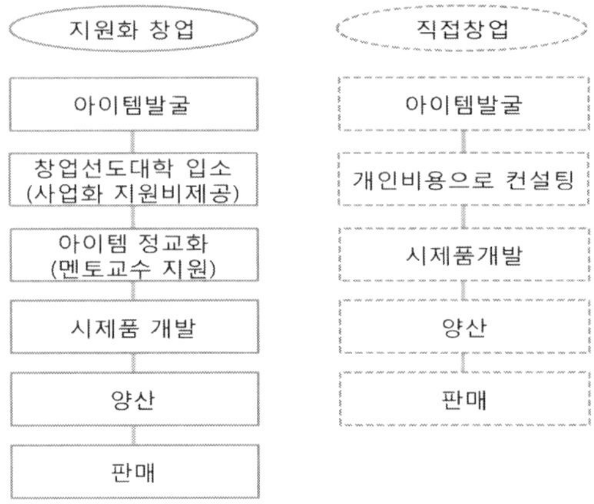

〈사업지원화 창업과 직접창업의 비교〉

사업지원화 창업과 직접 창업을 비교하여 현재 자신에게 필요한 창업방법을 선택하여 창업을 시작하는 현명함을 발휘할 필요성이 있다.

7. 창업유형

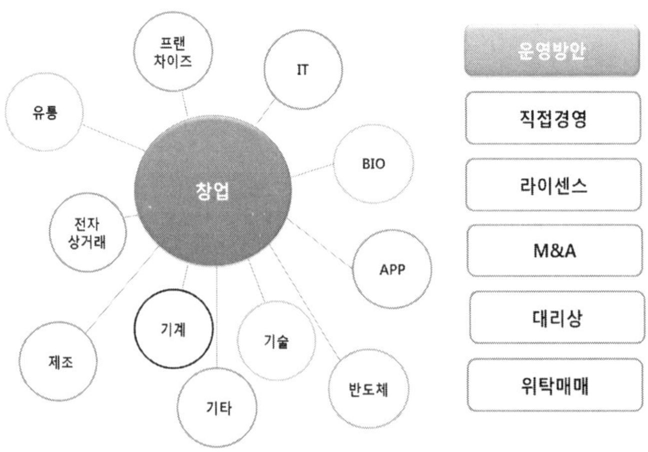

〈대표적 창업 업종 및 운영방안〉

(1) 프랜차이즈

국내의 프랜차이즈 사업은 공정거래위원회에서 「가맹사업거래의 공정화에 관한 법률」(이하 "가맹사업법"이라 한다)을 2002.5.13.에 제정하여 관리를 하고 있다.

가맹사업은 현재 국내에서 가장 많이 선호하고 있는 창업으로 가맹본부의 노하우를 기초로 창업을 하는 방법으로 가맹비를 내고 사업을 쉽게 시작할 수 있다는 장점이 있다.

프랜차이즈의 가장 중요한 절차는 가맹본부(franchisor)와 가맹점사업자 또는 가맹희망자(franchisee)간의 계약을 기초로 상거래를 하는 개념이다. 그러나 가맹본부에 의한 사기 등이 빈번히 발생함에 따라 가맹사업법은 지속적으로 가맹본부를 관리하기 위한 방안으로 가맹계약 전에 가맹희망자에게 정보공개서를 제공하여 가맹희망자가 가맹본부의 세부적인 사항을 확인할 수 있도록 시간을 부여하고, 이후 가맹계약을 체결하도록 하되, 가맹금에 대한 예치를 금융기간에 하도록 하여 일정기간 내에 가맹희망자가 계약을 해지하거나 가맹본부의 귀책사유로 인한 계약을 해지 하는 경우 예치금을 반환받을 수 있도록 규정하고 있다. 이에 대한 세부적인 내용은 제2편 창업법률에서 자세히 살펴보겠다.

(2) 무점포 창업

무점포 창업은 인터넷의 발달에 따른 전자상거래가 시발점이 되었으며, 이는 점포의 공간 없이 자신이 사는 임대차 공간 등을 활용하여 언제든지 창업을 할 수 있다는 장점이 있다. 무점포 창업의 경우 대부분 자금이 부족한 창업자들이 선호하는 경우가 많으며, 쇼핑몰, 온라인마켓, 번역사업 등이 대표적이다.

(3) 일반적 창업

일반적인 창업은 상기에서 살펴본 직접 창업에 해당되며, 개인사업자 또는 법인사업자로 창업을 진행할 수 있다.

1) 개인사업자

창업에 대한 모든 책임을 사업자가 부담한다.

2) 법인사업자

① 주식회사는 주식을 발행하여야 하고, 주주가 인수한 주식의 인수가액에 한하여 책임을 지는 회사
② 유한회사는 50명이하의 사원으로 구성되며, 각 사원이 출자한 금액의 한도 내에서 책임을 지는 회사
③ 합명회사는 무한책임사원으로 구성하며, 각 사원이 연대하여 회사의 채무를 무한 책임지는 회사
④ 합자회사는 무한 또는 유한책임사원으로 구성되며, 무한책임사원은 상기의 합명회사와 같은 책임을 지며, 유한책임사원은 유한회사와 같은 책임을 진다.
⑤ 유한책임회사는 사원의 출자 및 설립등기에 의하여 설립되며, 사원은 출자금액의 한도 내에서 책임을 지는 회사

(4) 벤처창업

벤처창업은 새로운 아이템 또는 기술 등을 사업화하기 위해 설립된 신생기업으로 사업에 대한 리스크는 존재하나 성공할 수 있는 가능성이 있어 이익을 기대해볼 수 있는 창업을 말하며, 신기술기업, 모험기업, 연구개발형기업, 하이테크기업 등으로 사용되기도 한다.

(5) 소호창업

SOHO는 "Small Office Home Office"의 약자로 작은 공간의 사무실, 소규모 사업장, 자택 등을 통해 일반창업의 자본이나 기술의 노하우가 아닌 정보와 아이디어의 노하우로 가지고 창업을 하는 것을 말한다.

8. 창업적성검사[15)]

본인의 창업가능유무를 예비점검해볼 수 있는 검사방법으로 아래와 같은 적성검사 질문지를 소개한다.

기준	그렇다 (3점)	간혹 그렇다 (2점)	그렇지 않다 (1점)
주변 사람들로부터 성격이 좋다는 말을 자주 듣는다.			
무슨 게임이든 지기를 싫어한다.			
지금 다니고 있는 학교생활이 마음에 안 든다.			
나는 건강해서 활동하는 데 전혀 지장이 없다.			
주변사람들을 자주 만나는 편이다.			
약속은 무슨 일이 있어도 지키는 스타일이다.			
평소 장사를 해야겠다는 생각을 자주 가졌다.			
창업을 하는 것이 그래도 체질에 맞는다고 생각한다.			
주변 청소가 안 되었다거나 정리가 안 돼 있으면 그냥 지나치지 못한다.			
꼼꼼한 성격이기 때문에 좀처럼 실수를 하지 않는다.			
평소 복장에 많은 신경을 쓰는 편이다.			
예의에 어긋나는 행동을 하는 것을 보면 몹시 불쾌해진다.			
평소 사람들과 이야기할 때 자주 웃는 편이다.			
평소 신문을 읽을 때 경제부문에 관심을 갖는다.			

15) 김영문, “한권으로 끝내는 창업길라잡이 창업학”, 법문사, 2009.

남의 이름을 한번 듣고도 기억한다.			
가족들과 함께 대화를 자주 한다.			
창업정보에 관심을 자주 갖는다.			
직업에는 귀천이 없다는 것에 전적으로 동의한다.			
학교에서 친구들과 자주 어울린다.			
주위에 창업을 한 사람들을 보면 질투를 느낀다.			
창업을 하는 것이 최고라고 생각한다.			
창업은 누구도 할 수 있다고 생각한다.			
돈을 벌면 불우한 사람들을 위해서 써야 한다고 생각한다.			
평소 친구들의 경조사에는 꼭 참가한다.			
남한테 신세지는 것을 도저히 못한다.			
자주 재테크 방법을 생각한다.			
다른 사람이 장사해서 돈을 벌면 부러워한다.			
남한테 싫은 소리를 들어도 참을 수 있다.			
사람들을 사귀는 데는 문제가 없다고 생각한다.			
인내심이 많은 편이라고 생각한다.			
장사에서 가장 중요한 것은 서비스라고 생각한다.			
당장 현금 300만원을 친구한테 빌릴 수 있다.			
장사에 필요한 기본자금이 마련되면 당장 시작할 수 있다.			
합 계			

〈평가결과〉

(1) 90점 이상

창업에는 소질이 뛰어나다고 생각되며, 성공의 확률이 매우 높다.

(2) 70~89점

창업에 다소 흥미가 있는 성격이며, 조금만 노력한다면 매우 좋은 결과를 가져올 수 있다.

(3) 69점 이하

창업을 하기에는 다소 적극적인 사고방식과 서비스 기질이 요구된다. 이 점수를 취득한 사람은 부단히 자기개발을 하여 어려울 때 돌파구를 찾을 수 있는 적극적인 사고방식의 전환 훈련이 필요하다.

제2장 기업가정신(Entrepreneurship)

기업가정신(앙트러프러너십)이란 정말 무엇인가?

1. 기업가정신의 유래

창업에 성공한 사람, 돈을 많이 번 사람, 좋은 차를 끌고 다니는 사람, 많이 배운 사람…. 과연 이런 것들이 기업가정신의 지표가 되는 것일까?

프랑스에서 유래된 기업가에 대한 해석은 '시도, 모험'의 의미가 있었으며, 이는 기업을 운영하면서 기업의 목적인 영리를 목적으로 하되 운영에 따르는 리스크 등을 직접 안고 가는 모험을 안고 가는 지도자라는 개념으로 보았다.

즉, 기업가정신은 자신의 기업을 지속적으로 성장시키기 위한 리더십을 기초로 사물을 보는 관점, 사업에 대한 현명한 판단과 결정, 조직을 이끌어가는 조직력과 책임감 등을 두루 갖추고 있는 자라고 할 수 있다.

2. 기업가정신의 출연 및 중요성

그렇다면 기업가정신은 대기업의 오너, 중소기업의 오너 등 사업의 경험이 많은 사람들에게서만 찾을 수 있는 것일까?

기업가정신은 상기 오너들 이외에도 청년 창업가, 대학생, 고등학생 등 누구에게서나 성공과 실패를 경험해보면서 정립된 정신을 통해 찾아볼 수 있다.

현재 창업에 성공한 기업가는 성공 전 실패한 경험과 영업을 하면서 얻은 지식, 마케팅을 하면서 얻은 지식 등을 토대로 지속적으로 더 많은 시너지의 효과를 내기위해 연구하고 노력하고 있다는 것이 사실이다.

현재의 성공에 만족하며 안주하고 있는 기업가가 더 이상의 연구개발을 하지 않는다면 해당 기업은 미래가 없고 다시 어려웠던 시절로 되돌아가 결국에는 폐업에 이르는 경우를 주변에서 빈번히 찾아 볼 수 있다.

다시 말해 기업가정신은 지속적으로 변화되는 소비자들의 소비패턴 등에 민감하게 반응하고, 창의와 창조적 마인드를 통해 언제 어디서든 당황하지 않고, 능숙하게 현안을 해결해 나갈 수 있는 능력을 함양하여 현재가 아닌 미래를 보며 연구와 개발에 더욱 더 집중하여야한다는 중요성을 놓쳐서는 안 될 것이다.

3. 기업가의 필요 능력

(1) 승부욕

기업가는 사업에 대한 강한 욕심과 집중력이 매우 필요하다. 이는 기업가 스스로가 욕심이 없고 남의 이야기에만 이끌려 다닌다면 자신의 사업을 하는 것이 아닌 이용을 당하고 있는 경우가 많아 사업을 실패하는 경우가 빈번히 발생한다. 따라서 스스로가 경쟁업체를 선정하고 목표를 설정하여 나의 사업을 성공시키겠다는 투철한 욕심을 가지고 사업을 운영하여야 한다.

(2) 인내심

자신의 아이템이 제3자에게 낮은 평가를 받았다고 하여 그대로 사업을 정리하거나 포기해서는 안 될 것이다. 오히려 인내심을 가지고 제3자의 평가를 통해 문제점 또는 부족한 점을 찾아 이를 개선하여 아이템을 우수한 제품으로 만들어 낼 수 있어야 한다.

(3) 네트워크 능력

기업가는 언제 어디서든 자신의 업무를 지원 및 협조를 해줄 수 있는 인적네트워크를 골고루 갖추고 있어야 한다.

예를 들어 아이템에 대한 문제점 및 개선방안을 도출하고자 하나 자신만의 능력으로는 안될 경우 전문가 또는 해당 아이템 방면의 선배 등에게 조언을 구하여 답을 찾아 낼 수도 있다. 또한 법률적으로 문제가 발생한 경우 아는 법조인 또는 해당 법률의 전문가와 상담을 하여 신속히 대처함으로써 추가적 손실 등을 예방할 수도 있다.

요즘 시대는 네트워크 없이는 성공할 수 없는 시대인 만큼 적을 만들고 혼자서 살아가려고 하기 보다는 정말 필요한 경우 먼저 다가가 손을 내밀 었을 때 손을 잡아 줄 수 있는 친구, 선 · 후배 등과의 친분관계는 필수적이라고 할 수 있다.

(4) 애사심

자신이 만든 회사임에도 불구하고 본인부터 애사심이 없다면 해당 창업은 정리를 하는 것이 맞다. 따라서 스스로가 회사를 위한 애사심을 통해 열심히 노력하며 회사를 성장시키고 있다는 진정성 있는 인상을 내 · 외부로 보여줄 필요가 있다.

(5) 인성

사업에 성공하였다고 하여 매일 술을 마시고, 잘난 척 등을 한다면 주변에 있던 친구들과 사람들이 자신을 떠나게 되는 경우가 발생한다. 즉, 사업에 성공을 하였다면 주변을 살펴볼 필요성이 있고, 나보다 부족한 사람, 나보다 어려운 사람에게 먼저 다가가 자신의 노하우 등을 설명하며, 도와줄 수 있는 인성을 갖추고 있어야 한다.

(6) 소통

자신만의 세계에 빠져 다른 사람의 의견은 무조건 무시하거나 처음부터 들으려 하지 않는 다면 상대방은 자신이 무시를 당하고 있다는 생각에 화가 많이 날 것이다.

이로 인해 정말 필요한 이슈가 생겨 도움을 요청하는 경우 상대방은 어떠한 조언과 의견도 제시해주 않아 결국엔 해당 사업을 정리해야하는 사태가 발생할 수도 있다.

따라서 현대의 사회는 소통이 매우 중요하므로 남의 의견도 경청하면서 좋은 의견 및 조언에 대해서는 반영을 하는 노력도 필요하다.

(7) 전문가

기업가는 스스로가 현재의 사업에 대한 전문가가 되어야 한다. 즉, 해당 사업을 진행하면서 문제가 생기거나 생겼을 경우 즉시 해결해 줄 수 있는 능력을 발휘할 경우 직원 및 업체는 기업가를 인정하고 신뢰성을 바탕으로 지속적인 사업의 파트너로 활동하게 될 것이다.

따라서 기업가는 현실에 안주하는 것이 아니라 더욱 더 연구를 하고 배우고 익혀 해당 분야의 전문가가 되어야 한다.

(8) 의사결정

기업가는 자신의 사업에 대한 책임자로 회사의 업무에 대해 전반적인 프로세스를 이해하고, 신속하고 명확한 의사결정을 내릴 수 있어야 한다.

당장 결재를 받아 업체와 계약을 하여야 하는 상황임에도 불구하고 차일피일 미룬다면 이는 곧 기업가 업무의 태만으로 인한 기업의 손실 발생 및 직원들이 오너를 믿고 기업의 성장을 위해 노력하지 않아 결국엔 조직력의 결여로 사업을 정리해야하는 경우도 발생한다.

(9) 대책방안능력

기업가는 사업을 하며 문제가 발생할 경우 또는 대체제 등이 없어 문제가 발생한 경우 이에 대한 대책방안수립하고 처리할 수 있는 수퍼맨적 능력을 가지고 있어야 한다.

이는 네트워크 능력에서 살펴본 바와 같이 문제가 발생할 경우 인적 도움을 받아 처리하는 방법과 업체의 담당자 또는 임원과 기일 연장 등의 협의 등을 함으로써 안정적으로 업무가 진행될 수 있도록 지원 및 처리 등을 하여야 한다.

(10) 책임감

기업가는 자신의 책임을 자신 스스로가 책임을 질 줄 알아야 한다. 하지만 자신의 책임을 직원 또는 제3자에게 지도록 억지를 쓴다면 상호관계가 악화되어 적대관계가 형성이 됨으로써 향후 추가적 업무를 같이 한다던가 또는 퇴직을 함으로써 인재를 놓치는 경우가 발생하기도 한다.

따라서 기업가라면 자신이 잘못한 부분에 대해서는 솔직하게 인정을 하고 향후 똑같은 일이 반복되지 않도록 준비하고 노력을 하는 것이 바람직하다.

(11) 선택과 집중

기업가는 어떠한 업무를 할 경우 선택과 집중을 하여야 한다. 해당 업무가 완전히 해결되지도 않았는데 다른 일을 가지고 움직인다면 역효과가 나는 경우가 많다.

다시 말해 안정적인 조직과 인력을 구성하고 있는 경우에는 당연히 사업의 확대를 위해 많은 아이디어를 통한 개발을 진행함이 타당하나 시작하는 단계에서 복잡 다양하게 한다는 것은 일에 대한 효율을 낮추게 되고 혼란을 야기시켜 어떠한 업무의 개발을 완료하지 못하는 역효과가 발생하게 된다.

따라서 기업가는 시작단계의 경우 선택과 집중을 명확히 하여 업무적 효율화를 극대화시키는 능력을 갖추어야 한다.

4. BAD기업가 유형과 개선방향

기업가로서 좋지 않은 유형을 살펴보면 아래와 같으며, 아래의 유형으로 인해 훌륭한 인재를 놓치거나 사업이 어려워지는 경우가 발생할 수 있으므로 기업가 스스로가 해당 유형에 속할 경우 변화하려는 노력을 하여야 할 것이다.

(1) 나홀로형

직원을 채용하였으나 업무를 가르쳐주거나 아무런 업무지시도 하지 않는 기업가의 회사는 직원의 퇴사 율이 매우 높다.

따라서 기업가는 직원에게 업무에 대한 명확한 지시와 처음 입사한 입사자에게는 회사의 업무 방향성과 해야 할 업무를 명확히 가르쳐주어 함께 해결하려는데 노력하여야 한다.

(2) 완벽주의자형

기업가가 1부터 100까지를 다 챙기고 오타 등의 실수를 용납하지 않는 경우 직원은 불안하여 회사를 퇴직하는 경우가 발생한다.

즉, 사람이 숨을 쉬면서 일을 할 수 있도록 해주어야 하는데 그렇지 못할 경우 업무의 능률은 당연히 떨어지게 된다.

이 경우 기업가 본인에게는 힘들 수는 있으나 인간관계 형성을 위해서라도 스스로가 태연함과 인내심을 키우는데 노력하고, 어느 정도 문제가 없다면 직원에게 칭찬과 격려를 해줌으로써 상호 친화적인 관계가 형성될 수 있도록 노력하여야 한다.

(3) 마음대로형

기업가는 정해진 업무의 규정 및 조직 등이 있음에도 불구하고 마음대로 업무를 추진하거나 업무를 부과시킬 경우 직원은 효율적인 업무를 하지 않고 먼 산만을 바라며, 형식적인 업무를 하는 경우가 많다.

즉, 업무를 하더라도 또 다시 하거나 기업가의 마음대로 다른 사람에게 업무를 다시 주게 되므로 조직에 대한 혼선 및 업무의 효율성이 떨어져 퇴사로 연결되는 경우를 볼 수 있다.

이 경우 기업가 스스로가 회사의 정해진 업무의 규정을 먼저 준수하는데 솔선수범한다면 조직의 안정적인 운영을 하는데 많은 도움이 될 것이다.

(4) 즉흥형

예정에도 없던 일이 회의를 통해 발생할 경우 "김대리가 이 일 좀 해서 보고"를 해주세요라고 하는 즉흥적 업무가 발생하기도 한다.

또한 즉흥적으로 저녁약속을 만들거나 늦은 퇴근 시간 또는 새벽에 좋은 아이디어가 떠올랐다며 회의 소집을 하는 등의 상황이 지속적으로 발생할 경우 이를 긍정적으로 생각하는 직원은 아무도 없을 것이다.

해당 기업가는 즉흥적으로 업무를 추진하려는 것을 잠시 멈추고, 이 일에 적합한 직원을 찾아보고 취지를 명확히 설명한 후 업무를 지시하고, 본인의 기분에 따른 회의를 소집하기 전 먼저 회의할 주제적 키워드를 정리 후 아침에 기분 좋은 회의가 진행될 수 있도록 하면 좋을 것이다.

(5) 무조건형

업무를 진행하던 중 다른 업체와 입찰경쟁이 붙어 좋은 상황이 아님을 설명하였음에도 불구하고 무조건 해결해오라는 지시를 받은 경우 해당 직원은 당황할 수 밖에 없다.

만약 해당 일을 해결하지 못한 경우 직원은 무능력한 사람이 되거나 고과에서 불이익을 받을 수도 있기 때문으로 심적 부담감을 갖을 수 밖에 없어 지나친 스트레스로 인해 기업을 떠나는 경우가 발생하기도 한다.

해당 기업가는 직원의 의견을 존중하려는 노력을 하여야 하며, 업무를 진행함에 있어 명확한 목적을 제시하여 직원으로부터 오해를 받지 않도록 주의하는 등의 노력을 하여야 한다.

(6) 잘난체형

명확한 기준이 있어 보고를 하였음에도 불구하고 자신이 더 잘 안다며 자신의 방법으로 업무를 지시하는 경우가 종종 발생한다.

그러나 잘 처리된 경우라면 문제가 없으나 일이 잘못된 경우 자신은 설명을 한 것이고 제대로 업무처리를 하지 않았다며 직원에게 불이익을 주는 경우 직원은 많은 스트레스를 받게 된다.

이러한 기업가는 직원들의 신뢰 및 자기 계발을 위해 스스로가 먼저 학습 등을 한 후 직원에게 설명을 해주려고 하는 노력을 하여야 한다.

(7) 다혈질형

일을 하다가 갑자기 자기 마음에 들지 않는 다며 화를 내거나 성질을 내는 경우 직원은 자신이 무엇을 잘 못한지도 모르는 체 욕을 먹는 경우가 발생하여 사기와 조직력을 떨어뜨리고 현상이 생기는 경우도 있다.

이러한 기업가의 경우 자신 스스로가 성격을 다스릴 수 있는 수련을 하여 좋은 리더십 발휘를 통한 기업을 이끌어 가려는 데 노력을 하여야 한다.

(8) 나폴레옹형

"나에겐 실패란 없다"의 나폴레옹 정신에 입각한 실패를 허락하지 않는 기업가로 영업 또는 지원 사업에 실패를 한 경우 쉽게 좌절하거나 빨리 회복하지 못하여 사업을 정리하는 경우가 발생한다.

따라서 기업가는 실패에 대한 두려움 보다 실패를 하더라도 다른 곳에 더 뛰어다니며 우리 회사의 제품을 인정해주고 사줄 수 있는 업체를 만날 수 있는 영업전략 등을 수립하여 직접 뛰거나 지시할 수 있어야 할 것이다.

5. 기업가정신의 CASE

(1) 현대 故정주영 회장

현대 故정주영 회장의 '하면 된다'는 도전 정신의 실화는 지금도 기업가 정신에서 다루어질 만큼 신화로 내려오고 있다.

현대 건설은 1977년 간척사업 구상을 시작으로 1978년 정부로부터 매립허가를 받아 간척사업을 본격적으로 실행하였으나 서산 바다의 간만의 차가 커 바닷물을 막아야 했고, 엄청난 수량의 돌을 구입할 위기에 있었다.

이러한 상황에서 故정주영 회장은 공사비에 대한 절감과 안전한 공사를 위해 대형 폐유조선을 가지고 물을 막는 중요한 역할을 하는 생각을 내놓았으나 대부분의 사람들은 말도 안 된다고 하였다.

이러한 상황에서 故정주영 회장은 직접 지휘를 하여 바닷물을 막아 9개월이라는 시간을 단축하여 36개월만에 건설을 완료하였고, 이것이 바로

'정주영 선박 공법'이다.

(2) GS 허창수 회장

GS는 LG와 회사를 분리하여 2005년 독자적 출범을 하였다. 허창수 회장은 "잘 나가던 기업도 한순간에 무너질 수 있고 오늘의 성공 공식이 내일에도 적용된다고 보장할 수 없기에 변하지 않으면 도태될 수밖에 없다는 냉정한 현실 인식이 필요한 때"임을 강조하며, "지난 10년을 돌아보면 GS그룹도 치열하게 경쟁하며 초일류 기업으로 성장하고자 많은 노력을 기울여 왔지만 아직 제대로 그 성과를 내고 있다고 말하기 어렵다"는 평가를 내렸다.

이와 관련하여 "많은 장수기업들이 급변하는 경영환경에 선제적 대응역량을 강화하고 시장을 선도할 새로운 사업기회를 만들어내고 있고 아울러 건강한 조직문화를 구축하기 위해 노력을 기울이고 있는 점을 본받아야 한다"며, "아무리 성능 좋은 하드웨어라도 이를 운영하는 소프트웨어가 이끌어 주지 않으면 제대로 성능을 발휘할 수 없음"을 말하였다.

즉, 허창수 회장은 기업의 가장 중요한 요소인 조직구성원의 팀워크 형성과 임직원 간의 소통 그리고 창의력을 통해 다 같이 기업을 성장시킬 수 있는 조직문화를 주문하였다. 함께 일하는 회사 함께 만들어가는 회사를 강조한 사례라고 할 수 있다.

(3) 삼성 故이병철 회장

삼성 故이병철 회장은 합리주의를 경영상 핵심적인 요소로 보고 원칙적인 경영을 하였다.

이는 조직구성원을 통한 효율적인 업무처리를 수행하도록 함에 있어서 합리적인 원칙이 있어야 함을 바탕으로 먼저 솔선수범하여 실천한 원칙주의자로 소문이 나있다.

故이병철 회장은 '기업은 사람이다'라고 말하며 인재를 제일 중요시 여겼으며, 채용을 하였다면 믿음을 가지고 업무를 맡기도록 함으로써 기업과 사람이 하나임을 중요시 여겼다.

즉, 직원에 대한 신뢰를 통해 직원이 애사심을 가지고 내일과 같이 일을 한다면 기업은 당연히 움직이게 되어 있고, 이는 곧 회사의 이익과 연결된다는 철학을 가지고 있었음을 알 수 있다.

(4) 빌게이츠의 성공 10계명

빌게이츠가 말한 성공을 위한 10계명을 소개하며, 해당 10계명 속의 핵심적 내용을 되새겨 보는 것도 의미가 있다고 생각된다.

1) 업종을 신중히 선택하라

- 당신이 즐길 수 있는 일을 하라. 광적인 정열 없이 생산적이 되는 것은 어렵다.

2) 조심스럽게 고용하고 기꺼이 해고 시킬 준비를 하라

- 당신은 강팀을 필요로 한다.
- 아무리 경영을 잘한다 해도 변변치 못한 팀은 변변치 못한 결과를 낳기 때문이다.
- 그저 웬만큼 일하는 사람을 그대로 두는 것은 흔히 있는 실수다.
- 훌륭한 경영자는 그를 교체하거나 그가 분명히 성공할 수 있는 다른 일을 맡긴다.

3) 생산적인 환경을 조성하라

- 이것은 각 회사가 처한 상황에 따라 서로 다른 접근법을 요구하기 때문에 쉬운 일이 아니다.
- 모두에게 자신의 사무실을 주거나 아니면 모두를 열린 공간에 둠으로써 생산성을 극대화할 수 있다.
- 때로는 금전적인 인센티브를 도입할 수 있다.
- 대개는 여러 접근법의 조합이 요구된다.

4) 성공을 정의하라

- 당신의 직원들에게 성공이란 무엇이고 어떻게 그들의 업적을 측정할 수 있는지를 분명히 밝혀라.
- 목표는 현실적이어야 한다.
- 프로젝트의 작업 일정은 그 일을 직접하는 사람에 의해서 정해져야 하는 것이다.
- 달성이 불가능한 목표는 조직을 좀먹는다.

5) 훌륭한 경영자가 되려면 사람을 좋아하고 대화에 능숙해야 한다

- 이것은 가장 하기 어려운 것이다.
- 사람들과 교류하는 것을 진정으로 즐기지 않는다면 그들을 잘 다루는 것은 어렵다.

6) 당신의 직원들이 당신보다 더 일을 잘 할 수 있도록 발전시켜라

- 당신의 기술을 그들에게 전수하라.
- 부하직원이 일을 잘해 당신 자리를 빼앗을지 모른다고 걱정이 되면 사장에게『교육을 잘 시키는 대신 저에게 맡길 새로운 일이 있습니까』라 고 물어라.
- 많은 똑똑한 경영자들은 이 같은 방법으로 자신을 자유롭게 하고 미개척 분야에서 새로운 일을 해낸다.

7) 윤리를 확립하라

- 직원들에게 그들의 일이 회사와 고객에게 얼마나 중요한지를 느낄 수 있도록 하라.
- 훌륭한 성과를 얻었을 때는 모두가 그것을 함께 느낄 수 있어야한다.

8) 프로젝트를 직접 수행하라

- 직원들이 제일 싫어하는 상사는 일을 분배만 하고 정작 자신은 일하지 않는 사람이다.

9) 똑같은 결정을 두 번 내리지 말라

- 한 번에 확고한 결정을 내릴 수 있도록 시간과 생각을 잘 활용하고 다시 그 문제를 다루지 않도록 하라.
- 자신 없게 지나간 문제를 끄집어냈다가 같은 결정을 다시 내리는 것은 어리석은 일이다.

10) 직원들에게 누구를 기쁘게 할지를 알게 하라

- 그것은 당신일 수도 있고 당신의 사장일 수도 있으며 혹은 다른 사람 일수도 있다.
- 직원들이『이 사람을 기쁘게 해줘야하나 다른 사람을 기쁘게 해야 하나』라고 고민하게 되면 당신은 조직에서 곤란을 겪게 될 것이다.

(5) 스티브잡스의 성공 10계명[16)]

1) 완벽하라(Go for perfect)

아이팟이 출시되기 하루 전 애플의 직원들은 날밤을 샜다. 이어폰 잭을 꽂으면 '딸깍'하는 느낌이 시원하게 나야 하는데 잡스가 보기에 영 시원치 않았기 때문이다. 야심찬 물건을 내놓기 불과 하루 전이었지만 잡스는 개의치 않았다.

2) 전문가를 이용하라(Tap the experts)

잡스는 1등이 되기 위해 전문가와 손잡을 줄 알았다. 그는 컴퓨터 시스템 'NeXT' 로고 디자인을 위해 유명 건축가 I. M. Pei를 고용했고, 애플스토어 출시를 위해 Gap의 대표 Mickey Drexler을 이사진으로 영입했다.

16) 박인규, "여의도 스티브잡스의 성공 10계명", 행복우물, 2011.

3) 1등을 넘어서라(Be ruthless)

잡스는 기존 제품을 넘어서는 제품을 만들 때마다 자부심을 느꼈다. 그는 1세대 PDA인 팜파일럿을 능가하는 제품을 만드는데 애썼고, 후에는 휴대전화가 PDA를 넘어설 것이라 확신했다.

4) 특정 전문가들의 의견에 연연하지 마라(Shun focus groups)

"당신이 그것을 보여주기 전까지, 사람들은 자신이 원하는 것을 알지 못한다." 잡스의 유명한 어록이다. 그는 외부 전문가에게만 의존하지 않고, 시제품을 집에 가져가 몇 달간 직접 연구하기도 했다.

5) 연구를 멈추지 마라 (Never stop studying)

애플 브로셔 제작 초기 당시, 잡스는 Sony의 글자 폰트와 레이아웃, 종이 무게까지 일일이 분석했다. 초기 맥의 케이스 디자인을 기획할 땐 애플의 주차장을 돌아다니며 독일과 이태리 명품 차들의 체형을 직접 연구했다.

6) 간결하라(Simplify)

잡스의 디자인 철학은 간결함이었다. 그는 디자이너에게 아이팟 시제품의 전원버튼을 포함한 모든 버튼을 제거하라고 했다. 디자이너는 불평했다. 그러나 이를 계기로 아이팟의 대명사인 원형 스크롤이 탄생했다.

7) 비밀을 지켜라(Keep your secrets)

애플의 비밀을 누구와도 이야기 하지 말라. 철저한 보안은 소비자들이 애플의 신제품을 더욱 주목하게 만들었다.

8) 팀은 작게(Keep teams small)

맥킨토시 초창기, 개발팀은 불과 100명이었다. 101번째로 고용이 되었다면 누군가는 나가야 했다. 잡스는 100명 직원의 이름을 외울 수 있다고 확신했다.

9) 채찍보다는 당근(Use more carrot than stick)

잡스는 냉정했지만 그의 카리스마는 직원들에게 강한 동기부여가 됐다. 그의 열정 덕에 매킨토시(Mac) 개발팀은 3년 간 주당 90시간을 일했고, 매킨토시는 세계적으로 히트를 쳤다.

10) 견본품도 최고로 만들어라(Prototype to the extreme)

잡스는 하드웨어, 소프트웨어는 기본이고 애플스토어의 견본품까지 최고로 만들도록 했다

(6) 창업자 모아콘텐츠(주) 김명석 대표

'뽀로로, 로보캅 폴리를 잇는 캐릭터를 만들겠습니다!'

김명석 대표는 건설 및 애니메이션 분야에서 프리랜서로 일하며 생활비를 스스로 벌어서 사용하여야 할 만큼 집안 사정이 좋지 않았다.

김명석 대표는 전주대학교에 편입을 하여 애니메이션 기획에 관한 공부를 하던 중 아이들과 새만금에 갔었고 우연히 바다 위에 떠 있는 배를 보면서 행복한 아이템을 발견한 후 전주대학교 창업선도대학에 지원을 하여 창업하기로 결심하였다.

현재 명확히 존재하지 않는 배에 대한 캐릭터.

이후 김명석 대표는 발품을 팔며, 새만금을 비롯한 국내의 항구를 돌면서 항구의 구조, 배의 구조 등을 연구하기 시작하였고, 이후 경찰선을 모델로 한 아리와 병원선을 모델로 한 드리 등 다양한 모양의 배를 의인화하여 재미있는 모델을 많이 만들어 내었다.

작은 아이템에서 시작한 '아리우리'의 탄생

사소한 곳에서 자신이 좋아하고 잘할 수 있는 분야를 창업분야로 선정함으로써 힘은 들지만 꼭 대한민국을 대표하는 기업가가 되고 말겠다는 자신감을 보여주었다.

김명석 대표는 대한민국을 대표하는 '뽀로로', '로보캅 폴리' 등을 잇는 최고의 캐릭터 및 애니메이션 산업을 통해 세계에 '독도'는 대한민국 땅임을 알리고 싶다는 포부를 비췄다.

(7) 창업자 ㈜이엔이 고성호 대표

'독립전원 태양광 전기시스템'으로 창업에 성공한 ㈜이엔이의 고성호 대표는 졸업식을 하면서 다음과 같이 말하였다. "맞춤형 교육지원, 전문 책임멘토링, 전담매니저들의 도움으로 창업사관학교 입소 시 세웠던 목표를 달성할 수 있었다"고 말했다.

고성호 대표는 창업하기 전 환경 · 에너지 분야 업체에서 10년 이상을 근무한 전문가로 자신의 기술을 바탕으로 관련 특허를 보유하고 있다.

입소 시 세웠던 목표… 그는 나의 제품으로 대한민국의 건강한 환경을 만들고 싶다는 포부를 밝혔었다.

고성호 대표는 수질환경 분야의 개선을 위해 수자원공사와 공동으로 '배관설비에 대한 수처리 장치 및 시스템'기술을 개발하였고, 엄격한 샘플 테스트 등을 통해 우수성을 인정받아 최근 수자원공사와 계약을 체결하는 좋은 결과를 내었다.

고성호 대표는 작지만 강한 회사, 직원과 함께 만드는 회사를 운영하고자 앞의 포부와 같이 회사의 비전을 명확히 설정하였다. 또한 어려운 기업환경 속에서도 직원들의 계발과 전문지식이 회사에 이익을 줄 수 있는 자원임을 강조하며, 대학교 또는 대학원의 진학을 희망하는 직원에게는 등록금을 지원해주었고, 이러한 노력 끝에 창업을 시작했던 2013년 약 10억의 매출을 달성하였다.

제3장 창업아이템선정 프로세스

창업을 시작하고자 하는 경우 예비창업자만의 독특한 아이템 발굴을 위한 다양한 자료의 수집이 매우 필요하다.

창업은 이미 개발되어 생산되고 있는 제품을 벤치마킹하여 창업자만의 독창적인 디자인 및 실용성 등을 향상시켜 개량하는 경우가 대부분이다. 즉, 본 제품과의 차별성이 없는 경우 해당 시장이 위축될 시 동시에 영향을 받을 수 있는 여지가 있다.

따라서 창업자 자신이 실제 생활 속에서 불편해했던 사항을 개선하기 위한 목적을 통해 아이템을 발견한다거나 창업자 자신이 좋아하되 대중적으로 관심을 유도할 수 있는 아이템 등의 발굴이 가장 좋다고 할 수 있다.

주의하여야 할 사항은 자신과 친한 사람, 가족 등의 의견보다 제3자[17]를 통해 아이템에 대한 상품화 가능성 등을 사전조사해보는 것이 중요하다.

1. Item 발굴

(1) 내가 좋아하는 것인가?

(2) 신규적인 아이템인가?

(3) 진보적인 아이템인가?

(4) 주변에서 다수의 사람들이 필요로 하는 것인가?

(5) 내가 경험해 본 것인가?

17) 객관적으로 사업 아이템에 대한 평가를 해줄 수 있는 전문가 또는 해당 업계의 사람과의 접촉이 필요하다.

(6) 연구기관 또는 컨설턴트와 협의해 보았는가?

2. Item 선정을 위한 분석(정보수집)

(1) 분석을 위한 질문의 예

1) 국내 · 외 시장에서 이미 판매되고 있는 유사한 아이템은 없는가?
2) 국내시장 및 고객의 확보가 가능한가?
3) 제품은 실제 만들어 질수 있는 가?
4) 직접 생산을 하거나 주문 생산을 할 수 있는가?
5) 얼마에 팔 수 있을 것인가, 시장에 형성되어 있는 가격은?
6) 대체제가 있는가?
7) 정부의 인가 또는 허가의 대상에 포함되는가?
8) 자금조달 방법은 있는가?
9) 나에게 돌아오는 이익은 있는가?
10) 진입장벽은 없는가?
11) 성장가능성은 있는가?
12) 현재 해당 제품 또는 유사제품의 성장주기는 도입기, 성장기, 성숙기, 쇠퇴기 중 어디에 속하는가?

(2) 자료수집의 방법

정보를 수집할 시 항상 최근의 논문, 통계자료, 신문, 매스컴 등의 자료를 활용하는 것이 매우 유용하다.

3. 시장분석의 방법

(1) 선행조건 및 조사내용

자동차관련 악세사리 중 핸들커버를 가지고 창업을 희망하는 경우 가장 먼저 선행하여야할 것은 무엇일까?

바로 시장조사를 통한 분석을 하여야 한다.

시장조사를 통해 핸들 커버에 대한 업체 및 종류, 디자인, 가격 등을 살펴보고 내가 생각하는 아이템과의 차별성은 무엇인지를 분석하여야 한다.

(2) 조사방법

그렇다면 시장조사는 어떻게 할 수 있는가?

인터넷을 통한 방법과 마트 등 현장방문을 통해 하는 방법 그리고 논문 등 관련 자료를 통해 살펴볼 수 있다.

(3) 조사목적

시장조사를 통한 분석을 하는 이유는 "적을 알고 나를 알면 백전백승"이라는 말과 같이

① 유사성으로 인한 침해 또는 분쟁발생은 없는 지

② 시장진출을 하는 경우 성공할 가능성은 있는 지

③ 시장진입의 문제점은 없는 지

④ 내가 생각하는 시장가격과 일치되는 지

등을 사전확인해보는 목적이 있으며, 마케팅적 시장분석에 대한 자세한 사항은 후술하여 살펴보기로 한다.

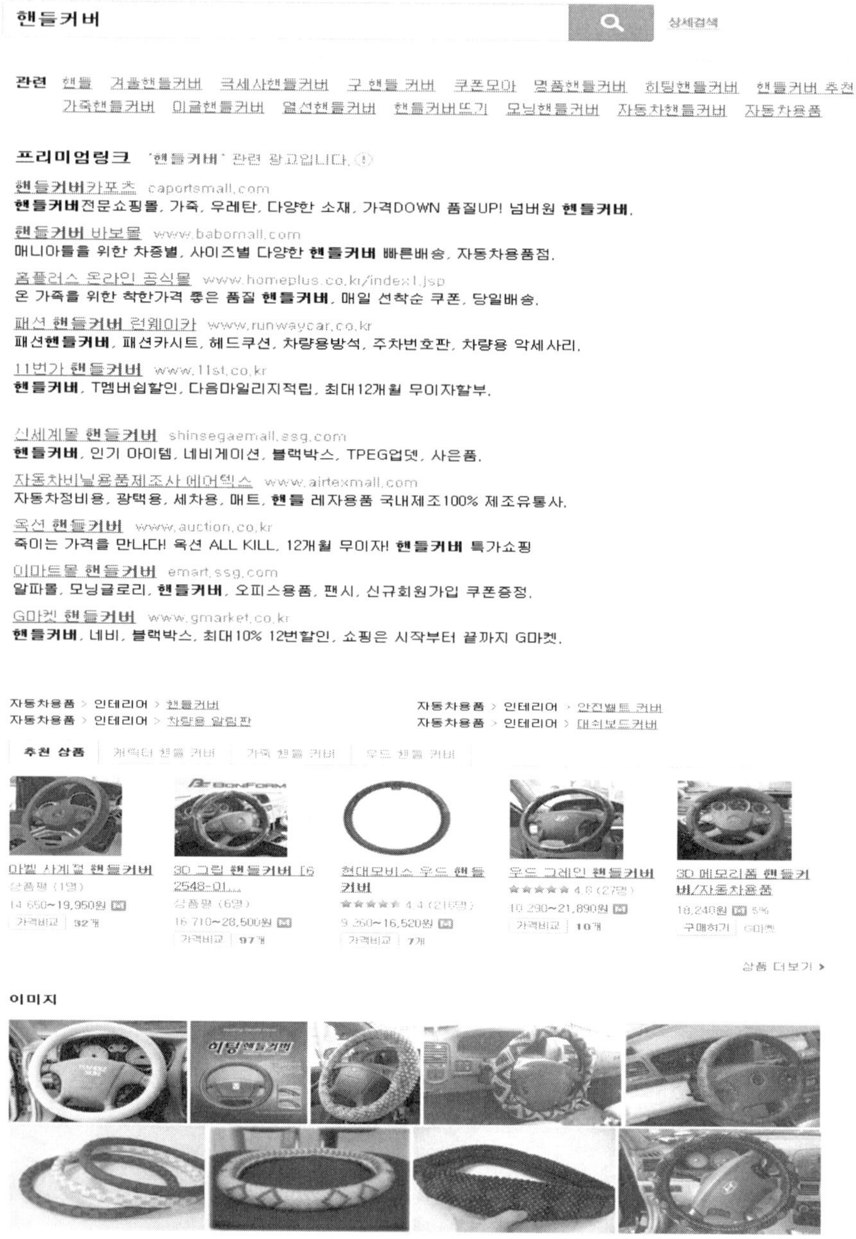

〈인터넷을 이용한 상품검색〉[18]

18) 다음사이트를 이용한 검색

4. 비즈니스모델(Business Model) 정립 Tool

(1) 린 스타트업(Lean Startup)

1) 린 스타트업의 기본 개념

린 스타트업은 스탠퍼드 대학교의 스티브 블랭크(Steve Blank) 교수가 기본적 이론을 만들었다.

린 스타트업은 실리콘밸리에서 시작한 창업전략으로 상기에서도 설명한 바와 같이 창업자가 범할 수 있는 리스크를 최대한 제거하고 시작할 수 있도록 하는 Tool이다.

본 Tool은 검증작업을 수행하며 진행하는 것이 매우 중요하고, 창업자의 집중과 선택을 체계화하여 안정적인 창업을 유도하는데 주목적이 있다.

2) 린 스타트업의 순환

린 스타트업은 아래의 그림과 같이 아이디어 - 만들기 - 제품출시(생산) - 측정 - 데이터 - 학습 - 아이디어 등의 연결되는 순환구조로 이루어져 있다.

이를 통해 신제품을 개발하여 출시하고 고객으로부터 반응을 측정하여 개선하거나 문제점이 있는 경우 신속히 방향을 전환(Pivot)하여 학습(시행착오)을 통한 제품의 완성도를 높인 후 본격적으로 제품 출시를 통한 판매를 함으로써 리스크를 최소화할 수 있는 방안을 제시한 것이다.

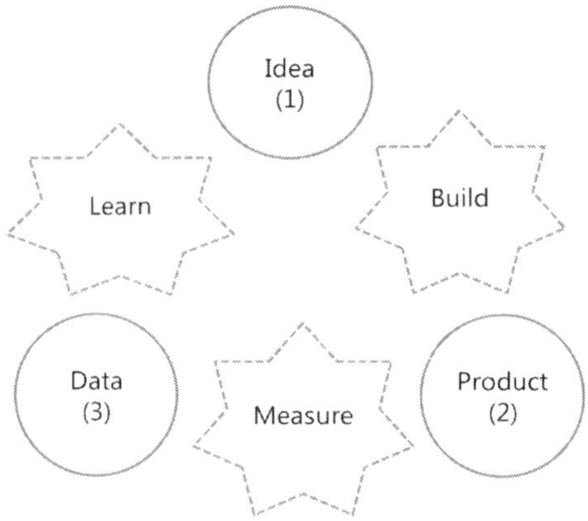

〈Lean Startup Cycle〉

3) 린 스타트업 사용자 및 성공 사례

린 스타드업은 창업자 이외에도 회사의 신규사업개발자, 창업멘토, 창업컨설턴트, 창업자를 지원하는 인큐베이터 및 엑셀러레이터 등에게도 필요한 Tool이다.

린 스타트업을 통해 성공한 기업에 대하여 살펴보면 애플과 3M을 대표적으로 소개할 수 있으며, 세부적인 내용은 다음과 같다.

가. 애플 사례

대표적인 린 스타트업 성공사례로는 애플과 모토로라가 공동 개발하여 2005년도에 발표했던 락커(ROKR)는 휴대폰 + MP3를 결합한 제품이다.

2005년 당시 100개의 노래만을 저장할 수 있고, 고객에게 가장 중요한 전송속도가 느려 시장에서는 인정받지 못하였다.

하지만 이를 계기로 아이폰은 예쁜 디자인과, 빠르고 편리한 아이폰을 개발하여 만든 이후 현재의 공룡기업으로 성장하였다.

나. 3M 사례

린 스타트업의 성공사례인 3M은 포스트잇으로 유명한 회사이다.

3M의 직원이었던 '스펜서 실버'는 접착제를 연구하던 중 잘 떨어지지 않는 접착제를 우연히 발견하였다.

접착제는 한 번 붙으면 절대 떨어져서는 안 된다는 고객들의 고정관념을 깨지 못하여 실패하였다.

그러던 중 3M의 직장동료였던 '아트 프라이'는 교회 성가대의 악보를 볼 때마다 해당 악보를 찾는 데 많은 시간이 걸리는 것을 고민하던 중 '스펜서 실버'가 개발한 잘 떨어지는 접착제를 생각하게 되었다.

이를 활용할 경우 손상 없이 악보를 볼 수 있으면서 쉽게 원하는 곳을 찾을 수 있다는 생각을 하여 지속적인 변화와 개발을 통한 현대인의 필수품으로 자리매김을 하게 되었다.[19]

19) 3M의 사례와 같은 우연한 기회에, 운 좋게 발견된 사례를 세렌디피티(Serendipity)라고 한다.

4) 린 스타트업 캔버스

Problem (고객문제_1)	Solution (솔루션_4)	Unique Value Propositions (고유가치제안_3)	Competitive Advantage (경쟁우위_9)	Customer Segments (고객세분화_2)
- 가장 중요한 3가지 문제점	- 가장 중요한 3가지 기능 - 가장 중요한 문제해결 방안 3가지	- 회사제품을 구입해야 하는 이유와 타사 제품과의 차이점을 비교 설명 (알기 쉽고 설득력 있는 단일 메시지)	- 성실한 A/S처리 - 홈페이지 게시판 - 블러그 등 SNS활용 - VOC	- 회사 제품이 필요한 고객 - 목표고객
Existing Alternatives (문제대안) - 문제해결을 위한 고객대안	Key Metrics (핵심지표_8) - 측정 해야 하는 중요 지표 및 활동		Channels (채널_5) - 고객도달방법	Early Adopters (최우선거점고객) - 가장 필요로 하는 고객 - 접근용이 고객

Cost Structure(₩) (비용구조_7)	Revenue Streams(₩) (매출구조, 수익원_6)
- 인건비 - 운영비 - 재료비(원/부자재) - 마케팅비(홍보비, 광고비, 판촉비 등) - 시제품 또는 금형제작 비 등	- 라이선스 - A/S 매출 - 매출모델 등

〈Lean Canvas 구성 및 기재내용 사례〉

(2) 비즈니스모델 캔버스(BM Canvas)

비즈니스 모델 캔버스는 9개의 주요구성요소로 이루어져 있으며, 이는 스위스 로잔대학교 예스 피그누어(Yves Pigneur)교수와 알렉산더 오스터 왈드(Alexander Osterwalder)가 정립한 사업모델이다.

<table>
<tr>
<td rowspan="2">Key Partners
(핵심파트너)

- 핵심 파트너
- 핵심 공급업체 등</td>
<td>Key Activities
(핵심주요활동)
- 가치제안을 위한 활동 사항
- 채널과의 중점 활동 사항은?
- 매출처에 대한 활동 사항은?</td>
<td rowspan="2">Value Propositions
(가치제안)

- 회사제품 사용에 따른 장점

- 타사제품과의 차별성</td>
<td>Customer Relationships
(고객관계/관리)

- 성실한 A/S처리
- 홈페이지 게시판
- 블러그 등 SNS활용
- VOC</td>
<td rowspan="2">Customer Segments
(고객세분화)

- 회사 제품이 필요한 업체

- 1차 목표 고객(시장)

- 2차 목표 고개(시장)</td>
</tr>
<tr>
<td>Key Resources
(핵심역량/자원)

- 기술력
- 인력 POOL
- 프로젝트 수행경력등</td>
<td>Channels
(유통/접근전략)
- 고객사
- 전시회 및 박람회
- 인적네트워크
- 홈페이지/SNS
- 방문판매
- 전자상거래 등</td>
</tr>
<tr>
<td colspan="2">Cost Structure(₩)
(비용구조)
- 인건비
- 운영비
- 재료비(원/부자재)
- 마케팅비(홍보비, 광고비, 판촉비 등)
- 시제품 또는 금형제작 비 등</td>
<td colspan="3">Revenue Streams(₩)
(매출구조, 수익원)

- 라이선스
- A/S 매출
- 상품판매
- 광고수익 등</td>
</tr>
</table>

〈BMC 구성 및 기재내용 사례〉

1) 가치제안

: 가격, 디자인, 편리성, 효율성 등

2) 핵심주요활동

: 판매활동, 생산활동, 자금조달 활동 등

3) 핵심역량 및 자원

: 창업자 역량, 인적자원, 물적자원, 지식재산권, 인증, 재무자원 등

4) 유통채널 및 접근전략

: 인바운드, 아웃바운드, SNS 등

5) 고객세분화

: 창업자의 제품을 필요로 하는 고객, 이를 통한 단계별 고객 등

6) 고객관계

: 고객에게 제공할 수 있는 서비스, 고객의 불편함 해소 방안 등

7) 매출구조 및 수익원

: 제품판매, 라이센싱, 이자, 가입비, 서비스 이용료, 광고료, 임대표 등

8) 비용구조

: 인건비, 원/부자재료, 시설비, 임차료, 투자비, 자금조달 방안 등

9) 핵심파트너

: 네트워크, 주요 공급처, 주요 업무지원처 등

제4장 마케팅

마케팅 및 마케팅전략은 예비자창업자 외에도 기업의 신사업개발부서, 마케팅부서, 기획부서, 영업부서 등 전반적인 기업업무에서 필수적으로 사용되어지는 만큼 매우 중요한 파트이다.

본장에서는 사업계획서 작성을 위한 마케팅 및 전략내용을 중점으로 살펴보고자 한다.

1. 마케팅의 개념

(1) 정의

마케팅에 대한 정의는 환경에 따라 변화되고 있다. 이는 소비자의 소비패턴에 따른 영향에 따른 것으로 분석되며, 미국마케팅학회(AMA)에서는 다음과 같이 마케팅에 대한 정의를 내렸다.

년도	마케팅정의
1985	개인이나 조직의 목적을 만족시키기 위하여 아이디어, 상품 그리고 서비스의 개념과 가격, 판촉 및 유통을 계획하고 수행하는 프로세스
2004	조직과 그 이해관계자들을 위해서 고객에게 가치 있는 것을 창조하여 이를 알리고 전달하며, 또한 고객과의 관계를 관리하기 위한 조직의 기능 및 일련의 프로세스
2007	고객과 파트너 그리고 포괄적으로는 전체 사회에 유용한 가치를 제공하는 상품들을 창조하여 이를 알리고 전달하며 교환하는 활동과 일련의 제도 및 프로세스

1985년의 경우 판매전략 방안을 기반으로 하였고, 2004년에는 고객한정으로 변화되었으며, 2007년에는 고객과 파트너를 전체 사회를 포함한 조직과 관련된 모든 것을 마케팅의 대상으로 확대하여 정의하고 있다.

(2) 전반적인 프로세스

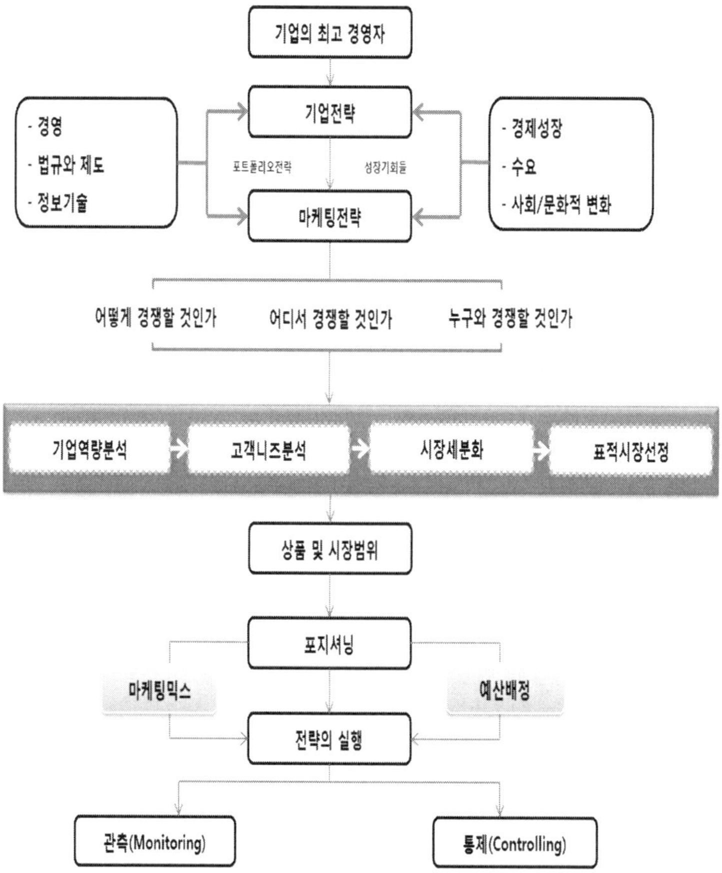

〈마케팅 전반 프로세스〉[20)]

상기의 그림을 통해 마케팅에 대한 전반적인 프로세스를 한 눈에 살펴볼 수 있다. 개인적으로는 해당 도식의 내용 중 ① 어떻게 경쟁할 것인가, ② 어디서 경쟁할 것인

20) 이훈영, “마케팅”, 도서출판 청람, 2011.

가, ③ 누구와 경쟁할 것인가에 대한 물음이 제일 중요한 부분이라고 생각된다. 그 이유는 ①내지 ③에 대한 답안이 명확히 정의가 되어야만 아래의 내용에 대한 이해 및 적용을 할 수 있기 때문이다. 따라서 마케팅은 모든 가능성을 최대한 열어둔 상태에서 객관적 자료와 주관적 입장을 결합하여 최상의 답안을 내놓는 프로세스라고 본다.

2. BCG매트릭스

(1) 개념

BCG(Boston Consulting Group)는 1970년대 개발된 기업의 경영전략수립을 위한 분석도구로 사업포트폴리오(Business Portfolio)분석을 위한 기법이다. 즉, 신제품 또는 기성제품 등을 통해 현재의 사업영역수준을 정리하여 분석된 결과를 통해 자금의 투자, 유지, 확산, 철수 등의 내부적 의사결정을 판단할 수 있는 지표로 많이 활용된다.

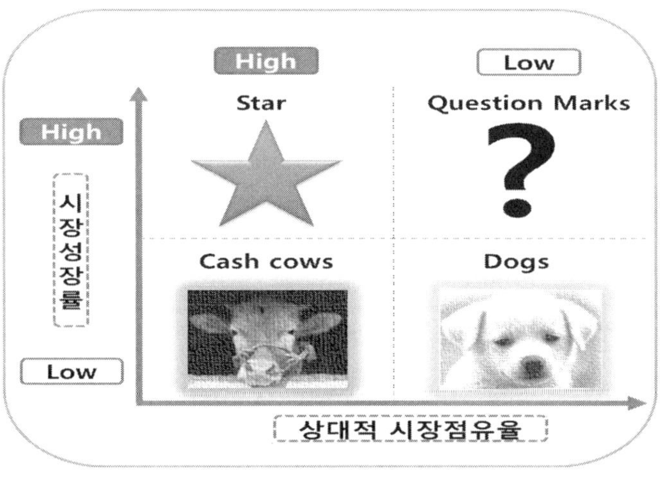

〈BCG매트릭스〉

(2) 해당 사업영역의 의미

1) 별(Star)

별은 고성장 고시장점유율을 의미하며, 경쟁이 치열한 제품이다.

별은 돈을 많이 사용하는 사업으로 전체사업을 선도하므로 많은 돈을 창출해내야 한다.

이는 순현금흐름과 균형을 이루는 경우가 많아 지속적인 별의 자리를 유지할 수 있도록 투자함으로써 높은 시장점유율을 필히 지속시켜야 한다.

2) 현금젖소(Cash cows)

현금젖소는 저성장 고 시장점유율을 의미하며, 독점시장이거나 수익성이 높은 제품이다. 이익과 현금 창출은 높아야하며, 낮은 성장으로 인해 필요한 투자는 낮게 책정되는 것이 일반적이다.

3) 개(Dog)

개는 저성장 저시장점유율을 의미하며, 경쟁력이 없는 제품이다.

회사에 존재하는 개의 수를 최소화하고 피해야 하며, 고비용의 구조계획을 경계하여야한다.

개는 현금을 창출해내지 못할 경우 신속히 철수여부에 대한 의사결정을 하여야 한다.

4) 문제아(Question Marks)

물음표인 문제아는 고성장, 저시장점유율을 의미하며, 신제품이다.

문제아는 현금수요는 높은 반면, 낮은 시장점유율로 회사에 낮은 수익을 주므로 현금에 관한 한 가장 좋지 않은 경우이다. 만약 시장점유율에 변화가 없는 경우 문제아는 많은 현금을 지속적으로 낭비하게 될 것이므로 집중적인 투자 또는 매각, 투자 중단을 통한 의사결정이 필요하다.

(3) 창업적용

BCG매트릭스는 다양한 사업의 포트폴리오가 있는 기업의 경우 시장 진입 또는 철수, 투자 등의 전략수립을 위해 사용된다.

창업에 BCG매트릭스를 적용하는 경우 문제아(물음표) 또는 개의 사업영역에 해당하는 경우가 대부분일 것이다.

하지만 BCG매트릭스는 의사결정을 위한 Tool일뿐 성장가능성이 있거나 실제 매출액이 증가하고 있는 추세라면 별 또는 소로도 이동이 될 수도 있는 것이다.

따라서 창업단계에서는 창업자의 제품이 어느 사업영역에 들어가는지 만을 확인하고 지속적인 성장이 가능하도록, 확산을 통한 투자 등의 적극 적인 노력을 해보는 것이 좋다.

3. SWOT

(1) 개념

SWOT은 창업자의 내 · 외적 상황분석을 전략적으로 접근하여 검토하기 위한 Tool로 현재의 주어진 상황을 전략가의 입장에서 분석하여한다.

강점(Strength), 약점(Weakness), 기회(Opportunity), 위협(Threat)을 합쳐 SWOT이라고 한다.

(2) SWOT분석에 의한 전략수립 절차

① 시장에 있어서의 기회요인과 위협요인을 도출하고(외부), ② 창업자의 강점과 약점을 도출하며(내부), ③ SWOT Matrix를 작성하여 ④ SWOT분석에 근거한 전략수

립을 하고, ⑤ 마케팅전략을 수립한다.

〈전략수립 절차〉

(3) 분석을 위한 체크리스트

해당 체크리스트는 정해져 있는 것이 아니며, 창업자가 생각하는 내 · 외부적 환경요소에 대한 기준항목을 정해 체크리스트에 작성하여 이용할 경우 효율적이고 명확한 분석을 할 수 있는 장점이 있다.

1) O/T체크리스트 샘플

구분	기회(O)		위협(T)	
	내용	중요도	내용	중요도
제품				
가격				
광고 및 촉진				
유통				

2) S/W체크리스트 샘플

구분	강점(S)		약점(W)	
	내용	중요도	내용	중요도
브랜드인지도				
제품특징				
차별성				
유통경로				
광고 및 판매역량				
판매원				
점유율				
충성고객				
연구개발인력				
기술력				
가격				

(4) SWOT분석에 따른 대책방안 및 전략수립

〈대책방안 및 전략수립〉

창업자는 SWOT만을 분석하는 것으로 끝내서는 안되며, 상기의 그림과 같이 S/O, W/O, S/T, W/T별 대책방안 및 전략을 수립하여 창업아이템을 가지고 시장에 진출을 할 경우 종합적인 마케팅전략을 수립하거나 창업진행여부에 대한 의사결정을 명확히 내릴 수 있다.

4. STP 전략

(1) 개념

STP는 그림과 같이 3단계로 구분된다.

① 시장세분화는 최적의 시장세분화를 할 수 있는 방법을 탐색하여 세분화 된 시장 정보를 수집한다.

② 표적시장은 세분시장의 효과 등을 검토하여 가장 효율성을 낼 수 있는 세분시장을 선택 후 결정한다.

③ 포지셔닝은 마케팅믹스를 통한 소비자에게 기업의 이미지를 각인시킨다.

즉, 다양한 소비자의 서로 다른 Needs, Demand, Wants를 파악하여 이를 세분화한 후 세분화한 소비자의 집단 중 가장 효과적인 표적시장을 결정 후 공략하고 마케팅은 소비자에게 이미지를 인식시키는 것이 매우 중요한 요소이므로 우호적인 이미지를 소비자가 인식할 수 있도록 포지셔닝을 하는 것이다.

세분시장이 2개 이상 선정이 된 경우 각각의 세분시장별로 마케팅믹스전략을 실행하여야 한다.

(2) 시장세분화

시장세분화는 니즈 또는 상품을 통해 얻고자 하는 편리상의 이익이나 유사점 또는 인구통계적인 요인이 비슷한 소비자의 소그룹을 분류해보는 것이다.

1) 시장세분화 목적

① 소비자의 욕구, 구매동기 등을 분석 후 시장상황을 파악하여 변화하는 시장에 적극적인 대응을 하기 위함이다.

② 회사의 강점과 약점을 파악하여 방향성을 설정하고자 한다.

③ 표적시장을 명확히 결정하여 마케팅활동을 강화하고자 한다.

④ 기업의 제한 된 자원을 효과적으로 활용하고자 한다.

2) 시장세분화 전제조건

① 정보의 측정 및 획득이 용이하여야 한다.

② 수익성이 보장되어야 한다.

③ 접근 용이성과 전달성이 높아야 한다.

④ 명확한 구분이 되어야 한다.

⑤ 차별화된 반응성이 높아야 한다.

⑥ 일관성과 지속성을 갖추어야 한다.

3) 세분시장의 수 결정

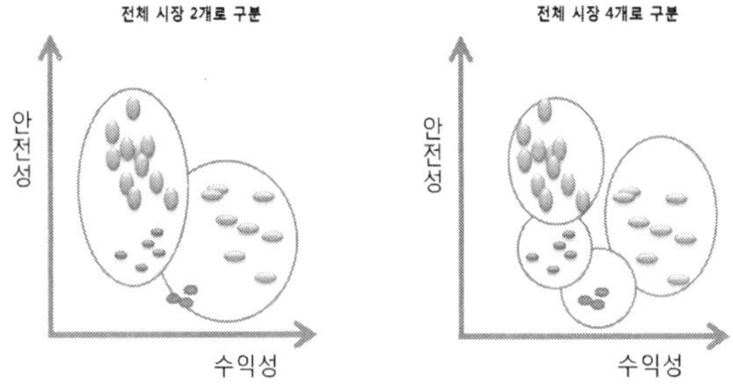

〈세분시장의 수 분류〉

세분시장의 수를 결정함에 있어 기준은 달리 없다. 다만 현실적으로 분류를 하고자 하는 방향성 및 항목 분류표 등을 작성하여 활용을 하는 것이 효율적이다.

다만 참고적으로 시장세분화에 대한 변수를 고려하여 적용을 한다면 어느 정도 객관화된 세분시장을 분류할 수 있을 것이다.

① 인구통계학적 변수

: 성별, 나이, 가족 수, 소득수준, 직업, 종교, 인종, 생활주기, 인구 등

② 생활유형변수

: 관심거리, 라이프 스타일 등

③ 지리적 변수

: 지역, 규모, 인구밀도 등

④ 행동변수

: 구매 시기, 구매수준, 브랜드 충성도 등

(3) 표적시장

1) 정의

세분화 시킨 시장 중 가장 효율적으로 활용할 수 있는 시장을 선정하는 것을 말한

다. 즉, 현재부터 미래까지 이익을 창출 시킬 수 있는 지와 기업에서 추구하는 목표와 일치되는지 등을 고려하여야 하낟.

2) 선정방법

표적시장을 선정하는 방법은 다음과 같다.

① 하나의 세분시장에 집중

: BMW, 이케아

② 전문적 제품만을 취급하는 세분시장 선택

: 3D프린터, 공학용 기계를 대학교에 공급

③ 특정 시장에 광범위한 제품범위 제공

: 화학약품, 3D프린터, 실험도구 등

④ 2개 이상의 세분시장에 단일제품 제공

: 리스크 분산 및 Pilot test

⑤ 전체 세분시장에 모든 제품 제공

: CJ 고추장, 대상 된장 등

(4) 포지셔닝

1) 정의

1972년 라이스(Ries)와 트라우트(Trout)가 포지셔닝이라는 말을 사용하였으며, 포지셔닝의 정의로 "인간의 마음속에 뛰어드는 길"이라고 소개하였다. 현대적 포지셔닝은 상품, 서비스, 기업의 이미지를 소비자들에게 인식시키는 것으로 정의되고 있다. 그 의미는 동일하다고 생각된다.

2) 포지셔닝 전략

포지셔닝 전략으로는 다음과 같다.

① 경쟁상대에 대한 제포지셔닝

: 타이레놀과 아스피린

② 최초로 기억되는 기업

: 우주비행사 닐 암스트롱(1969.7.20.)

③ 지속적인 이미지 전달에 집중

: 불임전문병원을 통한 병원 특화

④ 1등 그룹으로의 형성

: 3대 생명보험사(교보, 삼성, 대한생명)

⑤ 현재의 위상 강조

: 대한생명 "지금은 2등이다. 그러나"

5. 4P+3P(마케팅믹스)

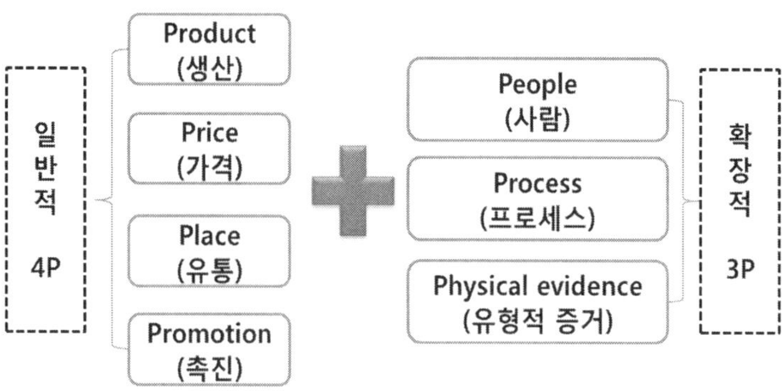

〈마케팅 믹스 구조〉

(1) 정의

마케팅믹스는 STP의 포지셔닝을 위한 구체적인 전략이다. 즉, 시장세분화를 통해 표적시장을 결정하고, 해당 표적시장에서 효율적인 활동을 하기 위해 기업의 이미지를 인식 하는 등의 행위를 함에 있어 그 이미지를 어떻게 심어줄 것인지 마케팅믹스를 통해 정립하는 것이다.

(2) 생산전략

생산전략은 과거와는 달리 상품기획부터 생산, 판매, 사용, 구매, 소비자의 욕구충족 등 모든 과정을 포함한다. 즉, 상품은 소비자가 만족을 하게 되면 재구매를 하고 이를 통해 매니아가 되는 경우 충성고객으로 까지 발전하게 된다. 또한 신상품 기획을 통해 소비자의 욕구를 충족시키며, VOC(Voice of customer: 고객의 소리)등을 통해 상품은 지속적으로 개선되어 더 좋은 제품을 생산하고 출시하게 된다.

(3) 가격전략

가격의 본질은 기업의 생산된 상품과 소비자의 필요 등을 연결하는 교환계약을 실현시키는 역할을 하는 것이다. 그러나 최근에는 경쟁사간의 치열한 가격전쟁으로 오히려 촉진전략에 편입되는 현상이 발생하고 있다.

기업은 이미지 또는 이익률을 제고하고자 하는 경우와 차별화된 마케팅이 가능한 Pull마케팅이 가능할 경우 '고가정책'을 쓰는 것이 일반적이다. 또한 시장점유율을 확대하거나, 경영악화를 조장하기 위한 경우에는 '할인가정책'을 사용하고, 일반대중시장에 집중할 경우에는 '중용가전략'을 사용한다.

(4) 유통경로전략

유통경로는 일반적으로 알고 있는 상품이 생산되어 소비자에게 전달되는 과정에서 발생하는 생산자, 도매상, 소매상 및 소비자 모두를 포함한 활동을 말한다. 오프라인 매장이외에도 인터넷쇼핑몰과 온라인 중개상 등이 추가로 결합되어 판매가 되고 있다.

유통경로의 기능으로 ① 거래의 수를 감소시켜 거래를 촉진시키며, ② 거래를 표준화할 수 있고, ③ 생산자에게 규모의 경제 실현과 구매자에게 다양한 상품을 선택할 수 있는 기회를 제공한다. 또한 ④ 시장환경요인들에 대한 정보제공과 소비자에게 상품에 대한 정보를 제공하며, ⑤ 상품배송 등의 대고객서비스를 제공하고, ⑥ 외상 또는 할부판매를 통한 생산자의 위험을 분담한다.

(5) 촉진전략

촉진의 핵심은 소비자가 기업의 제품을 구매하여 매출액을 증가시킬 수 있도록 유도하는 전략이다.

이에 따른 촉진전략으로는 다음과 같다.

① 광고 전략이 대표적인 예이다.

② 판매촉진을 위한 샘플 또는 판촉물을 이용한 이벤트 등이 있다.

③ 인적판매로써 판매원을 통해 소비자에게 상품에 대한 정보를 제공하고 소비자의 판단으로 회사 제품을 구매할 수 있도록 유도한다.

④ 홍보 전략으로 개체를 이용하는 광고와는 달리 선전의 내용을 배제하고, 기업의 정보를 소개함으로써 소비자의 기억 속에 오래도록 남는다는 장점이 있다.

서비스산업의 발달로 인해 확장된 마케팅믹스는 다음과 같다.

(6) 유형적 증거

금융기관의 창구를 새로 단장하거나, 마트 및 백화점의 매장 분위기를 스스로 바꾸는 행위, 근무자의 복장, 디자인, 물건 배치, 음악, 분위기 등이 유형화 자업에 속하며, 이는 소비자의 불안감을 최소화하기 위한 전략이다.

(7) 사람

서비스를 직접 수행하거나 상품을 직접 생산하는 행위를 사람이 함에 따라 사람의 능력, 예절, 신뢰성, 소통, 외모, 말투 등 인적요인들을 통해 기업의 차별성 및 마케팅으로 활용된다. 대표적인 사례로 자동차 판매장, 항공사 또는 호텔 등에서 전문성을 갖추고 근무를 하는 직원 등이 있다.

(8) 프로세스

서비스 프로세스를 표준화하여 무형적인 서비스를 유형화하는 중요한 요인으로 사고가 날 경우 병원에 입원하는 절차 및 보험에 관한 사항을 효율적으로 처리하는 마케팅이다.

6. 손익분기점

(1) 개념

손익분기점(BEP, Break Even Point)은 손실과 이익의 분기점으로 손익이 "0"이 되는 시점을 말하며, 투입된 비용과 일치되는 매출액[21]을 말한다.

창업자는 창업을 시작할 때 언제쯤이면 우리도 안정되게 수익을 올릴 수 있을지를 고민하게 된다. 중요한 것은 손익분기점이란 실무상으로 검증되지 않은 가설의 목표치임을 명심하여야 한다.

다만 손익분기점을 목표로 하여 창업을 할 경우 해당 손익분기점에 도달하기 위한 영업 및 생산 등의 매출목표 등을 설정하게 되므로 매우 중요한 요소라고 본다. 이는 사업계획서를 작성할 경우 필요로 하는 경우가 많으므로 개념을 명확히 이해하고 작성을 할 수 있다면 매우 유용하게 활용할 수 있을 것이다.

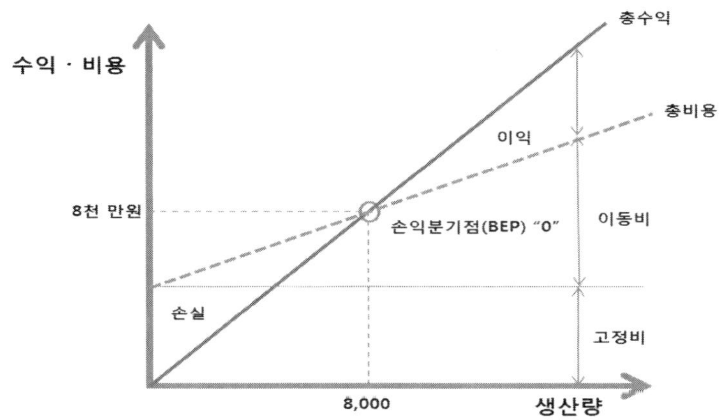

〈손익분기점 도표〉

21) 손익분기점은 매출액 이외에도 수량, 인원, 가동율 등으로도 표시될 수 있으나 통상 매출액으로 표시한다.

(2) 손익분기점 관련 공식

1	고정비 = 총비용 - 변동비
2	총비용 = 매출원가(또는 매입원가) + 판매비 및 일반관리비(판관비) +영업외 비용
3	변동비 = 재료비(매입원가) + 외주가공비 + 수송비 + 포장비
4	한계이익(고정비 회수금액, 순이익 획득 공헌이익을 말함) = 매출액 – 변동비
5	이익 = 한계이익 - 고정비 (한계이익 = 고정비 + 이익)
6	한계이익율(%) = 한계이익 / 매출액
7	변동비율(%) = 변동비 / 매출액
8	고정비율(%) = 고정비 / 매출액
9	이익률(%) = 이익 / 매출액
10	**한계이익** = **고정비(손익분기점)**
11	손익분기점비율(%) = 고정비 / 한계이익
12	매출액 = 고정비 / 한계이익율
13	생산량 = 고정비 / 한계이익 단가

	매출액	1,000
–	변동비	400
	한계이익(공헌이익)	600
–	고정비	600
	이익	0

〈예시_손익분기점 산정〉

제5장 자금조달 및 창업지원자금제도

본장에서는 투자와 관련된 엔젤투자와 벤처캐피탈에 대해 설명하고 창업지원 자금 및 보증 제도를 소개하고자 한다.

1. 기업성장단계와 투자자 유형[22)]

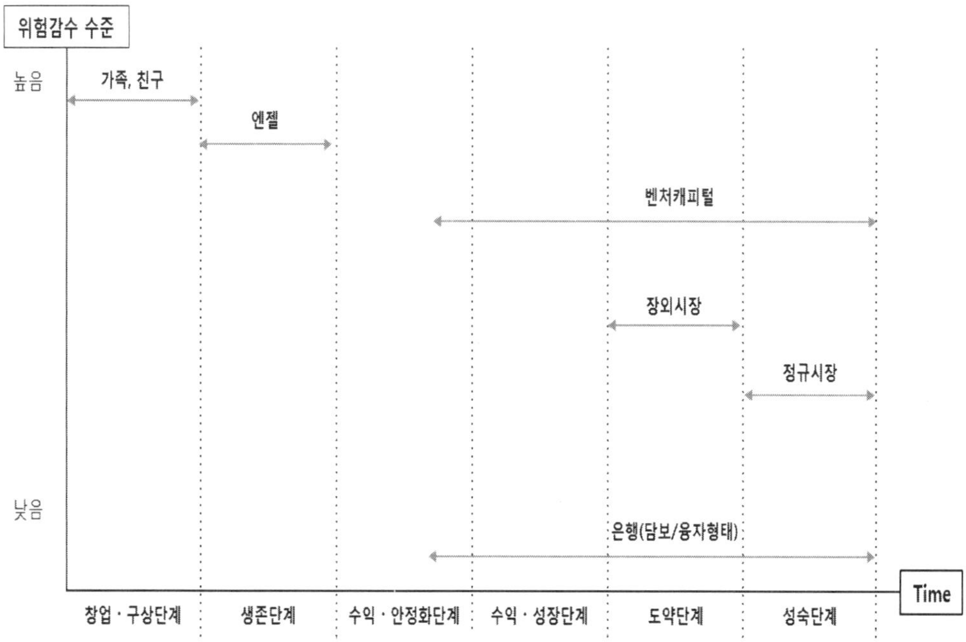

22) 정보통신정책연구원, “엔젤의 유형과 엔젤자금 유치 벤처기업의 성향 분석”, 2000.

자금조달은 지인을 통한 대여, 금융기관을 통한 융자, 투자기관을 통한 투자, 보증기관을 통한 보증을 통한 융자, 벤처캐피탈에 의한 투자유치, 엔젤투자자에 대한 투자유치 등의 방법이 있다. 대부분의 창업자는 초기에는 가족 또는 지인 등을 통한 대금을 빌려 창업에 사용하는 경우가 많으나 한계성이 있으며, 투자자 또는 금융기관 또한 미래를 알 수 없는 창업자에 돈을 투자하거나 융자해주기란 쉽지 않은 것이 현실이다.

2. 자금조달_엔젤투자 VS 벤처캐피탈

(1) 엔젤투자와 벤처캐피탈 비교

1) 비교

구분	엔젤투자	벤처캐피탈
투자단계	성장 초기단계 선호	창업 후 초기성장단계 선호
지원내용	노하우 및 자금지원 등	자금지원
투자동기	고수익성, 지인, 인연 등	고수익성
투자재원	개인자산(투자펀드 작음)	투자자 모집(투자펀드 큼)
자격요건	제한없음	법적요건
위험허용도	높음	낮음
투자수익성	높음	낮음
피투자자의 위치	투자자와 근거리	제한없음
신분노출	비공개	공개
접촉계기	우연적 만남	협의 후 만남
형태	클럽	회사 또는 조합

2) 벤처캐피탈의 법적요건

벤처캐피탈은 「중소기업창업지원법」(“이하 창업지원법”이라 한다) 제16조와 동법 시행령 제11조에 의거하여 벤처조합을 결성할 경우 약정 총액의 40%를 창업 또는 벤처기업에 의무적으로 투자하도록 규정하고 있다.

즉, 약정 총액이 10억 원인 벤처조합을 결정할 경우 4억 원에 대해서는 의무적으로 창업 또는 벤처기업에 투자를 해야만 한다.

(2) 엔젤투자(Angel Investor)의 개념

엔젤투자는 창업자가 ‘죽음의 계곡(Death Valley)’의 단계에 처해진 경우 사업(투자)설명을 통해 선정된 창업자에게 필요한 자금을 투자하고 주식으로 대가를 받아 경영에 대한 자문과 멘토링 등을 통해 창업기업의 가치를 증대시킨 후 ‘투자이익을 회수하는 개인투자자’이다.

(3) 벤처캐피탈(Venture Capital: VC)의 개념

벤처캐피탈은 대부분 지분투자를 통해 고위험의 기업에 투자를 하여 이익을 얻는 전문적 투자집단을 말한다.

즉, 기술은 있으나 경영운영이 미흡하거나 자본이 낮은 기업에게 초기투자를 진행 후 성장시켜 투자 금을 회수하는 것이 일반적이다.

투자의 방법으로는 사업(투자)설명을 통해 선정된 창업자 기업의 신주를 인수하거나 지분을 출자하고, 무담보 전환사채 또는 무담보 신주 인수권부 사채를 인수하기도 하며, 프로젝트 투자를 하기도 한다.

3. 주요 창업지원자금제도

(1) 창업기업지원 자금

창업지원법 시행령 제2조 내지 제3조의 규정에 의거하여 사업 개시일로부터 7년 미만인 중소기업 또는 창업을 준비 중인 자를 대상으로 한다.

해당 자금은 중소기업진흥공단(이하 "중진공"이라 한다)에서 시행하는 자금지원으로 '우수한 기술력과 사업성을 갖추고는 있으나 지금력이 부족하여 창업초기 기업의 생산 설비[23], 사업장 건축 또는 매입자금과 기업 활동 자금[24]'을 지원한다.

융자방식은 중진공에 자금을 신청 및 접수한 경우 기업평가를 통해 융자대상을 결정하고 중진공의 '직접대출' 또는 금융회사의 '대리대출'을 통해 융자를 지원한다.

시설자금의 경우 8년 이내(거치기간 3년 이내 포함)로 하며, 운전자금은 5년 이내(거치기간 2년 이내 포함)로 하고 운전자금은 연간 5억 원을 대출한도로 하되, 10억 원 이상의 시설투자기업의 운전자금은 연간 10억원을 하며, 정책자금 기준금리에서 0.08%p를 차감한다.

---

23) 해당 시설자금에 대한 중소기업진흥공단의 사용기준은 다음과 같다.
1. 생산설비 및 시험검사장비 도입 등에 소요되는 자금
2. 정보화 촉진 및 서비스 제공 등에 소요되는 자금
3. 공정설치 및 안정성평가 등에 소요되는 자금
4. 유통 및 물류시설 등에 소요되는 자금
5. 사업장 건축자금, 토지구입비, 임차보증금
* 토지구입비는 건축허가(산업단지 등 계획입지의 입주계약자 포함)가 확정된 사업용 부 지 중 6개월 이내 건축착공이 가능한 경우에 한함
6. 사업장 확보자금(매입, 경 · 공매)
* 사업장확보자금은 사업영위 필요에 따라 기업 당 3년이내 1회로 한정 지원

24) 해당 운영자금의 사용기준은 창업소요 비용, 제품생산 비용 및 기업경영에 소요되는 자금을 말한다.

(2) 청년창업전용 자금

중진공에서는 대표자가 만39세 이하인 자로 사업 개시일로부터 3년미만인 중소기업 및 창업을 준비 중인 자에게 지원하는 제도로 '우수 아이디어를 보유한 청년층의 창업촉진을 목적으로 창업자금과 교육, 컨설팅을 지원'한다.

융자방식은 중진공에 자금신청 및 접수를 한 경우 교육과 컨설팅을 실시하고 사업계획서 등을 평가하여 퇴종 융자대상을 결정한 후 융자상환금조정형[25]으로 직접대출을 해주는 제도이다.

이는 연 2.7%의 고정금리를 적용하며, 시설자금 내지 운전자금의 구분없이 5년 이내(거치기간 2년 이내 포함)로 융자기간을 설정하며, 기업 당 최대 1억 원을 한도로 융자를 지원한다.

(3) 청년창업 특례 보증

기술보증기금(이하 "기보"라 한다)에서 지원하는 보증제도로 '청년사업가의 아이디어가 상품화 될 수 있도록 청년창업에 특화된 제도를 마련하여 청년의 창업기회를 확대하기 위해 도입된 사업이다.

창업 후 3년 이내인 창업자로 만 20~39세 이하인 기술창업기업에 한하며, 창업 및 운영을 위한 운전자금과 사업장 임차자금 및 시설자금을 대상으로 한다.

기업 당 최대 3억원 이내의 보증금액을 지원한도로 하며, 보증료는 연 0.3%의 고정요율을 적용하고 창업 후 1년 이내 기업 또는 보증금액이 1억원 이하인 경우 전액 보증비율로 적용 가능하며, 이외 에는 95%의 부분보증비율을 적용한다.

---

25) 정직한 창업실패자에 대하여 선별적으로 융자상환금의 일부를 조정

(4) 예비창업자 사전보증

기보에서 운영하는 사업으로 '예비창업자 사전보증은 창업 준비 단계에서 기술평가를 실시하여 창업자금 지원가능금액을 제시해주고 창업 즉시 당초 제시한 창업자금을 보증지원하는 제도이다.

지원 대상자로는 다음의 표에 따른다.

<table>
<tr><th colspan="2">분야</th><th>자격요건</th></tr>
<tr><td rowspan="8">일반창업</td><td>지식재산권
사업화 창업</td><td>최근 2년 이내 등록(출원 포함)된 특허권 · 실용신안권(전용실시권 포함)을 사업화하려는 예비창업자</td></tr>
<tr><td>신성장동력산업
창업</td><td>〈아래의 '17대 신성장동력산업'을 영위하려는 예비창업자〉
– 녹색기술산업
(신재생에너지, 탄소저감에너지, 고도물처리, LED응용, 그린수 송시스템, 첨단그린도시)
– 첨단융합산업
(방송통신융합산업, IT융합시스템, 로봇응용, 신소재 · 나노융합, 바이오제약 · 의료기기, 고부가식품산업)
– 고부가서비스산업
(글로벌헬스케어, 글로벌교육서비스, 콘텐츠 · 소프트웨어, MICE · 융합관광)</td></tr>
<tr><td>녹색성장창업</td><td rowspan="6">「맞춤형
프로그램」지원 대상 예비창업자
<table>
<tr><th>분야</th><th>해 당 업 종</th></tr>
<tr><td>녹생성장창업</td><td>녹색성장산업 영위기업</td></tr>
<tr><td>지식문화창업</td><td>지식기반 제조업, 지식기반 서비스업, 문화콘텐츠산업 영위기업</td></tr>
<tr><td>이공계챌린저 창업</td><td>대표자가 이공계 출신자로서 만45세 이하인 기업</td></tr>
<tr><td>40 · 50 창업</td><td>대표자가 동업계경력 10년이상인 만40~만55세이하인 기업
(제조업, 지식서비스업, 문화콘텐츠산업)</td></tr>
<tr><td>1인 창조기업</td><td>창의적인 아이디어, 전문지식, 지식재산권을 사업화하는 1인 기업</td></tr>
<tr><td>첨단 · 뿌리산업 창업</td><td>첨단기술 · 제품 확인기업 및 뿌리산업 영위기업</td></tr>
</table></td></tr>
<tr><td>지식문화창업</td></tr>
<tr><td>이공계 챌린지창업</td></tr>
<tr><td>40 · 50창업</td></tr>
<tr><td>1인 창조기업</td></tr>
<tr><td>첨단 · 뿌리산업
창업</td></tr>
</table>

<table>
<tr><td></td><td>창업교육 수료 · 창업경진대회 입상</td><td colspan="2">최근 3년 이내 정부 · 지자체 · 공공기관 · 대학 · 연구소 등에서 주관하는 창업교실, 창직 · 창업인턴 프로그램을 수료하였거나 창업경진대회에서 입상한 예비창업자</td></tr>
<tr><td rowspan="4">전문가창업</td><td>교수</td><td>「고등교육법」제14조(교직원의 구분)제2항에 의한 교원(교수, 부교수, 조교수)</td><td rowspan="2">해당기관에서 3년이상 근무경력을 보유한 자에 한함</td></tr>
<tr><td>연구원</td><td>「기술의 이전 및 사업화 촉진에 관한 법률」제2조(정의)제6호에 의한 '공공연구기관'에서 근무한 연구원</td></tr>
<tr><td>기술사</td><td colspan="2" rowspan="2">「국가기술자격법」제9조(국가기술자격의 등급 및 응시자격)에 의한 기술사 및 기능장</td></tr>
<tr><td>기능장</td></tr>
</table>

대상자금은 창업초기 운전자금(창업자금 등) 및 시설자금(사업장 임차자금 등)으로 하며, 보증한도는 최대 10억원(일반창업분야는 5억원)으로 하되 기술사업평가등급별로 차등지급 운영을 한다.

본 제도는 기술사업계획서를 기초로 예비창업자의 기술경험(지식)수준과 기술개발역량, 기술혁신성 등을 종합적으로 평가하게 되며, 이에 따른 기술평가료로 20만원이 부과된다.

100% 전액을 보증하며, 창업 후 1년이 경과된 경우 90% 부분보증으로 전환이 되며, 신청금액이 1억원 이하인 경우 기술평가료는 면제하고, 0.5%p의 보증료를 감면해준다(청년창업특례보증 적용시 0.3%의 고정요율이 적용됨).

제6장 사업계획서 및 투자계획서

본 장에서는 사업계획서와 투자계획서에 대한 기본적인 사항을 살펴보고자 하며, 사업계획서의 샘플은 창업진흥원에서 표준 양식으로 사용하고 있는 문서를 첨부하였고, 전주대 창업선도대학 1기 졸업생의 협조 하에 성공적으로 사업을 펼치고 있는 업체의 사업계획서를 첨부하였다.[26]

사업계획서의 기본적인 틀은 정해짐이 없으며, 정답 또한 없음을 미리 말해둔다. 다만 사업계획서는 워드 또는 PT로 작성을 하는 경우가 많고, 기관 등에 창업지원 사업 등을 신청할 경우 해당 기관의 표준화되어 있는 사업계획서를 제공하여 작성하도록 하고 있다.

사업계획서는 앞에서 살펴본 내용을 전체적으로 망라하여 정리를 하는 문서라고 보면 되며, 작성된 사업계획서를 통해 업체 또는 회사 내의 신사업개발 등을 소개 또는 보고할 때 전문적으로 유용하게 사용되는 중요한 문서이다. 중요한 것은 사업계획서를 잘 작성하는 것도 중요하지만 사업계획서를 검토 또는 심사하는 자에게 쉬운 이해와 납득이 되도록 창업자가 사업계획서상 기재한 내용을 이해하고 발표를 통해 명확한 설명을 할 준비가 되어 있어야 한다.

26) 사업(투자)계획서를 제공해주신 모아콘텐츠(주) 아리우리 김명석대표님과 에너지기업 ㈜이엔이 고성호 대표님에게 감사의 말씀을 드립니다.

1. 사업계획서의 의의

사업계획서(Business Plan)란 새로운 아이템을 개발하거나 회사 내 신사업 또는 신제품개발 프로젝트를 실행함에 있어 필요한 투자비용, 조직, 시장분석, 마케팅전략, 사업성 등을 총 정리하는 문서이다.

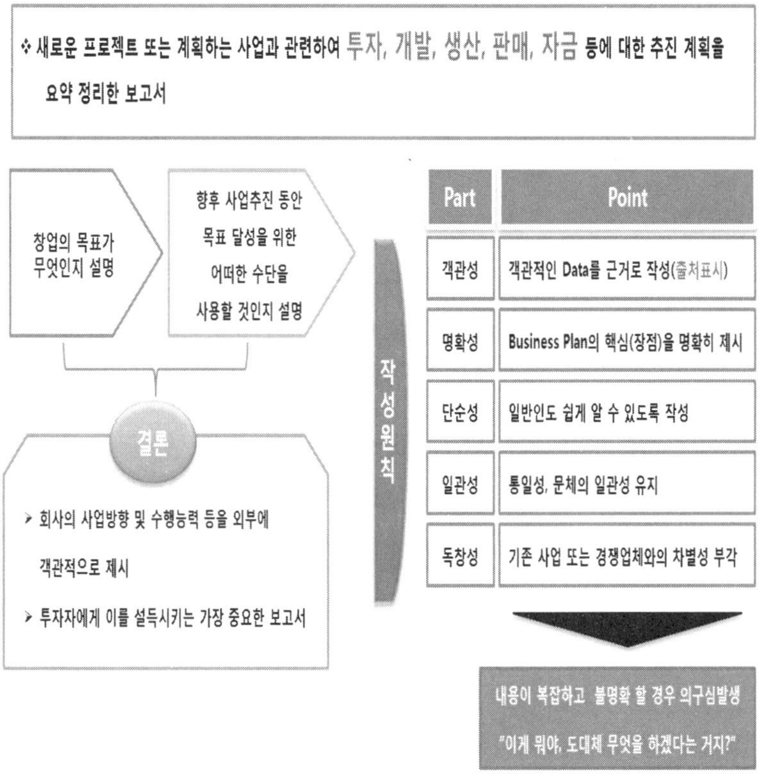

〈사업계획서의 기본방향〉

2. 투자계획서의 의의

투자계획서는 일반적으로 IR(Iinvestor Relation)이라고도 하며, 사업계획서의 내용과 대부분 유사하다. 투자에 대한 내용을 중점적으로 어떻게 매출을 발생시켜 이익을 내고 이를 통해 투자자에게 어떻게 보상을 하겠다는 내용을 투명하게 보여주면서 회사의 성장 가능성을 검토해 볼 수 있는 문서이다.

3. 사업계획서의 핵심요소

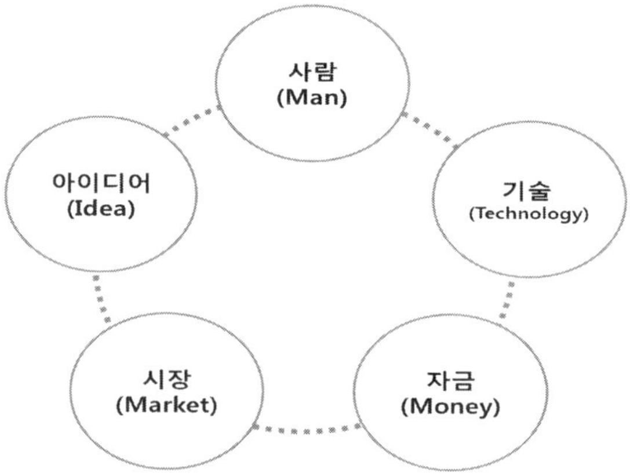

〈사업계획서 핵심 요소〉

상기의 그림과 같이 사업계획서의 핵심요소는 아이디어, 사람, 기술, 자금, 시장이 함께 구성되어야 한다.

(1) 아이디어

아이디어는 창업을 하는 목적이 되는 요소로 내가 만들어 소비자에게 판매할 제품 등을 말하며, 이미 누군가가 개발을 하여 판매하고 있는 유사제품 등의 아이디어 보다 신규적이고, 진보적인 제품의 아이디어를 갖추는 것이 좋다.

(2) 사람

사람은 창업자의 역량을 기초로 하며, 창업자의 직원과 창업자를 지원해 줄 수 있는 인적네트워크 등을 포함한다.

이는 사업계획서 상 조직도를 통해 창업자의 조직운영 능력과 창업자의 전문가와의 교섭 능력 등을 판단해 볼 수 있는 지표로 사용되기도 한다.

(3) 기술

기술은 창업자의 차별화된 능력과 전문성을 확인할 수 있는 요소이다.

(4) 자금

자금은 아무리 좋은 제품 또는 아이디어라고 하더라도 자금 확보를 하지 못하는 경우 제품을 생산하지 못하거나 추가적 연구를 할 수 없는 상황을 만들기도 하며, 대부분의 창업자는 자금의 높은 벽에 막혀 창업을 포기 하는 경우가 빈번히 발생한다.

따라서 창업자는 자금을 조달할 수 있는 방안을 수시로 연구하여야 하고, 창업의 시작을 위한 수단으로 지인, 금융권, 엔젤투자, 벤처캐피탈 등을 통해 적극적인 투자 또는 융자를 받을 수 있도록 사전 준비를 하여 자금조달 능력이 있음을 보여주어야 한다.

(5) 시장

좋은 물건, 멋진 상품, 최상의 기술을 가지고 있다고 하더라도 최종 시장이 없다면 해당 창업은 실패를 한 것과 같다.

따라서 창업자는 창업을 준비하여 인적네트워크와 구매조건부로 창업을 할 수 있는 방안 등을 수립하여 판매할 수 있는 시장을 확보하는 것이 매우 중요하다.

4. 사업계획서 작성원칙

(1) 간단 · 명료

사업계획서의 내용은 비전문가가 보더라도 쉽게 이해할 수 있는 내용으로 간단하면서도 명확하게 작성해주는 것이 필요하다.

실무상 전체적인 내용을 짧은 시간 안에 전부 파악하기란 어려우므로 내용을 요약하여 작성을 해준다면 사업계획서를 검토하는 사람은 쉽게 내용을 파악하고 창업자의 명확한 의사를 확인 할 수 있게 될 것이다.

즉, 창업자는 일반인이 이해를 하지 못하는 지나친 전문용어를 자제하고 필요한 키워드를 중심으로 내용을 간단하게 정리를 하는 습관을 유지하는 것이 중요하다.

(2) 객관적 입증

사업계획서 상 내용은 객관적인 사실을 기준으로 작성을 해주는 것이 좋으며, 특히 그림이나 내용 등을 캡쳐 또는 인용한 경우 필히 출처를 명확히 밝히어 객관성을 확보하여야 한다.

(3) 차별성

사업계획서의 작성 시 예로써 유사제품이 있는 경우 타사 제품과 우리 회사의 제품이 어떠한 차이점이 있는지를 비교분석하여 기재를 해줄 필요성이 있다.

이는 곧 우리 회사의 제품이 타사의 제품과 비교하였을 때 어느 부분이 더 우수하고 특화성이 있어 더 좋은 제품이라는 것을 쉽게 판단할 수 있기 때문이다.

(4) 일관성

사업계획서의 내용에 대한 일관성을 유지하는 것은 매우 중요하다.

예로써 아이템은 텔레비전인데 내용의 흐름이 냉장고로 진행되고 있다면 사업계획서를 검토하는 사람의 입장에서는 텔레비전이 키워드인지 냉장고가 키워드인지 혼동이 되어 사업계획서의 부적합으로 판단을 하게 된다.

이는 곧 창업자에게는 (–)요인이 되므로 사업계획서를 작성할 경우 해당 아이템을 중점으로 일관성 있게 작성을 하고 편집을 하는 것이 매우 필요하다.

(5) 창업자의 의지

사업계획서는 창업자의 생각과 의지 그리고 능력을 검토하는 문서로 창업의 실행능력과 기술, 그리고 전체적인 판매계획 등을 가능한 한 명확하게 작성을 하며 창업자로서 보여줄 수 있는 필요한 내용을 선별하여 전문가적 입장에서 작성을 할 수 있어야 한다.

(6) 투명성

사업계획서는 창업자의 투명한 태도를 검토하는 것으로 내용상 무엇인가를 숨기려고 하는 것은 좋지 않은 사례이다. 즉, 창업을 하면서 할 수 있는 부분은 명확히 할 수 있음으로 작성하고, 추가적 연구가 필요한 사항에 대해서는 이후 이러한 연구를 병행하여 안전하고 우수한 제품을 만들어 보겠다는 투명성을 제시해 주어야 한다.

5. 사업계획서의 핵심구성

(1) 요약서

(2) 회사개요

(3) 조직도(인력현황)

(4) 지식재산권 및 인증 등 확보현황

(5) 아이디어 및 기술력

(6) STP

(7) SWOT

(8) 재무(투자)계획

(9) 추진일정

(10) 성장추이

해당 구성요소는 사업계획서 상 일반적으로 적용되는 내용이며, 필요에 따라 선별하여 사용을 하면 된다. 이와 관련하여 6. 사업계획서의 샘플 PT사례를 통해 살펴보도록 하겠다.

6. 실제 사업(투자)계획서 샘플

소개되는 사업(투자)계획서의 샘플은 실제 창업자가 작성을 하여 투자기관 및 지원기관, 업체 등을 통해 사용한 사업(투자)계획서로 저자와 멘토링을 진행하며 수십 번 이상 수정한 끝에 해당 대표의 땀과 노력으로 만들어진 것이다. 해당 대표의 승낙을 받아 게재를 하는 것으로 창업자가 사업계획서 작성 시 참고할 경우 유용하게 사용될 수 있을 것이다.

실제 사업(투자)계획서 샘플을 살펴보면서 핵심적인 포인트를 설명하고자 한다.

〈김명석 대표〉

〈고성호대표〉

(1) 주식회사 모아콘텐츠 사업(투자)계획서 샘플

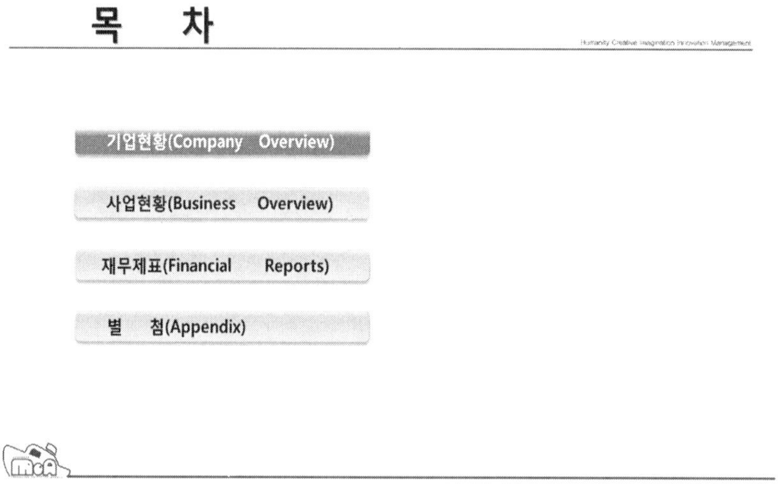

사업계획서는 검토자가 해당 사업계획서의 내용의 순서를 쉽게 파악할 수 있도록 목차를 간략히 정리해주는 것이 필요하다. 목차의 순서가 너무 복잡한 경우 검토하기도 전에 거부감을 느끼는 경우도 발생될 수 있음을 참고하면 좋을 것이다.

기업 현황

Humanity Creative Imagination Innovation Management

소개
㈜모아콘텐츠는
해양지역의 다양한 문화들을 바탕으로 캐릭터와 애니메이션을 기획, 제작하는 세계적인 창조기업을 목표로 함.

■ 회사 개요

구 분	내 용	비 고
회 사 명	㈜모아콘텐츠	
대 표	김 명 석	
창 립 일	2013년 1월	법인전환
법인등록번호	210111-0087992	
홈 페 이 지	www.moaho.com	
자 본 금	2억3천만원	
직 원 수	현 6명	지속적 채용 예정
본 사 주 소	전북 전주시 완산구 천잠로 303 전주대학교 벤처창업관 202호	
사 업 분 야	캐릭터 개발, 애니메이션 제작	
TEL&FAX	TEL : 063-228-9220~1 FAX : 063-274-9280	

■ 주주 현황

■ 임직원 현황

직 위	성 명	담당업무	전공
대 표	김명석	기업 전반	건축설계, 건축 3D 멀티미디어 전공 문화기술학 석사 과정
감 사	김**	감사	건축사

1

기업현황의 핵심적인 사항은 ① 회사에 대한 개요를 통해 회사의 구성현황을 일목요연하게 보여주는 것이 중요하며, ② 주주의 현황과 ③ 임직원 현황을 소개함으로써 사업의 경영권자에 대한 확신성을 주는 것이 좋다.

기업현황과 관련하여 창업자가 회사를 소개하는데 필요하다고 생각되는 부분을 간략히 정리하여서 작성해주면 된다.

회사 연혁

Humanity Creative Imagination Innovation Management

2014
12 자본금 증자(자본금 2억3천)
11 "둥둥둥 아리우리" 애니메틱 릴 제작 및 제작발표회
Pre Production 시나리오, 콘티작가 계약 체결
08 전주대학교 게임학과 산학협력 체결
"둥둥둥 아리우리" 애니메이션 제작 참여
캐릭터 디자인 6종 등록
07 캐릭터 디자인 4종 등록 / 해외 캐릭터 디자인 14종 등록
06 한국콘텐츠진흥원 "2014유아용 애니메이션 제작지원"사업 선정
05 한글 상표 7류 등록
04 캐릭터 디자인 3종 등록 / 해외 캐릭터 디자인 5종 등록
03 캐릭터 디자인 5종 등록
02 전주대학교 창업선도대학 우수졸업
(전체 5位- 지식서비스 1位)
01 캐릭터 디자인 7종 등록 / 한글 상표 7류 등록
해외 캐릭터 디자인 12종 출원

2013
11 3D Animation '둥둥둥 아리우리' 영상 저작권 등록
캐릭터 디자인 12종 등록 / 캐릭터 저작권 7종 등록
09 파일럿 영상 완성
08 캐릭터 저작권 6종 등록
05 전주대학교 창업선도대학 사업화 지원 사업 선정
01 법인전환 ㈜ 모아콘텐츠

2012
11 전주대학교 애니메이션 학과 산학 협력 체결
전주대학교 멀티미디어 학과 산학 협력 체결
02 모아콘텐츠 설립

■ 지적 재산권 현황

구분		국내	해외	비고
상표	출원	한글1, 영문1	-	각 12류
	등록	한글1	-	한글9류
디자인	출원	12개	10개	중국
	등록	35개	20개	중국
저작권	영상	1개	-	
	캐릭터	17개	-	

■ 조직도

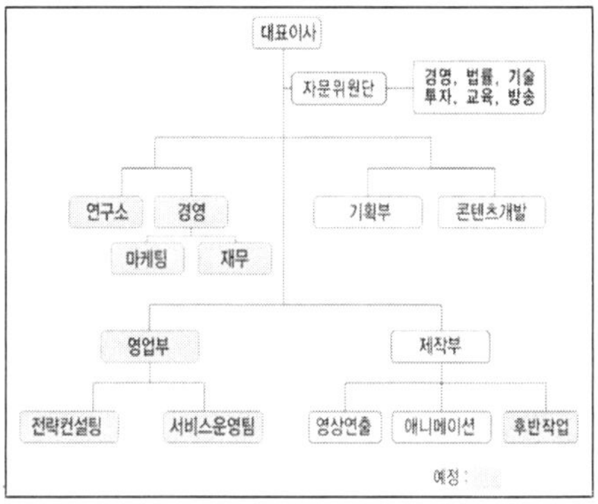

2

회사의 연혁으로 최근의 년도부터 과거의 주요한 경력을 작성하여 회사의 성장성과 중요한 업무를 확인할 수 있도록 해주는 것이 필요하다. 또한 지적재산권의 현황을 통해 기술력과 권리 등을 살펴볼 수 있도록 하고, 조직도를 구체화하여 회사의 크기를 살펴볼 수 있도록 해줌으로써 전반적인 운영체계를 검토할 수 있는 중요한 사항이다. 필요에 따라 지적재산권과 조직도를 분리하여 1장의 내용으로 작성하는 것도 좋다.

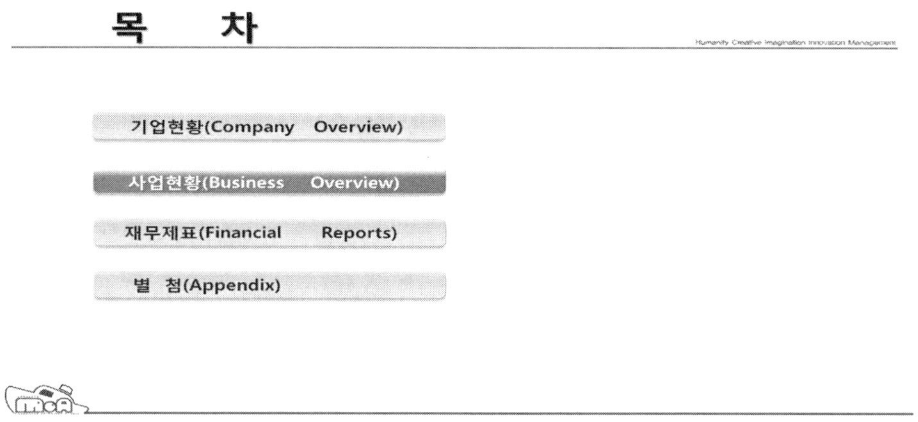

사업 현황으로 현재 창업자가 진해하고자 하는 사업의 아이템과 아이디어에 대한 실질적인 설명을 검토자가 쉽게 이해 할 수 있도록 그림과 도표 등을 첨부하여 작성해 주면 효과적이다.

사업 현황

Humanity Creative Imagination Innovation Management

■ 사업 분야2 _캐릭터 라이센싱

- 애니메이션 방영과 동시에 캐릭터 라이센싱으로 상품 출시 예정

- 국내외 캐릭터 라이센싱 페어 참가 및 라이센싱 업체 미팅
- 국내 완구, 문구 업체 상품 개발 및 제안
- 물놀이 업체, 캐릭터 미 보유 업체 라이센싱 제안

■ 사업 분야3 _공익사업

- 해안안전 교육 애니메이션 제작 방영

■ 독도 애니메이션 제작

- 독도를 컨셉 으로 애니메이션 기획, 제작 방영

- 독도 경비대 기획/디자인
- 유아들에게 독도의 역사적 인식과 환경, 친근감 형성
- 해외 언론 주목도 상승과 함께 독도 지킴이 강화 효과

국가와 기업간의 상호 보완적 관계 형성

4

사업 현황

Humanity Creative Imagination Innovation Management

■ 사업 분야4 _새만금(해안지역)

- 새만금 테마 공원 조성 및 캐릭터 시설물 포토 존 개발

<Like Disneyland>

✓ 캐릭터 제 2의 수익 구조 시장 발견

✓ 시장의 확대 가능성 보유

✓ 국내 테마파크의 희소성

✓ 테마파크 관광객 증가 현상

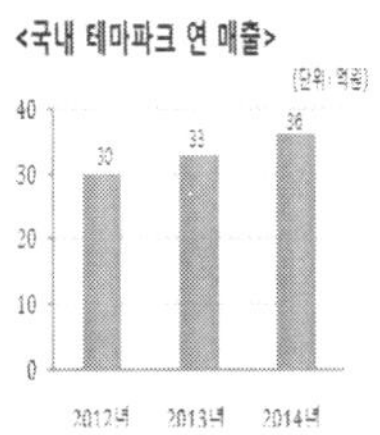

✓ 안정적 매출 확보

✓ 잠재적 고객 확보

✓ 소비성 캐릭터에서 현재 진행형 캐릭터로 탈바꿈

✓ 과거와 미래의 공존 공간 구현

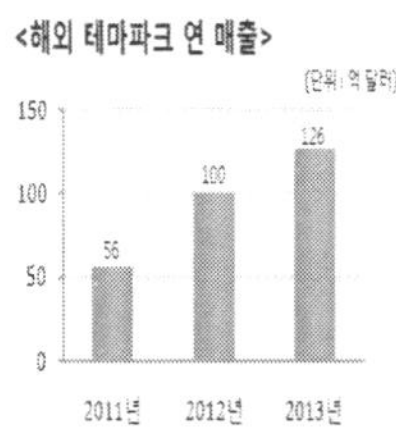

캐릭터 테마파크 구현으로 제2의 수익구조 설립

5

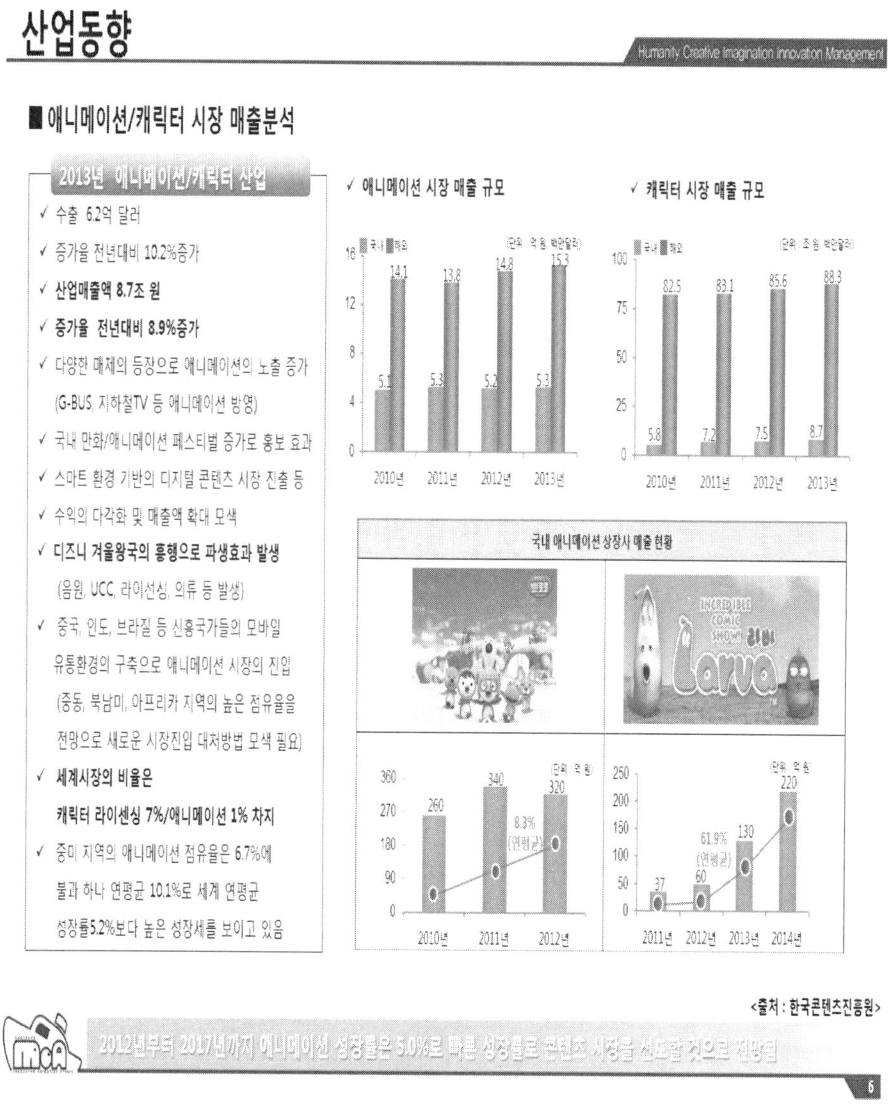

산업동향은 창업자가 하고자 하는 업종/업태 등에 대한 시장규모 및 전망 등을 분석하여 작성을 해줌으로써 성장가능성 및 시장 진출을 객관적으로 살펴볼 수 있도록 작성을 해주는 것이 효과적이다. 즉, 명확한 출처를 통해 객관성을 확보하는 것이 포인트이다.

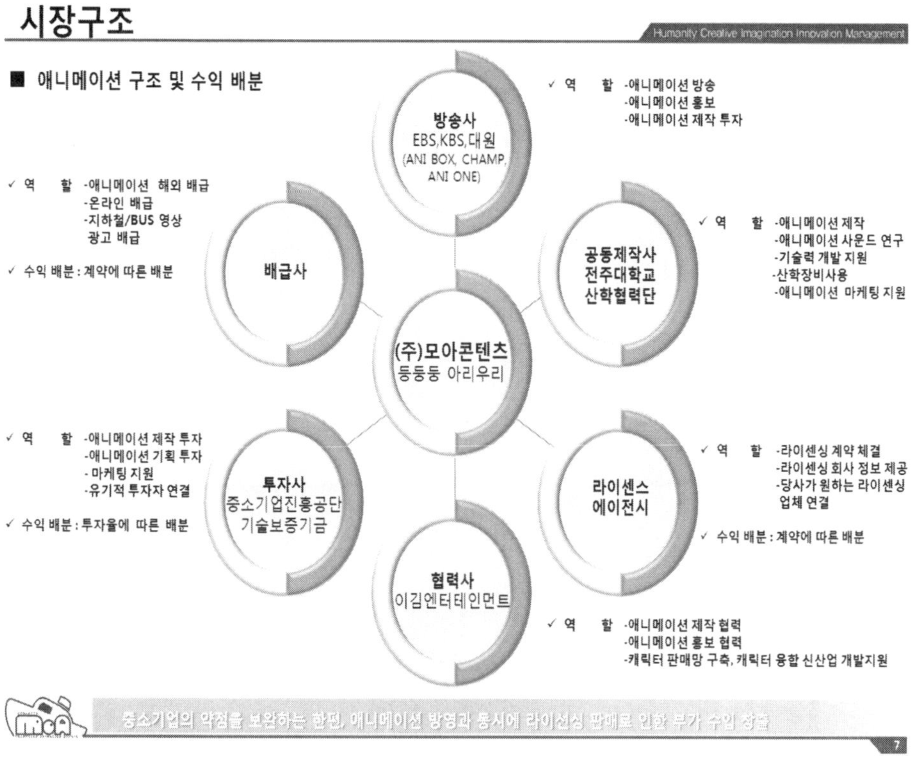

시장의 구조는 창업자가 해당 사업아이템을 통해 진출할 수 있는 분야를 최대한 정리하여 시장진입에 따른 전략과 매출액을 가늠해 볼 수 있는 중요한 사항이라 할 수 있다. 따라서 시장조사를 통한 제품을 팔아 수익을 낼 수 있는 실현가능한 시장을 많이 파악하여 정리하는 것이 중요하다.

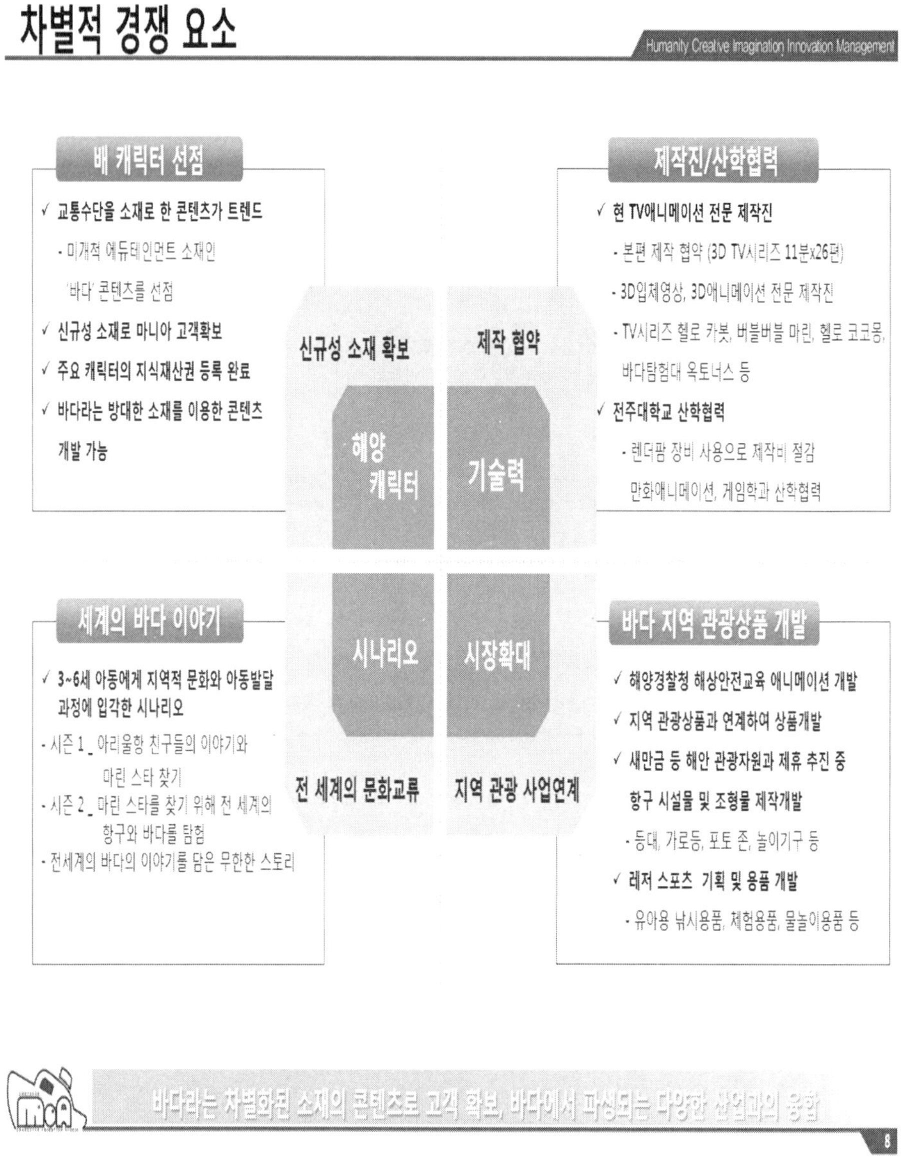

차별적 경쟁요소로서 상기에도 설명한 바와 같이 타사의 제품과 다른 점을 최대한 설명을 하여 중복되지 않는 제품이라는 것을 확신시켜주는 것이 포인트이다.

핵심 경쟁력

Humanity Creative Imagination Innovation Management

경영진 사업 수행능력_ 대표

- ✓ 2014년 전주대학교 창업선도대학 창업사관학교 우수졸업 (전체 5位 – 지식서비스 1位)
- ✓ 전주대학원 문화기술학 문화 콘텐츠 창작기획 석사과정
- ✓ 전주대학교 멀티미디어학과 학사 졸업(2013년)
- ✓ 2012년 중소기업청 기술창업 아카데미 수료
- ✓ 2013년 중소진흥공단 청년창업 아카데미 수료
- ✓ 2012년 전북 산업디자인대전 대상수상(지식경제부장관)
  - 멀티미디어부분
- ✓ 건축 3D 조감도/ 시뮬레이션 영상_ 경력 15년
  - 삼성 엔지니어링_맥시코 만자니오 LNG터미널 조감도
  - 포스코 엔지니어링_통영, 삼척, 평택 가스 생산기지 조감도
  - NH보험/길건축_NH보험 변산 연수원 시뮬레이션(동영상)
  - 군산시청/길건축_군산 근대문화 조성사업 시뮬레이션(동영상)
  - 군산시청/길건축_군산 배드민턴 신축공사 시뮬레이션(동영상)
  - 삼안 엔지니어링/금호환경_광주에코폐기물타운 조감도
  - IDEA KOREA 건축_호반 분당 주상복합, 잠실 롯데 골드 캐슬
  - 제주도 '믿거나 말거나' 박물관 조감도 등

당사 애니메이션 경쟁력

- ✓ 고효율적 경력과 지식
  - 오랜 경력과 전문적 지식을 기반으로 한 애니메이션 개발
- ✓ 새로운 기술 개발
  - 국내,외 에서 시도되지 않은 캐릭터 활용으로 인한 新캐릭터와 新제작기법 개발
- ✓ 고퀄리티 애니메이션 제작
  - 디테일한 건축 3D 시뮬레이션 경력을 바탕으로 실사와 결합한 애니메이션 개발
- ✓ 최대한의 실사 배경 반영
  - 가상의 세계가 아닌 우리 주위에서 볼 수 있는 실사를 이용 친근성 확대
- ✓ 교육적 효과
  - 아동 발달 과정에서 필요로 하는 사회적 가치관 교육 효과
- ✓ 내용전달의 용이
  - 아이들의 시각에서 시나리오 작성 및 표정으로 대사 전달력 극대화

산학협력+공동 컨소시엄

9

핵심 경쟁력은 창업자의 역량과 회상의 경쟁력을 작성함에 있어 해당 제품과의 연관성 등을 설명하여 전문가적 지식 등과 경험이 있음을 소개하는 것으로 실제 관련있는 경험 등을 상세히 기록해주는 것이 포인트이다.

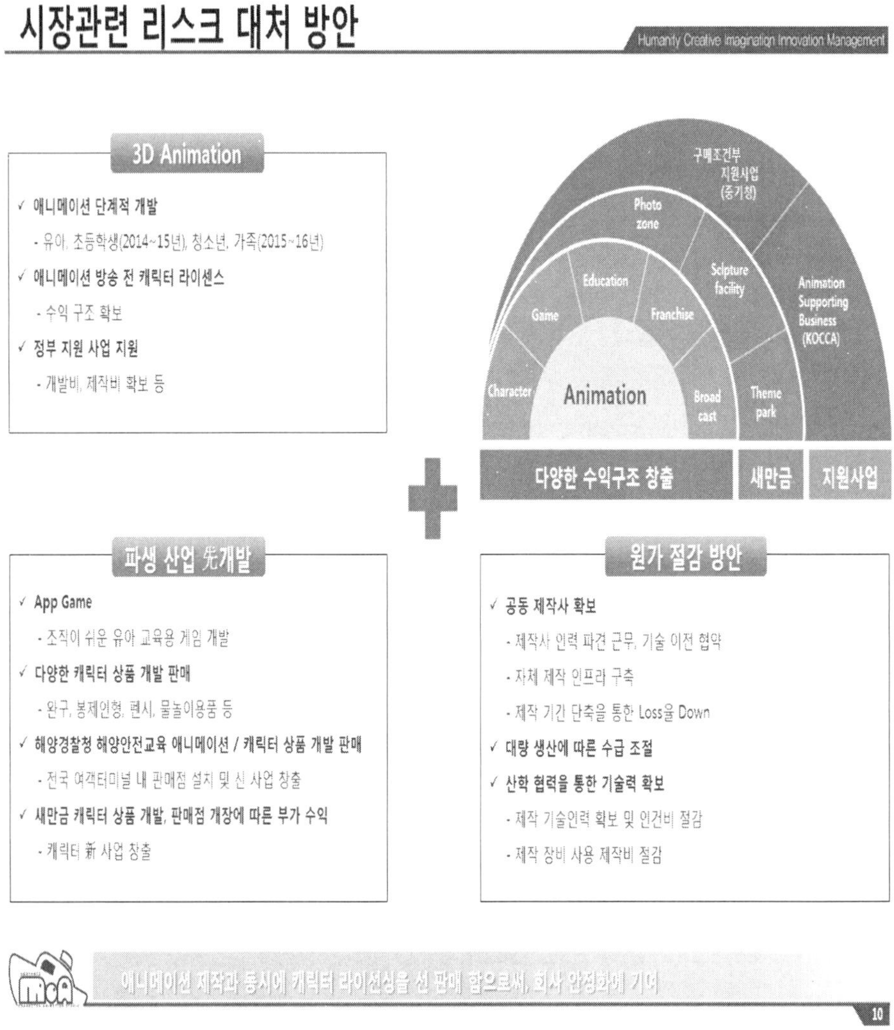

창업 아이템에 대한 리스크 대책방안으로 어떻게 매출을 발생시키면서 사업을 진행할 수 있는 지 등과 회사의 수익을 낼 수 있는 방안 등을 소개하여 리스크를 최소화하면서 경영을 하겠다는 것을 의지는 보여주는 것이 포인트이다.

2013~14년 전략과제 추진 실적

Humanity Creative Imagination Innovation Management

전략 방향	중점 추진 전략	주요 추진 실적	진 행
창업 비즈니스 모델 사업화	✓ 창업 관련 정부지원 사업 추진 ✓ 애니메이션 기획 및 캐릭터 개발 ✓ 다양한 해양 콘텐츠 확보	➧ 전주대학교 창업사관학교 졸업(지식서비스 분야 1位) - 정부 지원금 3,300만원 ➧ 한국콘텐츠진흥원 "2014 국산애니메이션 제작지원"사업 선정 - 정부 지원금 3억4천만원 ➧ 배와 동물 어패류를 의인화한 캐릭터 개발, 등록 - '둥둥둥 아리우리' 상표 등록 ➧ 독도 애니메이션 기획 - 독도 경비대 블랙 쉴드(고학년 예상, 영화)	완 료
매출 및 수익 구조 개발	✓ TV애니메이션 ✓ 캐릭터 라이선싱 / 머천다이징 ✓ 지역 산업 수익구조 개발	➧ 지상파, 케이블 TV 방영(2015년 상반기 예상) - '둥둥둥 아리우리' 파일럿 애니메이션 완성 ➧ 캐릭터 특징을 살린 물놀이 용품 제작 업체에 제안서 제출 - 여름철 물놀이상품, 목욕용품 등 ➧ 새만금개발청, 전북 도청 캐릭터 제안서 제출 - 새만금 캐릭터 사용 제안 - 캐릭터 조형물, 포토 존, 시설물, 공원 조성 제안 - 새만금 홍보 애니메이션, 캐릭터 홍보 상품, 기념품, 행사 상품 제안	실제협의 (지속협의)
관련 사업 다각화를 통한 지속 성장 기반 구축	✓ 전략적 제휴를 통한 사업 기반 구축 ✓ 건축 3D 시뮬레이션 영상 제작	➧ 방송/제작사 협약 체결 예정 - 애니메이션 제작, 투자, 방송(애니원, 챔프, 애니박스) 등 ➧ 전주대학교 산학협력단 협약 - 만화애니메이션 학과, 게임학과 ➧ 기존 매출 구조인 건축, 토목, 조감도, 시뮬레이션 영상 확대	완 료

11

전략과제 추진실적은 현재 진행 중이거나 활동 중인 회사의 중요한 사항을 일목요연하게 정리하여 검토자가 사업의 진행에 대한 확신성을 가질 수 있도록 정리를 해주는 것이 포인트이다.

2014년~2017년 Executive Summary

Humanity Creative Imagination Innovation Management

경영 목표
- 사업 경쟁력 확보
- 흑자 구조 정착
- 신 사업 기반 구축

전략 방향
- 지속적인 미디어 노출, 기술력 확보
- 전략적인 N/W 구축 및 효율적 운용
- 신 사업 추진 역량 구축 및 실행력 제고

◆ 자금 투입

(단위 : 억 원)

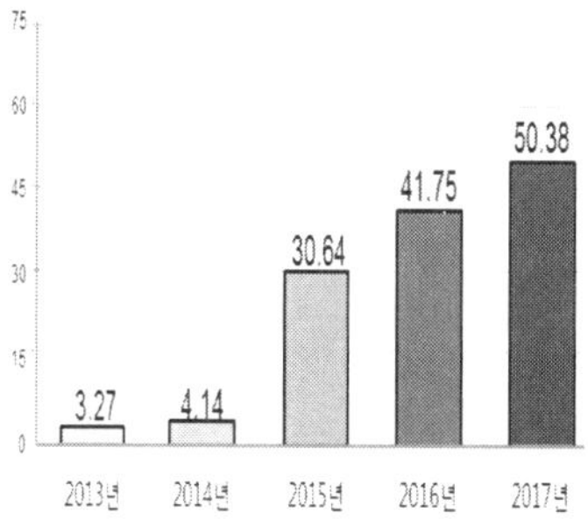

(단위 : 억 원)

자금투입	2013	2014	2015	2016	2017
캐릭터상품개발	1.91	0.40	1.00	2.00	2.50
애니메이션제작	1.36	3.24	26.48	35.59	42.22
조형물/시설물	-	0.50	2.16	2.16	3.16
홍보영상(해양광고)	0.10	-	1.00	2.00	2.50
계	3.27	4.14	30.64	41.75	50.38

(단위 : 억 원)

예상매출	2013	2014	2015	2016	2017
캐릭터라이센스	-	0.10	30.50	65.80	90.30
애니메이션방송	-	-	3.50	5.20	14.20
조형물/시설물	-	-	4.00	5.00	10.00
광고영상	0.45	0.90	2.00	4.00	5.50
계	0.45	1.00	40.00	80.00	120.00

◆ 순이익 예상

(단위 : 억 원)

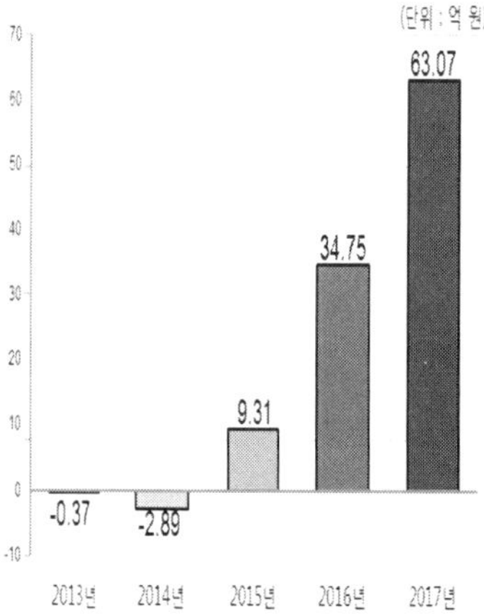

* 14년 대비 약 10.71억원 개선
* 급여 인상분 등 비용증가 반영 후 추정임

(단위 : 명)

고용인원	2013	2014	2015	2016	2017
개발인원(연구)	2	2	3	4	5
제작인원	3	4	12	15	15
영업인원	-	-	2	3	3
지사인원(서울)	-	-	-	-	7
계약직	6(개발)	6(제작)	-	-	-
계	11	12	17	23	30

12

Executive summary는 운영에 관한 요약을 한 것으로 자금투입, 예상매출, 고용인원 등 창업에 필요한 구성요소에 대한 진행계획을 정립하여 설명을 해주는 것이 포인트이다.

주요 거래처별 영업상황 / 성과예상

Humanity Creative Imagination Innovation Management

사업 분야	주요 거래처	영업 상황	성과 예상
TV 3D Animaition "둥둥둥 아리우리" 목표매출(수출): 10억	✓ 지상파 TV ✓ 케이블 TV	> EBS, KBS등 지상파 방송국 협의예정 > 재능 TV, 대원방송 방송의향서 체결	➧2015년 여름 방송 예정 ➧방송 후 파생 산업으로 진출
해안지역 융합사업 목표매출: 10억	✓ 새만금 개발청 ✓ 국제여객터미널 ✓ 전북 도청	> 새만금 캐릭터, 조형물, 시설물, 포토존 제안 > 홍보 애니메이션, 행사 상품 제안 > 여객터미널 내 상품 판매망 구축 제안 > 새만금 홍보관 내 캐릭터 판매점 제안	➧새만금개발청 내 긍정적 검토 중 ➧정부_ 새만금 지역 17개 도, 시, 군 홍보관 설치 자사 대응_2015년 시설물, 조형물, 시제품 설치 및 판매 예상
Merchandising 목표매출: 5.5억	✓ 교육용 게임 ✓ 프랜차이즈 ✓ 테마파크 등	> 앱 게임 기획 협동 조합 구성 중 > 방송 후 개발 > 새만금 연계 제안 중	➧방송 후 캐릭터 인기도에 따라 순차적으로 진출
Character Licensing 목표매출: 90.3억	✓ 완구 회사 ✓ 봉제 인형 ✓ 물놀이 용품 등	> 방송 후 라이선싱 > 온라인, 오프라인 판매 예정 > 물놀이 용품 회사 실제협의 중(위니코니)	➧방송 후 다양한 제품 라이선싱 ➧*2016년 여름 판매 목표*
TV 3D Animaition "독도 경비대 블랙 쉴드" 목표매출: 4.2억	✓ 독도연구소 컨소시엄 ✓ 지상파 케이블 TV ✓ 해양 경찰청(독도연구소)	> 컨소시엄 구성 > 순차적 미팅 > 기획 단계 미팅	➧공공 사업 완성화 ➧자사 브랜드 파워 향상 ➧독도 사랑 홍보

13

창업자가 영업활동 및 사업진출을 위해 현재 활동한 사항에 대한 주요사항 정리와 이에 따른 가시적 성과에 대한 예상을 히여 검토자로 하여금 실제의 진행사항을 살펴 볼 수 있도록 해주는 것이 포인트이다.

시장 역량 강화 방안

Humanity Creative Imagination Innovation Management

SBC	중점 추진 전략	세부 실행 방안
Marketing	✓ B2O 사업 활성화 ✓ 다양한 상품 출시 ✓ B2B2C 고객기반 확대	➧ 지역산업과 융합한 캐릭터 상품 개발, 판매 - 지역 내 상품 판매점 구축 ➧ 다양한 상품에 따라 고, 중, 저가 전략적 공략 ➧ 온라인 서비스 및 point 사용 활성화
Support Project	✓ 애니메이션 제작 지원사업 ✓ 구매 조건부 지원사업 ✓ R&D 지원사업	➧ '2014년 한국콘텐츠진흥원 유아용 애니메이션 제작지원 사업' 선정 -"아리우리 둥둥둥"(3억4천만원) ➧ 2015년 중소기업청 구매 조건부 지원사업(5억) - 새만금 개발청 및 새만금 지역 ➧ 2015년 중소기업청 R&D 지원사업- 중소기업청
Animation	✓ '둥둥둥 아리우리' 본편제작 활성화 ✓ '독도 경비대' 기획 활성화 ✓ 홍보 동영상 활성화	➧ 시즌별 지상파 TV 방영, 유튜브 등 다양한 미디어를 통한 노출 ➧ 독도 관련 애니메이션 기획, 제작 - 자사 브랜드 파워 향상 ➧ 캐릭터를 이용한 지역 홍보 애니메이션 제작 및 B2O 사업 강화
Merchandising	✓ 라이선싱 사업 강화 ✓ 우량 Network 확대 ✓ 신 사업 융합 개발	➧ 완구, 문구, 생활용품, 어린이 용품 등 라이선싱 확대, 매출 확대 ➧ 대형마트, 대형 Shop 중심의 판로 구축 ➧ 신 사업 융합 및 관광상품 개발, 라이센스 산업 기반 확대
1.Saemanguem 2.Korea coast guard	✓ 새만금 캐릭터 점유 ✓ 조형물, 시설물 개발 ✓ 캐릭터 공원 조성 ✓ 해양안전교육 애니메이션	➧ 새만금 개발청/전북도청 – 자사 캐릭터 사용권한 부여 ➧ 새만금 바다지역 캐릭터 조형물 설치 ➧ 도시 내 공공시설물 설치 - 난간, 벤치, 가로등, 신호등 등 애니메이션 내 디자인 응용 ➧ 선박, 해상안전, 물놀이안전 – TV시리즈 제작, 캐릭터 홍보 역점

14

시장진출을 위한 진입방향과 사업의 전략방향을 소개하는 것으로 현실성있는 내용으로 작성을 하는 것이 포인트이다.

협력사별 계약현황

Humanity Creative Imagination Innovation Management

■ 애니메이션 방송사

● **방송 (애**, **, ****)

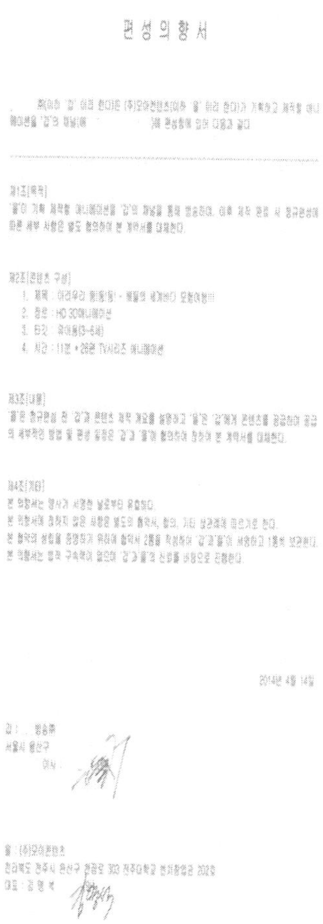

편 성 의 향 서

제1조[목적]

제2조[콘텐츠 구성]

2. 장르 : HD 3D애니메이션
3. 타깃 : 유아용(3~6세)
4. 시간 : 11분 * 26편 TV시리즈 애니메이션

제3조[내용]

제4조[기타]

2014년 4월 14일

● ** TV

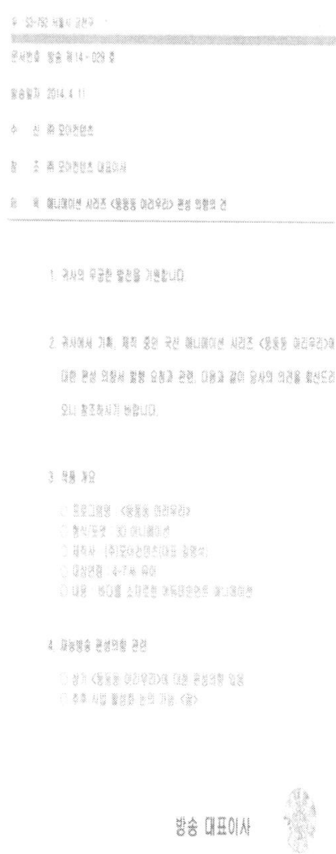

문서번호 방송 제14 - 029 호

발송일자 2014. 4. 11

1. 귀사의 무궁한 발전을 기원합니다.

방송 대표이사

상기 기재된 내용에 대하여 객관적으로 확인 및 검토해 볼 수 있는 주요 자료를 제시하는 것이 포인트이다.

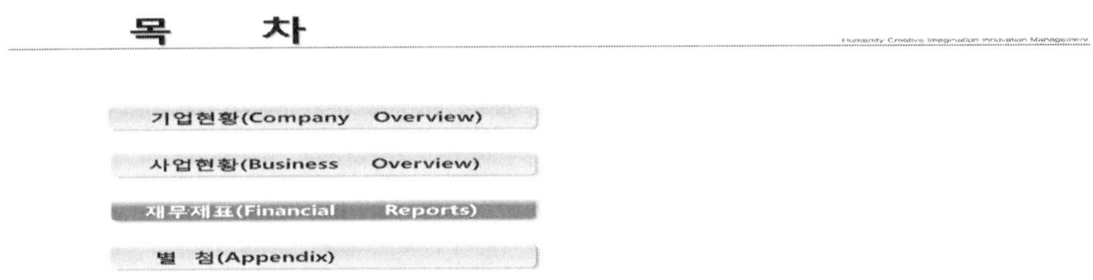

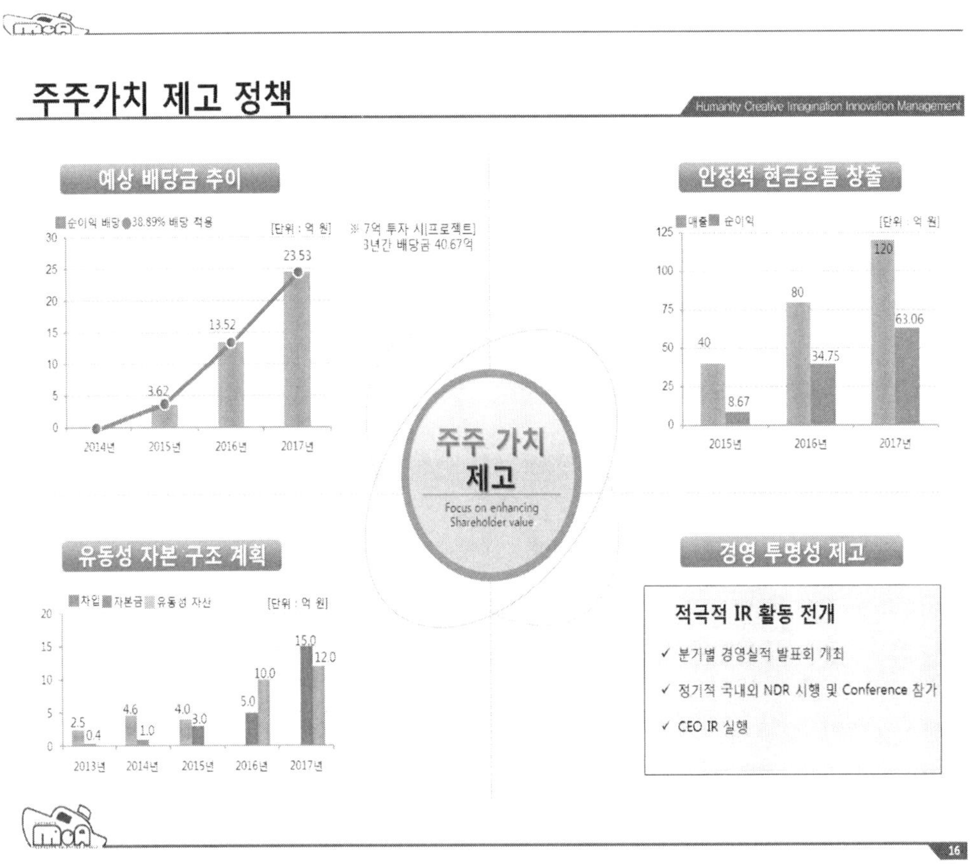

주주가치 제고 정책은 주주가 회사의 주식을 매수한 경우 창업자는 주주에게 이익에 따른 배당금을 지급하는 것은 당연한 것이다.

이에 따라 예비 주주가 받아 갈 수 있는 예상 배당금 등을 살펴볼 수 있도록 정리해 주는 것이 좋다. 이는 곧 기업에 투자를 요청하거나 주식을 통한 자본금을 유치하는데 주목적이 있다.

재무 상태표

Humanity Creative Imagination Innovation Management

■ 추정 재무제표

[천원]

내 역	2013년	2014년	2015년	2016년	2017년	비 고
매 출 액	45,472	100,000	4,000,000	8,000,000	12,000,000	
매 출 원 가	14,441	180,000	2,060,000	3,000,000	3,500,000	
매 출 총 이 익	31,031	-80,000	1,940,000	5,000,000	8,500,000	
일 반 관 리 비	69,286	192,100	588,400	759,000	1,122,600	
영 업 이 익	-38,255	-272,100	1,351,600	4,241,000	7,377,400	
영 업 외 수 익	3,426	24,000	25,000	25,000	25,000	
영 업 외 비 용	2,835	41,571	415,710	415,710	415,710	
세 전 이 익	-37,664	-289,671	960,890	3,850,290	6,986,690	
법 인 세	-	-	93,533	374,787	680,084	50%감면
당 기 순 이 익	-37,664	-289,671	867,357	3,975,503	6,306,606	
정부지원사업	34,500	353,000	500,000	500,000	-	
정부+당기순익	-3,164	63,329	1,367,357	3,975,503	6,306,606	
비 고	'둥둥둥 아리우리'기준 (중소기업 회계기준)					

올해 2014년은 집중개발 투자 기간으로 마이너스 성장이나 방송시점인 2015년부터는 당기 순이익이 개선 됨

17

이는 추정 재무제표로 창업을 시작한 시기를 기초로 3~5년에 대한 매출추이와 추정 이익을 살펴볼 수 있도록 하여 회사의 청사진을 살펴볼 수 있도록 해주는 것이 포인트이나 실현성 없는 추정 재무제표를 작성하는 경우 오히려 (−)가 될 수 있음을 명심하여야 한다.

제작비 조달 계획

Humanity Creative Imagination Innovation Management

■ 조달 계획

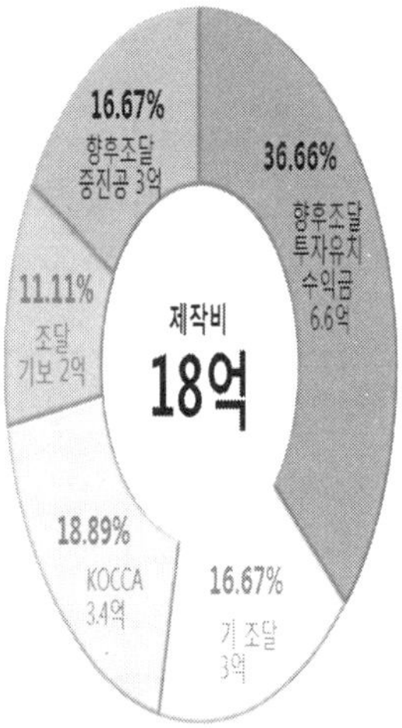

<세부추진계획>

1. 기 조달 (6억4천)

- 전주대학교 창업선도대학
- 중.진.공 / 기보 / 한국콘텐츠진흥원

2. 조달 _ 기술보증기금(2억)

- 기술평가 보증

3. 중진공 전북지역본부 (3억)

-창업성장형 융자

4. 기관투자 및 수익금 투입 (6.6억)

- 중소기업진흥공단, 기술보증기금 투융자
- 방송판권 및 라이선스 매출

<추진예정>

1. 방송판권 계약시 완구회사 투자유치
2. 동반성장형 투.융자 정책자금 활용
   (기술보증기금, 중소기업진흥공단)

■ 투자 조건

1. 프로젝트 투자

✓ 총 제작비 대비 투자비율 적용
✓ 순이익 배당 _ 방송 해당년 포함3년
✓ 투자원금보전 _ 방송판매 채권 양도

2. 주식투자 - 2억5천[자본금 증자]

✓ 주식비율 5%
✓ 주식 배당금

3. 융자 - 2억5천[자본금 증자]

✓ 융자 이율 _ 연6%
✓ 융자원금보전 _ 방송판매 채권 양도
✓ 융자 후 투자전환 가능

투자자와의 협의에 따름

4. M&A

✓ 고려

5. IPO

✓ 고려

18

자금조달에 관한 계획방안으로 추진 가능한 조달계획을 설명하여야 하고, 투자를 하고자 하는 경우 해당 조건을 명확히 하여 투자자가 향후 투자 회수계획을 수립할 수 있도록 작성해 주는 것이 포인트이다.

제작비 조달 및 회수 일정

Humanity Creative Imagination Innovation Management

■ 조달 일정

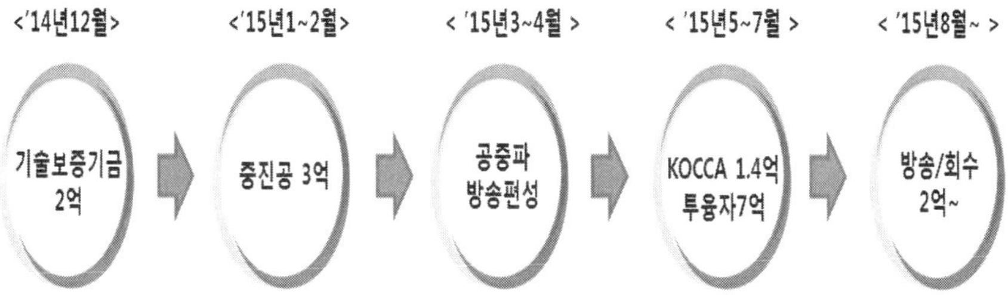

1. 자본금 증자(완료)
- 자본금증자
- 제작비 투입

2. 제작진 계약체결(진행)
- 경력직 채용
- 외부 인력 계약
- 외주사 계약

1. 중소기업진흥공단 융자
- 창업성장 융자신청

2. 본 제작 START
- 오프닝 디자인
- 시나리오 디자인 보강
- 본 제작 샘플링
- 외부 인력 소통

1. 기술보증기금 보증신청
- 문화산업완성보증 (방송권 계약시 가능)

2. 지상파 방송권 계약 OR 방송 공모(KBS)
- EBS OR KBS

3. 본 제작 진행
- 시나리오 9화 완료
- 콘티 6화 완료
- 본 제작 2화 완료

4. 해외 전시회 참가
- 프랑스 깐느 MIPTV (한국콘텐츠진흥원 한국관지원)

1.한국콘텐츠진흥원 KOCCA
-애니메이션제작지원(1.4억)

2. 창투사 및 기관투자 유치
- 중소기업진흥공단, 기술보증
- 동반성장형 투융자 7억이상

3. 라이선싱 계약체결
- 완구,봉제,물놀이 상품

4. 본 제작 진행
- 시나리오 26화 완료
- 콘티 18화 완료
- 본 제작 14화 완료

5. 해외 전시회 참가
- 상해TV페스티벌 (한국콘텐츠진흥원 한국관지원)

1. 방송송출
- EBS OR KBS

2. 투자금 회수
- 방송권 계약금 회수

3. 라이선싱 계약체결
- 어린이 생활용품 등

4. 본 제작 완성
- 본 제작 26화 완료

5. 국내 전시회 참가
- 서울캐릭터라이선싱페어

자금의 조달 및 운영에 따른 일정을 일목요연하게 정리를 하여 자금조달 및 개발에 따른 일정계획 등을 검토자가 쉽게 확인 할 수 있도록 하는 것이 포인트이다.

목 차

Humanity Creative Imagination Innovation Management

- 기업현황(Company Overview)
- 사업현황(Business Overview)
- 재무제표(Financial Reports)
- 별 첨(Appendix)

[Tip] 별첨과 PT발표 사업계획서 발표의 요령

별첨은 짧은 시간 안에 검토자에게 회사에 대한 모든 상황 등을 파악할 수 있도록 하기 란 매우 어렵다. 사업계획서의 발표시간은 일반적으로 3분~10분 내외로 하고, 질문 시간을 5분에서 10분정도로 하는 것이 정형화되어 있기 때문이다. 따라서 실무적으로 사업계획서는 명확히 작성을 하여 해당 기관 및 업체에 제공을 하고, PT발표에 따른 사업계획서는 별도로 작성을 하는 것이 일반적이다.

PT발표 사업계획서는 1장당 30초에서 1분으로 발표계획을 세우고, 창업자의 판단하에 명확한 발표 자료를 준비하여야 한다. 창업자가 발표준비를 잘하였다고는 하나 실제 검토자 및 심사위원의 앞에 서서 발표를 하는 경우 자신이 야심차게 준비한 PT의 내용을 전부 발표하지 못하고 끝나는 경우가 빈번히 발생한다. 따라서 발표를 전부 하지 못할 경우 당황해서는 안되며말고 질문의 시간이 있기 때문에 검토자 또는 심사위원이 창업자에게 할 수 있는 예상 질문을 분석하여 질의시간에 보여줄 수 있는 자료를 최대한 활용하여야 한다.

즉, 별첨은 핵심적 내용 이외에도 매우 중요한 설명 자료로 활용되므로

부연설명, 질의에 대한 답변 자료로 판단을 하고 핵심적인 사항을 기초로 작성해 놓

는 자세가 필요하다.

다시 말해서 PT의 전체적 내용으로 작성을 하여 제출하는 것보다 핵심적 중요한 내용은 본문으로 하고, 해당 본문 내용을 뒷받침 해줄 자료 등은 별첨으로 하여 작성하는 것이 실무적인 포인트이다.

스토리 주요 설정

Humanity Creative Imagination Innovation Management

[기본설정]

마린스타(Marine Star) : 소원을 이뤄주는 신비의별.

- 바다 깊은 곳에서 무지개 빛깔로 반짝이는 별똥별 '마린스타'

마린스타는 하늘에서 바다로 떨어진 별똥별 중,
빛을 잃지 않고 바다 속에서도 반짝이는 별똥별을 말하는데...
그 특별한 생명력과 함께 신비한 능력을 갖고 있는 것으로 유명하다.
마린스타의 신비한 능력이란 바로 소원을 들어주는 힘!
누구든지 마린스타를 찾아내어 소원을 빌면 그 소원은 반드시 이루어진다.
그래서 많은 바다의 친구들이 마린스타를 찾고 싶어 하는데...
그게 좀처럼 쉬운 일이 아니다.
이유는 바로 마린스타의 특성 때문!!
마린스타가 바다 속에서 무지개 빛깔로 반짝이는 기간은 딱 한 달.
그 시간이 지나면 다시 평범한 별똥별로 돌아가기 때문에,
한 달 내에 마린스타를 찾아내어 소원을 빌어야만 그 소원을 이룰 수 있는 것이다.
하지만!!! 별똥별이 언제 어디로 떨어질지 예측하기 어려우며...
바다에 떨어진 별똥별이 모두 마린스타로 변하는 것도 아니고...
마린스타로 변한 별똥별이 바다 속 어디에 위치해 있는지
정확한 지점을 찾아내기란 더더욱 힘든 일이다.

[줄거리]

마린스타(Marine Star)를 찾아 떠나는 바다여행....

'세계 제일의 해양 경찰선'이 되는 게 소원인 꼬마 배 '아리'
어떤 소원이든지 이루어 준다는 신비의 별 '마린스타'를 찾기 위해
친구들(우리, 드리, 부리, 노리)과 함께
아리울항 곳곳을 돌아다니며 마린스타의 흔적을 찾아 헤맨다.
그러던 어느 날!
드디어 무지개 빛깔로 반짝이는 마린스타를 발견한 아리와 친구들!
하지만 기쁨도 잠시 뿐...
소원을 말하려는 순간 평범한 별똥별로 변해버리는 마린스타!!
알고 보니, 마린스타는 바다에 떨어진 후,
한 달이 지나면 소원을 이뤄주는 힘을 잃게 되는 것이었다.
실망하는 아리와 친구들.
하지만 며칠 후,
상하이 항구에 별똥별이 떨어질 거라는 소문을 듣게 되는데... 상하이 항구로의 출발을 결심하는 아리.
친구들 역시 자신의 소원을 빌기 위해 아리의 여행에 동참한다.
그렇게 시작되는 ***아리와 친구들의 바다 여행.***
서해안을 거쳐 상하이항으로...
태평양을 거쳐 인도 뭄바이항으로...
마린스타를 찾기 위한 여행길에서 만나는 다양한 바다 생물들과
바다에서 일어나는 크고 작은 사건들을 겪으며
조금씩 성장해 가는 아리와 친구들...
과연 아리와 친구들은 마린스타를 찾아낼 수 있을까??

19

애니메이션 배경

Humanity Creative Imagination Innovation Management

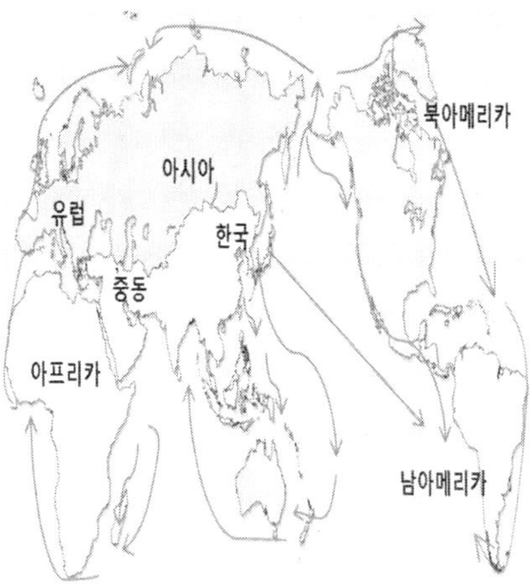

배경1_한국의 바다

아리울 항구에 마린 스타가 떨어진다는 소문을 듣고 드리가 아리울 항구에 오게 됩니다. 그곳에서 아리와 친구들을 만나게 되고, 아리와 친구들도 마린 스타를 찾는 일에 동참하게 되는데.... 마침내 찾은 마린 스타는 효력이 사라져 버립니다. 이 일을 계기로 아리와 친구들은 꿈을 이루기 위한 마린 스타 찾기 세계 여행을 시작하게 됩니다

배경2_세계의 바다

전세계의 각국의 바다항구를 배경으로 스토리가 전개되며 세계 각국의 문화와 항구의 모습들이 배경으로 나옵니다.
또한 자연을 소개하고 현 생태계와 문제점을 파악하고 이야기 합니다.

20

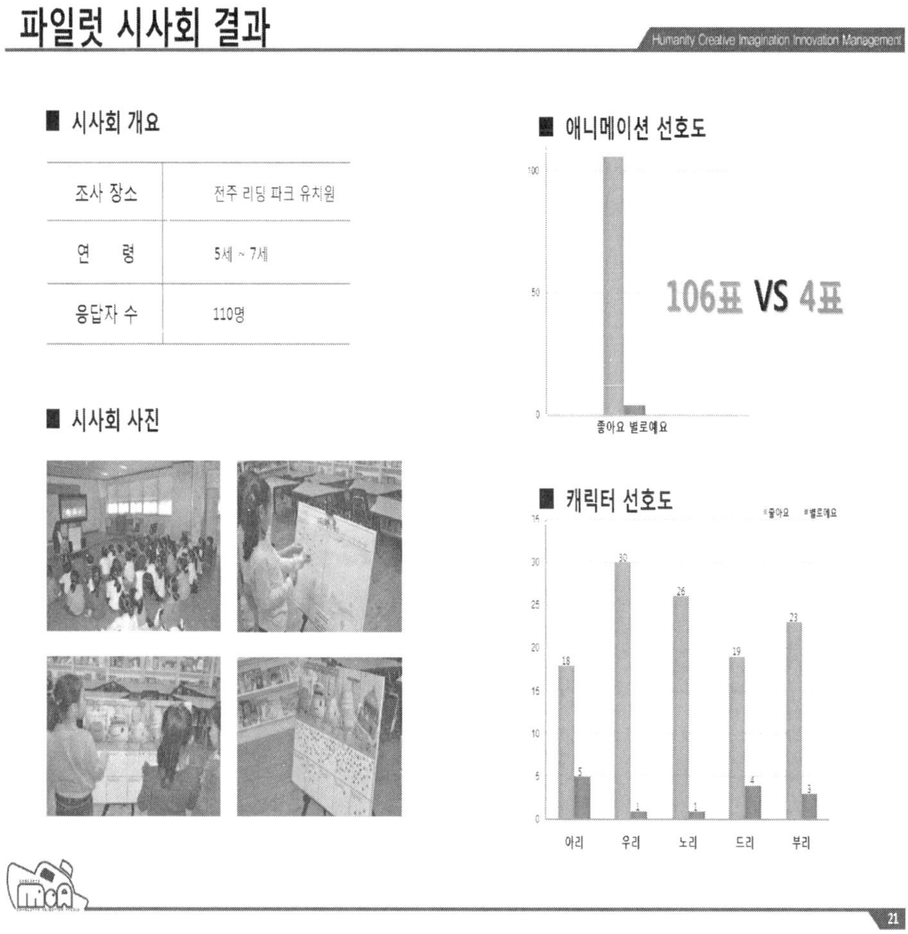

대상 고객들에게 창업자가 준비한 스티커 보드판 또는 설문지를 활용하여 리서치를 해보는 것은 매우 좋은 것이다. 다만 창업자는 자신이 분석해보고자 하는 질문사항을 명확히 선정하여 설문자가 빠른 시간에 답할 수 있도록 해주어야 한다. 예로써 "마음에 드는 세품의 디자인은? 판매가 될 경우 구매의사 등이 있는지?"등으로 진행하는 것을 말한다.

제작진 프로필

Humanity Creative Imagination Innovation Management

[작가]

주요 작품

- EBS. TV 애니메이션 [레카] / 시나리오, 기획, PM
  TV 애니메이션 [야호옹가네] / 시나리오
- KBS. TV 애니메이션[아이언키드] /기획, 시놉시스, 설정
  TV 애니메이션[두리동실 몽게공항] / 시나리오
  TV 애니메이션 [꾸러기 케라톱스] / 시나리오
  TV 애니메이션 [구름빵] / 시나리오
  TV 애니메이션 [좀비덤] / 시나리오
- SBS. TV 애니메이션 [내친구 해치] / 기획, 시나리오
  TV 애니메이션 [아이엠롱니] / 기획, 시나리오
  TV 애니메이션 [안녕 자두야 시즌2] / 시나리오
- MBC. TV 애니메이션 [레카삼국지] / 시나리오, PM
  TV 애니메이션 [로봇 알포] / 시나리오
  TV 애니메이션 [흑장미 부인의 문방구] / 시나리오

학력사항

강의

수상 실적

[스토리보드 작가]

주요 작품

- 장편
(영화) [퍼펙트 게임] 스토리보드
(극장용 애니메이션) [히어로즈] 스토리보드
(극장용 애니메이션) [코알라 키드] 스토리보드
(극장용 애니메이션) 한중 합작 [SEER] 스토리보드

- TV시리즈
(2D) 아스타를 향해 차구차구 / 스토리보드
(3D) 헬로 카봇 / 스토리보드
(3D) 꾸러기 케라톱스 코리요
(2D) 빨간 자전거 / 스토리보드
(3D) 후토스 시즌3 / 스토리보드
(3D) 버블버블마린 / 스토리보드
(3D) 뛰뛰빵빵구조대 시즌2 / 스토리보드
(2D) 몽니 / 스토리보드
(3D) 마스크 마스터즈 / 스토리보드
(3D) 깨미 깨미 / 스토리보드(EBS 방영)
(3D) 키오카 / 스토리보드 (KBS 방영)
(3D) 구름빵 시즌1 / 스토리보드(KBS 방영)
(2D) 그린세이버 / 스토리보드(SBS 방영)
(2D) 기가트라이브 / 스토리보드 (SBS 방영)
(2D) 르브바하프왕국재건설기 / 스토리보드 (KBS 방영)
(3D) 레카삼국지 조감독, 캐릭터, 스토리보드 (MBC방영)

학력사항

22

제작진 프로필

Humanity Creative Imagination Innovation Management

[음악감독]

주요 작품_프로듀싱 음원제작

- 스페이스A "섹시한 남자" 앨범 공동제작/ SONY 뮤직
- 이재은 "가면" 앨범 프로듀서 및 전곡제작/ 대영AV
- 지키리 "Z-Kiri" 앨범 프로듀서 및 전곡제작/ 하하 데뷔앨범
- KBS "거침없는 사랑" 주제가 OST 공동제작/ 가수 안젤로
- 김조한의 "The Gift" 앨범 공동 제작/SM 엔터테인먼트
- 하하 "사랑가" 앨범 공동 프로듀서 및 제작/워너 뮤직
- MC몽 "아이스크림" 앨범 익스큐티브 프로듀서 및 제작/ 팬텀 그룹
- 타우 "우리들의 행복한 시간" 앨범 공동 프로듀서 및 제작/ 워너 뮤직
- 지훈 싱글앨범 프로듀서 및 제작/ 다이렉트 미디어
- 레드애플(Led-Apple) 앨범 김종서와 공동 프로듀서 및 제작
- 스윙스 (SWINGS) 어그로 힙합 프로듀서 및 제작/ 이김 엔터테인먼트
- 업타운 (UPTOWN) Rap's 힙합 프로듀서 및 제작 진행 중/ 이김 레코즈
- 김조한의 "The Gift" 앨범 공동 제작/ SM 엔터테인먼트
- M.NET "What's up yo" 방송 타이틀 제작 / 가수 하하, MC몽, 제롬, 엠넷

트레이닝 및 코치

빅뱅 T.O.P(최승현), 서인국, 산이, 스윙스, 방송인 줄리안(Julian), 베이비복스(윤은혜), 제이워크(장수원, 김재덕), 연기자 박광현, 하하, MC몽, 타우, 김현정, 이재은, G.O.D 데니안, 레드애플 등

[제작진 / 대학교]

주요 제작진 이력

<책임교수>

<애니메이션 제작진>

23

자신이 보유하고 있는 인적네트워크로 같이 일을 하는 전문가를 소개하는 것으로 검토자 또는 심사 위원에게 신뢰성을 줄 수 있다.

여객터미널 제안

Humanity Creative Imagination Innovation Management

■ 본사의 캐릭터 활용 제안

✓ 테마가 있는 여객 터미널

캐릭터의 활용으로 인한 변화

✓ 다양한 상품과 시설물, 조형물로 질 높은 서비스, 이벤트 발생 효과

1. 기존의 느낌에서 더욱 부드러운 공간으로의 변화
2. 여행을 시작 하기전 지루한 공간이 아닌 추억의 공간으로 변화
3. 아이들의 정서적 안정감을 느낄 수 있는 공간으로의 변화
4. 애니메이션 방영 시 캐릭터 친근감으로 인한 문화적 공간 효과
5. 캐릭터를 이용한 다양한 공연과 해양 학습 공간 제공

■ 기대효과

✓ 여객 터미널 관광객 증가 기대

- 포토존, 조형물, 시설물 개발의 설치로 여객터미널 이미지 향상과 관광 유도
- 해안 관광지역 활성화
- 여객터미널 관광지 명소화
- 여객터미널의 캐릭터 상품 개발
- 다양한 이벤트 활성화

✓ 여객 터미널 매출의 증가

- 터미널 내 지역 특산품과 캐릭터 상품 판매
- 터미널 명소화로 관광객 증가로 인한 매출
- 지역 산업의 활성화

✓ '아리우리 둥둥둥' 캐릭터를 이용한 여객선/유람선/수상택시/오리 등 다양한 이벤트 산업 가능

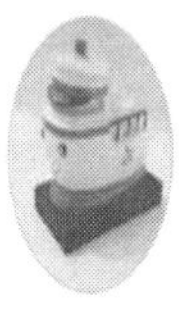

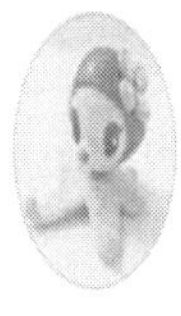

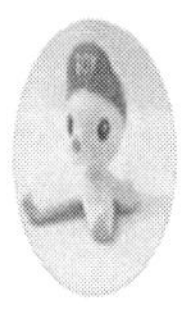

24

캐릭터 상품 디자인 개발

Humanity Creative Imagination Innovation Management

■ 기타 상품 디자인 및 개발 진행 중

-캐릭터 인형, 화분, 볼펜, 열쇠고리, 텀블러, 클레이, 휴대폰 고리 등 다양한 시제품 기획 및 디자인을 걸쳐 제작 하였으며 앞으로도 튜브, 고무배, 이모티콘 등 다양한 상품을 개발

품 목	디자인 시안	내 용
휴대폰 거치대	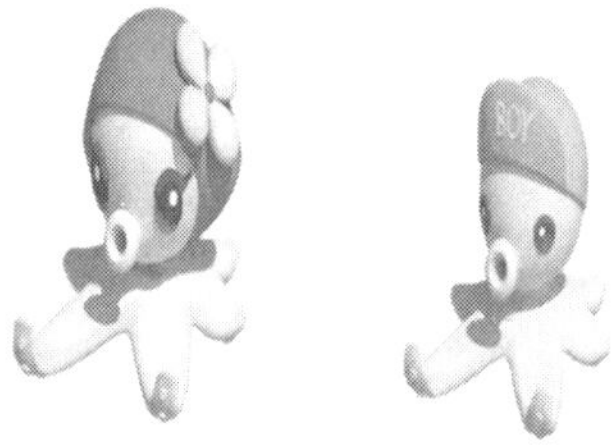	✓ 휴대폰 거치대 다양한 디자인으로 시제품 - 라이선싱 협약시 제작 상품 출시
물놀이 용품		✓ 2015년 여름 대비 물놀이 용품 기획 및 디자인 - 튜브,고무보트 등 아이들의 눈높이에 맞춤 디자인
이모티콘	 오열  안녕?  피로회복제!	✓ 라 인 – 라인용 이모티콘 제안서 접수 ✓ 카카오톡 – 카카오톡 이모티콘 기획 제작 중 ✓ 밴 드 – 밴드용 이모티콘 기획 제작 중

사업 제휴 성공 사례

Humanity Creative Imagination Innovation Management

분류	또봇	타요
제작사	영실업 + 기아자동차	아이코닉스 + 서울시(버스)
방송매체	 - 대교 어린이 TV - 투니버스 - 카툰 네트워크 - 재능 TV - 애니맥스	 -EBS -투니버스 -재능 TV -대한 방송
효과	1. 애니메이션 바영 후 제품 매출 상승 2. 기아 자동차에 대한 추억을 심고 키덜트 효과 자극 3. 트랜스포머, 건담과 같은 매니아 층 형성 가능성 확보	1. 타요 애니메이션의 성공으로 인한 시청자들의 서울 시내버스 이벤트 요청 2. 타요 애니메이션과 서울 시내 버스의 긍정적 이미지 상승 3. 서울시 브랜드 강화
분류	꾸러기 케라톱스 코리요	아이엠몽니
제작사	동우에이앤이 + 화성시	(주)아트피큐 + 제주도
방송매체	 - KBS2	 -SBS
효과	1. 화성시 공룡 도시 인식 강화 2. 화성시 대표 캐릭터로 활용성 강화 3. 애니메이션 인지도 상승과 더불어 화성시 홍보 효과	1. 애니메이션 방영과 동시에 각종 라이선싱 제품의 출시로 인지도 상승 2. 홍콩 라이선싱 참여로 홍콩 맥스라이선싱과 에이전시 체결 3. 중소 애니메이션 사업에 대한 지역의 적극적 지원으로 성공한 사례로 손꼽히고 있음

애니메이션과 캐릭터의 성공으로 지역 브랜드 강화 효과

26

유사제품의 성공된 사례를 보여주어 창업자의 제품 또한 실현가능성 등을 간략히 보여주는 것 또한 좋다. 예로써 “혹시 이러한 애니메이션의 성공한 사례가 있는지요?” 라는 질문에 대한 답변이 될 것이다.

(2) 주식회사 이엔이 사업(투자)계획서 샘플

Company Overview

ENE (주)이엔이
ENVIRONMENT & ENERGY

환경·에너지전문기업

목 차

2

01 법인현황

회 사 명	㈜ 이엔이	설립일자	2012.12.12
주 소	전라북도 전주시 완산구 천잠로 303 전주대학교 벤처창업관 307,308호		
대 표 자	고 성 호		
사업자 등록번호	402-81-99595	법인등록번호	210111-0087413
납입 자본금	206 백만원		
업태 / 종목	제조.전기,건설,서비스 / 신재생에너지설비설치 외 환경에너지기자재 제조		
직원수	7명	회계감사	외감예정
주요제품	독립형태양광발전장치,배관용 수처리장치,열병합발전시스템 등		
보유기술	[9건보유] 태양광발전 부문 특허 등록 2건 , 배관보호기술 출원2건 열병합발전 부문 특허 등록 3건 , 수처리장치 부문 등록 1건		
홈페이지	www.ene12.com		
전화번호	070-4640-2050~3	팩스번호	063-222-2970
담당자 이메일	lander76@naver.com		

02 회사연혁

구분		주요내용
2014년	12월	특허출원 2건 "BLDC모터 부스터펌프시스템", "전기방식용 전위측정 전극유니트"
	11월	박근혜대통령 전북창조경제혁신센타 출범식 행사 참여 (창업기업 대표로 발표)
	10월	품질인증Q마크 획득 "태양광발전 독립전원 전기방식 시스템"
	09월	K-Water 물성장 동반성장 성과공유과제 선정
	06월	전북대 첫걸음기술개발 산학연 협약
	05월	K-Water 특허 기술 이전 및 실시 계약
	04월	특허등록 "독립전원 전기방식 시스템" (제10-1382245호)
	03월	본사이전 [전주대 벤처창업관 307, 308호] 및 공장등록 / 부설연구소 등록
		전북엔젤투자클럽 투자계약 체결
	02월	전주대학교 창업사관학교 1기 최우수 졸업 (총장상 수상)
2013년	12월	ISO9001 / ISO14001 인증
		전북중소기업청 우수기업 표창장 수상
	10월	자본금 증자
		(사)한국신재생에너지협회 정회원 가입 (No.1295호)
		전북대학교 가족회사 등록
	08월	특허등록 "배관설비용 유체처리장치" (제10-0900302호)
	05월	전주대 창업사관학교 1기
		본사이전 [전주대 창업보육센터 B103호]
	04월	K-Water 독립전원 전기방식 시스템 특허 일부 양도 계약 체결
		벤처기업 등록 (제20130102851호)
	01월	신재생에너지 전문기업 등록 [태양, 지열, 풍력, 소수력, 바이오가스, 폐기물]
2012	12월	주식회사 이엔이 법인설립

03 조직도

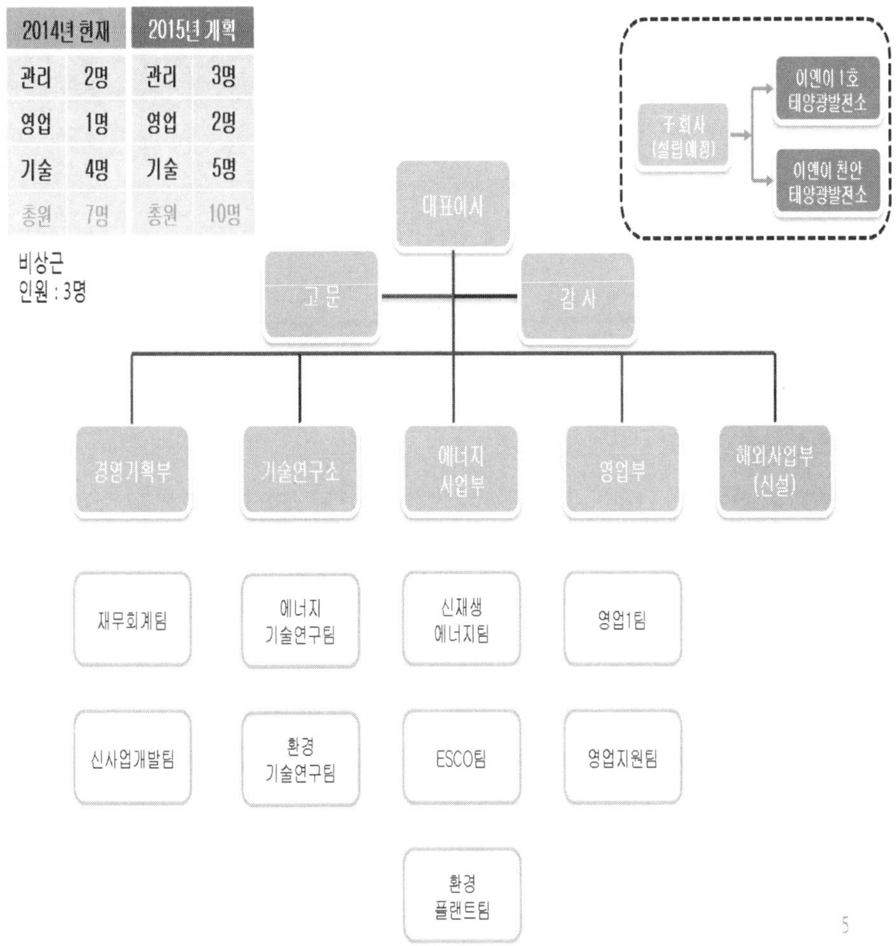

상기의 샘플 사례와는 달리 조직도를 더욱 더 세분화하여 구체화하고 있고 인력에 대한 현재 인원과 충원 계획을 통한 회사의 운영인력계획을 쉽게 파악할 수 있도록 작성하였다.

04 보유기술

발명의 명칭	등록번호	구 분	상 태
BLDC모터 부스터펌프시스템	제10-2014-0177469호	특허	우선심사 출원
전기방식용 전위측정 전극유니트	제10-2014-0177470호	특허	우선심사 출원
배관설비 유체 처리장치	제10-0900302호	특허	등록
독립 전원 전기방식시스템	제10-1382245호	특허	등록
광고 겸용 태양광 발전 장치	제10-1157094호	특허	등록
건물일체형 태양광 발전장치	제10-1103167호	특허	등록
열병합발전기의 폐열을 이용한 슬러지 건조시스템	제10-0836137호	특허	등록
열병합발전기의 폐열을 이용한 슬러지 건조시스템	제10-0835964호	특허	등록
히트펌프와 연계된 열병합발전시스템	제10-0799528호	특허	등록

세부적인 보유기술을 작성하여 검토자 또는 심사위원은 창업자의 기술과 역량을 쉽게 파악할 수 있도록 하고 있다.

05 인증현황

회사의 인증 및 수상에 관한 사항을 일목요연하게 제시하여 실제 회사가 운영하고자 하는 업종과 업태 그리고 제품을 쉽게 파악할 수 있고, 전문성을 보여주고 있다.

06 기술제품 소개-독립전원 전기방식시스템

태양광 독립전원 전기방식시스템 (수자원공사 고양관리단 대자가압장 시범설치 적용)

시스템 개요 : DC전력생산-축전-DC정류-DC공급(60V/30A)-무선통신웹모니터링

수요처 : K-WATER,가스공사,한국전력 외 특수 건축구조물, 송유관,저장탱크 등

K-WATER 엔지니어링처 기술실시협약
K-WATER 수도선진화처 성과공유과제 협약

사진과 제품의 핵심기능을 소개하여 회사의 제품과 활용 처 그리고 판매가격 등을 명확히 소개함으로써 검토 시 제품에 대한 이해와 매출의 추이를 갈음해 볼 수 있도록 하였다.

06 기술제품 소개-독립전원전기방식시스템

주요사항				
주요 수요처	K-Water (수의계약2년 예정)	가스공사	도시가스사	산유국수출
제품 규격 (무선통신 웹모니터링 포함)	60Vdc/5Adc (부식방지 부하기준) 발전용량 : 3KW 축전용량 : 28.8KW	60Vdc/10Adc (부식방지 부하기준) 발전용량 : 6KW 축전용량 : 57.6KW	60Vdc/20Adc (부식방지 부하기준) 발전용량 : 12KW 축전용량 : 115.2KW	60Vdc/30Adc (부식방지 부하기준) 발전용량 : 18KW 축전용량 : 172.8KW
판매가격 (공사비 제외)	2,900만원	4,100만원	6,000만원	8,000만원
인증완료	특허등록	Q마크품질인증	ISO9001	ISO14001
인증예정	녹색인증 (컨설팅업체 선정)	NET 신기술인증	조달청우수기술	

06 기술제품 소개-배관설비용 유체처리장치

[개요]

- 금속과 광물의 물리 화학적 성질을 이용하여 개발한 제품
- 상수도 배관, 냉방.난방.급탕 배관,공정용 배관 등의 수질 보호.정화 및 배관 보호 목적의 개발 제품.

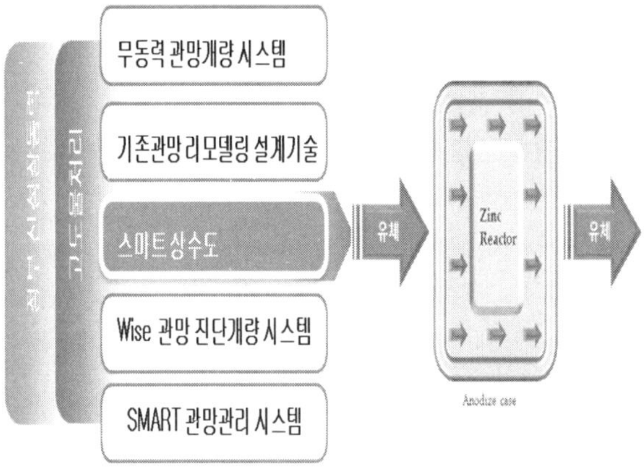

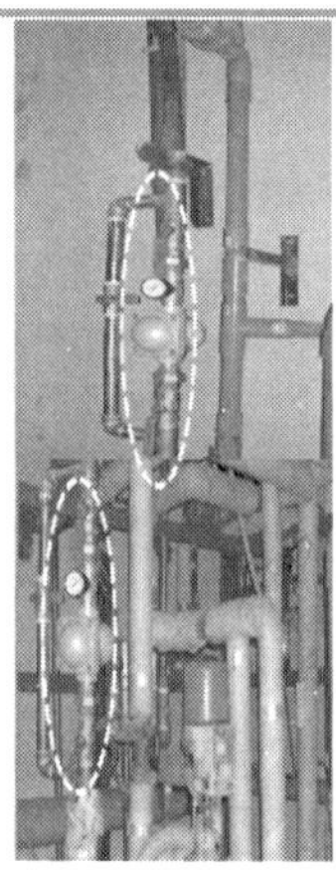

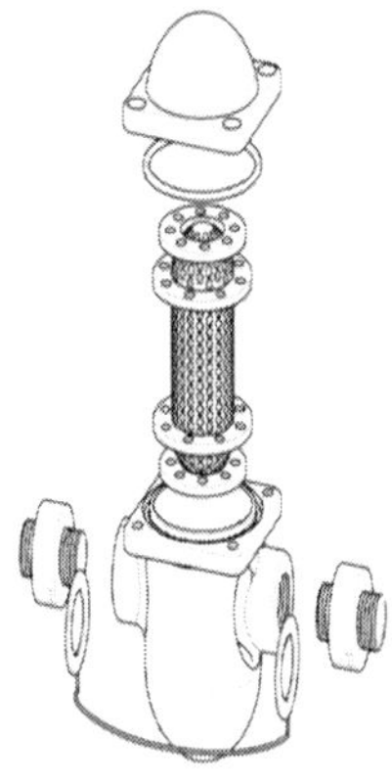

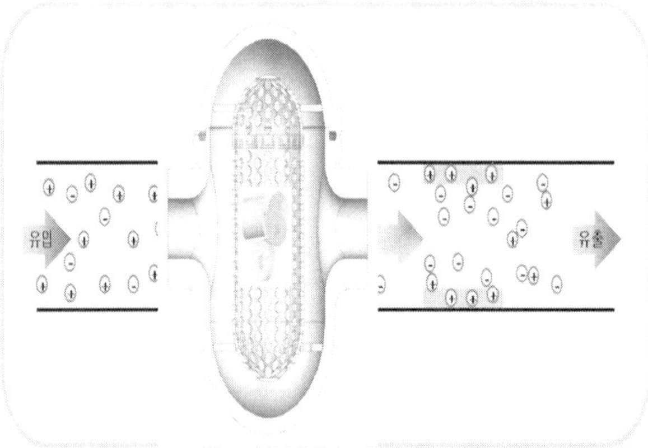

06 기술제품 소개-배관설비용 유체처리장치

주요사항				
주요 수요처	물을 사용하는 모든 건축시설물 및 장치의 사용자			
제품 규격	15mm 배관규격~ 200mm배관규격			
제품 특성	PH안정화	수질오염방지 스케일방지 및 제거	음이온 발생.공급	강력한 산화력
제품 용도	이미용실 세척수	반도체장비 순환수처리	지하수정수 및 배관보호	냉방.난방.급탕 배관 보호
인증 완료	특허등록			
인증 예정	KC인증	NET 신기술인증	조달청우수기술	녹색인증

06 기술제품 소개-스마트 스모킹부스

국민들의 건강한 삶(WELLESS)을 지향할 수 있는 쾌적한 도시환경의 구축을 위해 비 흡연자들의 간접흡연 피해를 차단

스마트 스모킹 부스

1. 제원

1)제원 6,000mm(W) x 3,000mm(L) x 2,800mm(H).
2)후면 재질 갈바륨 EGI 1.2T.
3)투시부 전면, 좌-우 측면 : 강화유리 8mm 그린
4)출입문 슬라이딩도어(auto), 잠금장치
5)기초 100mm x 50mm x 2.3T, 50mm x 50mm x 2.3T
6)천정마감 단열재 + 리빙우드(백색)
7)벽체마감 MD인테리어판넬 4.5T
8)이동 4인치 캐스터 4ea, 레벨러 4ea
9)배관 후렉시블 덕트(플라스틱)

2. 악취저감장치	
1)품명	라디칼케어 (건식,습식 겸용)
2)설치	실내 자립형, 덕트배관 연결(220V)

3. 전기

1)전등, 전열 LED 15W 매립 3ea, 스위치 1ea, 콘센트 매립2구
2)환풍기 400mm x 400mm 가정용 이상급 2ea
3)냉난방기 캐리어 7PY

4. 외관

1)색상 지정색 1도 우레탄
2)이미지 발주사 로고, Smoking Room or 흡연실, 기타

금연구역 지정
공공장소

↓

흡연구역의 미지정
흡연자의 의식결여

↓

간접흡연 노출
건강한 생활환경의
저해요인

06 기술제품 소개-스마트 스모킹부스

주요사항				
주요 수요처	공공기관, 대기업, 공공장소 등의 관리주체 [강원랜드 카지노 흡연실 개선사업 구매조건부계약 진행중]			
제품 규격	기본부스: 폭3M * 높이2.8M * 길이6M [병렬연결 가능]			
판매 가격	기본형 부스 기준: 3,000만원			
제품 특성	악취제거 탁월	음이온 공급	냉.난방공급	무선통신 웹모니터링 실시간 관리(선택)
제품 용도	범죄예방(선택)	방송광고(선택)	공중전화 연계(선택)	ATM기 연계(선택)
인증 예정	특허출원	친환경 건축물인증		

07 기술사업 소개-태양광발전소 시행.시공

기술사업 소개를 통해 사업에 대한 경험 실적과 주요 예상거래처를 통한 영업단계를 소개함으로써 창업자의 사업 방향성을 확인할 수 있도록 작성되었다.

07 기술사업 소개-태양광발전소 시행.시공

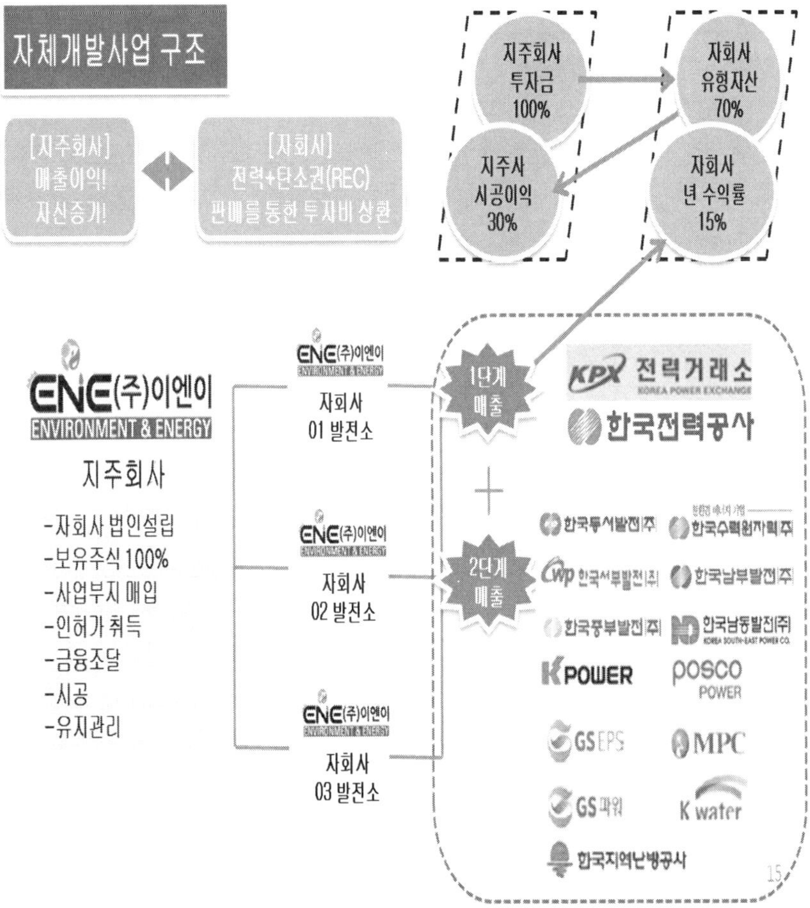

08 매출현황 및 매출계획

2013년 매출 : 10.2 억원
2014년 매출 : 17.3 억원

2015년 매출 계획 (태양광분야)					
구분	사업구분	용량(KW)	수주목표	진행사항	비 고
1	함평 태양광발전소 시행.시공	1,458	3,200,000,000	개발행위 진행중	SPC설립 後 시공계약 예정
2	해양농업법인	99	200,000,000	발전사업허가 완료	01월 착공 예정
3	그룬	75	200,000,000	발전사업허가 완료	01월 착공 예정
4	이엔이 4호 태양광발전소	99	220,000,000	발전사업허가 신청	03월 착공 예정
5	이엔이 5호 태양광발전소	99	220,000,000	발전사업허가 신청	9월3일 사용전검사
6	제이지 솔라 2호 태양광발전소	99	220,000,000	계약 대기	2014년도 고객사
7	주경림 태양광발전소	99	220,000,000	사업부지 검토중	개발부지 분양 예약자
8	성준영태양광발전소	498	1,200,000,000	발전사업허가 완료	공동사업 협의
9	하반기 사업 예정	500	1,100,000,000	사업부지 검토중	개발부지 분양 예약 5건
10					
소 계		3,026	6,760,000,000		-

2015년 매출 계획 (제조.판매 분야)					
구분	사업구분	수량(EA)	수주목표	진행사항	비 고
1	독립전원 전기방식시스템 납품	30	900,000,000	K-Water 과제 진행중	K-Water
	이온수 공급장치 납품	50	100,000,000		이미용협회
2	스마트 스모킹부스 납품	12	360,000,000		음성 축산물단지
소 계		92	1,360,000,000		

2015년 총 매출 계획 (태양광+제조.판매분야)	8,140,000,000

매출현황과 매출계획을 작성함에 있6어 비교법을 이용한 것이 아닌 매출액에 대한 내역을 기재하고 2015년의 매출계획에 집중화한 기법으로 작성을 하였다.

09 소요자금 및 투자계획

(단위:백만원)

구분	항목	내용	금액	산출내역	비고
기본 소요비용	인건비	현재인력	260	2013년 예정액	총원 7인
	유지비/기타	유지비 집계	170	월1,000만원	각종 지출비용
	소계	판관비 예상 총액	430	사무관리비 인건비 임대료 수도광열비 등	
신규투자 항목별 내역	면허 취득	전기공사업	65	공제조합 채권	인력 확보 완료
	태양광발전 투자비	사업부지 잔금	214	힘평 12,000평 임야	개발면적 약 8,800평
		시설투자비	3,200	발전시설용량 1,458KW	발전사업 허가 취득
	소계	자회사 설립계획	3,414	전력판매+REC인증서판매	년간 수익 5억원
	제조시설 투자비	공장부지매입	500	500평 규모	평당 100만원
		공장 건축	500	200평 규모 건축	평당 250만원
		운전자금	300	인건비 및 조립기계장치 구입	
		소계	1,300	K-Water 수의계약 확정시 필요한 투자계획임.	
투자비 및 소요자금 합계			5,209		

창업자에게 필요한 투자금과 소요자금을 객관적으로 정리하여 투자자로 하여금 쉽게 현재의 상황을 분석할 수 있도록 한 방법이다.

7. 기관 사업계획서 샘플

(1) “창업아이템 사업화” 신청서 및 사업계획서

창업선도대학 「창업아이템 사업화」
신 청 서

		분 야 구 분	□ 제조 □ 지식서비스		
성 명		연 락 처	핸드폰	전화	
주 민 등 록 번 호	000000-0000000		이메일		
창 업 경 험	□ 유 □ 무	현재창업유무	□ 창 업(창업일 : 년 월 일) □ 미창업(예정일 : 년 월 일)		
주 소					
창 업 아 이 템 명					
사 업 기 간	*00.00.00 ~ 00.00.00*		'14. 5월 ~ '15. 2월,(총 10개월 이내) (협약기간은 지원대상 선정 이후 설정·안내)		
기술분야	□ 기계·재료 □ 전기·전자 □ 정보·통신(H/W) □ 화공·섬유 □ 생명·식품 □ 환경·에너지 □ 공예·디자인 □ 기타				
現 사업화 단계	□ 시제품 개발 전(아이디어 구상단계) □ 시제품개발 중(개발착수) □ 시제품 제작 완료				
신 청 동 기 (필 요 사 항)	□ 시제품개발 자금 확보 □ 기술정보활동 자금 확보 □ 마케팅자금 확보 □ 창업교육, 멘토링 □ 창업공간 □ 기타( )				

최종학력	기 간		학 교 명	수 학 상 태	전 공	학 위
	부터	까지				
	.	.		졸업 수료 중퇴 재학 휴학		학사 석사 박사

경 력	기 간		근 무 처			담당 업무 (최종 직위)
	부터	까지	근무처 명	주요 제품	전화번호	
	.	.				
	.	.				

Tip 사업직장근무경력, 개인 및 법인사업자 운영경력 등을 모두 기재하며, 휴·폐업 경력 있을 경우 병행기재

지식재산권 보유현황

등록 ( )개 출원 ( )개

구 분	권리구분 (특허, 실용신안)	등록(출원)명칭	등록(출원) 번호	등록(출원)년 월일	등록(출원)인
등록					
출원					

입상실적

입상명	입상일자	시행기관	비 고

창업교육이수

교육명	이수년도	시행기관	비고

<table>
<tr><td rowspan="4">고용
인력
현황</td><td colspan="3">신청일 현재 고용인력 현황(기 창업자만 작성)</td><td colspan="2">총 00명 (대표자 제외)</td></tr>
<tr><td>성 명</td><td>담당업무</td><td colspan="2">고용형태</td><td>고용기간</td></tr>
<tr><td></td><td></td><td colspan="2">정규직 또는 기간제</td><td></td></tr>
<tr><td></td><td></td><td colspan="2"></td><td></td></tr>
<tr><td rowspan="2">가점
사항</td><td colspan="5">□ 신청한 창업아이템과 관련된 특허권 또는 실용실안권 보유자
* 단, 권리권자에 한함(전용실시권 포함), 출원 건은 제외

□ 최근 2년 이내 중소기업청 주최 창업경진대회 본선이상 입상자(지역예선 통과자 제외)
□ 최근 2년 이내 중소기업청, 창업진흥원 및 주관기관 기술창업 교육(창업강좌, 창업아카데미) 이수자
□ 직전년도 창업선도대학의 창업강좌, 창업아카데미 우수 수료자
□ 창조경제타운(미래창조과학부) CTO의 추천서*를 받은 자
* 추천서에는 사업성 분석 및 추천사유가 명시되어야 함</td></tr>
<tr><td colspan="5">Tip 가점 사항 해당자의 경우에도 사업 신청자격에 부합하여야 하며, 선정평가를 통해 최종 선정될 수 있음</td></tr>
<tr><td rowspan="5">과거
수혜
사항</td><td colspan="3">과거 창업지원 사업에 수혜 받은 경험 유무</td><td colspan="2">□ 유 □ 무</td></tr>
<tr><td colspan="5">〈 과거 수혜사업 현황 〉</td></tr>
<tr><td>지원사업명</td><td>창업아이템명</td><td>지원기관</td><td>지원기간</td><td>지원금액
(백만원)</td></tr>
<tr><td></td><td></td><td></td><td></td><td></td></tr>
<tr><td></td><td></td><td></td><td></td><td></td></tr>
</table>

2014년 창업선도대학 「창업아이템 사업화」 신청서를 [붙임]과 같이 제출합니다.

[붙임] 1. 사업계획서(증빙서류[27) 일체 포함) 1부

2. 개인(기업)정보 수집·이용·제공 및 신용정보조회 동의서 각1부

년 월 일

신 청 자 : (인)

주관기관장 귀하

27) ①신분증, ②사실증명원(예비창업자일 경우), 사업자등록증명원(개인사업자일 경우), 사업자등록증명원 또는 법인등기부등본(법인사업자일 경우), ③ 지재권 출원·등록 증빙서류, 입상 실적 및 창업교육 이수 등의 각 증빙서류

【붙임1】

창업선도대학「창업아이템 사업화」
사 업 계 획 서

1. 사업계획(개요)

ㅁ 사업목표

시제품(기술) 개발범위	※ 본 사업을 통해 달성하고자 하는 시제품 제작 및 마케팅 등의 사업화 목표를 구체적으로 기술	
최종결과물	※ 본 사업을 통해 산출되는 최종 결과물이 무엇인지 구체적으로 기술	〈최종결과물 이미지〉

ㅁ 창업아이템 요약 설명

아이템명		
아이템 요약설명	※ 핵심기술 및 사업화전략 등을 중심으로 간략히 아이템을 요약하여 설명	
	※ 아이템의 특징을 나타낼 수 있는 참고사진(이미지) 또는 설계도 삽입	※ 아이템의 특징을 나타낼 수 있는 참고사진(이미지) 또는 설계도 삽입
	〈 사진(이미지) 또는 설계도 제목 〉	〈 사진(이미지) 또는 설계도 제목 〉
고객 세분화	※ 목표 고객의 세분화, 분석 등 창업아이템을 누가 구매할 것인지를 분석(40~50대 직장인 남성, 20~30대 청년층, 육아와 직장생활을 병행하는 워킹맘, △△△이 필요한 기관 및 단체 등 구체적 작성)	
고객 관계관리	※ 목표고객과의 상호작용, 관계관리 방안 등 고객과의 관계를 지속적으로 유지할 수 있는 방법, 디자인 제작과정에 고객 참여, 사회활동 등	
가치 제안	※ 추구하는 가장 핵심적인 가치(혁신적인 디자인, 편리함 등) 환경 친화적 디자인, 화학물질 없는 000제품, 합리적 가격의 000제품 등 성능, 디자인, 사회적 가치, 새로움 등 핵심가치 강조	
채널	※ 주요 유통채널(소매점, 온라인, 대형마트 등) 제품의 가치를 어떻게 전달하고 어떤 채널을 통해 구매하게 할 것인지를 작성	
수익원	※ 주요 수익원(판매비, 이용료, 후원금, 가입비 등) 어떤 부분에서 수익이 창출되는지를 작성	
핵심 자원	※ 창업(기업)의 핵심자원(브랜드, 인적자원 등) 사업을 진행하는데 없어서는 안되는 자원을 작성	
핵심 활동	※ 마케팅, 디자인, 기술개발, 사후관리 등 창업기업의 경영에 필요한 핵심적 활동. 제품의 가치 유지와 고객관리를 위한 중요 활동을 작성	

2. 창업가로서의 역량

ㅁ 창업자 소개

※ 창업자로서 본인의 역량을 나타낼 수 있는 실례(창업동기, 창업역량, 기업가정신 실천사례, 창업사업화 추진의지 등)를 중심으로 본인소개

3. 비전과 창업로드맵

ㅁ 창업로드맵 개요

목표	※ 창업을 통해 궁극적으로 이루고자 하는 목표를 서술

↑

창업자 개인역량	창업아이템의 기술성	창업아이템의 사업성

ㅁ 창업로드맵 실천전략

목 표	
전 략	
시 기	

→

목 표	
전 략	
시 기	

→

목 표	
전 략	
시 기	

↓

목 표	
전 략	
시 기	

←

목 표	
전 략	
시 기	

←

목 표	
전 략	
시 기	

4. 창업아이템의 기술성

□ 창업아이템 기술의 차별성(기술의 독창적 구성)

※ 창업아이템의 핵심기술에 대하여 설명하고, 유사(경쟁)제품의 유무와 비교를 통한 기술의 차별성 및 독창성을 서술

□ 창업아이템 기술의 모방가능성(기술의 난이도)

※ 창업아이템의 기술을 난이도 중심으로, 모방가능성 차단을 위한 지식재산권 확보여부와 확보를 위한 노력 등을 서술

□ 창업아이템 기술의 구현가능성(실현가능성)

※ 창업아이템(기술)의 구현 계획(실현가능성)을 표현하고 부연설명 서술

5. 창업아이템의 시장성

□ 창업아이템의 시장분석

※ 국내외 시장분석으로 통해 예상되는 시장규모와 수요분석, 시장진입가능성, 목표고객 등을 서술

□ 창업아이템의 성장가능성

※ 창업아이템이 속한 산업의 현재 성장단계와 향후 성장가능성, 지속적인 수익창출방안 등을 서술

6. 창업사업화 추진계획

ㅁ 창업사업화 추진일정[28)]

창업사업화 추진내용	M1	M2	M3	M4	M5	M6	M7	M8	M9	M10	비고
예) 아이템 개발기획											
시제품 제작업체 선정											
마케팅(홍보) 계획 수립											
…											

ㅁ 총 사업비 조성내역[29)]

합계(총 사업비) (100%)	정부지원금 (70% 이하)	(예비)창업자 부담금 (30%이상)[30)]		
		현 금 (10% 이상)	현 물 (20% 이하)	소 계
천원	천원	천원	천원	천원
현물부담 산출내역	품명	현물환산액(계)	산출내역	
	(예비)창업자 인건비	OOO천원	월 급여 × 00개월 (10개월 이내)	
	재료비(OO시약)	OOO천원	구매가액 × 수량 × 사용률	
	사무실 임차료	OOO천원	월 임차료 × 00개월 (10개월 이내)	
	…			

ㅁ 월별 사업비 집행계획[31)]

(단위 : 천원)

항 목	M1~M2	M3~M4	M5~M6	M7~M8	M9~M10	계
예) 시제품개발비	00	00				
기술정보활동비						
마케팅비						
계						

28) M=월, 사업기간 내 추진하고자 하는 창업아이템 사업화 추진내용을 기입하고, 해당기간에 음영표시, 비고란에는 특이사항을 기입

29) 창업아이템의 속성 및 사업화 계획 등에 부합한 사업비 조성내역 기재, 신청 사업비의 기준이 됨

30) 학부 재(휴)학생의 경우, 현금 5%이상, 현물 25% 이내로 조성할 수 있음

31) 사업비 집행항목별 집행(예상)금액을 기재

□ 세부항목별 사업비 사용계획[32)]

(단위 : 천원)

<table>
<tr><th rowspan="2">구분</th><th rowspan="2" colspan="2">세부항목</th><th rowspan="2">계(a+b)</th><th rowspan="2">정부지원금(a)</th><th colspan="2">(예비)창업자 부담금(b)</th><th rowspan="2">비 고</th></tr>
<tr><th>현금</th><th>현물</th></tr>
<tr><td rowspan="8">50% 이상</td><td rowspan="8">시제품제작비</td><td>인건비[33)]</td><td></td><td></td><td></td><td></td><td>시제품제작비의 50% 한도 (지식서비스 분야의 경우 80% 한도)</td></tr>
<tr><td>외주용역비</td><td></td><td></td><td></td><td></td><td></td></tr>
<tr><td>재료비</td><td></td><td></td><td></td><td></td><td></td></tr>
<tr><td>기자재구입비</td><td></td><td></td><td></td><td></td><td>총 사업비의 10% 한도</td></tr>
<tr><td>기자재임차비</td><td></td><td></td><td></td><td></td><td></td></tr>
<tr><td>기술이전비</td><td></td><td></td><td></td><td></td><td>총 사업비의 20% 한도</td></tr>
<tr><td>...</td><td></td><td></td><td></td><td></td><td></td></tr>
<tr><td>소 계</td><td></td><td></td><td></td><td></td><td></td></tr>
<tr><td rowspan="10">20% 이내</td><td rowspan="10">기술정보활동비</td><td>기술 · 경영멘토비</td><td></td><td></td><td></td><td></td><td></td></tr>
<tr><td>교육비</td><td></td><td></td><td></td><td></td><td></td></tr>
<tr><td>지식재산권확보비</td><td></td><td></td><td></td><td></td><td></td></tr>
<tr><td>시험인증비</td><td></td><td></td><td></td><td></td><td></td></tr>
<tr><td>사무용품구입비</td><td></td><td></td><td></td><td></td><td>100만원 한도</td></tr>
<tr><td>...</td><td></td><td></td><td></td><td></td><td></td></tr>
<tr><td></td><td></td><td></td><td></td><td></td><td></td></tr>
<tr><td>창업활동비</td><td></td><td></td><td></td><td></td><td></td></tr>
<tr><td>회계감사비</td><td></td><td></td><td></td><td></td><td>30만원 한도</td></tr>
<tr><td>소 계</td><td></td><td></td><td></td><td></td><td></td></tr>
<tr><td rowspan="7">–</td><td rowspan="7">마케팅비</td><td>전시회참가비</td><td></td><td></td><td></td><td></td><td></td></tr>
<tr><td>영상제작비</td><td></td><td></td><td></td><td></td><td></td></tr>
<tr><td>온라인쇼핑몰 입점료</td><td></td><td></td><td></td><td></td><td></td></tr>
<tr><td>온라인홍보비</td><td></td><td></td><td></td><td></td><td></td></tr>
<tr><td>카탈로그제작비</td><td></td><td></td><td></td><td></td><td></td></tr>
<tr><td>...</td><td></td><td></td><td></td><td></td><td></td></tr>
<tr><td>소 계</td><td></td><td></td><td></td><td></td><td></td></tr>
<tr><td colspan="3">합 계</td><td></td><td></td><td></td><td></td><td></td></tr>
</table>

32) 비고에 명시되지 않은 사항은 동 사업 사업비관리기준 [별표 ④]를 참고하여 작성(필수 준수사항)

33) 신청자(대표자)의 인건비는 현물로 계상(현금 계상 불가)

7. 증빙서류

OOO ※ 증빙서류의 제목을 기입(ex. 신분증, 지재권 등록원부, 교육수료증, 사실증명원....)
※ 사업계획서 작성요령에 기재된 증빙서류목록을 참고, 필수서류 및 해당 증빙서류를 스캔하여 첨부(증빙서류는 식별이 가능한 이미지로 삽입하며, 1페이지 당 1종류의 이미지 첨부 권장) ※ 학생일 경우는 재학증명서를 반드시 첨부

(2) “창업맞춤형사업” 신청서 및 사업계획서

「창업맞춤형사업」

(예비) 창업자 참여신청서

창업아이템명				
분야구분[1]		□ 제조　□ 지식서비스　(해당분야)		
신청구분[2]		□ 예비창업자　□ 창업기업	창업(예정)일[3]	년　일
신청자현황	성명		주민등록번호	
	소속[4]		휴대전화	
	이메일		유선전화	
	자택주소			
기업현황[5]	기업명		주생산품	
	법인등록번호		사업자등록번호	
	전년도매출액	백만원	전년도수출액	백만불
	전화번호		팩스	
	종업원수	사무직　명 / 기술직　명 / 기능직 등　명 / 합계　명		
	소재지	(우)[-]		

기술분야[6]				
	□ 기계 · 재	□ 전기 · 전자	정보 · 통신: □ App개발　□ S/W개발　□ 제조	
	□ 생명 · 식품	□ 환경 · 에너지	□ 공예 · 디자인	□ 화공 · 섬유

세부지원 프로그램)	□ 창업기관 맞춤형

최종학력	기간		학교명	수학상태 (졸업, 수료, 중퇴, 재학, 휴학)	전공	학위
	부터	까지				

경력	기간		근무처			담당업무 (최종직위)
	부터	까지	근무처 명	주요제품	전화번호	

과거수혜사항	과거 창업지원사업 수혜 받은 경험 유무			□ 유		□ 무
	사업명	창업아이템명	지원기관	협약기간		지원금액 (백만원)
				부터	까지	

<table>
<tr><td rowspan="5">지식재산권 보유현황</td><td colspan="5">등록완료 ( )개</td></tr>
<tr><td>구분</td><td>권리구분
(특허,
실용신안)</td><td>등록(출원)명칭</td><td>등록(출원)번호</td><td>등록(출원)인</td></tr>
<tr><td>등록</td><td></td><td></td><td></td><td></td></tr>
<tr><td>출원</td><td></td><td></td><td></td><td></td></tr>
<tr><td></td><td></td><td></td><td></td><td></td></tr>
<tr><td colspan="6">* 본인의 창업아이템과 관련된 지식재산권만 기재(온라인과 동일)</td></tr>
<tr><td rowspan="4">창업아이템 관련 입상실적</td><td>입상명</td><td>입상일자</td><td>시행기관</td><td colspan="2">비고</td></tr>
<tr><td></td><td></td><td></td><td colspan="2"></td></tr>
<tr><td></td><td></td><td></td><td colspan="2"></td></tr>
<tr><td></td><td></td><td></td><td colspan="2"></td></tr>
<tr><td colspan="6">* 본인의 창업아이템과 관련된 입상실적만 기재(온라인과 동일)</td></tr>
<tr><td rowspan="4">창업 관련 교육 이수</td><td>교육명</td><td>이수년도</td><td>시행기관</td><td colspan="2">비고</td></tr>
<tr><td></td><td></td><td></td><td colspan="2"></td></tr>
<tr><td></td><td></td><td></td><td colspan="2"></td></tr>
<tr><td></td><td></td><td></td><td colspan="2"></td></tr>
<tr><td colspan="6">* 창업관련 이수 교육명만 기재(온라인과 동일)</td></tr>
<tr><td>가점사항</td><td colspan="5">□ 여성 □ 장애인</td></tr>
<tr><td colspan="6">* 가점관련 증빙자료 선정 후 제출</td></tr>
</table>

창업맞춤형사업 운영지침에 따라 붙임과 같이 사업 참여 신청서를 제출합니다.

[붙임] 1. 사업계획서 1부.

– 필수서류

· 공통 : 신분증 사본 1부.

· (기 창업자 중 법인) 법인등기부등본 1부.

년 월 일

신 청 자 : (인)

창업진흥원장 귀하

1) 분 야 구 분 :	APP, S/W, 콘텐츠, WEB 등은 지식서비스로 지원(단, 시제품 제작과 지식서비스를 융합하는 형태의 사업과제는 제조 분야로 지원)
2) 신 청 구 분 :	현재 창업 여부에 따라 예비창업자와·창업기업 중 선택
3) 창업(예정)일 :	예비창업자는 창업 예정일 기재 창업기업은 창업일 기재 (개인사업자 : 사업개시일(개업일), 법인사업자 : 법인설립등기일)
4) 소 속 :	예비창업자의 경우 '예비창업자', 창업자의 경우 '기업명'을 기재
5) 기 업 현 황 :	창업기업의 대표가 신청할 경우 필히 기재
6) 기 술 분 야 :	신청자의 창업아이템이 해당하는 분야를 선택

「창업맞춤형사업」

창업과제 사업계획서

※ 작성의 이해를 돕기 위해 각 항목 하단에 작성된 파란색, 회색 글씨는 삭제 후 제출 요망

창 업 아 이 템 명	

1. 개 요

창업아이템의 소개	· · · ※ 기능, 주 소비자층, 판매예정가격, 사용처 등의 주요 내용을 간략하게 기재
경쟁사 제품 분석	· · · ※ 경쟁제품(유사제품)의 주요기능 및 차별점 등을 간략히 기재.
국내외 목표시장	· · · ※ 국 내외 목표시장, 판매 전략, 시장 침투 전략 등

이 미 지

* 시제품 이미지, 시안 또는 설계도

2. 창업배경

사업 추진 의지 및 열정(기업가 정신)과 창업 관련 경험, 역량 및 사업화를 위한 네트워크(기술, 자금, 마케팅 등) 보유 현황 등을 자유롭게 서술

3. 창업아이템 소개 및 시장조사결과

□ 창업아이템의 소개

창업아이템의 용도, 기능, 사용처 및 이미지(개략도 포함) 등 창업아이템에 대하여 세부적으로 기재

□ 시장 수요조사 결과

○ 국내외 목표시장, 대상 소비계층과 그에 따르는 매출발생 및 수익창출가능성 등을 조사하여 서술
○ 예상 시장 규모를 반드시 기재((예시) 국내 100억원, 해외 1,000억원)

4. 창업아이템의 기술성

□ 창업아이템(기술)의 차별성(독창적 구성)

기존에 유사 기술 존재 여부 및 기존기술과의 차이점 등을 포함하여 창업아이템(기술)과 경쟁제품과의 차별성 또는 기술의 독창적인 구성, 제품 성능의 우수성 등을 서술

□ 창업아이템의 경쟁력 및 파급효과

창업아이템(기술)이 가진 경쟁력 및 예상되는 파급효과를 서술

5. 창업아이템의 시제품제작 및 사업화계획

ㅁ 창업아이템의 시제품제작 계획

창업아이템(기술)의 시제품제작 계획을 협약기간(일정), 소요비용, 세부제작 계획 등을 체계적으로 서술

시제품 제작계획	M1	M2	M3	M4	M5	M6	M7	M8	M9	M10	비고
예시) 아이템설계 및 디자인											
아이템개발(외주용역 등)											
제품 테스트 및 시험분석											
시장반응평가											
마케팅 등 홍보											

ㅁ 창업 계획

창업일정 및 형태, 창업 이후의 중장기 계획 등을 구체적으로 서술

ㅁ 생산 계획

시제품 제작 완료 이후 제품 생산시설 구축 및 양산 계획 등 서술

□ 홍보 및 판매전략

예상 제품 단가(판매단가), 제품의 홍보 및 판매전략(마케팅 계획), 손익분기점 등을 서술

□ 향후 사업추진 일정

본 사업 종료(협약 종료) 후, 사업 확장을 위한 추진 계획을 기술하고, 일정 등의 해당기간에 음영표시, 비고란에는 특이사항을 기입

추진내용	'14. 1분기	'14. 2분기	'14. 3분기	'14. 4분기	'15. 1분기	'15. 2분기	비고
예시) 투자유치							
생산(양산)시설 구축							
법인전환 및 공장설립							
등							

6. 사업비 산정내역

ㅁ 사업비 조성내역

창업아이템의 속성 및 창업사업화 계획 등에 부합하도록 사업비 조성
(신청 사업비의 기준)

합계(사업비) (100%)	정부지원금 (70%이내)	창업자부담금 (30%이상)		
		현금(10%이상)	현물(20%이내)	소 계
70,000 천원	*49,000 천원*	*7,000 천원*	*14,000 천원*	*21,000 천원*
*현물부담 산출 *(대표자)의 인건비, 보유 장비 등*				

ㅁ 세부항목별 사업비 사용계획

세부항목		산출근거	금액(천원)			비고
			현금	현물	계	(%)
시제품제작비	인건비	*·1,500천원 × 9개월 = 13,500천원 ·1,000천원 × 5개월 = 5,000천원*	*18,500*	–	*18,500*	
	외주용역비	*·마그네슘 성형 외주비 = 3,000천원 ·코팅 등 외주처리비 = 4,000천원*	*7,000*	–	*7,000*	
	재료비	*·마그네슘 판재, = 1,700천원 ·코팅 처리재료비용 = 1,300천원*	*3,000*	–	*3,000*	
	자재구입비	*·컴퓨터(데스크탑) = 1,800천원 ·복합기(레이저) = 700천원*	*2,500*	–	*2,500*	*5.5%*
	자재임	*주관기관 기자재 임차료*	–	*14,000*	*14,000*	
	기술이전비	*·대학/연구기관 보유 기술이전*	–	–	–	
소 계			31,000	14,000	45,000	64.3%
창업준비활동비		*·산업재산권 출원비 = 6,000천원*	*6,000*	–	*6,000*	
		·시험분석 및 인증비 = 6,000천원	*6,000*	–	*6,000*	
		·시제품 관련 서적 구입 = 700천원	*700*	–	*700*	
		·사무용품 및 소모품구입 = 1,000천원	*1,000*	–	*1,000*	
		·회계감사비 = 300천원	*300*	–	*300*	
소 계			14,000	–	14,000	20%
마 케 팅 비		*·홍보용 카탈로그 제작비 = 4,000천원*	*4,000*	–	*4,000*	
		·온라인 배너 홍보비 = 2,000천원	*2,000*	–	*2,000*	
		·홈페이지 제작 및 도메인 등록비 = 3,000천원	*3,000*	–	*3,000*	
		·참가등록 및 부스임차비 = 2,000천원	*2,000*	–	*2,000*	
소 계			11,000	–	11,000	15.7%
합 계			56,000	14,000	70,000	100%

* 신청자(대표자)의 인건비는 현금 계상 불가, 신규채용인력에 한하여 인건비 계상 가능

** 사업비 사용계획은 반드시 사업비관리기준의 사업비 계상기준 및 계상비율을 참조하여 작성

[참고] 비목별 계상기준

창업맞춤형사업 비목별 계상 기준

비목	계 상 기 준
창업자지원금	□ **시제품제작비(총 사업비의 50% 이상)** o 인건비 • 창업자 및 창업기업에 소속된 기존 직원이 당해과제 수행에 직접 참여하는 경우 과제 참여율에 따라 현물로만 계상 가능. 단, 본 사업을 위하여 협약만료일 3개월 이전까지 신규 채용하는 인력(4대보험 가입)에 한하여 인건비 적용범위 내에서 현금으로 계상 가능 * 중소기업청 또는 타 기관 과제의 참여율의 합이 100%를 초과할 수 없음 * 인건비는 전년도 근로소득에 준하여 지급하며(근로소득원천징수 확인서), 근로소득이 없을 경우 창업자에게 지급하는 월 인건비 총액은 아래의 기준을 적용한다. (100% 참여 시) - 학사과정(학사 미만 포함) : 월 120만원, - 학사(석사과정 포함) : 월 170만원 - 석사(박사과정 포함) : 월 220만원, - 박사 : 월 270만원 • 지식서비스분야 업종의 경우 시제품제작비의 80%까지 인건비 계상 가능, 이외 업종은 시제품제작비의 50%까지 인건비 계상 가능(업종 확인은 사업비관리기준 참조) o **외주용역비** : 창업자 본인의 시제품제작이 불가능할 경우에 한하여 지급할 수 있으며, 외주용역계약은 (세금)계산서 발행이 가능한 회사에 한함. 개인과의 외주용역계약 불가 o **재료비** : 시제품제작에 투입되는 물품으로서, 부품 또는 가공품 등의 물품 구입에 소요되는 경비(견품, 시약, 재료 구입비 등) o **기자재 구입비** : 시제품제작을 위해 활용되는 자산성 물품 구입 등(총 사업비의 10% 이내 계상) o **기자재 임차료** : 시제품제작을 위해 활용되는 자산성 물품 임차에 소요되는 경비(실험장비의 임차비와 관련 부대비용) o **기술이전비** : 시제품제작을 위해 필요한 기술을 이전받기 위해 사용하는 금액으로 법적 권리를 보장받는 계약의 경우에 한하여 집행(총 사업비의 20% 이내 계상) o **시금형제작비** : 양산금형 이전 시제품의 최종 확인을 위한 시금형 제작비(총 사업비의 20% 이내 계상)

비목	계 상 기 준
창업자지원금	□ **창업준비활동비** ㅇ 시장정보 획득, 보완기술 교육, 도서 등 문헌 구입비 등 (회의 관련 식대비 불인정) ㅇ 창업과제와 직접 관련이 있는 지식재산권 출원·등록비, 시험분석료, 제품인증비 등 ㅇ 창업과제의 사업화를 위한 사무용품 구입비 (100만원 한도) ㅇ 전담기관 및 주관기관 시행 교육 등 프로그램 참가 여비 (100만원 한도) ㅇ 사업장 운영을 위한 공간의 임차비 (소요비용의 50% 이내, 월 20만원 한도로 집행가능하며, 보증금성 비용은 제외) * 주관기관의 현장확인을 통해 임차비 지급의 적정성을 인정받은 경우에 한함 ** 정부, 지자체 등의 지원금 투입을 통해 조성·운영 중인 공간(BI 등)의 임차비는 지급 불가 □ **마케팅비** ㅇ 창업과제의 마케팅활동을 위한 국내외 전시회 참가비, 제품홍보물 제작 및 홍보비, 카탈로그 제작비, 영상 제작비, 온라인 쇼핑몰 입점비, 홈페이지 또는 쇼핑몰 제작비

(3) “청년창업사관학교 입교” 신청서 및 사업계획서

신청 과제명			
기술분류	□ 기계·재료 □ 전기·전자 □ 정보·통신 □ 화공·섬유 □ 생명·식품 □ 환경·에너지 □ 공예·기타 □ 지식서비스		
입교형태1)	□ 입 소 형(안산□, 천안□, 광주□, 경산□, 창원□) □ 준입소형(안산□, 천안□, 광주□, 경산□, 창원□)	사업기간2)	20. .. ~ 20. . .
신청구분3)	예비창업자 : □ 개인, □ 팀 (명), □ 창업기업		

사업비(천원)	합계(100%) (총사업비)	정부지원금 (70%)	민간부담금(30%)		
			현금(10%)	현물(20%)	소계
	②(=①/0.7)	①신청금액	③(=②×0.1)	④(=②-①-③)	

입교신청자	성 명		생년월일	
	전 화		핸드폰	
	이메일		현재 소속4)	
	자택주소			

기업현황5)	기 업 명			사업개시일 (법인등록일)		
	법인번호			사업자번호		
	주생산품			매출액	백만원	종업원수 명
	주 소					
	실무담당자	성 명	직위	핸드폰	이메일	

「청년창업사관학교」운영지침에 따라 본 신청서를 제출하며 작성한 내용에 허위 사실이 있을 경우 선정취소 등의 불이익 처분에 동의합니다.

[붙임] 1. 사업계획서 1부

2. 사업자등록증(旣 창업자에 한함)

3. 가점관련서류 1부(해당자에 한함)

20 년 월 일

신청인 : (인)

중소기업진흥공단 이사장 귀하

1) 입소형
: 청년창업사관학교(안산, 천안, 광주, 경산, 창원)의 창업공간에 입주하여 창업활동하여야 함
준입소형 : 청년창업사관학교(안산, 천안, 광주, 경산, 창원) 공동사무공간에 의무 출근
(ex. 주1회 출근 등)
2) 사업기간 : 20 . . 일부터 1년 이내 기재(선정 후 협약 시 사업기간 재조정)
3) 신청구분 : 개인 예비창업자 또는 3년이내 창업기업의 대표자로 구분하여 기재
4) 현재소속 : 재직자의 경우 현재 근무 중인 직장명을 기재
5) 기업현황 : 입교신청자가 창업기업의 대표인 경우 소속기업 현황 기재
* 창업넷 온라인 입력사항과 불일치하는 경우에는 선정평가에서 불이익을 받을 수 있습니다.

「청년창업사관학교」
신 청 과 제 사 업 계 획 서

1	입교신청자 및 팀원의 현황

1-1 입교 신청자의 주요 이력

최종 학력	기간		학교명	수학상태	전공	학위
	부터	까지				
	.	.		졸업, 수료, 중퇴		

경력	기간		근무처		담당 업무 (최종 직위)
	부터	까지	근무처 명	주요 제품(서비스)	
	.	.			
	.	.			
	.	.			
신청과제 관련 업종 근무기간				총 년 개월	

1-2 팀원의 구성 (예비창업자가 팀을 구성하여 공동 창업하는 경우만 기재)

팀원 1	성 명		연락처	핸드폰	
	생년월일			이메일	
	학력/경력				
	신청과제 참 여 율	( )% [※ 다수 정부출연과제 참여하는 경우 총 참여율은100% 초과할 수 없음]			
팀원 2	성 명		연락처	핸드폰	
	생년월일			이메일	
	학력/경력				
	신청과제 참 여 율	( )% [※ 다수 정부출연과제 참여하는 경우 총 참여율은100% 초과할 수 없음]			
팀원 3	성 명		연락처	핸드폰	
	생년월일			이메일	
	학력/경력				
	신청과제 참 여 율	( )% ※ 다수 정부출연과제 참여하는 경우 총 참여율은100% 초과할 수 없음]			

* 팀원은 예비창업자인 경우에만 해당되며, 청년창업자의 현물부담금(인건비) 산정에 활용

1-3 산업 및 지적재산권 등록현황 (특허, 실용신안, 프로그램 등)

번호	재산권종류	산업 및 지적재산권명	등록번호(년월일)	권리권자
1				
2				
3				

* 신청과제 관련 기술에 대한 산업 및 지적재산권이 있는 경우 기록하고 사본을 제출
* 신청과제와 관련된 산업 및 지적재산권은 권리권자가 신청인 이어야 함

1-4 기술개발 및 사업화 실적 (최근 3년 이내 개발실적 중요도 순으로 기재)

개발과제 및 내용	개발기간	개발기관	신청자 역할	지원기관
	~			
	~			
	~			

1-5 중복지원 검토 확인 요청사항 (정부, 지자체 등으로부터 무상보조를 받은 경우 작성)

과 제 명	지원기관	지원기간	지원금액(천원)

* 신청인이 중소기업청 창업사업화지원사업에 선정된 경우에는 지원 제외
* 신청인이 지자체, 중소기업 지원기관 등으로부터 창업사업화지원사업에 선정되어 지원중이거나, 선정후 포기/탈락한 경우 지원제외. 단, 사업추진 완료된 경우에 한하여 제한적으로 지원 가능(추후 완료확인서 제출)
* 중복지원 검토 확인 사항이 누락되어, <u>지원제외 사항이 발견되는 경우 선정을 취소</u>

1-6 가점 사항 작성

가 점 항 목	해당여부	증빙서류명
신청과제와 관련된 특허권, 또는 실용신안권 (팀원 소유 제외) (0.5점)		
최근 2년 이내 중소기업청 주최 창업경진대회 입상자 지방청 시행대회 포함) (0.5점)		
명장 또는 기능경기대회 입상자 (0.5점)		
최근 2년 이내 국제기능올림픽 입상 경력자 (0.5점)		
여성 (창업기업의 경우 대표자) (0.5점)		
장애인 (창업기업의 경우 대표자) (0.5점)		
최근 2년 이내 한국발명진흥회 대한민국발명특허대전 수상자 (0.5점)		
최근 2년 이내 중소기업청, 창업진흥원, 중소기업진흥공단 창업교육과정 이수자 (0.5점)		
창조경제타운 추천서를 받은 자 (추천서에는 사업성 분석 및 추천사유 명시) (0.5점)		

* 가점을 확인할 수 있는 증빙서류가 제출되지 않을 경우 가점은 부여되지 않음

* 가점은 최대 2점 이내로 부여됨

2 창업동기 및 창업계획

* 청년창업자의 창업 배경과 역량은 아래의 사항을 참고 하여 작성하여 주세요.

2-1. 창업동기 및 신청사유

- 창업을 하는 동기 및 필요성
- 창업을 하기위해 준비하고 있던 사항
- 창업자로서의 각오와 열정, 성실성, 경영자로서의 자질 및 운영능력
- 중진공 청년창업사관학교에 입교를 신청하는 이유

2-2. 신청과제에 대한 신청자의 전문성 기재

(* 예비창업자가 팀을 구성하여 공동 창업하는 경우에는 팀의 전문성도 기재)

- 청년창업자의 전공, 관련분야의 경력과 사업 아이템과의 관계
- 과거 사업화 진행 경험 또는 프로젝트 수행 경력 등 기재
- 개발기술(제품,서비스)구현 및 창업과정의 청년창업자(예비창업팀)의 강약점 제시

2-3. 사관학교 입교 후 활동 계획

- 경영자로서의 역량강화 및 자기 계발 계획

(사관학교에 요청하는 교육과정 개설 사항 포함)

- 사관학교 내 창업사무실을 이용하는 것으로 입소를 신청한 경우 출·퇴근 및 근무 계획
- 향후 3년간 단계별 기업성장 추진계획

3	기술성 및 사업화가능성

3-1. 기술 (제품, 서비스)의 기능 및 특징

- 기술(제품, 서비스)의 개발의 필요성 및 개발해야 하는 이유

(고객의 Needs는 무엇인가)

- 기술(제품, 서비스)의 사용 용도 및 최종목표

- 핵심기술의 확보 내역

3-2. 기존 경쟁기술(제품, 서비스)과의 개발기술(제품, 서비스) 차별성, 우위성, 응용성

- 고객의 입장에서 경쟁기술(제품,서비스)과 비교하여 더 나은점, 우위에 있는 기술력은 무엇인가

- 경쟁기술(제품,서비스)과 차별화된 요소(독특성)는 무엇인가

- 경쟁기술(제품,서비스)에 비하여 우월한 가치를 제공할 수 있는 사항은 무엇인가

- 기술적 장애요인은 무엇이며 해결 방안은 있는가

3-3. 개발기술(제품,서비스)의 개략도

- 최종 기술(제품,서비스)의 시스템 구성도, 구조, 제품외관 등을 그림, 사진, 도면으로 표현 및 작성

4 성장성 및 시장경쟁력

4-1. 국내·외 관련기술(제품,서비스) 동향, 경쟁사 현황

- 국내·외 관련기술(제품,서비스)의 개발 현황과 문제점은 무엇인가
- 국내·외 관련기술(제품,서비스)의 발전 전망은 있는가
- 유사기술(제품,서비스)을 제공하는 경쟁사의 현황과 당사와의 강약점은 무엇인가

4-2. 시장의 성장성 및 진입가능성

- 시장에서 판매 될 수 있는 제품(서비스)인가
- 예상되는 고객과 판매처는 누구인가
- 예상되는 시장의 규모 및 수요는 충분한가
- 가격경쟁력은 우위에 있는가

4-3. 판매전략 및 마케팅 방안

- 제품(서비스)을 어떠한 방법으로 홍보하고, 판매할 것인가
- 수익창출(매출확보) 방안의 수립은
- 시장에서 성공하기 위한 결정적 요소는 무엇인가

(4) “선도벤처연계 창업지원사업” 신청서 및 사업계획서

「선도벤처연계 창업지원사업」

참 여 신 청 서 (예비창업팀용)

<table>
<tr><td colspan="3">신청 주관기관</td><td colspan="6">* 신청하고자 하는 주관기관명 기입
(벤처기업협회, 한국여성벤처협회 중 선택)</td></tr>
<tr><td colspan="3">창 업 기 술 명</td><td colspan="6">* 제안하고자 하는 제품(기술)에 명료하게 표현될 수 있도록 작성</td></tr>
<tr><td rowspan="9">예비창업팀원(최소 2인)</td><td rowspan="3">대표</td><td>성 명</td><td></td><td>주민번호</td><td></td><td rowspan="2">연락처</td><td>전화</td><td></td></tr>
<tr><td>소 속[5]</td><td></td><td>이메일</td><td></td><td>핸드폰</td><td></td></tr>
<tr><td>주 소</td><td colspan="6"></td></tr>
<tr><td rowspan="3">팀원 1</td><td>성 명</td><td></td><td>주민번호</td><td></td><td rowspan="2">연락처</td><td>전화</td><td></td></tr>
<tr><td>소 속</td><td></td><td>이메일</td><td></td><td>핸드폰</td><td></td></tr>
<tr><td>주 소</td><td colspan="6"></td></tr>
<tr><td rowspan="3">팀원 2</td><td>성 명</td><td></td><td>주민번호</td><td></td><td rowspan="2">연락처</td><td>전화</td><td></td></tr>
<tr><td>소 속</td><td></td><td>이메일</td><td></td><td>핸드폰</td><td></td></tr>
<tr><td>주 소</td><td colspan="6"></td></tr>
<tr><td colspan="2" rowspan="4">사업비</td><td>구 분</td><td colspan="2">현 금</td><td colspan="2">현 물</td><td colspan="2">합 계</td></tr>
<tr><td>정부지원1)</td><td colspan="2">천원</td><td colspan="2">—</td><td colspan="2">천원</td></tr>
<tr><td>사업자부담2)</td><td colspan="2">천원</td><td colspan="2">천원</td><td colspan="2">천원</td></tr>
<tr><td>합 계</td><td colspan="2">천원</td><td colspan="2">천원</td><td colspan="2">천원</td></tr>
<tr><td colspan="3">매칭희망
선도벤처기업3)</td><td colspan="2">1순위)</td><td colspan="2">2순위)</td><td colspan="2">3순위)</td></tr>
<tr><td colspan="3">사 업 기 간4)</td><td colspan="2">.</td><td colspan="2">창 업 예 정 일</td><td colspan="2">20 년 월</td></tr>
<tr><td colspan="3">관 련 기 술</td><td colspan="6">□ 기계 □ 전기 □ 전자 □ 정보통신 □ 환경 □ 에너지
□ 기타 시제품으로 제작 가능한 특허 등 아이디어</td></tr>
<tr><td colspan="3">제 품 구 분</td><td colspan="6">□ 산업기기 □ 전기/전자/통신기기 □ 생활·가전기기 □ 레저용품
□ 의료기기 □ 기타</td></tr>
<tr><td colspan="9">선도벤처연계 창업지원사업 운영지침에 따라 붙임과 같이 사업 참여 신청서를 제출 합니다.

[붙임] 1. 사업화계획서 1부
2. 신용정보조회 동의서 1부
3. 창업 및 유지동의서 1부 (선정 후 협약 시 제출)
4. 재·휴학증명서(대학생 신청자에 한함)

20 년 월 일
신 청 자 : (인)
(신청 주관기관명 기입) 귀하</td></tr>
</table>

1) 정부지원 : 총 사업비의 70% 이하
2) 사업자 부담 : 총 사업비의 30% 이상
   – 현금은 10% 이상(학생은 5% 이상)
   – 현물은 20% 이내(협약 시 선도벤처기업과 협의하여 재조정)
3) 매칭희망선도벤처기업 : 선도벤처기업 정보를 확인 후 매칭 희망 선도벤처기업을 3순위까지 기재
4) 사업기간 : 사업신청일로부터 ‘15.3.31까지로 기재(협약시 사업기간 재조정)
5) 창업을 준비 중인경우 **예비창업자**, 재직자인 경우 **현 직장명** 기재

「선도벤처연계 창업지원사업」

참 여 신 청 서 (창업기업용)

<table>
<tr><td colspan="2">신청 주관기관</td><td colspan="3">* 신청하고자 하는 주관기관명 기입
(벤처기업협회, 한국여성벤처협회 중 선택)</td></tr>
<tr><td colspan="2">창업기술명</td><td colspan="3">* 제안하고자 하는 제품(기술)에 명료하게 표현될 수 있도록 작성</td></tr>
<tr><td colspan="2">기업명</td><td></td><td>대표자</td><td></td></tr>
<tr><td colspan="2">법인등록번호</td><td></td><td>주민등록번호</td><td></td></tr>
<tr><td colspan="2">사업자등록번호</td><td></td><td>설립년월일</td><td>년 월 일</td></tr>
<tr><td colspan="2">전화(대표자)</td><td></td><td>팩스</td><td></td></tr>
<tr><td colspan="2">E-mail(대표자)</td><td></td><td>홈페이지</td><td></td></tr>
<tr><td colspan="2">소재지</td><td colspan="3">주소 : (우)[-]</td></tr>
<tr><td colspan="2">종업원수</td><td colspan="3">사무직 명, 기술직 명, 기능직 등 명, 합계 명</td></tr>
<tr><td colspan="2">주생산품</td><td colspan="3"></td></tr>
<tr><td rowspan="4">사업비</td><td>구분</td><td>현금</td><td>현물</td><td>합계</td></tr>
<tr><td>정부지원[1]</td><td>천원</td><td>—</td><td>천원</td></tr>
<tr><td>사업자부담[2]</td><td>천원</td><td></td><td>천원</td></tr>
<tr><td>합계</td><td>천원</td><td>천원</td><td>천원</td></tr>
<tr><td colspan="2">매칭희망
선도벤처기업[3]</td><td>1순위)</td><td>2순위)</td><td>3순위)</td></tr>
<tr><td colspan="2">사업기간[4]</td><td>20 . . . ~ 20 . . .</td><td>창업일</td><td>년 월 일</td></tr>
<tr><td colspan="2">관련기술</td><td colspan="3">□ 기계 □ 전기 □ 전자 □ 정보통신 □ 환경 □ 에너지
□ 기타 시제품으로 제작 가능한 특허 등 아이디어</td></tr>
<tr><td colspan="2">제품구분</td><td colspan="3">□ 산업기기 □ 전기/전자/통신기기 □ 생활·가전기기 □ 레저용품
□ 의료기기 □ 기타( )</td></tr>
</table>

선도벤처연계 창업지원사업 운영지침에 따라 붙임과 같이 사업 참여 신청서를 제출하며 선도벤처기업의 매칭결과에 이의제기를 하지 않을 것을 확인합니다.

[붙임] 1. 사업화계획서 1부
2. 신용정보조회 동의서 1부
3. 창업 및 유지동의서 1부 (선정 후 협약 시 제출)
4. 사업자등록증 1부

20 년 월 일

신 청 자 : (인)

(신청 주관기관명 기입) 귀하

1) 정부지원 : 총 사업비의 70% 이하
2) 사업자 부담 : 총 사업비의 30% 이상
- 현금은 10% 이상(학생은 5% 이상)
- 현물은 20% 이내(협약 시 선도벤처기업과 협의하여 재조정)
3) 매칭희망선도벤처기업 : 선도벤처기업 정보를 확인 후 매칭 희망 선도벤처기업을 3순위까지 기재
4) 사업기간 : 사업신청일로부터 '15.3.31까지로 기재(협약시 사업기간 재조정)

「선도벤처연계 창업지원사업」

창 업 과 제 사 업 화 계 획 서

제 품 명		제안하고자 하는 제품(기술)이 명료하게 표현될 수 있도록 기재		
개 발 기 간		년 월 일 ~ 년 월 일 (개월)		
분 야	관련기술	ㅁ 기계 ㅁ 전기 ㅁ 전자 ㅁ 정보통신 ㅁ 환경 ㅁ 에너지 ㅁ 기타 시제품으로 제작 가능한 특허 등 아이디어		
	제품구분	ㅁ 산업기기 ㅁ 전기/전자/통신기기 ㅁ 생활·가전기기 ㅁ 레저용품 ㅁ 의료기기 ㅁ 기타( )		
지원희망금액(원)			본인부담금액(원)	

[창업 제품에 대한 요약서]

1. 제품기술(제품의 개요)

〈작성 내용〉

ㅇ 창업을 추진하게 된 동기를 작성하여 주십시오.

(작성 예) "기존에 비슷한 용도의 제품을 사용하였는데 불편한 점이 있어 이를 해결하기 위해서 제품을 고안하였고 기술사업화를 시도하게 되었다" 등

ㅇ 제품(기술)에 대한 간략한 설명을 기재하여 주십시오.

– 제품의 용도, 특징 등

ㅇ 제품(기술)이 만들어져야 하는 이유를 작성하여 주십시오.

2. 제품(기술)의 소비자 예상가격 : (원)

– 산출이 어려울 경우 공란으로 비워두시기 바랍니다.

제품(기술)을 설명할 수 있는 핵심 단어(키워드)를 기재하여 주십시오.

키워드 (3개씩)	한글	①	②	③
	영문	①	②	③

* 키워드 : 제품(기술)을 표현하는 핵심적 용어로써, 특수용어는 일반화된 정식명칭을 기재

예시) 제품(기술)이 휴대용 냉·온장고인 경우

– 한글키워드 : 냉장고, 온장고, 휴대용

– 영문키워드 : refrigerator, heating cabinet, portable

Ⅰ. (예비)창업자 현황

1. (예비)창업자 경력

○ (팀대표자명 :   )

최종학력	( )학교 (졸업, 중퇴, 수료)			학위	전문학사, 학사, 석사, 박사	
경 력	기 간		근 무 처			담당 업무 (최종직위)
	부터	까지	근무처명	주요 제품	전화번호	
	.	.				
	.	.				
	.	.				
동종업종 종사기간	년 개월					

○ (팀원성명 :   )

최종학력	( )학교 (졸업, 중퇴, 수료)			학위	전문학사, 학사, 석사, 박사	
경 력	기 간		근 무 처			담당 업무 (최종직위)
	부터	까지	근무처명	주요 제품	전화번호	
	.	.				
	.	.				
	.	.				
동종업종 종사기간	년 개월					

○ (팀원성명 :   )

최종학력	( )학교 (졸업, 중퇴, 수료)			학위	전문학사, 학사, 석사, 박사	
경 력	기 간		근 무 처			담당 업무 (최종직위)
	부터	까지	근무처명	주요 제품	전화번호	
	.	.				
	.	.				
	.	.				
동종업종 종사기간	년 개월					

○ (팀원성명 :   )

최종학력	( )학교 (졸업, 중퇴, 수료)				학위	전문학사, 학사, 석사, 박사	
경 력	기 간		근 무 처			담당 업무 (최종직위)
	부터	까지	근무처명	주요 제품	전화번호	
	.	.				
	.	.				
	.	.				
동종업종 종사기간	년 개월					

2. 지식재산권 보유현황

번호	구 분	지식재산권명	등록번호(년월일)	보유자	비 고
1					
2					
3					
:					

* 신청 아이디어에 대한 특허가 있는 경우 기록하고 사본을 제출

3. 창업계획

창업유형	□ 법인 □ 개인사업자 □ 기타
창업 예정일	

Ⅱ. 선도벤처연계 창업지원사업 개요

1. 제품(기술)의 기술성 및 시장성

제품의 성능 및 기능	(제품의 용도, 기능, 특징 등)
〈작성 내용 – 본 란은 가급적 자세히 기재하여 주시기 바랍니다.〉 ㅇ 제품의 사용 용도는 무엇인지 작성하여 주십시오. ㅇ 제품의 기능과 특징 등에 대하여 작성하여 주십시오. ㅇ 제품의 핵심기술이 있다면 어떠한 기술을 활용한 것인지 작성하여 주십시오.	

* 필요시 별지를 사용하여 상세하게 작성

제품(기술)의 기술 경쟁력
ㅇ 특허를 보유하신 경우 특허내용에 대하여 간단하게 작성하여 주십시오. ㅇ 유사한 기존 제품이 있을 경우 귀하 제품의 차별성, 기술적으로 우수한 점에 대하여 작성하여 주십시오. ㅇ 귀하께서 고안하신 아이디어제품의 우리나라 산업에 대한 파급효과가 있으시다면 작성하여 주십시오.

시장 및 마케팅계획
ㅇ 제품(기술)의 주 고객층은 누구인지 작성하여 주시기 바랍니다. ㅇ 제품(기술)의 경쟁제품(기업)은 무엇인지 작성하여 주시기 바랍니다. ㅇ 제품(기술)을 어떠한 방법으로 홍보하고, 판매할 것인지 작성하여 주시기 바랍니다.

2. 완제품의 개략도

<table>
<tr><td>

ㅇ 제품(기술)을 이해할 수 있는 그림, 사진, 도면 등이 있는 경우 본 란에 첨부하여 주시기 바랍니다.

</td></tr>
<tr><td>

[그림설명]

ㅇ 그림, 사진, 도면 이외에 아래와 같이 제품에 대한 세부사항의 작성이 가능한 경우 작하여 주시기 바랍니다.
– 제품의 크기, 제품의 소재 및 각 부문별 기능 등

</td></tr>
</table>

* 필요 시 별지를 사용하여 상세하게 작성

Ⅲ. 주요 추진일정 (M1은 2014년 4월 기준)

세부사업화 내	M1	M2	M3	M4	M5	M6	M7	M8	M9	M10	M11	M12	비고

Ⅳ. 사업비 산정내역

1. 총사업비 조성내역

분담내역	계	정부지원	선도벤처 부담금 (현물)	(예비)창업자 부담금	
				현물	현금
사업비(천원)					
분담비율(%)	100%	70% 이내	20% 이내 (학생은 25% 이내)		10% 이상 (학생은 5% 이상)
* 현물부담 산출내역 : * 선도벤처기업과 매칭된 이후 선도벤처기업과 협의하여 작성					

2. 비목별 사업비(직접성경비)

지원대상	비 목	세부산출내역	금액(천원)			비 고
			현금	현물	계	
선도 벤처기업	○ 창업인프라 구축비					
	○ 정보 활동비					
	소 계					
(예비) 창업자	○ 시제품제작비					
	○ 지적재산권 취득 및 인증비					
	○ 마케팅비					
	○ 공통경비					
	소 계					
합 계						

* 총 사업비 중 현금은 80% 이상, 현물은 20% 이내임.

* 선도벤처기업 지원금 산출내역 항목은 추후 선도벤처기업과의 협의하여 수정

* 공통경비는 주관기관이 실시하는 평가 및 교육 등의 소요비용으로, 금액은 수정할 수 없으며, 공통경비를 포함한 사업비 합계가 100%로 조성되어야 함.

V. 유사(기타) 지원사업 수혜내역

수혜자	사업명	과제명	지원기관	지원기간	지원금액(천원)

* 신청인(팀원 포함)이 정부(지자체), 공공기관 등으로부터 지원받은 기술개발자금 및 창업지원자금 등을 모두 기록(최근 3년 이내)

* 사업을 수행하였음에도 위에 기재하지 않는 등의 허위사항이 발견될 경우 선정 취소 및 정부지원금 환수 조치(향후 정부지원사업 참여 제한이 될 수 있음)

VI. 기타 협력사업 추진방안

※ 공동 제품개발 및 판로개척 등

「선도벤처연계 창업지원사업」 신용정보 제공 및 조회 동의서

본인은 「선도벤처연계 창업지원사업」 참여를 신청함에 있어, 「신용정보의 이용 및 보호에 관한 법률」 제32조 2항에 따라 귀 기관이 신용정보 집중기관 또는 신용조회회사로부터 본인의 개인신용정보를 조회하여 「선도벤처연계 창업지원사업」 선정평가 및 공공기관의 정책자료로 활용하는 것에 대해 동의합니다.

* 중소기업 지원사업 통합관리시스템 정보 활용을 위한 동의 포함

1. 개인신용정보를 제공하는 자 :

* 신용정보집중기관 : 전국은행연합회, 여신금융협회 등

* 신용조회회사 : 한국신용정보(주), 한국신용평가정보(주), 코리아크레딧뷰로(주) 등

2. 개인신용정보의 이용 목적 : 선도벤처연계 창업지원사업 선정 평가 및 공공기관의 정책자료 활용

3. 조회할 신용정보 : 신용거래정보*, 신용등급, 타 기관의 신용조회 기록

* 신용거래정보 : 대출(현금서비스 포함), 채무보증, 신용카드(체크카드 포함), 당좌(가계 당좌) 예금 등

4. 개인신용정보를 제공받는 것에 대한 동의의 효력기간 :

귀하가 본 동의서를 제출한 시점부터 선도벤처연계 창업지원사업의 추진 완료시 까지 상기 동의의 효력이 유지됩니다. 단, 귀하의 신청서가 신용정보를 제공받는 자 또는 본인의 의사에 의하여 거절된 경우에는 그 시점부터 동의의 효력은 소멸됩니다.

5. 신용정보를 제공받는 자 : 벤처기업협회, 한국여성벤처협회

20 년 월 일

[(예비)창업자명 :]

성명	주민등록번호	팀 내 직위	비고(인)
	-	대표	(인)
	-	팀원	(인)
	-	팀원	(인)
	-	팀원	(인)

(신청 주관기관명 기입) 귀하

「선도벤처연계 창업지원사업」

창업 및 유지 동의서

본인은 중소기업청에서 시행하는 「선도벤처연계 창업지원사업」에 신청함에 있어 지원대상자로 최종 선정될 경우, 관련 지침에 따라 사업기간 이내에 법인[1)]을 설립함과 아울러, 사업의 완료 시 완료일로부터 1년 이상 최초 창업기업을 유지할 것을 확인하며, 이를 이행하지 않을 경우 선정 취소, 정부지원사업 참여 제한[2)] 등의 어떠한 불이익도 감수할 것임을 확인합니다.

20 년 월 일

(예비)창업팀명 : (인)

대 표 : (인)

(신청 주관기관명 기입) 귀하

1) 법인세법에 근거하여 수익사업을 행하는 내국법인에 한함.

2) 국가과학기술지식정보서비스(NTIS)망에 제재기간 동안 정부연구개발지원사업 참여제한 등록, 또는 중소기업청 지원사업 참여 제한

제2편
중소기업회계기준

제1장 중소기업회계

1. 중소기업회계의 기초

(1) 기준

「중소기업회계기준」은[34] 「상법」 제446조의2[35] 및 동법 시행령 제15조 제3호[36]에 따라 법무부 장관이 금융위원회 및 중소기업청장과 협의하여 고시하며, 해당 고시의 별지를 참고하여 학습할 시 쉽게 이해할 수 있다.

(2) 중소기업회계기준의 적용대상

외부감사대상기업 또는 공공기관이 아닌 모든 주식회사를 적용대상으로 하며, 상법

---

34) [법무부고시 제2013-0029호, 2013.2.1.제정, 2014.1.1.시행].

35) 상법 제446조의2 (회계의 원칙)
회사의 회계는 이 법과 대통령령으로 규정한 것을 제외하고는 일반적으로 공정하고 타당한 회계 관행에 따른다.

36) 상법 시행령 제15조(회계 원칙)
법 제446조의2에서 "대통령령으로 규정한 것"이란 다음 각 호의 구분에 따른 회계기준을 말한다.
1. 「주식회사의 외부감사에 관한 법률」 제2조에 따른 외부감사 대상 회사: 같은 법 제13조 제1항에 따른 회계처리기준
2. 「공공기관의 운영에 관한 법률」 제2조에 따른 공공기관: 같은 법에 따른 공기업 · 준정부기관의 회계 원칙
3. 제1호 및 제2호에 해당하는 회사 외의 회사 등: 회사의 종류 및 규모 등을 고려하여 법무부장관이 금융위원회 및 중소기업청장과 협의하여 고시한 회계기준

시행령 제15조 제3호를 기준으로 적용대상을 판단하면 된다.

간략히 적용대상과 적용하는 회계기준을 정리하여 살펴보면 아래의 그림과 같고, 명시된 회계기준을 기초로 회계처리를 준수하여야 한다.

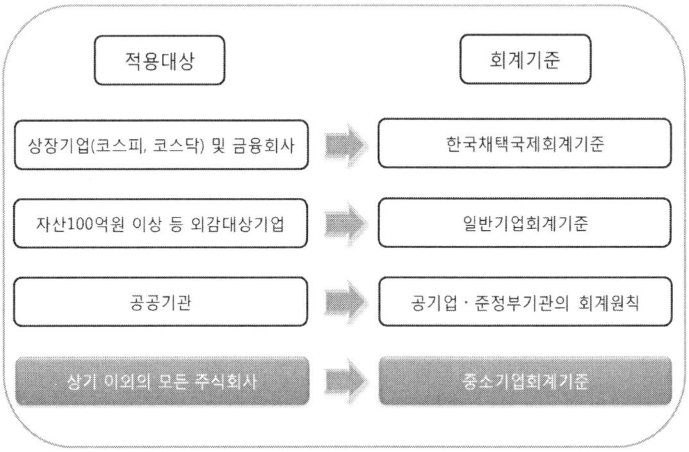

〈회계처리 기준 분류[37]〉

37) 중소기업중앙회, 「일반기업 회계기준보다 알기 쉽고 간편한 중소기업 회계기준 안내서」, 중소기업중앙회 중소기업회계기준지원센터(2013), 33면.

제2장 일반기업회계기준과의 차이점

1. 중소기업회계기준의 간소화

일반기업회계기준과의 차이점으로는 중소기업에서 빈번히 발생하는 거래를 중심으로 중소기업회계기준을 규정하였다.

① 재무제표 작성범위를 축소하여, 현금흐름표의 작성을 제외하고, 자본변동표와 이익잉여금처분계산서 중 택일하여 작성할 수 있으며, 주석은 권장사항으로 함

② 비교재무제표 작성이 일반적인 원칙이나 해당 연도분 즉, 당기 재무제표만을 작성하는 것도 가능

③ 추상적이거나 복잡한 규정은 수정하고 법인세법을 일부 수용함

④ 자산평가는 원칙적으로 취득원가를 기준으로 작성하도록 함

⑤ 회계정책의 변경 시 과거 오류 수정 시에 소급하여 전기 재무제표를 수정할 필요 없이 당기와 이후 기간에만 반영하되, 변동효과는 당기 영업외손익에 반영하도록 함

⑥ 각 자산별 감가상각법을 지정함

⑦ 상각 후 원가측정 시 유효이자율법 대신 정액법 사용가능하도록 하여, 금융상품의 취득원가와 현재가치의 차이를 정액법으로 관리할 수 있도록 함

⑧ 이자수익, 배당금 수익 현금수취시점의 수익인식을 가능하도록 함

⑨ 매도가능증권평가손익(기타포괄손익)을 당기손익에 반영하여 처리 가능하도록 함으로써 중소기업의 회계에 대한 부담감을 최소화하고 있다.[38]

---

38) 중소기업중앙회, 상게서, 34-35면.

2. 일반기업회계기준 특례와의 비교

일반기업회계기준상 규정되어 있는 중소기업회계처리 특례규정을 그대로 현행유지되나 해당 내용이 중소기업회계기준에도 대부분 반영되어 있으며, 해당 규정을 비교해보면 다음의 표와 같다.

구분	중소기업회계처리 특례	중소기업회계기준
시가 없는 파생상품	계약시점 후 평가 면제	규정 없음 (일반기업회계기준 참조)
시장성 없는 지분증권	취득원가 측정 가능	취득원가 측정 원칙
지분법	적용 면제	지분법 정보 미요구
장기연불조건 매매거래, 장기금전 대차거래 등	채권·채무현재가치평가 면제	수용 (그 밖의 장기 매매거래도 현재가치 평가 면제)
주식기준 보상거래	(주식결제형)지분상품실제 행사, 발행 전까지 회계처리 면제	규정 없음 (일반기업회계기준 참조)
단기용역매출, 건설형공사계약	용역제공 완료일, 공사 등 완성 일에 수익인식	수용
장기할부 매출	할부금회수기일에 수익 인식	수용
유형·무형자산의 내용연수, 잔존가치 결정	법인세법 적용	수용
법인세비용	법인세법 등에 의해 납부해야할 금액으로 인식	원칙으로 수용
중단된 사업부문	정보 주석 기재 면제	중단사업관련 규정 없음

〈중소기업회계처리 특례 vs 중소기업회계기준[39]〉

39) 중소기업중앙회, 전게서, 36면.

제3장 중소기업회계기준 고시

1. 총칙

제1조 (목적)

중소기업회계기준(이하'이 기준'이라 한다)은 상법 시행령 제15조 제3호에 따른 주식회사의 회계처리와 재무보고에 관한 기준을 정함을 목적으로 한다.

제2조 (적용)

이 기준은 상법 시행령 제15조 제3호에 따른 주식회사(이하'회사'라 한다)의 회계처리에 적용한다. 다만, 회사가「주식회사의 외부감사에 관한 법률」제13조에 따른 회계기준(한국채택국제회계기준 또는 일반기업회계기준을 말한다)을 적용하는 경우에는 그러하지 아니하다.

제3조 (회계정책의 선택)

거래, 그 밖의 사건 또는 상황에 적용되는 회계정책은 이 기준을 적용하여 결정한다. 다만, 구체적으로 적용할 수 있는 기준이 없는 경우 일반기업회계기준을 참조하여 회계 처리한다.

제4조 (재무제표)

① 이 기준에서 재무제표는 다음 각 호의 서류로 구성된다. 다만, 제3호와 제4호의

경우 하나를 선택하여 작성한다.

1. 대차대조표
2. 손익계산서
3. 자본변동표
4. 이익잉여금 처분계산서 또는 결손금처리계산서

② 재무제표는 직전 회계연도 분과 해당 회계연도 분을 비교하는 형식으로 작성한다. 다만, 해당 회계연도 분만 작성할 수 있다.

③ 재무제표가 이 기준에 따라 작성된 경우에는 각 재무제표 아래에 중소기업회계기준에 따라 작성되었다는 사실을 기재한다.

제5조 (항목의 통합 및 구분 표시)

① 성격이나 금액이 중요하지 아니한 항목은 성격이 비슷한 항목에 통합하여 표시할 수 있다.

② 성격과 금액이 중요한 항목은 그 내용을 잘 나타낼 수 있는 적절한 항목으로 구분하여 표시한다.

2. 대차대조표

제6조 (대차대조표 작성기준)

① 대차대조표는 회계연도 말 현재 회사의 자산, 부채와 자본에 대한 정보를 제공하는 재무보고서이다.

② 대차대조표에는 회계연도 말 현재의 모든 자산, 부채 및 자본을 적정하게 표시한다. [별지 제1호 서식 참조]

③ 대차대조표 구성요소의 정의는 다음 각 호와 같다.

1. '자산'이란 과거의 거래나 사건의 결과로 현재 회사가 통제하고 미래에 경제적 효익을 창출할 것으로 예상되는 자원을 말한다.
2. '부채'란 과거의 거래나 사건의 결과로 현재 회사가 부담하고 있고 미래에 자원이 유출되거나 사용될 것으로 예상되는 의무를 말한다.
3. '자본'이란 회사의 자산 총액에서 부채 총액을 차감한 잔여 금액으로 회사의 자산에 대한 주주의 잔여청구권을 말한다.

④ 자산과 부채는 각각 다음 각 호의 조건을 충족하는 경우에 대차대조표에 인식한다.

1. 자산 : 해당 항목에서 발생하는 미래경제적 효익이 회사에 유입될 가능성이 매우 높고, 그 원가를 신뢰성 있게 측정할 수 있다.
2. 부채 : 해당 의무를 이행하기 위하여 경제적 자원이 유출될 가능성이 매우 높고, 의무의 이행에 소요되는 금액을 신뢰성 있게 측정할 수 있다.

⑤ 자산, 부채 및 자본은 다음 각 호에 따라 구분한다.

1. 자산은 회계연도 말부터 1년 이내에 현금화되거나 실현될 것으로 예상되면 유동자산으로, 그 밖의 경우는 비유동자산으로 구분하고, 유동자산과 비유동자산은 다음 각 목과 같이 구분한다.

가. 유동자산 : 당좌자산, 재고자산

나. 비유동자산 : 투자자산, 유형자산, 무형자산, 기타비유동자산

2. 부채는 회계연도 말부터 1년 이내에 상환 등을 통하여 소멸할 것으로 예상되면 유동부채로, 그 밖의 경우는 비유동부채로 구분한다.
3. 자본은 자본금, 자본잉여금, 자본조정과 이익잉여금 또는 결손금으로 구분한다.

⑥ 자산과 부채는 유동성이 높은 항목부터 배열한다.

⑦ 자산과 부채는 상계하여 표시하지 않는다. 다만, 회사가 채권과 채무를 상계할 수 있는 법적 권리를 가지고 있고, 채권과 채무를 차액으로 결제하거나 동시에 결제할 의도가 있다면 상계하여 표시한다.

⑧ 가지급금이나 가수금 등은 그 내용을 나타내는 적절한 항목으로 표시한다.

제7조 (당좌자산)

① '당좌자산'이란 재고자산에 속하지 않는 유동자산을 말한다.

② 당좌자산에는 현금 및 현금성자산, 단기투자자산, 매출채권, 선급비용, 미수수익, 미수금과 선급금 등이 포함된다.

③ 매출채권, 대여금, 미수금, 미수수익 등에 대한 대손충당금은 해당 자산의 차감계정으로 대차대조표에 표시한다.

제8조 (매출채권 등의 양도)

매출채권, 대여금 등을 양도하는 경우, 그 자산을 대차대조표에서 제거하고 장부금액과 수취한 대가의 차액은 매출채권처분손익 등 당기손익으로 인식한다.

제9조 (재고자산)

① '재고자산'이란 일상적인 사업과정에서 판매하기 위하여 보유하거나 생산과정에 있는 자산과 생산 또는 용역 제공 과정에 투입될 자산을 말한다.

② 재고자산에는 상품, 제품, 반제품, 재공품, 원재료와 저장품 등이 포함된다.

③ 재고자산평가충당금은 재고자산 각 항목의 차감계정으로 대차대조표에 표시한다.

제10조 (투자자산)

① '투자자산'이란 장기적인 투자 수이 등과 같이 주된 영업활동이 아닌 부수적인 활동의 결과로 보유하는 자산을 말한다.

② 투자자산에는 투자부동산, 장기투자증권과 장기대여금 등이 포함된다.

제11조 (유형자산)

① '유형자산'이란 재화를 생산하거나 용역을 제공하기 위하여, 또는 타인에게 임대하거나 직접 사용하기 위하여 보유한 물리적 형체가 있는 자산으로 1년을 초과하여 사용할 것으로 예상되는 자산을 말한다.

② 유형자산에는 토지, 건물, 구축물, 기계장치, 차량운반구와 건설 중인 자산 등이 포함된다.

③ 유형자산의 감가상각누계액과 손상차손누계액은 유형자산 각 항목의 차감계정으로 대차대조표에 표시한다.

④ 유형자산을 폐기하거나 처분하는 경우 그 자산을 대차대조표에서 제거하고 처분금액과 장부금액의 차액을 유형자산처분손익으로 인식한다.

제12조 (무형자산)

① '무형자산'이란 재화를 생산하거나 용역을 제공하기 위하여, 또는 타인에게 임대하거나 직접 사용하기 위하여 보유한, 물리적 형체가 없는 비화폐성자산을 말한다.

② 무형자산에는 지식재산권, 개발비, 컴퓨터소프트웨어, 광업권, 임차권리금과 영업권 등이 포함된다.

③ 무형자산은 상각누계액과 손상차손누계액을 취득원가에서 직접 차감한 잔액으로 대차대조표에 표시한다.

④ 무형자산을 처분하는 경우 그 자산을 대차대조표에서 제거하고 처분금액과 장부금액의 차액을 무형자산처분손익으로 인식한다.

제13조 (기타비유동자산)

① '기타비유동자산'이란 투자자산, 유형자산 및 무형자산에 속하지 않는 비유동자산을 말한다.

② 기타비유동자산에는 임차보증금, 장기매출채권, 장기선급비용과 장기미수금 등이 포함된다.

제14조 (유동부채)

① '유동부채'란 회계연도 말부터 1년 이내에 상환 등을 통하여 소멸할 것으로 예상되는 부채를 말한다.
② 유동부채에는 단기차입금, 매입채무, 미지급법인세, 미지급비용, 미지급금, 선수금, 선수수익, 예수금과 유동성장기부채 등이 포함된다.

제15조 (비유동부채)

① '비유동부채'란 유동부채를 제외한 모든 부채를 말한다.
② 비유동부채에는 장기매입채무, 사채, 장기차입금과 퇴직급여충당부채 등이 포함된다.

제16조 (매입채무 등의 제거)

매입채무, 차입금, 사채 등이 소멸하거나 제3자에게 이전되는 경우, 그 부채를 대차대조표에서 제거하고 장부금액과 지급한 대가(양도한 비현금자산이나 부담한 부채를 포함한다)의 차액은 당기손익으로 인식한다.

제17조 (종업원급여)

① 종업원이 근무용역을 제공한 때 이에 대한 대가의 금액을 신뢰성 있게 측정할 수 있다면 급여로 인식하고, 이미 지급한 금액을 차감한 후 추가로 지급해야 하는 금액을 미지급비용으로 인식한다.

② 퇴직금제도의 경우 회계연도 말 현재 모든 종업원이 일시에 퇴직한다면 지급해야 할 퇴직일시금에 상당하는 금액을 퇴직급여충당부채로 인식한다.

③ 확정급여형퇴직연금제도의 경우 다음 각 호에 따라 회계 처리한다.

1. 회계연도 말 현재 모든 종업원이 일시에 퇴직한다면 지급해야 할 퇴직일시금에 상당하는 금액을 퇴직급여충당부채로 인식한다.
2. 확정급여형퇴직연금제도에서 운용되는 자산은 하나로 통합하여 퇴직연금운용자산으로 표시한다.
3. 퇴직연금운용자산은 퇴직급여충당부채의 차감계정으로 표시한다. 다만, 퇴직연금운용자산이 퇴직급여충당부채보다 큰 경우에는 그 초과액을 투자자산의 퇴직연금운용자산으로 표시한다.

④ 확정기여형 퇴직연금제도의 경우 해당 회계연도에 대해 회사에서 납부해야 하는 부담금(기여금)을 퇴직급여로 인식하고, 회계연도 말 현재 아직 납부하지 않은 기여금은 미지급비용으로 인식한다.

제18조 (그 밖의 충당부채)

① 타인의 채무 등에 관한 보증, 계류 중인 소송사건, 하자보수 약정 등은 지출의 시기 또는 금액이 확실하지 않더라도 제6조 제3항 제2호 부채의 정의와 같은 조 제4항 제2호 부채의 인식조건을 모두 충족한다면 충당부채를 인식한다.

② 충당부채로 인식하는 금액은 현재의무의 이행에 소요되는 지출에 대해 회계연도 말 현재 관련된 사건과 상황에 대한 불확실성을 고려한 최선의 추정치이다.

③ 상황이 달라져서 더 이상 제1항의 충당부채의 인식 조건을 충족하지 아니하게 되면, 관련 충당부채는 환입하여 당기에 이익으로 인식한다.

제19조 (자본금)

'자본금'이란 상법 제451조[40]에 따른 자본금을 말한다.

제20조 (자본잉여금)

① '자본잉여금'이란 주주와의 자본거래에서 발생하여 자본을 증가시키는 잉여금을 말한다.

② 자본잉여금에는 주식발행 초과금, 자기주식처분이익과 감자차익 등이 포함된다.

제21조 (자본조정)

① '자본조정'이란 자본거래에 해당하지만 자본금 또는 자본잉여금으로 분류할 수 없는 항목과 당기에 손익으로 인식되지 않은 평가차손익의 누계액을 말한다.

② 자본조정에는 자기주식, 주식할인발행차금, 감자차손, 자기주식처분손실, 해외사업환산손익 등이 포함된다.

제22조 (이익잉여금 또는 결손금)

이익잉여금(또는 결손금)이란 손익계산서에 보고된 손익에 다른 자본항목에서 이입된 금액을 가산한 금액에서 주주에 대한 배당, 자본금 전입과 자본조정 항목의 상각 등으로 처분된 금액을 차감한 잔액을 말한다.

---

40) 상법 제451조 (자본금)

① 회사의 자본금은 이 법에서 달리 규정한 경우 외에는 발행주식의 액면총액으로 한다.

② 회사가 무액면주식을 발행하는 경우 회사의 자본금은 주식 발행가액의 2분의 1 이상의 금액으로서 이사회(제416조 단서에서 정한 주식발행의 경우에는 주주총회를 말한다)에서 자본금으로 계상하기로 한 금액의 총액으로 한다. 이 경우 주식의 발행가액 중 자본금으로 계상하지 아니하는 금액은 자본준비금으로 계상하여야 한다.

③ 회사의 자본금은 액면주식을 무액면주식으로 전환하거나 무액면주식을 액면주식으로 전환함으로써 변경할 수 없다.

3. 손익계산서

제23조 (손익계산서 작성기준)

① 손익계산서는 한 회계연도의 회사의 경영성과에 대한 정보를 제공하는 재무보고서이다.

② 손익계산서에는 그 회계연도에 속하는 모든 수익과 이에 대응하는 모든 비용을 적정하게 표시한다.

③ 손익계산서는 다음 각 호에 따라 작성한다. [별지 제2호 서식 참조]

1. 모든 수익과 비용은 그것이 발생한 회계연도에 배분되도록 회계 처리한다. 이 경우 발생한 원가가 자산으로 인식되는 경우를 제외하고는 비용으로 인식한다.
2. 수익과 비용은 그 발생 원천에 따라 명확하게 분류하고, 수익항목과 이에 관련되는 비용항목은 대응하여 표시한다.
3. 수익과 비용은 총액으로 표시하는 것을 원칙으로 한다. 다만, 이 기준에서 수익과 비용을 상계하도록 요구하는 경우에는 상계하여 표시하고, 허용하는 경우에는 수익과 비용을 상계하여 표시할 수 있다.
4. 손익계산서는 다음 각 목과 같이 구분하여 표시한다. 다만, 제조업, 판매업 및 건설업 외의 회사는 매출총이익(또는 손실)을 구분하여 표시하지 아니할 수 있다.

   가. 매출액

   나. 매출원가

   다. 매출총이익(또는 손실)

   라. 판매비와관리비

   마. 영업이익(또는 손실)

   바. 영업외수익

사. 영업외비용

아. 법인세비용차감전순이익(또는 손실)

자. 법인세비용

차. 당기순이익(또는 손실)

제24조 (수익의 인식 시점)

① 재화를 판매하거나 용역을 제공하고 이에 대한 대가를 받을 권리를 갖게 되었을 때 수익을 인식한다. 다만, 회수기간이 1년 이상인 할부매출은 할부금회수기일에 수익을 인식할 수 있다.

② 용역 제공과 건설형 공사계약의 경우, 진행률과 이미 발생한 원가와 거래를 완료하기 위하여 투입해야 할 원가를 신뢰성 있게 측정할 수 있다면 대가를 받을 권리를 갖게 된 것으로 보아 진행률에 따라 용역이 제공되거나 공사 또는 제작이 진행되는 회계연도에 걸쳐 수익을 인식한다. 다만, 1년 내에 완료·완성되는 용역 및 건설형 공사계약은 각각 용역 제공을 완료한 날과 공사 또는 제작을 완성한 날에 수익을 인식할 수 있다.

③ 이자수익과 배당금수익은 다음 각 호에 따라 인식한다. 다만, 각 회계연도의 손익에 미치는 영향이 중요하지 않다면 실제로 현금을 받은 시점에 수익을 인식할 수 있다.

1. 이자수익 : 유효이자율법이나 정액법을 적용하여 기간의 경과에 따라 인식한다.
2. 배당금수익 : 배당금을 받을 권리와 금액이 확정되는 시점에 인식한다.

제25조 (수익의 측정)

수익은 재화를 판매하거나, 용역을 제공하거나, 자산을 사용하게 하여 받았거나 받을 대가로 측정하고, 매출에누리, 매출할인과 매출환입은 수익에서 차감한다.

제26조 (매출액)

'매출액'이란 회사의 주된 영업활동에서 발생한 제품, 상품 또는 용역 등의 총매출액에서 매출에누리, 매출할인과 매출환입을 차감한 금액을 말한다. 이 경우 일정 기간의 거래수량 또는 거래금액에 따라 매출액을 실질적으로 감소시키는 것은 매출에누리에 포함한다.

제27조 (매출원가)

① '매출원가'란 제품, 상품 또는 용역 등의 매출액에 직접 대응되는 원가를 말한다.
② 재고자산의 순실현가능가치(일상적인 사업과정의 추정판매가격에서 판매할 때까지 발생하는 추정원가를 차감한 금액을 말한다. 이하 같다)가 장부금액보다 하락하여 발생한 평가손실은 매출원가에 가산한다.
③ 재고자산의 평가손실환입은 최초 장부금액을 초과하지 않는 범위로 한정하고, 매출원가에서 차감한다.
④ 재고자산의 장부 수량과 실제 수량의 차이에서 발생하는 재고자산 감모손실 가운데 정상적으로 발생한 부분은 매출원가에 가산한다.

제28조 (매출총이익)

매출총이익(또는 손실)은 매출액에서 매출원가를 차감하여 산출한다.

제29조 (판매비와 관리비)

① '판매비와관리비'란 제품, 상품 또는 용역 등의 판매활동과 회사의 관리활동에서 발생하는 비용을 말하며, 매출원가에 속하지 아니하는 모든 영업비용이 포함된다.
② 판매비와관리비에는 급여, 퇴직급여, 복리후생비, 임차료, 접대비, 감가상각비,

무형자산상각비, 세금과공과, 광고선전비, 연구비, 경상개발비와 대손상각비 등이 포함된다.

③ 영업활동과 관련된 비용이 감소하여 발생하는 퇴직급여충당부채환입과 대손충당금환입 등은 판매비와관리비의 부(-)의 금액으로 표시한다.

④ 연구단계와 개발단계에서 발생한 지출은 발생한 회계연도에 판매비와 관리비로 인식한다. 다만, 개발단계에서 발생한 지출이 제6조 제3항 제1호 자산의 정의와, 같은 조 제4항 제1호 자산의 인식 조건을 모두 충족한다면 무형자산의 개발비로 인식한다.

제30조 (영업이익)

영업이익(또는 손실)은 매출총이익(또는 손실)에서 판매비와관리비를 차감하여 산출한다.

제31조 (영업외수익)

① '영업외수익'이란 회사의 주된 영업활동이 아닌 활동에서 발생한 수익과 차익을 말한다.

② 영업외수익에는 이자수익, 배당금수익(주식배당액은 제외한다), 임대료, 단기투자자산처분이익, 단기투자자산평가이익, 외환차익, 외화환산이익, 장기투자증권손상차손환입, 유형자산처분이익, 사채상환이익과 전기오류수정이익 등이 포함된다.

제32조 (영업외비용)

① '영업외비용'이란 회사의 주된 영업활동이 아닌 활동에서 발생한 비용과 차손을 말한다.

② 영업외비용에는 이자비용, 기타 대손상각비, 단기투자자산처분손실, 단기투자자

산평가손실, 재고자산 감모손실(비정상적으로 발생한 부분에 한정한다), 외환차손, 외화환산손실, 기부금, 장기투자증권손상차손, 유형자산 처분손실, 사채상환손실과 전기오류 수정손실 등이 포함된다.

제33조 (법인세비용차감전순이익)

법인세비용차감전순이익(또는 손실)은 영업이익(또는 손실)에 영업외수익을 가산하고 영업외비용을 차감하여 산출한다.

제34조 (법인세비용)

'법인세비용'이란 법인세법에 따라 납부하여야 할 금액인 법인세와 이에 부가되는 세액을 말하며, 과거 회계연도와 관련된 법인세 추납액 또는 환급액도 포함한다.

제35조 (당기순이익)

당기순이익(또는 손실)은 법인세비용차감전순이익(또는 손실)에서 법인세비용을 차감하여 산출한다.

4. 자산 · 부채의 평가

제36조 (자산의 평가기준)

① 자산은 최초에 취득원가로 인식한다.

② 교환, 현물출자, 증여, 그 밖에 무상으로 취득한 자산은 공정가치(합리적인 판단력과 거래 의사가 있는 독립된 당사자 사이의 거래에서 자산이 교환되거나 부채가 결제될 수 있는 금액을 말한다. 이하 같다)를 취 득원가로 한다. 다만, 같은

종류의 자산(토지와 건물을 제외한다)을 교환하였을 때에는 제공한 자산의 장부금액을 취득원가로 한다.

③ 이 기준에서 별도로 정하는 경우를 제외하고는, 자산의 진부화, 물리적인 손상 또는 시장가치의 급격한 하락 등으로 자산의 순공정가치(공정가치에서 처분부대원가를 차감한 금액을 말한다. 이하 같다)가 장부금액보다 중요하게 낮으면 장부금액을 순공정가치로 조정하고, 그 차액을 손상차손으로 인식한다.

④ 과거 회계연도에 인식한 손상차손이 더 이상 존재하지 않거나 감소하였다면 자산의 순공정가치가 장부금액을 초과하는 금액은 손상차손환입으로 인식한다. 다만, 손상차손환입으로 증가된 장부금액은 과거에 손상차손을 인식하기 전 장부금액의 감가상각 또는 상각 후 잔액을 초과할 수 없다.

제37조 (재고자산의 평가)

① 재고자산의 취득원가는 매입원가 또는 제조원가를 말한다.

② 재고자산의 취득 과정에서 정상적으로 발생한 부대원가는 취득원가에 포함하고, 매입에누리, 매입할인과 매입환출은 취득원가에서 차감한다. 이 경우 일정 기간의 거래 수량 또는 금액에 따라 매입액을 실질적으로 감소시키는 것은 매입에누리에 포함한다.

③ 취득이 시작된 날부터 의도한 용도로 사용·판매할 수 있는 상태가 될 때까지 1년 이상이 걸리는 재고자산의 취득 자금에 포함된 차입금의 이자비용 등은 법인세법 제28조[41]를 준용하여 해당 자산의 취득원가에 포함할 수 있다.

---

41) 법인세법 제28조 (지급이자의 손금불산입)

① 다음 각 호의 차입금의 이자는 내국법인의 각 사업연도의 소득금액을 계산할 때 손금에 산입하지 아니한다.

1. 채권자가 불분명한 사채의 이자
2. 「소득세법」제16조 제1항 제1호 · 제2호 · 제5호 및 제8호에 따른 채권 · 증권의 이자 · 할인액 또는 차익 중 그 지급받은 자가 불분명한 채권 · 증권의 이자 · 할인액 또는 차익으로서 대통령령으로 정하는 것

④ 재고자산이 파손, 부패 등과 같이 물리적으로 손상되거나, 장기간 판매되지 아니하거나, 진부화되어 판매가치가 하락하는 등으로 순실현가능가치가 취득원가보다 중요하게 낮아지면 순실현가능 가치를 장부금액으로 한다.

⑤ 재고자산의 단위 원가는 개별법, 선입선출법, 평균법, 후입선출법 또는 매출가격환원법(소매재고법)을 사용하여 결정한다.

제38조 (유형자산과 무형자산의 평가)

① 유형자산과 무형자산의 취득원가는 구입가격 또는 제작원가와 의도하는 방식으로 자산을 가동하는 데 필요한 장소와 상태에 이르게 하는 데 직접 관련되는 원가를 포함하며, 매입에누리, 매입할인과 매입 환출을 차감한 금액을 말한다.

② 유형자산과 무형자산의 취득 자금에 포함된 차입금의 이자비용 등은 법인세법 제28조에 따라 해당 자산의 취득원가에 포함할 수 있다.

③ 유형자산과 무형자산의 생산능력을 향상시키거나 내용연수를 연장시키는 등 자산의 가치를 실질적으로 높이는 지출(이하'자본적 지출'이라 한다)은 해당 자산의 장부금액에 가산하고, 원상을 회복시키거나 능률을 유지하기 위한 지출은 발생

---

3. 대통령령으로 정하는 건설자금에 충당한 차입금의 이자
4. 다음 각 목의 어느 하나에 해당하는 자산을 취득하거나 보유하고 있는 내국법인이 각 사업연도에 지급한 차입금의 이자 중 대통령령으로 정하는 바에 따라 계산한 금액(차입금 중 해당 자산가액에 상당하는 금액의 이자를 한도로 한다)

가. 제27조제1호에 해당하는 자산
나. 제52조제1항에 따른 특수관계인에게 해당 법인의 업무와 관련 없이 지급한 가지급금 (假支給金) 등으로서 대통령령으로 정하는 것

② 건설자금에 충당한 차입금의 이자에서 제1항제3호에 따른 이자를 뺀 금액으로서 대통령령으로 정하는 금액은 내국법인의 각 사업연도의 소득금액을 계산할 때 이를 손금에 산입하지 아니할 수 있다.

⑤ 제1항 각 호에 따른 지급이자의 손금불산입에 관한 규정이 동시에 적용되는 경우에는 대통령령으로 정하는 순위에 따라 적용한다.

⑥ 제1항에 따른 차입금 및 지급이자의 범위와 계산 등에 관하여 필요한 사항은 대통령령으로 정한다.

한 회계연도의 비용으로 인식한다.

④ 최초 인식 후에 유형자산과 무형자산의 장부금액은 다음 각 호에 따라 결정한다.

1. 유형자산 : 취득원가(자본적 지출을 포함한다. 이하 이 조에서 같다)에서 감가상각누계액과 손상차손 누계액을 차감한 금액

2. 무형자산 : 취득원가에서 상각누계액과 손상차손누계액을 차감한 금액

⑤ 취득원가에서 잔존가치를 차감하여 결정되는 유형자산의 감가상각대상금액과 무형자산의 상각대상금액은 해당 자산을 사용할 수 있는 때부터 내용연수에 걸쳐 배분한다.

⑥ 잔존가치는 다음 각 호에 따라 결정한다. 다만, 잔존가치는 법인세법 제23조[42]

---

42) 법인세법 제23조 (감가상각비의 손금불산입)

① 고정자산에 대한 감가상각비는 내국법인이 각 사업연도에 손금으로 계상한 경우에만 대통령령으로 정하는 바에 따라 계산한 금액(이하 이 조에서 "상각범위액"이라 한다)의 범위에서 해당 사업연도의 소득금액을 계산할 때 이를 손금에 산입하고, 그 계상한 금액 중 상각범위액을 초과하는 부분의 금액은 손금에 산입하지 아니한다. 다만, 해당 내국법인이 법인세를 면제·감면받은 경우에는 해당 사업연도의 소득금액을 계산할 때 대통령령으로 정하는 바에 따라 감가상각비를 손금에 산입하여야 한다.

② 제1항 본문에도 불구하고 「주식회사의 외부감사에 관한 법률」 제13조 제1항 제1호에 따른 회계처리기준(이하 "국제회계기준"이라 한다)을 적용하는 내국법인이 보유한 고정자산 중 유형고정자산과 대통령령으로 정하는 내용연수가 비한정인 무형고정자산의 감가상각비는 개별 자산별로 다음 각 호의 구분에 따른 금액이 제1항에 따라 손금에 산입한 금액보다 큰 경우 그 차액의 범위에서 추가로 손금에 산입할 수 있다.

1. 2013년 12월 31일 이전 취득분
: 국제회계기준을 적용하지 아니하고 종전의 방식에 따 라 감가상각비를 손금으로 계상한 경우 제1항 본문에 따라 손금에 산입할 감가상각비 상당액(이하 이 조에서 "종전감가상각비"라 한다)

2. 2014년 1월 1일 이후 취득분
: 기획재정부령으로 정하는 기준내용연수를 적용하여 계산한 감가상각비 상당액(이하 이 조에서 "기준감가상각비"라 한다)

③ 제1항 및 제2항에 따른 고정자산은 토지를 제외한 건물, 기계 및 장치, 특허권 등 대통령령으로 정하는 자산으로 한다.

④ 제1항 또는 제2항에 따라 감가상각비를 손금으로 계상한 내국법인은 대통령령으로 정하는 바에 따라 감가상각비에 관한 명세서를 납세지 관할 세무서장에게 제출하여야 한다.

⑤ 제1항 및 제2항을 적용할 때 감가상각비의 손금계상방법, 상각범위액을 초과하는 금액의 처리, 국제회계기준 적용 시기의 결정, 종전감가상각비 및 기준감가상각비의 계산 등에

에 따라 결정할 수 있다.

1. 유형자산 : 내용연수가 끝나는 시점의 예상처분대가에서 예상처분원가를 차감한 금액으로 추정한다.
2. 무형자산 : 잔존가치는 없는 것으로 한다. 다만, 경제적 내용연수보다 짧은 상각기간을 정한 경우, 상각기간이 끝나는 시점에 잔존가치가 존재할 가능성이 매우 높다면 제1호를 준용할 수 있다.

⑦ 유형자산과 무형자산의 내용연수는 자산의 예상 사용기간이나 생산량 등을 고려하여 합리적으로 결정한다. 이 경우 무형자산의 상각기간은독점적·배타적인 권리를 주는 관계 법령이나 계약에서 정해진 경우를 제외하고는 20년을 초과할 수 없다. 다만, 내용연수는 법인세법 제23조에 따라 결정할 수 있다.

⑧ 유형자산의 감가상각방법과 무형자산의 상각방법은 다음 각 호에서 정 하는 방법 중 하나를 선택한다. 다만, 사업결합에서 발생한 영업권에는 정액법을 사용한다.

1. 유형자산 : 정액법, 정률법, 생산량비례법
2. 무형자산 : 정액법, 생산량비례법

⑨ 잔존가치 또는 내용연수에 대한 추정이 변경되거나 감가상각방법·상각 방법이 변경되는 경우에는 전진적으로 회계 처리하여 그 효과를 당기와 그 이후의 회계연도에 반영한다.

제39조 (유가증권의 평가)

① 유가증권의 취득원가에는 거래원가를 포함한다. 다만, 시장가격이 있는 유가증권의 경우 해당 자산의 거래원가를 최초 인식하는 시점에 비용으 로 회계처리한다.

② 시장가격이 있는 유가증권은 시장가격으로 평가하고 시장가격 변동에 따른 보유손익은 단기투자자산평가손익 등으로 회계처리한다. 이 경우 시장가격이 있는

필요한 사항은 대통령령으로 정한다.

유가증권이란 한국거래소가 개설한 유가증권시장, 코 스닥시장 또는 공신력 있는 외국의 증권거래시장(뉴욕증권거래소, 런던 증권거래소 등)에서 거래되는 지분증권과 채무증권을 말한다. 다만, 시 장가격으로 평가해 온 유가증권이 시장성을 잃으면 그 시점의 장부금액 으로 평가한다.

③ 시장가격이 없는 주식, 출자금 등의 지분증권은 취득원가로 측정한다.

④ 시장가격이 없는 국채 · 공채, 회사채 등의 채무증권은 장부금액과 만기 금액에 차이가 있는 경우 그 차이를 상환기간에 걸쳐 유효이자율법이나 정액법으로 상각하여 장부금액과 이자수익에 반영한다.

⑤ 시장가격이 없는 유가증권에 손상이 발생하였다는 객관적인 증거가 있 으면 회수가능액을 추정하여 장부금액과의 차이를 손상차손으로 인식한 다. 다만, 손상차손을 인식할 필요가 없다는 명백한 증거가 있거나 손상 차손 금액이 중요하지 않은 경우에는 손상차손을 인식하지 않을 수 있 다.

⑥ 손상차손이 회복된 경우에는 이전에 인식하였던 손상차손 금액을 한도 로 하여 회복된 금액을 손상차손환입으로 인식한다.

제40조 (매출채권 등의 평가)

① 제36조 제1항에도 불구하고 매출채권, 대여금, 미수금, 미수수익 등(이 하 '매출채권 등'이라 한다)은 현재가치평가를 아니할 수 있다.

② 매출채권 등의 장부금액과 만기금액에 차이가 있는 경우 그 차이를 상 환기간에 걸쳐 유효이자율법이나 정액법으로 상각하여 장부금액과 이자 수익에 반영한다.

③ 원금이나 이자 등의 일부 또는 전부를 회수하지 못할 가능성이 있는 매출채권 등은 합리적이고 객관적인 기준에 따라 대손추산액을 산출하 여 대손충당금으로 설정하고, 기존 대손충당금 잔액과의 차이는 대손상 각비로 인식한다.

④ 매출채권 등의 원금이나 이자 등의 일부 또는 전부를 회수할 수 없게 된 경우, 대손충당금과 상계하고, 대손충당금이 부족한 경우에는 그 부 족액을 대손상각

비로 인식한다.

⑤ 제3항과 제4항의 경우 매출채권에 대한 대손상각비는 판매비와관리비 의 대손상각비로, 그 밖의 채권에 대한 대손상각비는 영업외비용의 기 타대손상각비로 구분한다.

제41조 (매입채무 등의 평가)

① 매입채무, 차입금, 사채, 미지급금, 미지급비용, 예수금 등(이하 '매입채 무 등'이라 한다)은 부담하는 채무액으로 최초에 측정한다. 다만, 현재가 치평가를 아니할 수 있다.

② 매입채무 등의 장부금액과 만기금액에 차이가 있는 경우 그 차이를 상 환기간에 걸쳐 유효이자율법이나 정액법으로 상각하여 장부금액과 이자 비용에 반영한다.

제42조 (외화거래)

① 외화로 이루어지는 거래는 최초에 그 거래일의 외화와 원화 사이의 현 물환율을 외화금액에 적용하여 인식한다.

② 화폐성외화자산 · 부채는 매 회계연도 말에 마감환율로 다시 환산하고, 비화폐성외화자산 · 부채는 해당 자산을 취득하거나 해당 부채를 부담한 당시의 환율로 환산한다.

③ 화폐성외화자산 · 부채의 환산에서 발생하는 외화환산손익 및 결제시점 에 발생하는 외환차손익은 해당 손익이 발생하는 회계연도의 손익으로 인식한다.

5. 회계정책·회계추정의 변경과 오류수정

제43조 (회계정책 및 회계추정의 변경)

① 재무제표를 작성할 때 채택한 회계정책이나 회계추정은 비슷한 종류의 사건 또는 거래의 회계처리에도 동일하게 적용한다.

② '회계정책의 변경'이란 재무제표의 작성에 적용하던 회계정책을 다른 회계정책으로 바꾸는 것을 말한다. 이 경우 회계정책의 변경에는 재고 자산의 단위원가결정 방법 변경과 유형자산의 감가상각방법 변경 등이 포함된다.

③ 이 기준에서 변경을 요구하거나, 회계정책의 변경을 반영한 재무제표 가 신뢰성 있고 더 목적 적합한 정보를 제공하는 경우에만 회계정책을 변경할 수 있다.

④ '회계추정의 변경'이란 환경의 변화, 새로운 정보의 입수 또는 경험의 축적에 따라 회계적 추정치의 근거와 방법 등을 바꾸는 것을 말한다. 이 경우 회계추정에는 대손의 추정, 재고자산의 진부화 여부에 대한 판 단과 평가, 충당부채의 추정, 감가상각자산의 내용연수 또는 잔존가치의 추정 등이 포함된다.

⑤ 회계정책 또는 회계추정의 변경은 전진적으로 회계 처리하여 그 효과 가 당기와 그 이후의 회계연도에 반영되도록 한다.

제44조 (오류수정)

① '오류수정'이란 전기 또는 그 이전 회계연도의 재무제표에 포함된 회계 적 오류를 당기에 발견하여 수정하는 것을 말한다.

② 당기에 발견한 전기 또는 그 이전 회계연도의 오류는 당기에 영업외손 익의 전기오류 수정손익으로 회계 처리한다.

6. 자본거래

제45조 (주식의 발행)

① 주식(상환우선주 등을 포함한다)을 발행하는 경우에는 다음 각 호에 따라 회계처리한다.

1. 주식의 발행금액이 액면금액보다 큰 경우 : 그 차액을 자본잉여금의 주식발행초과금으로 회계 처리한다.
2. 주식의 발행금액이 액면금액보다 작은 경우 : 그 차액을 주식발행초과금의 범위에서 상계하고, 남아있는 금액이 있 으면 자본조정의 주식할인발행차금으로 회계처리한다.

② 이익잉여금 처분 등으로 상각되지 않은 주식할인발행차금은 향후 발생 하는 주식발행초과금과 우선적으로 상계한다.

③ 자본잉여금이나 이익잉여금을 자본금에 전입하여 주주에게 무상으로 신주를 발행하는 경우에는 주식의 액면금액을 주식의 발행금액으로 한 다.

제46조 (자기주식의 취득과 처분)

① 주식을 발행한 회사가 발행된 주식을 다시 취득하는 경우에는 그 취득 원가를 자본조정의 자기주식으로 회계 처리한다.

② 자기주식을 처분하는 경우에는 다음 각 호에 따라 회계 처리한다.

1. 처분금액이 장부금액보다 큰 경우 : 그 차액을 자본잉여금의 자기주식처분이익으로 회계 처리한다.
2. 처분금액이 장부금액보다 작은 경우 : 그 차액을 자기주식처분이익의 범위에서 상계하고, 남아있는 금액이 있으면 자본조정의 자기주식처분손실로 회계

처리한다.

③ 이익잉여금 처분 등으로 상각되지 않은 자기주식처분손실은 향후 발생 하는 자기주식처분이익과 우선적으로 상계한다.

제47조 (주식의 소각)

① 자기주식을 소각하는 경우에는 다음 각 호에 따라 회계처리한다.

1. 주식의 취득원가가 액면금액보다 작은 경우 : 그 차액을 자본잉여금의 감자차익으로 회계 처리한다.
2. 주식의 취득원가가 액면금액보다 큰 경우 : 그 차액을 감자차익의 범위에서 상계하고, 남아있는 금액이 있으면 자본조정의 감자차손으로 회계 처리한다.

② 감자차손이 이익잉여금 처분 등으로 상각되지 않고 남은 잔액은 향후 발생하는 감자차익과 우선적으로 상계한다.

③ 발행한 주식을 이익으로 소각하는 경우에는 소각하는 주식의 취득원가 에 해당하는 이익잉여금을 감소시킨다.

④ 주주에게 순자산을 반환하지 않으면서 주식의 액면금액이나 주식 수를 감소시키는 경우에는 감소되는 액면금액 또는 감소되는 주식 수에 해당 하는 액면금액을 자본잉여금의 감자차익으로 회계 처리한다.

제48조 (배당)

① 주주에게 현금으로 배당하는 경우에는 그 배당액을 이익잉여금에서 차 감한다.

② 주주에게 주식으로 배당하는 경우에는 발행주식의 액면금액을 배당액 으로 하여 자본금을 증가시키고 이익잉여금을 감소시킨다.

7. 특수 거래

제49조 (리스거래)

① '리스거래'란 리스제공자가 자산의 사용권을 합의된 기간 동안 리스이용자에게 이전하고, 리스이용자는 사용료를 지급하는 계약을 말한다.

② 자산의 소유권이 실질적으로 리스이용자에게 이전되는 리스거래는 금융리스로, 그 밖의 경우는 운용리스로 분류한다. 이 경우, 소유권이 실질적으로 이전되는지는 계약의 형식이 아닌 거래의 실질적인 내용에 따 라 판단한다.

③ 운용리스이용자는 보증잔존가치를 차감한 최소 리스료를 보다 체계적으로 인식할 수 있는 기준이 없다면, 리스기간에 걸쳐 균등하게 배분하여 비용으로 인식한다. 이 경우 '최소 리스료'란 리스이용자가 리스제공 자에게 지급해야 하는 금액을 말한다.

④ 금융리스이용자는 리스자산을 장기할부로 구입한 것으로 보아 최소 리 스료를 리스제공자의 내재이자율로 할인한 금액과 리스자산의 공정가치 중 적은 금액을 금융리스자산과 금융리스부채로 인식하고, 금융리스자산은 리스이용자가 보유한 다른 유사한 자산과 일관성 있게 감가상각 한다.

제50조 (정부보조금과 공사부담금)

① 정부보조금은 해당 보조금에 부수되는 조건을 준수하고, 이를 수취할 것이라는 확신이 있을 때 인식한다.

② 자산의 취득과 관련하여 정부보조금(비화폐성 자산을 포함한다)을 받은 경우에는 다음 각 호에 따라 회계 처리한다.

1. 관련 자산을 취득하기 전 : 정부보조금의 금액을, 받은 자산(받은 자산을 일

시적으로 운용하기 위해 취득한 다른 자산을 포함한다)의 차감계정으로 회계 처리한다.

2. 관련 자산을 취득하는 시점 및 이후 : 정부보조금의 금액을 관련 자산의 차감계정으로 회계처리하고, 관련 자산의 내용연수에 걸쳐 (감가)상각금액과 상계하며, 해당 자산을 처분할 때 그 잔액을 처분손익에 반영한다. 다만, 정부보조금의 금액을 관련 자산의 취득금액에서 직접 차감할 수 있다.

③ 수익과 관련하여 정부보조금을 받은 경우에는 다음 각 호에 따라 회계 처리한다.

1. 정부보조금을 사용하기 위하여 특정한 조건을 충족해야 하는 경우 : 조건을 충족하기 전까지는 받은 정부보조금을 부채(선수수익)로 회계 처리한다.
2. 정부보조금이 특정 비용을 보전할 목적으로 지급된 경우 : 해당 비용과 상계한다.
3. 정부보조금에 대응되는 비용이 없는 경우 : 회사의 주된 영업활동과 직접적인 관련이 있다면 영업수익으로, 그 밖의 경우에는 영업외수익으로 회계 처리한다.

④ 공사부담금의 회계처리는 제1항부터 제3항까지를 준용한다.

제51조 (사업결합)

① 합병, 영업양수도 등과 같은 사업결합을 하는 경우, 취득일에 별도로 식별되는 취득 자산과 인수 부채는 취득일의 공정가치로 측정한다. 다만, 다음 각 호의 어느 하나에 해당하면 해당 자산이나 부채를 피취득자의 장부금액으로 측정할 수 있다.

1. 취득일의 공정가치가 피취득자의 장부금액과 중요한 차이가 없는 경우
2. 공정가치를 측정하기 어려운 경우

② 이전대가가 제1항에 따라 측정된 자산과 부채의 순액보다 큰 경우 그 차이를 무형자산의 영업권으로 인식한다.

③ 이전대가가 제1항에 따라 측정된 자산과 부채의 순액보다 작은 경우 그 차이를 염가매수차익으로 하여 당기에 이익으로 인식한다. 다만, 법인세법 제44조의 2[43]에 따라 회계 처리할 수 있다.

8. 자본변동표

제52조 (자본변동표)

① 자본변동표는 자본의 크기와 그 변동에 관한 정보를 제공하는 재무보고서이다.

② 자본변동표에는 자본의 각 항목별로 다음 각 호와 같이 구분하여 기초 잔액, 변동사항과 기말 잔액을 표시한다. [별지 제3호 서식 참조]

1. 자본금의 변동 : 유상증자(감자), 무상증자(감자)와 주식배당 등에 의하여 발생한다.
2. 자본잉여금의 변동 : 유상증자(감자), 무상증자(감자), 결손금처리 등에 의하

---

43) 법인세법 제44조의2 (비적격 합병 시 합병법인에 대한 과세)

① 합병법인이 합병으로 피합병법인의 자산을 승계한 경우에는 그 자산을 피합병법인으 로부터 합병등기일 현재의 시가(제52조제2항에 따른 시가를 말한다. 이하 이 관에서 같 다)로 양도받은 것으로 본다. 이 경우 피합병법인의 각 사업연도의 소득금액 및 과세표준을 계산할 때 익금 또는 손금에 산입하거나 산입하지 아니한 금액, 그 밖의 자산·부채 등은 대통령령으로 정하는 것만 합병법인이 승계할 수 있다.

② 합병법인은 제1항에 따라 피합병법인의 자산을 시가로 양도받은 것으로 보는 경우로서 피합병법인에 지급한 양도가액이 피합병법인의 합병등기일 현재의 자산총액에서 부채총액을 뺀 금액(이하 이 관에서 "순자산시가"라 한다)보다 적은 경우에는 그 차액을 제60조제2항제2호에 따른 세무조정계산서에 계상하고 합병등기일부터 5년간 균등하게 나누어 익금에 산입한다.

③ 합병법인은 제1항에 따라 피합병법인의 자산을 시가로 양도받은 것으로 보는 경우에 피합병법인에 지급한 양도가액이 합병등기일 현재의 순자산시가를 초과하는 경우로서 대통령령으로 정하는 경우에는 그 차액을 제60조제2항제2호에 따른 세무조정계산서에 계상하고 합병등기일부터 5년간 균등하게 나누어 손금에 산입한다.

④ 제1항부터 제3항까지의 규정에 따른 익금산입액 및 손금산입액의 계산과 그 산입방법 등에 관하여 필요한 사항은 대통령령으로 정한다.

여 발생하며, 주식발행초과금과 기타자본잉여금으로 구분하여 표시한다.

3. 자본조정의 변동 : 자기주식은 구분하여 표시하고, 기타자본조정은 통합하여 표시할 수 있다.
4. 이익잉여금의 변동 : 연차배당(현금배당과 주식배당으로 구분한다), 중간배당, 그 밖의 전기 말미처분이익잉여금의 처분 및 당기순이익(또는 당기순손실)으로 구분하여 표시한다.

9. 이익 잉여금 처분 계산서 및 결손금처리계산서

제53조 (이익 잉여금 처분계산서)

① 이익잉여금처분계산서는 이익잉여금의 처분사항을 보고하는 재무보고 서이다.

② 이익잉여금처분계산서의 항목은 다음 각 호와 같이 구분하여 표시한다. [별지 제4호 서식 참조]

1. 미처분 이익잉여금 : 전기이월 미처분 이익 잉여금(또는 전기 이월 미처리 결손금)에 중간 배당액 및 당기순이익(또는 당기순손실) 등을 차감하거나 가산한 금액으로 한다.
2. 임의적립금등의 이입액 : 임의적립금 등을 이입하여 당기의 이익 잉여금 처분에 충당하는 경우에는 그 금액을 미처분 이익 잉여금에 가산하는 형식으로 표시한다.
3. 이익잉여금 처분액 : 이익잉여금의 처분은 다음 각 목의 항목으로 구분하여 표시한다.

가. 이익준비금

나. 기타법정적립금

다. 이익잉여금 처분에 의한 상각 등 : 주식할인발행차금상각, 자기주식처분손실잔액 등으로 구분한다.

라. 배당금 : 당기에 처분할 배당액을 현금배당과 주식배당으로 구분하여 표시한다.

마. 임의적립금

4. 차기 이월 미처분 이익잉여금 : 미처분 이익잉여금과 임의 적립금 이입액의 합계에서 이익 잉여금 처분액을 차감한 금액으로 한다.

제54조 (결손금처리계산서)

① 결손금처리계산서는 결손금의 처리사항을 보고하는 재무보고서이다.

② 결손금처리계산서의 항목은 다음 각 호와 같이 구분하여 표시한다.

[별지 제5호 서식 참조]

1. 미처리 결손금 : 전기 이월 미처리 결손금(또는 전기 이월 미처분 이익잉여금)에 중간 배당액 및 당기순이익(또는 당기순손실) 등을 차감하거나 가산한 금액으로 한다.
2. 결손금 처리액 : 임의 적립금 이입액, 기타 법정 적립금 이입액, 이익 준비금 이입액, 자본 잉여금 이입액으로 구분하여 표시한다.
3. 차기 이월 미처리 결손금 : 미처리 결손금에서 결손금처리액을 차감한 금액으로 한다.

10. 주석

제55조 (주석의 정의)

'주석'이란 대차대조표·손익계산서와 자본변동표 또는 이익잉여금처분계산서(또는 결손금처리계산서)에 표시된 항목을 구체적으로 설명하거나 세분화하는 정보와 해당 재무제표의 인식 조건을 충족하지 못하는 항목에 대해 추가적으로 제공하는 정보를 말한다.

제56조 (주석 기재 사항)

다음 각 호의 사항은 주석으로 기재할 수 있다.

1. 중소기업회계기준에 따라 재무제표를 작성하였다는 사실
2. 이 기준에서 둘 이상의 회계정책 가운데 하나를 선택할 수 있게 하는 경우, 적용된 회계정책
3. 회계정책의 변경과 오류수정의 내용
4. 매입채무, 차입금, 사채, 미지급금 등 현금 등으로 상환하여야 하는 부채의 주요 내용
5. 제공한 담보·보증의 주요 내용
6. 특수관계인(법인세법 시행령 제87조[44]의 정의에 따른다)과의 중요한 거래의

---

44) 법인세법 시행령 제87조 (특수관계인의 범위)

① 법 제52조제1항에서 "대통령령으로 정하는 특수관계인"이란 법인과 다음 각 호의 어느 하나의 관계에 있는 자(이하 "특수관계인"이라 한다)를 말한다. 이 경우 본인도 「국세기본법」 제2조 제20호 각 목외의 부분 후단에 따라 특수관계인의 특수관계인으로 본다.

1. 임원의 임면권의 행사, 사업방침의 결정 등 당해 법인의 경영에 대하여 사실상 영향력을 행사하고 있다고 인정되는 자(「상법」 제401조의2 제1항의 규정에 의하여 이사로 보는 자를 포함한다)와 그 친족
2. 주주등(소액주주등을 제외한다. 이하 이 관에서 같다)과 그 친족
3. 법인의 임원 · 사용인 또는 주주등의 사용인(주주등이 영리법인인 경우에는 그 임원을, 비영리법인인 경우에는 그 이사 및 설립자를 말한다)이나 사용인외의 자로서 법인 또는 주주등의 금전 기타 자산에 의하여 생계를 유지하는 자와 이들과 생계를 함께 하는 친족
4. 해당 법인이 직접 또는 그와 제1호부터 제3호까지의 관계에 있는 자를 통하여 어느 법인의 경영에 대하여 지배적인 영향력을 행사하고 있는 경우 그 법인
5. 해당 법인이 직접 또는 그와 제1호부터 제4호까지의 관계에 있는 자를 통하여 어느 법인의 경영에 대하여 지배적인 영향력을 행사하고 있는 경우 그 법인
6. 당해 법인에 100분의 30 이상을 출자하고 있는 법인에 100분의 30 이상을 출자하고 있는 법인이나 개인
7. 당해 법인이 「독점규제 및 공정거래에 관한 법률」에 의한 기업집단에 속하는 법인인 경우 그 기업집단에 소속된 다른 계열회사 및 그 계열회사의 임원

② 제1항 제4호 및 제5호에 따른 지배적인 영향력을 행사하고 있는지 여부는 「국세기본법 시행령」 제1조

내용

7. 타인으로부터 제기된 회계연도 말 현재 진행 중인 소송 사건의 내용, 소송금액, 진행 상황 등
8. 매출채권 등을 양도한 경우, 만기가 도래하지 않은 부분의 금액과 양 도의 조건
9. 정부보조금 또는 공사부담금을 관련 자산에서 직접 차감한 경우 해당 회계연도에 수령한 정부보조금 또는 공사부담금의 금액 및 관련 내용
10. 대차대조표, 손익계산서, 자본변동표 또는 이익잉여금처분계산서(또는 결손금처리계산서)의 본문에 표시되지 않는 사항으로서 재무제표를 이해하는 데 필요한 추가 정보

11. 부칙

제1조 (시행일)

이 기준은 2014년 1월 1일 이후 최초로 시작되는 회계연도부터 적용한다. 다만, 2013년 1월 1일 이후 최초로 시작되는 회계연도부터 적용할 수 있다.

제2조 (최초 적용에 관한 경과조치)

① 이 기준을 처음 적용한 회계연도 전에 발생한 거래 또는 사건 등으로 인하여 재무제표에 표시되는 항목은 그 직전 회계연도 말의 장부금액을 이 기준에 따른 최초 장부금액으로 본다. 다만, 특정 항목이 실질을 반 영하지 못하는 경우 최초 장부금액을 수정하고, 그에 따른 영향은 기초 이익잉여금(적절하다면 자본의 다른 항목)에 반영한다.

② 제1항 본문에 따라 재무제표를 작성하는 경우 종전 회계기준에 따른 기타 포괄

의2 제4항에 따른다.

손익 누계액(해외사업환산손익, 현금흐름위험회피 파생상품 평가손익은 제외한다)은 이익잉여금으로 재분류한다.

③ 다음 각 호의 사항은 주석으로 기재할 수 있다.

1. 직전 회계연도까지 적용한 회계기준의 명칭
2. 제1항 단서에 따라 이 기준을 처음 적용하면서 일부 항목을 수정한 경우 다음 각 목의 사항

가. 수정한 항목

나. 자산 또는 부채의 기초 장부금액에 미친 영향

다. 이익잉여금 등 기초 자본에 미친 영향

12. 별지서식

[별지 제1호 서식]

대 차 대 조 표

제×기 20××년×월×일 현재

제×기 20××년×월×일 현재

회사명 (단위 : 원)

과 목	당 기		전 기	
자 산				
유동자산		×××		×××
당좌자산		×××		×××
현금 및 현금성자산	×××		×××	
단기투자자산	×××		×××	
매출채권	×××		×××	
(−) 대손충당금	(×××)		(×××)	
선급비용	×××		×××	
미수수익	×××		×××	
미수금	×××		×××	
(−) 대손충당금	(×××)		(×××)	
선급금	×××		×××	
......	×××		×××	

과 목	당 기		전 기	
재고자산	×××	×××	×××	×××
상품	×××		×××	
제품	×××		×××	
재공품	×××		×××	
원재료	×××		×××	
저장품	×××		×××	
……				
비유동자산		×××		×××
투자자산	×××	×××	×××	×××
투자부동산	×××		×××	
장기투자증권	×××		×××	
장기대여금	×××		×××	
……				
유형자산	×××	×××	×××	×××
토지	×××		×××	
건물	(×××)		(×××)	
(−) 감가상각누계액	×××		×××	
구축물	(×××)		(×××)	
(−) 감가상각누계액	×××		×××	
기계장치	(×××)		(×××)	
(−) 정부보조금	(×××)		(×××)	
(−) 감가상각누계액	×××		×××	
차량운반구	(×××)		(×××)	
(−) 감가상각누계액	×××		×××	
건설중인자산	×××		×××	
……				

과 목	당 기		전 기	
무형자산		×××		×××
지식재산권	×××		×××	
개발비	×××		×××	
컴퓨터소프트웨어	×××		×××	
광업권	×××		×××	
임차권리금	×××		×××	
영업권	×××		×××	
......	×××		×××	
기타비유동자산		×××		×××
임차보증금	×××		×××	
장기매출채권	×××		×××	
장기선급비용	×××		×××	
장기미수금	×××		×××	
......	×××		×××	
자 산 총 계		×××		×××
부 채				
유동부채		×××		×××
단기차입금	×××		×××	
매입채무	×××		×××	
미지급법인세	×××		×××	
미지급비용	×××		×××	
미지급금	×××		×××	
선수금	×××		×××	
선수수익	×××		×××	
예수금	×××		×××	
유동성장기부채	×××		×××	
......	×××		×××	

과 목	당 기		전 기	
비유동부채		×××		×××
장기매입채무	×××		×××	
사채	×××		×××	
장기차입금	×××		×××	
퇴직급여충당부채	×××		×××	
……	×××		×××	
부 채 총 계		×××		×××

과 목	당 기		전 기	
자 본				
자본금		×××		×××
보통주자본금	×××		×××	
우선주자본금	×××		×××	
자본잉여금		×××		×××
주식발행초과금	×××		×××	
자기주식처분이익	×××		×××	
감자차익	×××		×××	
……	×××		×××	
자본조정		×××		×××
주식할인발행차금	×××		×××	
자기주식	×××		×××	
자기주식처분손실	×××		×××	
감자차손	×××		×××	
……	×××		×××	

이익잉여금(또는 결손금)		×××		×××
법정적립금	×××		×××	
임의적립금	×××		×××	
미처분이익잉여금	×××		×××	
(또는 미처리결손금)				
자 본 총 계		×××		×××
부채 및 자본 총계		×××		×××

이 대차대조표는 중소기업회계기준에 따라 작성되었습니다.

[별지 제2호 서식]

손 익 계 산 서

제×기 20××년×월×일부터 20××년×월×일까지

제×기 20××년×월×일부터 20××년×월×일까지

회사명 (단위 : 원)

과 목	당 기		전 기	
매출액		×××		×××
매출원가		×××		×××
기초제품(또는 상품)재고액	×××		×××	
당기제품제조원가 (또는 당기상품매입액)	×××		×××	
기말제품(또는 상품)재고액	(×××)		(×××)	
매출총이익(또는 매출총손실)		×××		×××
판매비와관리비		×××		×××
급여	×××		×××	
퇴직급여	×××		×××	
복리후생비	×××		×××	
임차료	×××		×××	
접대비	×××		×××	
감가상각비	×××		×××	
무형자산상각비	×××		×××	
세금과공과	×××		×××	
광고선전비	×××		×××	

과 목	당 기		전 기	
연구비	×××		×××	
경상개발비	×××		×××	
대손상각비	×××		×××	
……	×××		×××	
영업이익(또는 영업손실)		×××		×××
영업외수익		×××		×××
이자수익	×××		×××	
배당금수익	×××		×××	
임대료	×××		×××	
단기투자자산처분이익	×××		×××	
단기투자자산평가이익	×××		×××	
외환차익	×××		×××	
외화환산이익	×××		×××	
장기투자증권손상차손환입	×××		×××	
유형자산처분이익	×××		×××	
사채상환이익	×××		×××	
전기오류수정이익	×××		×××	
……	×××		×××	
영업외비용		×××		×××
이자비용	×××		×××	
기타대손상각비	×××		×××	
단기투자자산처분손실	×××		×××	
단기투자자산평가손실	×××		×××	
재고자산감모손실	×××		×××	
외환차손	×××		×××	
외화환산손실	×××		×××	
기부금	×××		×××	

과 목	당 기		전 기	
장기투자증권손상차손	×××		×××	
유형자산처분손실	×××		×××	
사채상환손실	×××		×××	
전기오류수정손실	×××		×××	
……	×××		×××	
법인세비용차감전순이익 (또는법인세비용차감전순손실)		×××		×××
법인세비용		×××		×××
당기순이익(또는 당기순손실)		×××		×××

이 손익계산서는 중소기업회계기준에 따라 작성되었습니다.

[별지 제3호 서식]

자 본 변 동 표

제×기 20××년×월×일부터 20××년×월×일까지
제×기 20××년×월×일부터 20××년×월×일까지

회사명 (단위 : 원)

구 분	자본금	자본잉여금	자본조정	이익잉여금	총 계
20××.×.×(보고금액)	×××	×××	×××	×××	×××
연차배당				(×××)	(×××)
처분후 이익잉여금				×××	×××
중간배당				(×××)	(×××)
당기순이익(손실)				×××	×××
자기주식 취득			(×××)		(×××)
20××.×.×	×××	×××	×××	×××	×××
20××.×.×(보고금액)	×××	×××	×××	×××	×××
연차배당				(×××)	(×××)
처분후 이익잉여금				×××	×××
중간배당				(×××)	(×××)
유상증자(감자)	×××	×××			×××
당기순이익(손실)				×××	×××
해외사업환산손익			×××		×××

구 분	자본금	자본 잉여금	자본조정	이익 잉여금	총 계
20××.×.×	×××	×××	×××	×××	×××

이 자본변동표는 중소기업회계기준에 따라 작성되었습니다.

[별지 제4호 서식]

이익잉여금처분계산서

제 × 기	20××년×월×일부터 20××년×월×일까지	제 × 기	20××년×월×일부터 20××년×월×일까지
처분예정일	20××년×월×일	처분확정일	20××년×월×일

회사명 (단위 : 원)

구 분	당 기		전 기	
미처분이익잉여금		×××		×××
전기이월미처분이익잉여금 (또는 전기이월미처리결손금)	×××		×××	
중간배당액	×××		×××	
당기순이익(또는 당기순손실)	×××		×××	
임의적립금등의이입액		×××		×××
×××적립금	×××		×××	
×××적립금	×××		×××	
합 계		×××		×××
이익잉여금처분액		×××		×××
이익준비금	×××		×××	
기타법정적립금	×××		×××	
주식할인발행차금상각액	×××		×××	
배당금	×××		×××	
현금배당	×××		×××	
주식배당	×××		×××	
......	×××		×××	
차기이월미처분이익잉여금		×××		×××

이 이익잉여금처분계산서는 중소기업회계기준에 따라 작성되었습니다.

[별지 제5호 서식]

결손금처리계산서

제 × 기	20××년×월×일부터 20××년×월×일까지	제 × 기	20××년×월×일부터 20××년×월×일까지
처리예정일	20××년×월×일	처리확정일	20××년×월×일

회사명 (단위 : 원)

구 분	당 기		전 기	
미처리결손금		×××		×××
전기이월미처리결손금 (또는 전기이월미처분이익잉여금)	×××		×××	
중간배당액	×××		×××	
당기순이익(또는 당기순손실)	×××		×××	
결손금처리액		×××		×××
임의적립금이입액	×××		×××	
법정적립금이입액	×××		×××	
자본잉여금이입액	×××		×××	
차기이월미처리결손금		×××		×××

이 결손금처리계산서는 중소기업회계기준에 따라 작성되었습니다.

제3편
창업법률의 핵심

제1장 중소기업창업 지원법

「중소기업창업 지원법」(이하 "창업지원법"이라 한다)은 중소기업의 설립을 촉진하고 성장 기반을 조성하며 중소기업의 건전한 발전을 통한 건실한 산업구조의 구축에 기여함을 목적으로 하고 있다.[45)]

1. 중소기업의 기초

중소기업을 육성하기 위한 시책(이하 "중소기업시책"이라 한다)의 대상이 되는 중소기업자는 다음 각 호에 해당하는 기업(이하 "중소기업"이라 한다)을 영위하는 자로 세부적으로 살펴보면 다음과 같다.[46)]

(1) 중소기업자

1) 다음의 요건을 모두 갖추고 영리를 목적으로 사업을 하는 기업

가. 업종별로 매출액 또는 자산총액 등이 대통령령으로 정하는 기준 에 맞을 것

☞ 대통령령으로 정하는 기준은 중소기업기본법 시행령 제3조(중소기업의 범위) 제1항 제1호에 규정 하고 있는 별표 1.과 자산총액이 5천억원 미만일 것을 기준으로 판 단하여야 하고 세부적인 내용은 아래와 같다.

45) 중소기업 창업지원법 [법률 제13157호, 2014.2.3., 일부개정, 2015.2.3. 시행]; 창업지원법 제1조(목적).

46) 중소기업기본법 [법률 제13157호, 2014.2.3., 일부개정, 2015.2.3. 시행]; 중소기업기본법 제2조(중소기업의 범위).

[별표 1] 주된 업종별 평균매출액등의 규모 기준
(제3조제1항제1호가목 관련)

해당 기업의 주된 업종	분류기호	규모 기준
1. 의복, 의복액세서리 및 모피제품 제조업	C14	평균매출액등 1,500억원 이하
2. 가죽, 가방 및 신발 제조업	C15	
3. 펄프, 종이 및 종이제품 제조업	C17	
4. 1차 금속 제조업	C24	
5. 전기장비 제조업	C28	
6. 가구 제조업	C32	
7. 농업, 임업 및 어업	A	평균매출액등 1,000억원 이하
8. 광업	B	
9. 식료품 제조업	C10	
10. 담배 제조업	C12	
11. 섬유제품 제조업(의복 제조업은 제외한다)	C13	
12. 목재 및 나무제품 제조업 (가구 제조업은 제외한다)	C16	
13. 코크스, 연탄 및 석유정제품 제조업	C19	
14. 화학물질 및 화학제품 제조업 (의약품 제조업은 제외한다)	C20	
15. 고무제품 및 플라스틱제품 제조업	C22	
16. 금속가공제품 제조업 (기계 및 가구 제조업은 제외한다)	C25	
17. 전자부품, 컴퓨터, 영상, 음향 및 통신장비 제조업	C26	
18. 그 밖의 기계 및 장비 제조업	C29	
19. 자동차 및 트레일러 제조업	C30	
20. 그 밖의 운송장비 제조업	C31	
21. 전기, 가스, 증기 및 수도사업	D	
22. 건설업	F	

23. 도매 및 소매업	G	
24. 음료 제조업	C11	평균매출액등 800억원 이하
25. 인쇄 및 기록매체 복제업	C18	
26. 의료용 물질 및 의약품 제조업	C21	
27. 비금속 광물제품 제조업	C23	
28. 의료, 정밀, 광학기기 및 시계 제조업	C27	
29. 그 밖의 제품 제조업	C33	
30. 하수 · 폐기물 처리, 원료재생 및 환경복원업	E	
31. 운수업	H	
32. 출판, 영상, 방송통신 및 정보서비스업	J	
33. 전문, 과학 및 기술 서비스업	M	평균매출액등 600억원 이하
34. 사업시설관리 및 사업지원 서비스업	N	
35. 보건업 및 사회복지 서비스업	Q	
36. 예술, 스포츠 및 여가 관련 서비스업	R	
37. 수리(修理) 및 기타 개인 서비스업	S	
38. 숙박 및 음식점업	I	평균매출액등 400억원 이하
39. 금융 및 보험업	K	
40. 부동산업 및 임대업	L	
41. 교육 서비스업	P	
비고: 해당 기업의 주된 업종의 분류 및 분류기호는 「통계법」 제22조에 따라 통계청장이 고시한 한국표준산업분류에 따른다.		

나. 지분 소유나 출자 관계 등 소유와 경영의 실질적인 독립성이 대 통령령으로 정하는 기준에 맞을 것

> ☞ 대통령령으로 정하는 기준은 동법 시행령 제3조 제1항 제2호에 따 른다.
>
> 2. 소유와 경영의 실질적인 독립성이 다음 각 목의 어느 하나에 해당 하지 아니하는 기업일 것

가. 「독점규제 및 공정거래에 관한 법률」 제14조제1항에 따른 상호출 자제한기업집단[47] 또는 채무보증제한기업집단에 속하는 회사 나. 자산총액이 5천억원 이상인 법인(외국법인을 포함하되, 제3조의2 제3항 각 호의 어느 하나에 해당하는 자는 제외한다)이 주식등의 100분의 30 이상을 직접적 또는 간접적으로 소유한 경우로서 최 다출자자인 기업. 이 경우 최다출자자는 해당 기업의 주식등을 소 유한 법인 또는 개인으로서 단독으로 또는 다음의 어느 하나에 해 당하는 자와 합산하여 해당 기업의 주식등을 가장 많이 소유한 자 를 말하며, 주식등의 간접소유 비율에 관하여는 「국제조세조정에 관한 법률 시행령」 제2조제2항을 준용한다. 1) 주식등을 소유한 자가 법인인 경우: 그 법인의 임원 2) 주식등을 소유한 자가 1)에 해당하지 아니하는 개인인 경우 : 그 개인의 친족 다. 관계기업에 속하는 기업의 경우에는 제7조의4에 따라 산정한 평 균매출액등이 별표 1의 기준에 맞지 아니하는 기업

47) 해당 법률에 의거한 동법 시행령 제21조에 따른다.
제21조(상호출자제한기업집단등의 지정)
① 공정거래위원회는 법 제14조(상호출자제한기업집단등의 지정 등)제1항의 규정에 의하여 매년 4월 1일(부득이한 경우에는 4월 15일)까지 제17조(상호출자제한기업집단등의 범위)의 기준에 해당하는 기업집단을 상호출자제한기업집단으로 지정하거나 상호출자제한기업집단으로 지정된 기업집단이 당해 기준에 해당하지 아니하게 되는 경우에는 이를 상호출자제한기업집단 지정에서 제외하여야 한다. 〈개정 1997.3.31, 1998.4.1, 2000.4.1, 2002.3.30〉
② 공정거래위원회는 제1항의 규정에 의하여 상호출자제한기업집단으로 새로 지정하거나 지정에서 제외하는 경우에는 즉시 그 사실을 당해 상호출자제한기업집단에 속하는 회사와 법 제2조(정의)제2호의 규정에 의하여 당해 상호출자제한기업집단에 속하는 회사의 사업내용을 사실상 지배하는 동일인에게 서면으로 통지하여야 한다. 〈개정 1997.3.31, 2000.4.1, 2002.3.30〉
③ 공정거래위원회는 제1항 및 제2항의 규정에 의한 지정 · 통지후 당해 상호출자제한기업집단에 속하는 회사에 변동이 있는 경우에는 매월 1회 동일인과 당해 회사에 대하여 변동내용을 서면으로 통지하여야 한다. 〈신설 1993.2.20, 2002.3.30〉
④ 법 제14조제5항에서 "대통령령이 정하는 금액"이라 함은 100억원을 말한다. 〈신설 2005.3.31, 2009.5.13〉
⑤ 법 제14조의3에서 "대통령령이 정하는 날"이라 함은 다음 각호의 1에 해당하는 날을 말한다. 〈개정 1999.3.31, 2002.3.30, 2005.3.31〉
1. 상호출자제한기업집단의 지정 당시 그 소속회사로 편입되어야 함에도 불구하고 편입되지 아니한 회사의 경우에는 그 상호출자제한기업집단의 지정 · 통지를 받은 날
2. 상호출자제한기업집단의 지정이후 그 소속회사로 편입되어야 함에도 불구하고 편입되지 아

동법 시행령 제7조의4 제1항의 별표 2.를 기준으로 관계기업의 평균매출액등을 산정하도록 규정되어 있으며, 세부 내용의 별표 2.는 다음과 같다.

[별표 2] 〈개정 2014.4.14〉 관계기업의 평균매출액등의 산정기준 (제7조의4제1항 관련)
1. 이 표에서 사용하는 용어의 뜻은 다음과 같다. 가. "형식적 지배"란 지배기업이 종속기업의 주식등을 100분의 50 미만으로 소유하고 있는 것을 말한다. 나. "실질적 지배"란 지배기업이 종속기업의 주식등을 100분의 50 이상으로 소유하고 있는 것을 말한다. 다. "직접 지배"란 지배기업이 자회사(지배기업의 종속기업을 말한다. 이하 이 표에서 같다) 또는 손자기업(자회사의 종속기업을 말하며, 지배기업의 종속기업으로 되는 경우를 포함한다. 이하 이 표에서 같다)의 주식등을 직접 소유하고 있는 것을 말한다. 라. "간접 지배"란 지배기업이 손자기업의 주주인 자회사의 주식등을 직접 소유하고 있는 것을 말

니한 회사의 경우에는 그 상호출자제한기업집단에 속하여야 할 사유가 발생한 날이 속하는 달의 다음 달 1일

⑥ 제1항 내지 제5항의 규정은 법 제14조제1항의 규정에 의한 채무보증제한기업집단의 지정 및 통지에 관하여 이를 준용한다. 이 경우 "상호출자제한기업집단"은 "채무보증제한기업집단"으로 본다. 〈개정 2002.3.30, 2005.3.31., 2009.5.13〉

⑦ 제1항의 규정에 의하여 상호출자제한기업집단으로 지정되거나 제6항의 규정에 의하여 채무보증제한기업집단으로 지정된 기업집단이 다음 각호의 1에 해당하는 경우에는 그 사유가 발생한 때에 상호출자제한기업집단 또는 채무보증제한기업집단에서 이를 제외할 수 있다. 〈개정 2002.3.30, 2005.3.31, 2008.6.25〉

1. 지정일 이후에 당해 기업집단에 소속된 회사중 제17조(상호출자제한기업집단등의 범위)제1항제5호 가목 또는 나목에 해당되는 회사의 자산총액(최근 지정일의 직전사업연도 종료일 현재의 대차대조표상의 자산총액으로 한다. 이하 이 조에서 같다)의 합계액이 기업집단 전체 자산총액의 100분의 50 이상이 된 경우. 다만, 제17조(상호출자제한기업집단등의 범위)제1항제5호 가목 또는 나목에 해당되는 회사를 제외한 회사의 자산총액의 합계액이 3조5천억원 이상인 기업집단을 제외한다.
2. 소속회사의 변동으로 당해 기업집단에 소속된 국내회사들의 자산총액의 합계액이 3조5천억원 미만으로 감소한 경우

한다.

2. 지배기업이 종속기업에 대하여 직접 지배하되 형식적 지배를 하는 경우에는 지배기업 또는 종속기업의 평균매출액등으로 보아야 할 평 균매출액등(이하 "전체 평균매출액등"이라 한다)은 다음 각 목에 따라 계산한다.
   가. 지배기업의 전체 평균매출액등은 그 지배기업의 평균매출액등에 지배기업의 종속기업에 대한 주식등의 소유비율과 종속기업의 평균 매출액등을 곱하여 산출한 평균매출액등을 합산한다.
   나. 종속기업의 전체 평균매출액등은 그 종속기업의 평균매출액등에 지배기업의 종속기업에 대한 주식등의 소유비율과 지배기업의 평균 매출액등을 곱하여 산출한 평균매출액등을 합산한다.
3. 지배기업이 종속기업에 대하여 직접 지배하되 실질적 지배를 하는 경우에는 지배기업 또는 종속기업의 전체 평균매출액등은 다음 각 목 에 따라 계산한다.
   가. 지배기업의 전체 평균매출액등은 그 지배기업의 평균매출액등에 종속기업의 평균매출액등을 합산한다.
   나. 종속기업의 전체 평균매출액등은 그 종속기업의 평균매출액등에 지배기업의 평균매출액등을 합산한다.
4. 지배기업이 손자기업에 대하여 간접 지배를 하는 경우에는 지배기업 또는 손자기업의 전체 평균매출액등은 다음 각 목에 따라 계산한다.
   가. 지배기업의 전체 평균매출액등은 그 지배기업의 평균매출액등에 지배기업의 손자기업에 대한 주식등의 간접 소유비율과 손자기업의 평균매출액등을 곱하여 산출한 평균매출액등을 합산한다.
   나. 손자기업의 전체 평균매출액등은 그 손자기업의 평균매출액등에 지배기업의 손자기업에 대한 주식등의 간접 소유비율과 지배기업의 평균매출액등을 곱하여 산출한 평균매출액등을 합산한다.
5. 제4호에서 지배기업의 손자기업에 대한 주식등의 간접 소유비율은 다음과 같다. 다만, 자회사가 둘 이상인 경우에는 각 자회사별로 계산 한 소유비율을 합한 비율로 한다.
   가. 지배기업이 자회사에 대하여 실질적 지배를 하는 경우에는 그 자 회사가 소유하고 있는 손자기업의 주식등의 소유비율
   나. 지배기업이 자회사에 대하여 형식적 지배를 하는 경우에는 그 소 유비율과 그 자회사의 손자기업에 대한 주식등의 소유비율을 곱한 비율

2)「사회적 기업 육성법」 제2조 제1호에 따른 사회적 기업 중에서 대 통령령으로 정하는 사회적 기업

"사회적기업"이란 취약계층에게 사회서비스 또는 일자리를 제공하거나 지역사회에 공헌함으로써 지역주민의 삶의 질을 높이는 등의 사회적 목적을 추구하면서 재화 및 서비스의 생산 · 판매 등 영업활동을 하는 기업으로서 사회적 기업을 운영하려는 자는 동법 제7조[48]에 의거하여 동법 제8조[49]에 따라 ①「민법」에 따른 법인 · 조합, 「상법」에 따른 회사 · 합자조합, 특별법에 따라 설립된 법인 또는 비영리민간단체 등 대통령령[50]으로 정하는 조직 형태를 갖출 것, ② 유급근로자를 고용하여 재화와 서비스의 생산 · 판매 등 영업활동을 할 것, ③ 취약계층에게 사회서비스 또는 일자리를 제공하거나 지역사회에 공헌함으로써 지역주민의 삶의 질을 높이는 등 사회적 목적의 실현을 조직의 주된 목적으로 할 것(이 경우 그 구체적인 판단기준은 대통령령[51]으로 정

---

48) 사회적기업 육성법 제7조(사회적기업의 인증)
① 사회적기업을 운영하려는 자는 제8조의 인증 요건을 갖추어 고용노동부장관의 인증을 받아야 한다.
② 고용노동부장관은 제1항에 따른 인증을 하려면 고용정책심의회의 심의를 거쳐야 한다.

49) 사회적기업육성법 제8조(사회적기업의 인증 요건 및 인증 절차)

50) 사회적기업 육성법 시행령 제8조(사회적기업의 조직 형태)
법 제8조 제1항 제1호에서 "특별법에 따라 설립된 법인 또는 비영리민간단체 등 대통령령으로 정하는 조직 형태"란 다음 각 호의 어느 하나에 해당하는 조직 형태를 말한다.
1.「공익법인의 설립 · 운영에 관한 법률」 제2조에 따른 공익법인
2.「비영리민간단체지원법」 제2조에 따른 비영리민간단체
3.「사회복지사업법」 제2조제3호에 따른 사회복지법인
4.「소비자생활협동조합법」 제2조에 따른 소비자생활협동조합
5.「협동조합기본법」 제2조제1호에 따른 협동조합, 같은 조 제2호에 따른 협동조합연합회, 같은 조 제3호에 따른 사회적 협동조합 및 같은 조 제4호에 따른 사회적 협동조합연합회
6. 그 밖에 다른 법률에 따른 법인 또는 비영리단체

51) 사회적기업 육성법 시행령 제9조(사회적 목적 실현의 판단기준)
① 법 제8조제1항제3호 후단에 따라 조직의 주된 목적이 사회적 목적을 실현하는 것인지에 대한 판단기준은 다음 각 호의 구분과 같다.
1. 조직의 주된 목적이 취약계층에게 사회서비스를 제공하는 것인 경우: 해당 조직으로부터 사회서비스를 제공받는 사람 중 취약계층의 비율이 100분의 50(2016년 12월

함), ④ 서비스 수혜자, 근로자 등 이해관계자가 참여하는 의사결정 구조를 갖출 것, ⑤ 영업활동을 통하여 얻는 수입이 대통령령[52]으로 정하는 기준 이상일 것, ⑥ 제9조에 따른 정관[53]이나 규약 등을 갖출 것, ⑦ 회계연도별로 배분 가능한 이윤이 발생한

31일까지는 100분의 30으로 한다) 이상일 것

2. 조직의 주된 목적이 취약계층에게 일자리를 제공하는 것인 경우: 해당 조직의 전체 근로자 중 취약계층의 고용비율이 100분의 50(2016년 12월 31일까지는 100분의 30으로 한다) 이상일 것
3. 조직의 주된 목적이 다음 각 목의 구분에 따라 지역사회에 공헌하는 것인 경우
   가. 지역(고용노동부장관이 정책심의회의 심의를 거쳐 사회적 기업에 의한 지역사회 공헌 이 필요하다고 인정하는 지역을 말한다. 이하 이 호에서 같다)의 인적 · 물적 자원을 활 용하여 지역주민의 소득과 일자리를 늘리는 것인 경우: 해당 조직의 전체 근로자 중 해당 조직이 있는 지역에 거주하는 취약계층(이하 "지역취약계층"이라 한다)의 고용비 율이나 해당 조직으로부터 사회서비스를 제공받는 사람 중 지역취약계층의 비율이 100 분의 20 이상일 것
   나. 지역의 빈곤, 소외, 범죄 등 사회문제를 해결하는 것인 경우: 해당 조직의 주된 목적 에 해당하는 부분의 수입 또는 지출이 조직의 전체 수입 또는 지출의 100분의 40 이 상일 것
   다. 지역사회에 사회서비스 또는 일자리를 제공하거나 지역주민의 삶의 질을 높이는 등 사회적 목적을 우선적으로 추구하는 조직에 대하여 컨설팅 · 마케팅 · 자금 등을 지원하는 것인 경우: 해당 조직의 주된 목적에 해당하는 부분의 수입 또는 지출이 조직의 전체 수입 또는 지출의 100분의 40 이상일 것
4. 조직의 주된 목적이 취약계층에게 사회서비스와 일자리를 제공하는 것인 경우: 해당 조 직의 전체 근로자 중 취약계층의 고용비율과 해당 조직으로부터 사회서비스를 제공받는 사람 중 취약계층의 비율이 각각 100분의 30(2016년 12월 31일까지는 100분의 20으로 한다) 이상일 것

② 제1항에도 불구하고 사회적 목적의 실현 여부를 제1항 각 호의 요건에 따라 판단하기 곤란한 경우에는 정책심의회의 심의를 거쳐 고용노동부장관이 사회적 목적의 실현 여부를 판단한다.

52) 사회적기업 육성법 시행령 제10조(영업활동을 통한 수입의 기준)
법 제8조 제5호에서 "영업활동을 통하여 얻는 수입이 대통령령으로 정하는 기준 이상"이란 법 제8조 제3항에 따라 사회적기업의 인증을 신청한 날이 속하는 달의 직전 6개월 동안에 해당 조직의 영업활동을 통한 총수입이 같은 기간에 그 조직에서 지출되는 총 노무비(서비스나 생산에 투입되는 인력에 대한 비용을 말한다)의 100분의 30 이상인 경우를 말한다.

53) 사회적기업 육성법 제9조(정관 등)
① 사회적 기업으로 인증 받으려는 자는 다음 각 호의 사항을 적은 정관이나 규약 등(이하 "정관 등"이라 한다)을 갖추어야 한다.

경우에는 이윤의 3분의 2이상을 사회적 목적을 위하여 사용할 것(「상법」에 따른 회사 · 합자조합인 경우만 해당함), ⑧ 그 밖에 운영기준에 관하여 대통령령으로 정하는 사항을 갖추도록 하고 있고, ①부터 ⑧까지 모든 요건을 갖추어야만 가능하다.

고용노동부장관은 사회적 기업을 인증한 경우 해당 사실을 관보에 게재하여야 하고, 사회적 기업 인증의 방법 절차의 필요한 사항은 고용노동부령으로 정하되 사회적 기업 인증 심사기준은 고용노동부장관이 고시한다.[54)]

3) 「협동조합 기본법」상 협동조합

협동조합 기본법상 협동조합은 일반적인 "협동조합"과"사회적 협동조합"으로 구분되며,"협동조합"은 재화 또는 용역의 구매 · 생산 · 판매 · 제공 등을 협동으로 영위함으로써 조합원의 권익을 향상하고 지역 사회에 공헌하고자 하는 사업조직을 말하고, "사회적 협동조합"은 협동조합 중 지역주민들의 권익 · 복리 증진과 관련된 사업을 수행하거나 취약계층에게 사회서비스 또는 일자리를 제공하는 등 영리를 목적으로 하지

---

1. 목적
2. 사업내용
3. 명칭
4. 주된 사무소의 소재지
5. 기관 및 지배구조의 형태와 운영 방식 및 중요 사항의 의사결정 방식
6. 수익배분 및 재투자에 관한 사항
7. 출자 및 융자에 관한 사항
8. 종사자의 구성 및 임면(任免)에 관한 사항
9. 해산 및 청산에 관한 사항(「상법」에 따른 회사 · 합자조합인 경우에는 배분 가능한 잔여재산이 있으면 잔여재산의 3분의 2 이상을 다른 사회적 기업 또는 공익적 기금 등에 기부하도록 하는 내용이 포함되어야 한다)
10. 그 밖에 대통령령으로 정하는 사항

〈동법 시행령 제11조(정관 등의 기재 사항) 법 제9조 제10호에서 "대통령령으로 정하 는 사항"이란 다음 각 호의 사항을 말한다. 1. 사회적기업의 지부(支部), 2. 사회적 기 업의 재원 조달, 3. 사회적기업의 회계〉

② 제1항에 따른 정관 등이 변경된 경우에는 변경 일부터 14일 이내에 그 내용을 고용노동부장관에게 보고하여야 한다.

54) 사회적기업 육성법 제8조(사회적 기업의 인증 요건 및 인증 절차)

아니하는 협동조합을 의미한다.

4)「협동조합 기본법」상 협동조합연합회

협동조합 기본법상 협동조합연합회는 일반적인 "협동조합연합회"와“사회적 협동조합연합회”로 구분되며, “협동조합연합회”란 협동조합의 공동이익을 도모하기 위하여 동법 제2조 제1호에 따라 설립된 협동조합의 연합회를 말하고, ."사회적 협동조합연합회"란 사회적 협동조합의 공동이익을 도모하기 위하여 동법 제2조 제3호에 따라 설립된 사회적 협동조합의 연합회를 의미한다.

(2) 소기업(小企業)과 중기업(中企業)의 구분

중소기업기본법 시행령 제8조(소기업과 중기업의 구분)에 따라 소기업(小企業)은 ① 광업, 제조업, 건설업, 운수업, 출판 · 영상 · 방송통신 및 정보서비스업, 사업시설관리 및 사업지원 서비스업, 보건업 및 사회복지 서비스업, 전문 · 과학 및 기술 서비스업을 주된 업종으로 하는 경우(상시 근로자 수가 50명 미만인 기업),
② 상기 ①외의 업종을 주된 업종으로 하는 경우(상시 근로자 수가 10명 미만인 기업)에 해당하는 기업이며, 중기업(中企業)은 소기업을 제외한 기업이다.

(3) 중소기업 유예 제외

중소기업으로 중소기업기본법 제2조 제1항을 적용할 때 중소기업이 그 규모의 확대 등으로 중소기업에 해당되지 않는 경우 그 사유가 발생한 연도의 다음 연도부터 3년간은 중소기업으로 적용하고 중소기업 외의 기업과 합병하거나 동법 시행령 제9조(유예 제외)규정에 따라 ① 동법 제2조(중소기업자의 범위) 제3항 본문에 따라 중소기업으로 보는 기간 중에 있는 기업과 중소기업이 합병하는 경우, ② 창업한 중소기업이 창업일이 속하는 달부터 12개월이 되는 달 말일 이전에 별표 1.의 기준에 맞지 않거나 동법 시행령 제3조 제1항 제1호 각 목의 어느 하나에 해당하는 경우, ③ 중소기업이 동법 시행령 제3조 제1항 제1호 각 목의 어느 하나에 해당하는 경우, ④ 중소기업이 제3조 제1항 제2호 각 목의 어느 하나에 해당하는 경우(다만, 중소기업이 다른 중소기업의 주식 등을 소유하여 동법 시행령 제3조 제1항 제2호 다목에 해당하는 경우는 제외)에는 중소기업에 해당하지 아니하게 된 경우에는 제외된다.[55]

(4) 기타

중소기업시책별 특성에 따라 특히 필요하다고 인정하면 「중소기업협동조합법」이나 그 밖의 법률에서 정하는 바에 따라 중소기업협동조합이나 그 밖의 법인 · 단체 등을 중소기업자로 할 수 있다.[56]

2. 중소기업 창업투자회사 및 상담회사

(1) 중소기업 창업투자회사

창업자에게 투자하는 것을 주된 업무로 하는 회사로서[57] ① 창업자에 대한 투자, ②「벤처기업육성에 관한 특별조치법」에 따른 벤처기업에 대한 투자, ③ 「중소기업기술혁신 촉진법」 제15조 및 제15조의2에 따른 기술혁신형 · 경영혁신형 중소기업에 대한 투자, ④ 중소기업창업투자조합 및 「벤처기업육성에 관한 특별조치법」 제4조의3에 따른 한국벤처투자조합의 결성과 업무의 집행, ⑤ 해외 기업의 주식 또는 지분 인수 등 중소기업청장이 정하는 방법에 따른 해외투자, ⑥ 중소기업이 개발 또는 제작하며, 다른 사업과 회계의 독립성을 유지하는 방식으로 운영되는 사업에 대한 투자, ⑦ ① 내지 ⑤까지의 사업과 연관된 사업으로서 중소기업청장이 정하는 사업을 할 수 있다.[58]

---

55) 중소기업기본법 제2조(중소기업자의 범위) 제3항, 동법 시행령 제9조 (유예 제외).

56) 중소기업기본법 제2조(중소기업자의 범위) 제4항.

57) 창업지원법 제2조(정의) 제4호.

(2) 중소기업 상담회사

중소기업의 사업성 평가 등의 업무를 하는 회사로서[59] ① 중소기업의 사업성 평가, ② 중소기업의 경영 및 기술 향상을 위한 용역, ③ 중소기업에 대한 사업의 알선, ④ 중소기업의 자금 조달 · 운용에 대한 자문 및 대행, ⑤ 창업 절차의 대행, ⑥ 창업보육센터의 설립 · 운영에 대한 자문, ⑦ ① 내지 ⑥까지의 사업과 연관된 사업으로서 중소기업청장이 정하는 사업을 할 수 있다.

3. 창업 절차 등

(1) 사업계획의 승인

사업계획의 승인을 받으려는 창업자는 사업계획승인신청서에 산업통상자원부령으로 정하는 서류를 첨부하여 공장설립 예정지를 관할하는 시장 · 군수 · 구청장에게 사업계획을 작성하여 제출하고 승인을 받아 사업을 할 수 있다.[60] 또한 ① 사업자(법 제37조제1항 제2호 단서에 따른 경우로 한정한다), ② 업종(한국표준산업분류상의 세분류를 기준으로 한다), ③ 공장용지면적, ④ 공장건축면적(「산업집적활성화 및 공장설립에 관한 법률」 제8조 제2호에 따른 기준공장면적률의 범위에서 면적을 변경하는 경우는 제외한다), ⑤ 부대시설면적(「산업집적활성화 및 공장설립에 관한 법률」 제8조 제2호에 따른 기준공장면적률의 범위에서 면적을 변경하는 경우는 제외한다)의 중요사항을 변경하려는 경우에도 같다.[61]

---

58) 창업지원법 제10조(등록) 제1항; 동법 제20조에서는 중소기업창업투자회사와 중소기업창업투자회사 외의 자가 출자하여 중소기업장업투자조합을 결성할 수 있노록 규성하고 있고 중소기업청장에게 등록을 하여야 한다.

59) 창업지원법 제2조(정의) 제6호.

60) 창업지원법 제33조(사업계획의 승인); 창업지원법 시행령 제22조 제1항; 창업지원법 변경승인을 받으려는 경우에도 동일한 절차를 수행하여야 한다.

61) 창업지원법 시행령 제22조(사업계획의 승인) 제2항; 해당 조항은 2014.1.14.에 신설되었다.

시장 · 군수 또는 구청장은 창업지원법 제33조 제1항에 따른 사업계획의 승인을 할 때에는 그 공장의 건축면적이 「산업집적활성화 및 공장설립에 관한 법률」 제8조에 따른 기준공장면적률에 적합하도록 하여야 하고, 시장 · 군수 또는 구청장은 사업계획의 승인 신청을 받은 날부터 20일 이내에 승인 여부를 알려야 한다.[62]

(2) 사업계획의 승인의 취소

시장 · 군수 또는 구청장은 사업계획의 승인을 받은 자가 ① 사업계획의 승인을 받은 날부터 대통령령으로 정하는 기간이 지난 날까지 공장의 착공을 하지 아니하거나 공장착공 후 대통령령으로 정하는 기간 이상 공사를 중단한 경우, ② 사업계획의 승인을 받은 공장용지를 「산업집적활성화 및 공장설립에 관한 법률」 제15조에 따른 공장설립 등의 완료 신고 전에 다른 사람에게 양도한 경우[63], ③ 사업계획의 승인을 받은 공장용지를 다른 사람에게 임대하거나 공장이 아닌 용도로 활용하는 경우, ④ 사업계획의 승인을 받은 후 대통령령으로 정하는 기간이 지난 날까지 공장 건축을 끝내지 아니한 경우 중 하나에 속한 경우 사업계획의 승인과 공장 건축허가를 취소하거나 해당 토지의 원상회복을 명령할 수 있다.[64]

시장 · 군수 또는 구청장은 창업지원법 제37조 제1항에 따른 원상회복명령을 위반하여 원상회복을 하지 아니하면 대집행(代執行)에 따라 원상회복을 할 수 있고, 대집행의 절차는 「행정대집행법」을 적용한다.[65] 또한 시장 · 군수 또는 구청장이 사업계획의 승인을 취소하고자 하는 경우 청문을 실시하여야 한다.[66]

62) 창업지원법 제33조 제2항내지 제3항; 만약 20일 이내에 승인 여부를 알리지 아니한 때에는 20일이 지난 날의 다음 날에 승인한 것으로 본다(창업지원법 제33조 제3항).

63) 다만 창업자에게 양도한 경우는 제외한다.

64) 창업지원법 제37조(사업계획 승인의 취소 등) 제1항.

65) 창업지원법 제37조 제2항 내지 제3항.

66) 창업지원법 제37조 제4항.

(3) 부담금의 면제

「통계법」 제22조 제1항에 따라 통계청장이 작성 · 고시하는 한국표준산업분류상의 제조업을 영위하기 위하여 중소기업을 창업한 자에게는 사업을 개시한 날로부터 3년간 해당 부담금을 면제한다. 해당 부담금은 ①「지방자치법」 제138조에 따른 분담금, ②「농지법」 제38조 제1항에 따른 농지보전부담금, ③「초지법」 제23조 제6항에 따른 대체초지조성비, ④「전기사업법」 제51조 제1항에 따른 부담금, ⑤「대기환경보전법」 제35조 제1항 제2호의 기본부과금(대기오염물질배출량의 합계가 연간 10톤 미만인 사업장에 한한다), ⑥「수질 및 수생태계 보전에 관한 법률」 제41조 제1항 제1호의 기본배출부과금(1일 폐수배출량이 200㎥ 미만인 사업장에 한한다), ⑦「자원의 절약과 재활용촉진에 관한 법률」 제12조 제2항에 따른 폐기물부담금(연간 매출액이 20억원 미만인 제조업자에 한한다),

⑧「한강수계 상수원수질개선 및 주민지원 등에 관한 법률」 제19조 제1항에 따른 물이용부담금, ⑨「금강수계 물관리 및 주민지원 등에 관한 법률」 제30조 제1항에 따른 물이용부담금, ⑩「낙동강수계 물관리 및 주민지원 등에 관한 법률」 제32조 제1항에 따른 물이용부담금, ⑪「영산강 · 섬진강수계 물관리 및 주민지원 등에 관한 법률」 제30조제1항에 따른 물이용부담금을 말한다.[67]

(4) 부담금 면제의 절차 및 방법

창업자가 창업지원법 제39조의3 제1항에 따른 부담금을 면제받고자하는 경우 창업자는 산업통상자원부령으로 정하는 부담금 면제 신청서를 작성하여 서류 첨부와 함께 주된 사무소의 소재지를 관할하는 시장 · 군수 · 구청장에게 부담금의 면제를 요청하여야 한다.[68]

---

67) 창업지원법 제39조의3(부담금의 면제).

68) 창업지원법 제29조의2(부담금 면제의 절차 및 방법).

〈개인사업자의 경우〉

가. 업종 추가 후 2분기 동안의 매출신고서 (업종을 추가한 경우로 한정한다) 나. 그 밖에 시장 · 군수 · 구청장이 창업 여부를 확인하기 위하여 필요 하다고 인정하는 서류

〈법인의 경우〉

가. 사업의 분리에 관한 계약서 및 창업일이 속한 달의 주식변동 상황 명세서(사업의 일부를 분리한 경우로 한정한다) 나. 업종 추가 후 2분기 동안의 매출신고서 (업종을 추가한 경우로 한정한다) 다. 그 밖에 시장 · 군수 · 구청장이 창업 여부를 확인하기 위하여 필요하다고 인정하는 서류

부담금 면제 신청서를 제출받은 시장 · 군수 · 구청장은 「전자정부법」 제36조 제1항에 따라 행정정보의 공동이용을 통하여 ① 사업자등록증, ② 법인 등기사항증명서(법인만 해당), ③ 국세 납세증명서와 지방세 납세증명서(법인의 경우 대표이사의 국세 납세증명서와 지방세 납세증명서제출)의 사항을 확인하여야 하나 신청인이 ①과 ③의 확인에 동의하지 않는 경우 해당 서류의 사본을 첨부하도록 하여야 하고, 시장 · 군수 · 구청장은 부담금의 면제 신청을 받은 날로부터 14일 이내에 신청인에게 부담금 면제 여부를 알려야 한다.[69]

69) 창업지원법 시행령 제29조의2(부담금 면제의 절차 및 방법).

제2장 1인 창조기업 육성에 관한 법률

1. 정의 및 1인 창조기업의 범위

「1인 창조기업 육성에 관한 법률」(이하 "1인 창조기업 육성법"이라 한다)에서 정의하고 있는 1인 창조기업은 창의성과 전문성을 갖춘 1인 또는 5인 미만의 공동사업자로, 상시근로자 없이 다음 표에 해당하는 업종의 지식서비스업 및 제조업 등을 영위하는 자를 의미한다.

해당 1인 창조기업의 범위에 해당하는 업종을 영위하는 자에 대한 1인 창조기업 인정의 구체적인 내용은 그 업종 및 운영형태 등을 고려하여 중소기업청장이 정하여 고시한다.

또한 중소기업청장은 별표 1.에 따른 1인 창조기업의 범위에 대하여 2014년 1월 1일을 기준으로 3년마다 그 타당성을 검토하여 개선 등의 조치를 하여야 한다.[70)]

〈1인 창조기업의 범위(동법 시행령 제2조제1항 관련)〉[71)]

구 분	해당 업종	한국표준 산업분류번호
제조업	식료품 제조업	10
	음료 제조업	11
	섬유제품 제조업; 의복제외	13
	의복, 의복액세서리 및 모피제품 제조업	14
	가죽, 가방 및 신발 제조업	15
	목재 및 나무제품 제조업;가구 제외	16

70) 1인 창조기업 육성법 시행령 제12조(규제의 재검토)

	화학물질 및 화학제품 제조업;의약품 제외	20
	전자부품, 컴퓨터, 영상, 음향 및 통신장비 제조업	26
	의료, 정밀, 광학기기 및 시계 제조업	27
	전기장비 제조업	28
	기타 기계 및 장비 제조업	29
	자동차 및 트레일러 제조업	30
	가구 제조업	32
	기타 제품 제조업	33
출판, 영상, 방송통신 및 정보서비스업	출판업	58
	영상 · 오디오 기록물 제작 및 배급업	59
	방송업	60
	통신업	61
	컴퓨터 프로그래밍, 시스템 통합 및 관리업	62
	정보서비스업	63
전문과학 및 기술 서비스업	연구개발업	70
	전문서비스업	71
	건축기술, 엔지니어링 및 기타 과학기술 서비스업	72
	기타 전문, 과학 및 기술 서비스업	73
사업시설관리 및 사업지원서비스업	사업지원 서비스업	75
교육 서비스업	온라인 교육 학원	85504
	기타 기술 및 직업훈련학원	85659
예술, 스포츠 및 여가관련 서비스업	창작, 예술 및 여가관련 서비스업	90
그 밖에 중소기업청장이 고시로 정하는 업종		

2. 1인 창조기업 인정 특례 및 제외 사유

1인 창조기업이 규모 확대의 이유로 1인 창조기업에 해당하지 않게 된 경우 해당 사유가 발생한 연도의 다음 연도부터 3년간은 1인 창조기업 육성법 제2조에도 불구하고 1인 창조기업으로 본다.

다만, 1인 창조기업외의 기업과 합병하거나 그 밖에 ① 1인 창조기업으로 보는 기간 중에 있는 기업이「중소기업기본법」제2조에 따른 중소기업과 합병하는 경우, ② 창업한 1인 창조기업이 창업일이 속하는 달부터 12개월이 되는 달 말일 이전에 그 규모의 확대 등으로 중소기업에 해당하지 아니하게 된 경우에는 1인 창조기업에 해당하지 않는다.[72]

3. 특례

(1) 조세에 관한 특례

국가와 지방자치단체는 1인 창조기업을 육성하기 위하여 1인 창조기업에 대한「조세특례제한법」,「지방세특례제한법」, 그 밖의 조세 관계 법률에서 정하는 바에 따라 소득세 · 법인세 · 취득세 · 재산세 및 등록면허세 등의 조세를 감면할 수 있다.[73]

---

71) 1인 창조기업 육성법 시행령 제2조 제1항 별표 1(2013.9.9. 개정); 해당 업종의 분류는 「통계법」 제22조에 따라 통계청장이 고시하는 한국표준산업분류에 따른다.

72) 1인 창조기업 육성법 제3조(1인 창조기업 인정의 특례), 동법 시행령 제3조(1인 창조기업 인정제외 사유).

73) 1인 창조기업 육성법 제17조(조세에 관한 특례)

(2) 「식품산업진흥법」에 관한 특례

식품산업진흥법 제2조 제4호[74]에 따른 전통식품을 제조하는 1인 창조기업에 대하여는 동법 제22조[75]에도 불구하고 다음의 표에 따라 전통식품 품질인증의 공장심사 심사항목 및 심사기준을 적용한다.[76]

〈1인창조기업의 전통식품 품질인증의 공장심사 심사항목 및 심사기준〉
(제10조 관련)

1. 1인 창조기업의 전통식품 공장의 심사항목 및 판정기준

심사항목	심사항목 수	배점	평점의 합산점수	판정
가. 공장입지(立地)	1	3		
나. 작업장	4	12		
다. 제조설비	1	9		
라. 원료 조달 및 관리	3	9		
마. 공정 및 품질 관리	3	12		
바. 용수(用水) 관리	2	7		
사. 개인 위생	2	7		
아. 환경 위생	1	4		

74) "전통식품"이란 국산 농수산물을 주원료 또는 주재료로 하여 예로부터 전승되어 오는 원리에 따라 제조 · 가공 · 조리되어 우리 고유의 맛 · 향 및 색을 내는 식품을 말한다.

75) 식품산업진흥법 제22조(전통식품의 품질인증)

① 농림축산식품부장관 또는 해양수산부장관은 전통식품의 품질향상 · 생산장려 및 소비자 보호를 위하여 전통식품에 대한 품질인증제도를 운영하여야 한다. 〈개정 2013.3.23〉

② 제1항에 따라 전통식품의 품질인증을 받은 자는 농림축산식품부령 또는 해양수산부령으로 정하는 바에 따라 전통식품 품질인증기준의 준수 여부 등에 관하여 정기적으로 심사를 받아야 한다. 〈신설 2011.7.21, 2013.3.23〉

③ 제1항에 따른 품질인증의 대상품목 · 표시방법 · 신청절차, 그 밖에 품질인증제도의 실시에 필요한 사항은 대통령령으로 정한다. 〈개정 2011.7.21〉

④ 제2항에 따른 정기심사의 내용 · 방법 · 절차, 그 밖에 필요한 사항은 농림축산식품부령 또는 해양수산부령으로 정한다. 〈신설 2011.7.21, 2013.3.23〉

76) 1인 창조기업 육성법 시행령 제10조 별표 6.

자. 유통 관리	2	6		
차. 포장 및 표시	2	5		
합계	21	74		

〈판정기준〉
다음 각 호의 요건을 모두 갖춘 경우에는 합격으로 한다.
1. 배점의 총점이 51점 이상일 것
2. 제2호의 항목별 세부 심사항목에서 "C"에 해당하는 항목이 3개 미만일 것
3. 제2호 바목 2) 항목이 "C"에 해당하지 않을 것

2. 항목별 세부 심사항목

심사항목	평가 구분	배점	평점	의견
공장입지	공장입지는 축산폐수 · 화학물질 등의 오염물질 발생시설 등에 의하여 나쁜 영향을 받고 있지는 않는가?			
	A. 공장 인근에 축사 등의 오염원이 없고 쾌적한 경우	3.0		
	B. 공장 인근에 축사 등의 오염원은 없으나 주거지역 등에 인접해 있어 쾌적성이 다소 떨 어지는 경우	1.5		
	C. 공장 인근에 축사 등의 오염원이 존재하는 경우	0		
작업장	1) 작업장 내의 온도를 해당 제품의 특성에 따 라 적정하게 유지할 수 있는가?			
	A. 적정온도 유지가 가능한 경우	3.0		
	B. 적정온도 유지가 다소 미흡한 경우	1.5		
	C. "B"의 조건보다 미흡한 경우	0		
	2) 작업장 안에서 발생하는 악취 · 유해가스 · 증기 등의 배출을 위한 환기시설은 충분한가?			
	A. 환기시설이 충분한 경우	3.0		
	B. 환기시설이 다소 미흡한 경우	1.5		
	C. "B"의 조건보다 미흡한 경우	0		
	3) 작업장 출입문과 창문은 설치류나 해충의 침 입을 방지할 수 있는가?			
	A. 설치류나 해충의 침입 방지가 충분한 경우	3.0		
	B. 설치류나 해충의 침입 방지가 다소 미흡한 경우	1.5		
	C. "B"의 조건보다 미흡한 경우	0		
	4) 작업장은 청결하게 유지하고 있는가?			
	A. 청소와 점검을 주기적으로 하여 작업장을 청결하게 유지하고 있는 경우	3.0		
	B. 청소와 점검을 주기적으로 하고 있으나 작 업장 청결 상태가 다	1.5		

	소 미흡한 경우			
	C. "B"의 조건보다 미흡한 경우	0		
제조설비	해당 제품의 제조 · 가공을 위하여 적정한 제조설비를 확보하고 있으며, 주요 기계설비는 성능 유지를 위하여 적절히 관리되고 있는가?			
	A. 해당 제품 제조 · 가공을 위한 제조설비를 적 정하게 갖추고 있고, 주요 기계설비에 대한 관리상태가 적절한 경우	9.0		
	B. 해당 제품 제조 · 가공을 위한 제조설비를 적 정하게 갖추고 있으나 주요 기계설비에 대한 관리상태가 다소 미흡한 경우	4.5		
	C. 해당 제품 제조 · 가공을 위한 제조설비의 확 보 또는 관리상태가 "B"의 조건보다 미흡한 경우	0		
원료조달 및 관리	1) 제품 생산에 사용한 주원료는 조달방법을 검 증할 수 있으며, 모두 국내산으로 조달되었는 가?			
	A. 사용한 주원료는 100퍼센트 국내산이며, 그 80퍼센트 이상이 자체생산 또는 생산자와 계 약생산하거나 생산자단체로부터 조달하는 경 우	3.0		
	B. 사용한 주원료는 100퍼센트 국내산이며, 그 50퍼센트부터 80퍼센트까지가 자체생산 또 는 생산자와 계약생산하거나 생산자단체로 부터 조달하는 경우	1.5		
	C. 사용한 주원료는 100퍼센트 국내산이지만 그 50퍼센트 이상이 상인을 통하여 조달되 는 경우	0		
	2) 해당 제품의 생산을 위하여 사용되는 원재 료 · 부재료의 입고 관리가 적정한가?			
	A. 주원료는 제품 품질규격을 보증하기에 적합 한 원료만 엄선하여 조달하면서 입고 시마 다 원료검사를 직접 하거나 그 성적을 확인 하고 있는 경우	3.0		
	B. 주원료는 제품 품질규격을 보증하기에 적합 한 원료만 조달하지만 원료검사 또는 성적 서 확인이 다소 미흡한 경우	1.5		
	C. 주원료에 대한 품질기준 확인 또는 입고검 사를 하지 않고 있는 경우	0		
	3) 조달된 원료의 품질수준 유지를 위한 보관시 설 · 보관방법 및 입출고 관리가 적절한가?			
	A. 보관시설이 충분히 확보되어 있고, 원료가 적정 환경조건에서 보관되고 있으며, 입출고 관리는 선입선출(先入先出)이 준수되고 있는 경우	3.0		
	B. 원료의 품질유지를 위한 보관시설과 보관관 리 또는 입출고 관리방법이 다소 미흡한 경 우	1.5		
	C. "B"의 조건보다 미흡한 경우	0		

공정 및 품질 관리	1) 제조작업표준(작업설비, 작업방법, 작업조건, 작업상의 유의사항 등)이 수립되어 있고, 이 에 따라 작업을 하고 있는가?			
	A. 제조작업표준에 따라 작업을 하고 있고 주 요 공정별로 관리항목을 정하여 적절하게 관 리하고 있는 경우	5.0		
	B. 제조작업표준이 정해져 있지 않아서 경험에 따른 공정관리를 하여 제품에 대한 품질 보 증이 다소 미흡한 경우	2.5		
	C. 공정이 관리되지 않고 있는 경우	0		
	2) 최종 제품은 해당 규격 및 품질기준에 맞는 지를 확인 · 검사하고 있는가?			
	A. 주기적으로 품질검사를 하는 경우	4.0		
	B. 비주기적으로 품질검사를 하고 있는 경우	2.0		
	C. 관련 법규에 따른 자가 품질검사만을 하고 있는 경우	0		
	3) 최종 제품의 품질수준 유지를 위한 보관 및 입출고 관리방법은 적절한가?			
	A. 제품이 적정조건에서 보관되고 있으며, 제 품의 입출고 관리도 적절하게 이루어지고 있는 경우	3.0		
	B. 해당 제품에 대한 보관시설 또는 보관조건 이나 입출고 관리가 제품 품질수준 유지에 다소 미흡한 경우	1.5		
	C. "B"의 조건보다 미흡한 경우	0		
용수 관리	1) 지하수를 용수로 사용하는 경우 취수원이 오 염가능 시설로부터 보호되고 있는가?(상수도 및 간이 상수도를 용수로 사용하는 경우는 "A"로 평가함)			
	A. 오염가능시설이 취수원으로부터 100미터 이상의 거리에 위치하고 있는 경우	4.0		
	B. 오염가능시설이 취수원으로부터 20미터부터 100미터까지에 위치하고 있는 경우	2.0		
	C. 오염가능시설이 취수원으로부터 20미터 이 내에 위치하고 있는 경우	0		
	2) 「먹는물관리법」에서 정한 수질기준에 맞는 물을 용수로 사용하고 있음을 확인하고 있는 가? (상수도 및 간이상수도를 용수로 사용하는 경 우는 "A"로 평가함)			
	A. 관련 법규에 따라 용수에 대한 수질검사를 정기적으로 하고 있으며, 검사 결과 「먹는물 관리법」에서 정한 수질기준에 맞는 경우	3.0		
	B. 수질검사를 정기적으로 하지 않거나 검사결 과가 먹는물 수질기준에 맞지 않는 경우	0		
개인	1) 관련 법규에 따른 종업원의 건강검진 및 검 진 결과에 따라 필요한 조치 등을 적절히 하 고 있는가?			

위생	A. 전체 종업원(영업자를 포함함)이 정기검진 을 마쳤으며 검진 결과도 양호한 경우	3.0		
	B. 건강진단 대상자 전원이 정기검진을 마쳤으 며 검진 결과도 양호한 경우	1.5		
	C. 건강진단 대상자 중 검진을 받지 않은 사람 이나 타인에게 위해를 끼칠 우려가 있는 질 병이 인정된 사람이 영업에 종사하는 경우	0		
	2) 종업원은 위생복, 위생모, 마스크 등의 위생 장구와 작업화를 착용하고 작업하고 있는 가?			
	A. 위생 장구류와 작업화를 적정하게 착용하고 작업하고 있는 경우	4.0		
	B. 위생 장구류는 착용하고 있으나 위생상태가 청결하지 못한 경우	2.0		
	C. 위생 장구류와 작업화를 착용하지 않고 작 업을 하는 경우	0		
환경위생	화장실의 구조, 위생장비 설치와 관리상태가 적절한가?			
	A. 수세식 화장실로서 위생장구를 적정하게 갖 추고 관리상태가 양호한 경우	4.0		
	B. 수세식 화장실이지만 위생장구의 확보 및 관리상태가 다소 미흡한 경우	2.0		
	C. 수세식 화장실이 아니거나 "B"의 조건보다 미흡한 경우	0		
유통관리	1) 공장심사 이전 1년 동안 인증신청 제품에 대 하여 감독기관으로부터 행정처분을 받은 사 실이 있는가?			
	A. 행정처분을 받은 사실이 전혀 없는 경우	3.0		
	B. 행정처분을 받은 사실이 1건 이하인 경우	1.5		
	C. 행정처분을 받은 사실이 2건 이상인 경우	0		
	2) 해당 제품의 유통과정 중 거래처로부터 반품 되거나 소비자의 배상청구가 발생한 경우 적 절한 조치가 이루어지고 있는가?			
	A. 해당 제품에 대한 반품이나 배상청구의 원 인을 파악하고 개선을 위하여 대책을 수립 하는 등 적절 하게 조치하고 있는 경우	3.0		
	B. 해당 제품에 대한 반품이나 배상청구 현황 을 파악하고 있으나 개선을 위한 대책 등이 다소 미흡한 경우	1.5		
	C. "B"의 조건보다 미흡하거나 해당 제품에 대 한 반품이나 배상청구에 대하여 관심이 없 는 경우	0		
포장 및	1) 해당 제품 특성에 적합한 재질의 식품용 포 장재를 사용하고 있는가?			
	A. 해당 제품의 내용물 보호에 적합한 재질의 식품용 포장재를 사용하고 있는 경우	3.0		

표시	B. 사용하고 있는 포장재가 식품 포장용으로는 적합하나 해당 제품의 내용물 보호에는 다 소 미흡한 경우	1.5		
	C. "B"에 미흡한 경우	0		
	2) 신청 품목에 대한 광고 · 선전 등의 홍보 및 제품에 대한 표시 내용이 적절한가?			
	A. 해당 규격의 표시방법 및 기준에 맞으며, 오해하게 할 우려가 없는 경우	2.0		
	B. 해당 규격의 표시방법 및 기준에는 맞지만 다소 오해하게 할 수 있는 경우	1.0		
	C. "B"에 미흡한 경우	0		

제3장 회사설립 기초법률

창업과 관련하여 사업자의 종류에 대한 이해를 바탕으로 설립에 대한 기초적 지식을 이해하고, 창업자와 상담 시 자신에게 맞는 사업형태를 설명해줌으로써 창업자의 최종판단을 지원해줄 필요성이 있다. 따라서 회사 설립과 관련하여 실무적으로 알아야 할 사항과 중요한 사항만을 중점으로 내용을 정리하였다.

1. 법률상 사업자의 개념

(1) 정의

"사업자"라 함은 제조업, 서비스업, 기타 사업을 행하는 자를 말한다.[77] 사업자는 개인사업자와 법인사업자(기업, 회사)로 구분되며, 상법상의 모든 회사[78]와 기타 개인사업자를 총칭하여 말한다.[79]

---

77) 「독점규제 및 공정거래에 관한 법률」(이하 "독점규제법"이라 한다) 제2조 제1호; 업종에 제한을 두지 않고 있다.

78) 합명회사(무한책임), 합자회사(유한 · 무한책임), 주식회사(유한책임), 유한회사(유한책임), 유한책임회사(유한책임)로 분류되며, 사원개인의 재산으로 책임을 지는 경우를 "무한책임", 출자액을 한도로 책임을 지는 경우를 "유한책임"이라고 한다(송옥렬,「상법강의」 제4판, 홍문사, 2014, 704-707면).

79) 절대적 사업자라 한다; 권오승, 「경제법」제11판, 법문사, 2014, 130면; 신현윤, 「경제법」 제6판, 법문사, 2014, 130면; 송옥렬, 상게서, 687면.

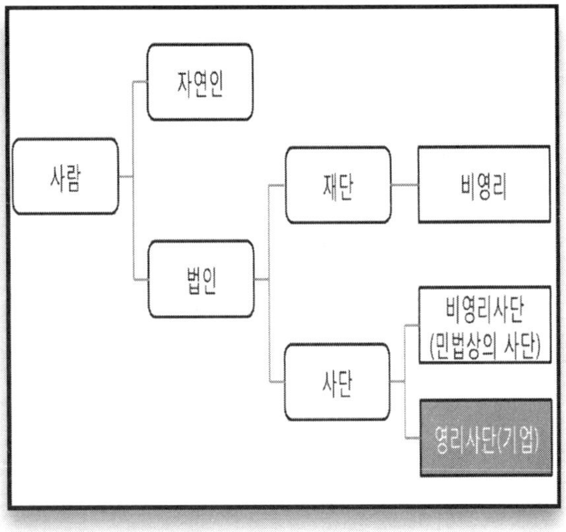

〈회사의 인격적 위상[80]〉

(2) 유래

사업자의 개념은 경제학상의 '기업'에서 유래되었으며, 가계내지 소비자에 대응하는 개념으로 이해되고 있다.[81]

2. 개인사업자의 사업자등록신청

(1) 세무서 방문을 통한 신청절차

1) 임대인과 임대차계약을 체결한다.[82]

2) 세무서를 방문한다.

3) 세무서에서 사업자등록신청서를 작성한다.

---

80) 이철송, 「상법강의」 제13판, 박영사, 2012, 291면; 상법 제169조.

81) 권오승, 전게서, 130면.

82) 사업자등록신청을 위한 임대차계약은 상가 외에도 주택을 통해서도 가능하다.

4) 주업태와 주종목을 정확히 기재한다.[83]

ex) 업태(제조, 도 · 소매 등), 종목(공방, 옻칠공방 등)

5) 세무서에서 사업자등록신청서상 기재사항을 전부 작성한다.

6) 임대차계약서상 확정일자[84]여부를 확인하여 신청한다.

(2) 인터넷을 통한 신청절차

1) 홈택스(www.hometax.go.kr)에 접속한다.

2) 아이디가 없는 경우 신규가입을 한다.

3) 작성가이드를 참고하여 사업자등록신청서를 작성한다.

4) 신청접수완료 후 세무서에서 확인연락이 오면 확인절차완료에 따른 사업자등록증이 발급되며, 사무실에 비치한다.

---

83) 해당 업태 및 종목에 관하여 명확히 모르는 경우 세무서 담당자와 상담을 통해 명확한 항목을 제시받아 작성한다.

84) 임대차계약관련 해당 물건에 경매 등이 발생할 경우 보증금 및 권리를 보호받기 위한 제도이며, 세부적인 사항은 「임대차보호법」관련 사항에서 후술하기로 한다.

〈인터넷을 통한 사업자등록신청 사이트[85]〉

85) 국세청 홈택스, 〈http://www.hometax.go.kr/min/bsns/fafebh01.jsp?objFlag=Y〉.

3. 법인설립 및 사업자등록신청

〈법인설립 절차[86]〉

86) 베스트등기닷컴, 〈http://www.bestlaws.net/〉 (2014.8.27.검색); 이철송,「상법강의」 제13판, 박영사, 2012, 393면.

(1) 설립방법

1) 발기설립

발기설립은 회사설립 시 발행주식의 총수를 발기인이 전부 인수하고, 인수조건에 따른 주식대금을 납입한다. 이후 이사와 감사를 선임하여야 하고, 선임된 이사와 감사는 즉시 설립의 경과를 조사하여 발기인에게 보고를 한 후 설립등기를 완료시 회사로 성립된다.[87)]

2) 모집설립

모집설립은 회사설립 시 발기인이 발행주식의 일부를 인수하고, 잔여 주식에 대한 주주를 모집하여 인수하게 한다.

이에 따른 세부적 절차로써 모집주주가 주식청약서를 통해 주식의 인수를 청약하고, 발기인이 인수시킬 주식을 배정하여 주식인수가 완료된 경우 주금을 납입하여야 한다.

주금납입 후 즉시 주식인수자들로 구성된 창립총회를 소집하여 이사와 감사를 선임하며, 이사와 감사가 설립경과를 조사하여 창립총회에 보고하면서 설립과정상 정관의 변경 또는 설립폐지 등의 사정이 없는 한 설립등기를 완료함으로써 회사로 성립된다.[88)]

3) 법인 설립등기시점

발기설립은 상기 절차에 따른 조사보고절차가 종료한 날로부터 법인설립등기를 진행하여야 한다.

모집설립은 창립총회가 종결한 날 또는 상법 제314조(변태설립사항의 변경)의 규정에 의한 절차가 종료한 날로부터 2주 이내에 법인설립등기를 완료하여야 한다.[89)]

---

87) 이철송, 전게서, 393면; 송옥렬, 전게서, 733-734면.

88) 이철송, 상게서, 393-394면. 송옥렬, 상게서, 734면.

(2) 사업자등록신청

상기 2. 개인사업자의 사업자등록신청절차와 동일하며, 사업장기준 사업개시일로부터 20일 이내에 납세자의 본점 또는 주사무소 소재지의 관할 세무서에 사업자등록신청을 하여야 한다(인터넷 등록으로도 가능함).[90]

(3) 1인기업 법인설립

1) 정의

1인기업은 주식의 100%를 1인 이사가 전부취득을 하여 운영하는 회사로, 자본금은 최소 1주의 액면가인 100원만 있어도 가능하며, 대표이사의 직함을 사용하지 않는 것이 일반적이다.

2) 절차

일반법인설립절차와 동일하나, 상법 제383조 제1항에 의거하여 자본금 총액이 10억원 미만인 회사는 이사를 3명이상으로 하여야 한다는 규정에 상관없이 이사 1명 또는 2명으로 할 수 있다.

또한 상법 제409조 제4항에 의거하여 자본금의 총액이 10억원 미만인 회사의 경우 감사를 선임하지 않아도 된다.

다만, 설립절차상 조사보고를 위한 조사보고자가 있어야 하므로 일반적으로 지분없는 이사 또는 감사를 선임하여 설립완료 후 퇴임하는 방법 등도 사용되고 있으며, 외부에서 조사보고자(변호사 등)를 선임하여 조사보고를 완료하기도 한다.

---

89) 상법 제317조 제1항.

90)「법인세법」(이하 "법인세법"이라 한다) 제9조 제1항, 동법 제111조 제1항, 동법시행령 제154조 제2항에 의거한 「부가가치세법 시행령」제7조를 준용한다.

(4) 소기업 법인설립

1) 중소기업의 기준

「소기업 및 소상공인 지원을 위한 특별조치법」(이하 "소기업법"이라 한다)상 제2조 제1호에서는 "소기업"에 대하여 「중소기업기본법」(이하 "중소기업법"이라 한다) 제2조 제2항을 기준으로 중기업과 소기업으로 구분을 하고 있다. 중소기업의 세부적인 기준에 대해서는 상기에서 살펴본 중소기업법 시행령 제3조 제1항과 별표 1.를 참조 하면 된다.

2) 중기업과 소기업의 구분기준

중소기업법 제8조를 통해 중기업과 소기업을 구분하고, 중기업은 중소기업 중소기업을 제외한 기업을 의미하며, 소기업은 동법 제2조제2항에 의거하여 다음 표에 해당하는 경우를 말한다.

적용사항	기준
광업, 제조업, 건설업, 운수업, 출판 · 영상 · 방송통신 및 정보서비스업 , 사업시설관리 및 사업지원 서비스업, 보건업 및 사회복지 서비스업, 전문 · 과학 및 기술 서비스업을 주된 업종으로 하는 경우	상시 근로자 수가 50명 미만인 기업
상기외의 업종을 주된 업종으로 하는 경우	상시 근로자 수가 10명 미만인 기업

〈중소기업과 소기업의 구분기준〉

3) 소기업에 대한 지원 및 특례사항

① 주식회사 설립 등에 관한 지원

소기업법 제8조의2에 의거하여 중소기업청장은 필요한 경우 유한회사인 소기업을 주식회사로 조직 변경하거나 주식회사의 설립을 희망하는 소기업에 대한 자금, 경영

등의 지원방안을 수립할 수 있다.

② 공장설립에 관한 특례

i) 소기업 중「산업집적활성화 및 공장설립에 관한 법률」제2조제1호에 따른 공장의 건축면적 또는 이에 준하는 사업장의 면적이 500제곱미터 미만인 기업의 경우「부가가치세법」제5조에 따라 발급받은 사업자등록증은 부가가치세법 제5조(과세기간)의 증명서로 본다.

ii) 소기업 중「산업집적활성화 및 공장설립에 관한 법률」제2조제1호에 따른 공장의 건축면적 또는 이에 준하는 사업장의 면적이 1천제곱미터 미만인 기업이「수도권정비계획법」제2조제1호에 따른 수도권 외의 지역에서 공장을 신축 · 증축 또는 이전하려는 경우와 소기업을 100분의 50 이상 유치하는 국가산업단지 · 일반산업단지 · 도시첨단산업단지 또는 농공단지(農工團地)를 조성하는 경우 ㄱ)「농지법」제38조에 따른 농지보전부담금, ㄴ)「산지관리법」제19조에 따른 대체산림자원조성비, ㄷ)「개발이익환수에 관한 법률」제5조에 따른 개발부담금을 면제하며, 상기 i)과 ii)에 따른 공장의 건축면적 또는 이에 준하는 사업장의 면적은 동법 시행령 제3조의2와 제3조의3에 따른다.

③ 조세에 대한 특례

소기업법 제10조의6에 의거하여 국가나 지방자치단체는 소기업 및 소상공인의 육성 · 발전을 위하여「조세특례제한법」,「지방세특례제한법」, 그 밖의 관계 법률에서 정하는 바에 따라 소득세, 법인세, 취득세, 재산세 및 등록면허세 등을 감면받을 수 있다.

4) 법인설립절차

일반법인설립절차와 동일하나, 상법 제329조 제1항에 의거한 자본금의 구성 시 회사는 정관으로 정한 경우 주식의 전부를 무액면주식[91]으로도 발생할 수 있도록 개정

91) 무액면주식이라 함은 1주당 금액을 갖지 않고 주권에는 주식의 수만을 기재하는 주식으로 액면가는 없고, 주식을 발행할 때마다 회사가 발행가를 정한다. 회사가 무액면주식을 발

되었으며, 기존 5천만원 이상의 자본금을 납입하지 않아도 된다.

또한 상법 제292에 의거하여 자본금 총액이 10억원 미만인 회사가 발기설립(상법 제295조)을 하는 경우 상법 제289조(정관작성, 절대적 기재사항) 제1항에 따라 발기인이 정관에 기명날인 또는 서명함으로써 공증인의 인증을 받지 않더라도 정관(의사록 포함)의 효력이 발생하도록 개정이 되어 절차가 간소화 되었다.

상법 제318조 제3항에 의거하여 자본금 총액이 10억원 미만인 회사를 상법 제295조 제1항에 따라 발기설립하는 경우 발기인 또는 이사는 납입금을 보관하고 있는 은행 또는 그 밖의 금융기관에 보관금액에 대한 증명서를 발급받아 제출을 하여야 한다.

그러나 해당 증명서를 은행이나 그 밖의 금융기관의 잔고증명서로 대체하여 처리할 수 있다.

4. 사업자의 비교 및 변경

(1) 사업자의 비교

개인사업자와 법인사업자의 차이점을 비교하여 창업자가 어떠한 사업자로 사업을 진행할 경우 유리할 것인지를 직접 판단해 볼 수 있도록 상세한 설명 및 제시를 해줄 필요성이 있다.

개인사업자의 경우 매출액이 일정한 소규모 사업자에게 유리하고, 법인사업자의 경우 년간 5~10억원 이상의 매출과 성장이 가능하다고 판단되는 사업자에게 적합하며 이는 과세표준에 따른 세율부담[92]을 기초로 자신에게 맞는 사업자 선정을 하는 것이 매우 중요하다.

행하는 경우 회사의 자본금은 주식 발행가액의 2분의 1 이상의 금액으로서 이사회(제416조 단서에서 정한 주식발행의 경우에는 주주총회를 말한다)에서 자본금으로 계상하기로 한 금액의 총액으로 한다. 이 경우 주식의 발행가액 중 자본금으로 계상하지 아니하는 금액은 자본준비금으로 계상하여야 한다(상법 제451조 제2항); 이철송, 전게서, 429면.

92) 소득세법 제55조(세율) 및 법인세법 제55조(세율) 참고.

구분	개인사업자	법인사업자
설립절차	사업자등록	상법상 설립절차준수 및 사업자등록
자본조달	대표자 개인, 투자자, 대출 등	주주모집, 투자자, 대출 등
기 관	대표자	대표이사, 주주총회, 이사회
책 임	무한책임	유한책임
관련세법	소득세법, 부가가치세법 등	법인세법, 부가가치세법 등
외부감사	미적용	외부감사법 시행령 제2조에 따름(직전 사업년도 자산총액 100억 등)

〈사업자 비교〉

(2) 사업자의 변경

구분		변경유무
법인에서 법인변경 시	대표자변경	무
	감사, 이사 등의 변경	
	상호변경	
	주소변경	
	법인번호변경	유
법인에서 개인변경 시		유
개인에서 법인변경 시		유
개인에서 개인변경 시		유

〈사업자의 변경 유무[93]〉

93) 류석희/황일연, 「채권관리 완전정복」, 법률출판사, 2013, 65면.

상기 표에서 살펴볼 수 있는 바와 같이 실제 운영하는 사업자의 전체적인 변경이 있는 경우에 한하여 사업자의 변경으로 보며, 법인의 법인번호 변경사유 이외에 일반적인 사항은 사업자의 변경에 해당되지 않는다.

상기와 같은 사유가 발생하는 대표적인 사례로는 영업양수도, 인수합병(M&A) 등으로 인해 절차에 따라 사업자의 변경 및 소멸 등이 발생되기 때문이다.

법인의 경우 상법상 이사, 감사에 대한 정해진 임기에 따라 선임, 중임, 퇴임 등의 사유는 빈번히 발생되고, 필요에 따라 상호(이미지개선 등)등을 변경할 수 있으며, 이사를 하는 경우 당연히 주소지를 변경하도록 규정이 되어 있으므로 이는 일반적인 사항의 변경일 뿐이다.

그러므로 상기의 표상 명시되어 있는 기준을 통해 사업자의 변경유무를 확인하면 쉬운 이해가 될 것이다.

5. 임대차보호법

임대차보호법은 주택임대차보호법과 상가임대차보호법이 있으며, 사업을 위한 임대차계약은 주택 또는 상가를 구분하지 않으나 대부분 상가임대차를 통한 계약을 체결하는 경우가 많다.

또한 임차물건에 대한 경매 등이 발생한 경우 임차인인 사업자 스스로가 자신의 권리를 보호받을 수 있도록 사전에 대비를 하여야한다.

따라서 관련 사례가 발생할 경우를 대비하여 법적으로 보호받을 수 있는 방안을 제시하고자 한다.

(1) 주택임대차보호법상 권리확보 방안[94)]

1) 이사를 하여 거주한다. (점유)
2) 이사와 동시에 주민센터(동사무소)에 가서 전입신고를 한다.(전입신고)
3) 주민센터(동사무소), 법원 등을 통해 원본계약서상 "확정일자"를 필히 받는다. (확정일자)

(2) 상가임대차보호법상 권리확보 방안[95)]

1) 목적물에 점유를 하여 영업 등을 한다. (임차목적물의 영업목적 진행)
2) 세무서를 방문하여 사업자등록증을 신청한다. (사업자등록신고)
3) 원본계약서에 "확정일자"를 받는다. (확정일자)

(3) 임대차보호법상 권리확보를 위한 규정

대항력이란?	전입신고+점유 : 임차에 대한 정당한 점유를 주장 할 수 있다.
우선변제권이란?	전입신고+점유+확정일자(임대차계약서 원본) : 경매 시 후순위권리자보다 우선하여 변제 받을 수 있다.
최우선변제권이란?	경매개시결정기입 등기 전에 대항력을 구비하여야 하며, 주택가액(대지가액을 포함)의 1/2, 상가가액(대지가액을 포함)의 1/3에서 최우선변제를 받을 수 있다.

〈권리확보를 위한 규정 및 내용[96)]〉

94) 주택임대차보호법 제3조의4; 류석희/황일연, 전게서, 98면.
95) 상가임대차보호법 제7조; 류석희/황일연, 상게서, 98면.
96) 류석희/황일연, 전게서, 98면.

(4) 임대차보호법상 최우선변제금액 기준[97]

1) 주택임대차보호법상 최우선변제금액 기준

해당 총 보증금을 기준으로 하며, 정부의 부동산 시책에 따라 개정이 빈번히 발생하기 때문에 수시로 확인을 하여야 한다.

기준년월일	지역구분	총 보증금	최우선변제 액
'14.1.1 ~ 현재	서울특별시	9,500만원	3,200만원
	과밀억제권역 (서울 제외, 인천 포함, 군 제외)	8,000만원	2,700만원
	광역시(인천 제외) 안산 · 김포 · 용인 · 광주시	6,000만원	2,000만원
	기타 지역 (지방, 경기도 안성 등, 광역시의 군)	4,500만원	1,500만원

2) 상가임대차보호법상 최우선변제금액 기준

상가임대차보호법의 보증금은 주택임대차보호법과는 달리 실제 임대차계약 당시 지급한 보증금 외에 아래의 보증금 환산공식에 의거하여 소액보증금 유무를 판단하여야 한다.

① 보증금환산 공식

임대차계약 시 보증금+(월세x100) = 최종 소액보증금(적용대상금액)

Ex) 1억원 + (월세100만원x 100) = 1억원 + 1억원

= 2억원(보증금환산금액)

97) 류석희/황일연, 상게서, 98면-101면.

적용기간	지역구분	환산보증금
‘14.1.1 ~ 현재	서울특별시	4억
	과밀억제권역	3억
	광역시	2억4천
	기타지역	1억8천

② 상가임대차보호법 적용대상

[주의사항] 환산보증금 액에서 1원이라도 넘을 시 상가임대차보호법에 적용되지 않음을 주의하여야 한다.

③ 상가임대차보호법상 최우선변제금액 기준

적용 기간	지역구분	우선변제 받을 보증금의 범위	보증금 중 우선변제 받을 금액
'14.01.01 ~현재	서울특별시	6천5백만원 이하	2천2백만원
	과밀억제권역	5천5백만원 이하	1천9백만원
	광역시, 김포시, 광주시, 용인시, 안산시	3천8백만원 이하	1천3백만원
	기타 지역	3천만원 이하	1천만원

즉, 상가임대차보호법상 소액임대차보증금에 대한 최우선변제금액이다.

6. 상호와 상표의 비교

사업을 운영함에 있어 사업자는 상호와 상표에 대한 개념을 명확히 숙지하고 있어야 하고 이는 사용목적과 가치 등이 다르기 때문이다.

또한 사업을 하면서 간혹 상호와 상표에 대한 충돌도 인한 분쟁이 발생할 수 도 있으므로 사전에 이를 파악하여 분쟁이 발생하지 않도록 주의하여야 한다.

(1) 상호

1) 목적 및 정의

상호는 사업자를 식별하는데 주목적이 있으며, 사업자의 영업활동에 따른 자신을 나타내는 명칭이다. 회사의 상호는 종류에 따라 합명회사, 합자회사, 유한책임회사, 주식회사, 유한회사의 문자를 사용하여야 하고(상법 제19조) 예로써 주식회사 대한민국, ㈜대한민국 등으로 사용하여야 한다.

2) 금지사항

① 회사가 아닌 경우 상호에 회사임을 표시하는 문자를 사용할 수 없으며(상법 제20조), ② 타인이 등기한 상호에 대하여 동일한 특별시 · 광역시 · 시 · 군에서 동종영업의 상호로 등기할 수 없으며(상법 제22조), 사전에 해당 상호여부를 확인하여야 한다. ③ 또한 누구든지 부정한 목적으로 타인의 영업으로 오인할 수 있는 상호를 사용할 수 없으며, ②와 같은 지역에서 동종영업으로 타인이 등기한 상호를 사용하는 자는 부정한 목적을 가지고 사용한 것으로 추정한다(상법 제23조).

3) 상호를 사용하지 않은 경우

상법 제26조에 의거하여 상호를 등기한 자가 정당한 사유 없이 2년간 상호를 사용하지 않은 경우 이는 상호불사용으로 판단하여 폐지한 것으로 본다.

4) 상호확인 절차

회사설립을 할 때 사용하고자 하는 상호에 대한 유사 또는 동일한 상호가 있는지의 여부를 사전에 파악함으로써 사후 분쟁이 발생하지 않도록 주의하여야 하며, 다음과 같은 절차를 통해 확인할 수 있다.

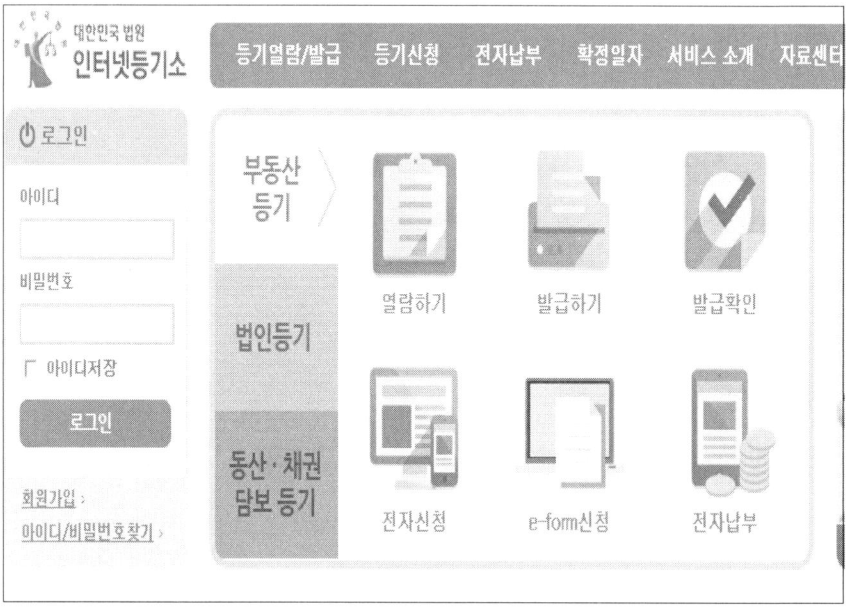

〈대법원 인터넷등기소 방문[98]〉

98) 대법원 인터넷등기소, 〈http://www.iros.go.kr/ifrontservlet?cmd=IISUGetCorpFrmCallC&fromjunja=〉.

등기열람/발급
열람하기
부동산
법인
열람/발급하기
열람하기
발급하기
미열람/미발급 보기
재열람하기
열람/발급내역 보기
발급확인하기
발급예약
등기신청사건 처리현황
상호찾기
인감정보 관리
동산·채권담보
기타
열람수수료는 700원, 발급수수료는 1000원 입니다.
상호로 찾기
등기번호로 찾기
등록번호로 찾기
로마자로 찾기
등기소
전체 등기소
법인구분
법인 종류를 선택하세요.
등기부상태
상호
전체 법인(지배인, 무능력자, 법정대리인 제외)
주식회사
합명회사
합자회사
유한회사
유한책임회사
사단법인
재단법인
학교법인
사회복지법인
의료법인
회계법인
특별법에 의한 은행
노동조합
법무법인
이용하시기

〈검색할 법인종류지정〉

상호로 찾기 | 등기번호로 찾기 | 등록번호로 찾기 | 로마자로 찾기

검색 감추기

• 등기소 전체 등기소
• 법인구분 주식회사
• 등기부상태 전체 등기부상태 • 본지점구분 전체 본지점
• 상호 지에스엠비즈 검색

• 본 등기기록열람 화면을 통해 출력하신 등기기록은 법적인 효력이 없으므로 관공서 등에 제출할 수 없습니다.
• 법인구분(주식회사 등)을 포함하여 검색할 경우 검색어와 동일한 상호를 검색하며 법인구분을 제외하여 상호명만 검색할 경우 두 자를 입력하면 검색어와 동일한 상호를 검색, 세 자 이상을 입력하면 검색어로 시작하는 상호를 모두 검색합니다.
• 법인구분을 모를 경우 전체 법인을 선택하십시오.
• 현재 등록된 결제대상을 보시려면 결제대상법인 목록보기를 누르세요.
• 인터넷등기소에서 등기기록 열람을 위해 결제하신 후 모바일 기기를 통해서도 열람하실 수 있습니다.

법인상호 선택[열람]

관할등기소 전체 | 법인구분 전체 | 상호 전체 | 본지점 전체 | 폐쇄여부 전체 | 재검색

관할등기소	법인구분	본/지점	등기번호	상호	주말여부	폐쇄여부	선택
서울중앙지방법원 등기국	주식회사	본점	100702	지에스엠비즈 (GS Mbiz Co., Ltd.)	N	살아있는 등기	선택
인천지방법원 등기과	주식회사	지점	048713	지에스엠비즈 (GS Mbiz Co., Ltd.)	N	살아있는 등기	선택
수원지방법원 성남지원 등기과	주식회사	지점	038294	지에스엠비즈 (GS Mbiz Co., Ltd.)	N	살아있는 등기	선택
수원지방법원 동수원등기소	주식회사	지점	025293	지에스엠비즈 (GS Mbiz Co., Ltd.)	N	살아있는 등기	선택
춘천지방법원 강릉지원 등기과	주식회사	지점	003328	지에스엠비즈 (GS Mbiz Co., Ltd.)	N	살아있는 등기	선택
춘천지방법원 원주지원 등기과	주식회사	지점	004696	지에스엠비즈 (GS Mbiz Co., Ltd.)	N	살아있는 등기	선택
청주지방법원 제천지원 등기계	주식회사	지점	002112	지에스엠비즈 (GS Mbiz Co., Ltd.)	N	살아있는 등기	선택
대전지방법원 등기과	주식회사	지점	025370	지에스엠비즈 (GS Mbiz Co., Ltd.)	N	살아있는 등기	선택
대전지방법원 논산지원 등기계	주식회사	지점	002818	지에스엠비즈 (GS Mbiz Co., Ltd.)	N	살아있는 등기	선택

〈사용하고자 하는 상호 검색〉

(2) 상표

1) 목적 및 절차

상표는 사업자의 상품을 판매함에 있어 타인의 상품과 식별하기 위한 목적이 있으며, 국내에서 상표를 사용하는 자 또는 사용하고자 하는 자는 자신의 상표를 절차에 따라 신청하여 심의를 통한 등록을 받을 수 있다(상표법 제3조)[99].

2) 상표의 기능[100]

① 타사상품식별기능

상표소유권자의 상품과 동일 또는 유사한 종류의 타인 상품과 구별시켜주는 기능을 하며, 상표의 기본적인 기능이다. 즉, 타사상품과 식별력이 없는 경우 상표등록을 받을 수 없다(상표법 제6조 제1항)[101].

---

99) 최성우/정태호,「OVA상표법」, 한국특허아카데미, 2012, 86면; 송영식/이상정/김병일,「지적재산권」 제12정판, 세창출판사, 2013, 173-174면.

100) 송영식/이상정/김병일, 상게서, 174-177면.

101) 상표법 제6조 (상표등록의 요건)

① 다음 각 호의 1에 해당하는 상표를 제외하고는 상표등록을 받을 수 있다.

1. 그 상품의 보통명칭을 보통으로 사용하는 방법으로 표시한 표장만으로 된 상표
2. 그 상품에 대하여 관용하는 상표
3. 그 상품의 산지 · 품질 · 원재료 · 효능 · 용도 · 수량 · 형상(포장의 형상을 포함한다) · 가격 · 생산방법 · 가공방법 · 사용방법 또는 시기를 보통으로 사용하는 방법으로 표시한 표장만으로 된 상표
4. 현저한 지리적 명칭 · 그 약어 또는 지도만으로 된 상표
5. 흔히 있는 성 또는 명칭을 보통으로 사용하는 방법으로 표시한 표장만으로 된 상표
6. 간단하고 흔히 있는 표장만으로 된 상표
7. 제1호 내지 제6호외에 수요자가 누구의 업무에 관련된 상품을 표시하는 것인가를 식별할 수 없는 상표

② 출처표시기능

동일한 상표를 표시한 상품 또는 서비스는 동일한 출처에서 나온다는 것을 수요자에게 설명해주는 기능을 한다.

③ 품질보증기능

동일한 상표를 표시한 상품은 동일한 품질을 가지고 있음을 보증해주는 기능을 한다. 예로써 GS칼텍스 상표를 통해 주유소를 오픈하는 경우 전국에 있는 어느 주유소를 방문하더라도 동일한 제품으로 주유를 해줄 것이라는 심적 믿음을 준다.

④ 광고 및 선전기능

상품을 표시한 상품의 광고 및 선전 효과를 높여주고, 소비자로에게 상품에 대한 지속적인 인식을 시킴으로써 구매력을 발생시키는 기능을 한다.

3) 상표를 사용하지 않은 경우

상표권자 · 전용사용권자 또는 통상사용권자중 정당한 이유 없이 등록상표를 그 지정상품에 대하여 취소심판청구일전 계속하여 3년 이상 국내에서 사용하고 있지 아니한 경우 취소심판결과에 따라 상표등록이 취소될 수 있다(상표법 제73조 제1항 제3호).

4) 상표출원 선행조사 절차

상표출원과 관련하여 상표출원 전 유사 또는 동일한 상표가 있는지의 여부를 사전에 파악함으로써 상표출원에 따른 등록률을 높이고, 사후 분쟁이 발생하지 않도록 주의하여야 하므로 다음과 같은 절차를 통해 선행조사를 할 수 있다.

〈조회하고자하는 상표 검색102)〉

102) 키프리스, 〈http://kdtj.kipris.or.kr/kdtj/searchLogina.do?method=loginTM〉.

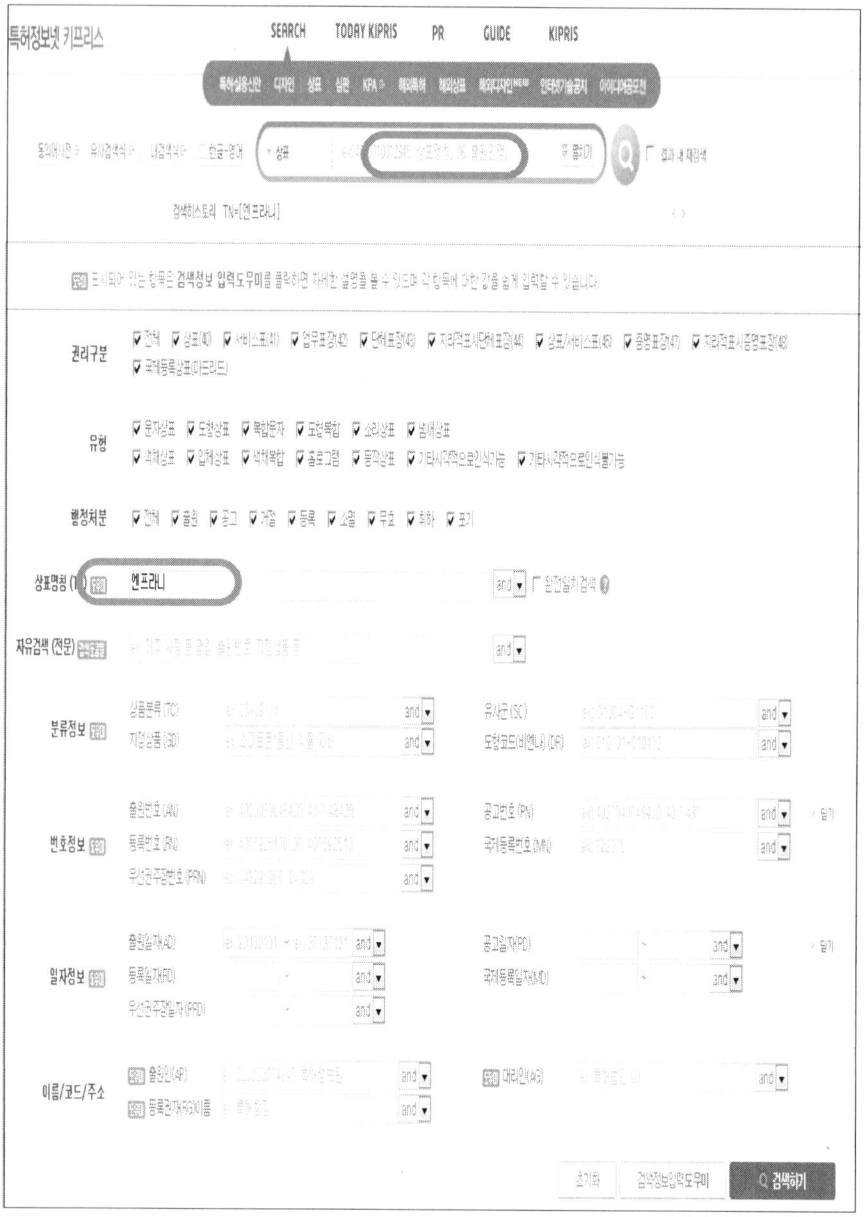

〈조회하고자하는 상표 검색방법 1〉

〈조회하고자하는 상표 검색방법 2〉

(3) 상호와 상표의 비교

구분	상호	상표
의의	상인의 영업활동 시 자기를 표시하기 위해 사용하는 명칭	상표법 제2조 제1항 제1호
기능	영업활동에서 발생하는 법률관계의 귀속주체를 표시	상품의 출처 및 품질 등을 표시
구성	명칭에 따른 문자에 한정	기호, 문자, 도형 및 색체, 입체적 형상으로 표현하는 경우에도 허용
권리의 성질	상호권은 인격적 이익보호와 재산가치를 보호함	상표권은 무체재산권의 일종
권리의 발생	상인이 명칭을 선정하여 사용하면서 발생 (등기여부 관련 없이 사업자의의임)	상표권의 설정등록에 의하여 발생 (등록주의, 상표법 제41조)
적극적 효력	상인은 자유롭게 성명, 기타의 명칭을 상호로 사용가능(상법제18조)	등록상표를 지정상품에 사용할 권리를 독점함(상표법 제50조)
소극적 효력	1. 누구든지 부정한 목적으로 타인의 영업으로 오인할 수 있는 상호를 사용할 수 없고, 권리를 주장하는 자는 손해를 받을 염려가 있 음을 입증해야함 (상법 제23조) 즉, 상표권이 상표와 상품의 동일, 유사성만 으로 침해를 주장하는 것과 다름. 2. 등기를 마친 상호권자는 "손해를 받을 염려"가 있음을 입증할 필요가 없고, 등기된 상호와 동일한 상호를 동일한 특별시 등에서 사용 하는 경우 부정한 목적으로 추정됨 (상법 제23조).	타인의 등록상표와 그 지정상품과 동일 · 유사한 상품에 사용하는 행위는 상표권 침해임(상표법 제50조, 제66조) 상표권의 침해는 침해자의 부정경쟁의 목적, 선의 · 악의와 같은 주관적 요소 및 구체적인 혼동가능성 여부를 묻지 않음
보호기간	상호를 사용하는 기간 동안 유효	설정등록이 있는 날로부터 10년이며, 존속기간의 갱신등록에 따라 10년씩 갱신 가능(상표법 제42조)
적용지역	부정의 목적과 오인가능성만 없다면 자유로이 사용할 수 있으므로 지역적 효력범위를 지정할 수 없음	대한민국 전역으로 함

권리의 이전 등	영업을 폐지하거나 영업과 함께 하는 경우에 한하여 이를 양도할 수 있으며, 사용권이나 질권을 설정할 수 없음	지정상품마다 분할하여 이전할 수 있으며, 영업과 함께 이전하지 않아도 되고 사용권이나 질권을 설정할 수 있음
권리의 소멸	상호사용을 중단할 때 자동적으로 소멸되며, 등기상호의 경우 정당한 사유 없이 2년간 상호를 사용하지 않은 경우 폐지된 것으로 간주됨(상법 제26조)	포기, 존속기간의 만료, 무효심결 또는 취소심결의 확정 등에 의하여 소멸됨. 다만 상표권자가 지정상품에 대한 영업을 폐지하더라도 상표권은 자동적으로 소멸되지 않음
기타	상표는 동일인이 동일 또는 유사한 상품에 대하여 2이상 등록을 받을 수 있으나, 상호는 동일한 영업에 대하여 단일의 상호를 사용하여야 함(상법 제21조) 국내에서 주지된 상표와 상호는 등록이나 등기 여부를 불문하고「부정경쟁방지법」에 의하여 보호 받을 수 있다.	

〈상호와 상표의 비교[103]〉

(4) 상호와 상표의 충돌예방

상호는 상법에 의거하여 행정구역상에서만 보호를 받으며, 상표는 상표법에 의거하여 전국에서 보호를 받으므로 상표법의 범위가 더 넓다.

최근에는 이러한 분쟁 등을 사전예방하기 위하여 상호는 상표를 추가하여 등록하고, 상표는 상호로 추가하여 등록하는 사례가 빈번히 발생한다. 따라서 상호와 상표의 충돌예방을 위해 가능한 경우 상호와 상표를 동시에 등록을 해놓는 것이 창업자의 입장에서는 매우 유리하다.

상호	상표
주식회사 농심	농심

〈상호와 상표의 동일 적용사례〉

103) 송영식/이상정/김병일, 전게서, 89면의 내용을 요약 정리하였다.

제4장 지식재산권법의 이해

창업과 관련하여 창업자에 필요한 지식재산권의 기본적 구조와 핵심사항을 정리하여 살펴보고자 한다.

1. 지식재산권의 현행법 구조[104)]

지적재산권의 현행법 구조는 등록이 된 경우와 등록이 되지 않은 경우 적용되는 법률이 달라지며, 지식재산권은 주지성의 영향이 매우 중요함을 알 수 있다. 특히 저작물과 기타의 내용은 창작성여부에 따라 저작권법의 보호를 받게 되며, 이외에도 부정경쟁 방지법 등이 적용됨을 살펴볼 수 있다.

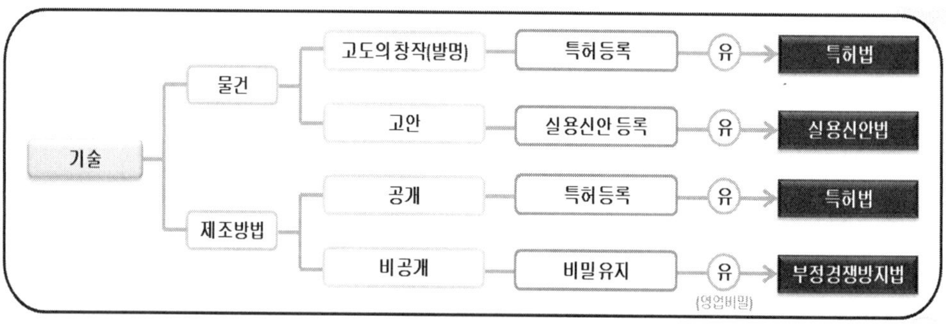

104) 이상정 외 2인, “지적재산법”, 세창출판사, 2013.

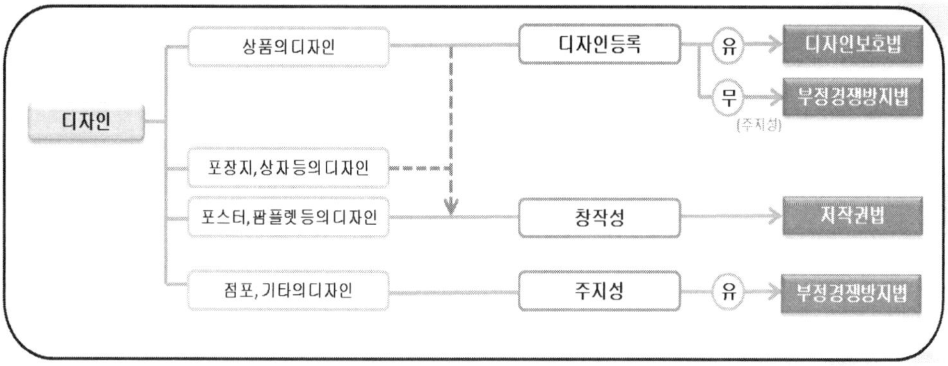
디자인
상품의 디자인
디자인등록
유
디자인보호법
무
부정경쟁방지법
(주지성)
포장지, 상자 등의 디자인
포스터, 팜플렛 등의 디자인
창작성
저작권법
점포, 기타의 디자인
주지성
유
부정경쟁방지법

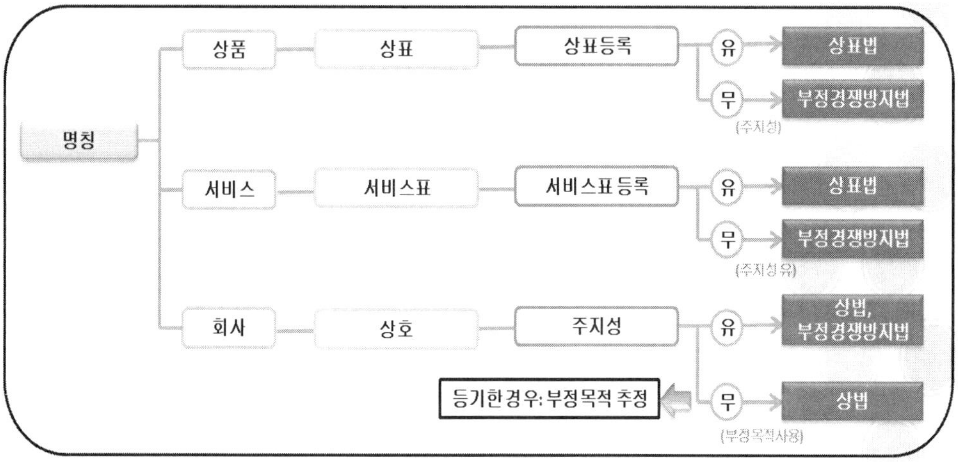
명칭
상품
상표
상표등록
유
상표법
무
부정경쟁방지법
(주지성)
서비스
서비스표
서비스표등록
유
상표법
무
부정경쟁방지법
(주지성 유)
회사
상호
주지성
유
상법,
부정경쟁방지법
등기한 경우: 부정목적 추정
무
상법
(부정목적사용)

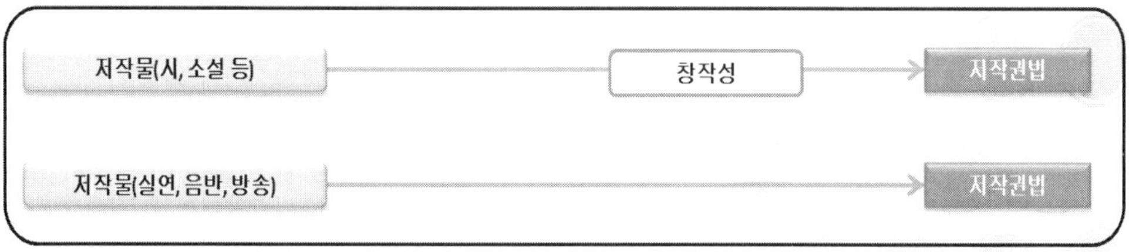
저작물(시, 소설 등)
창작성
저작권법
저작물(실연, 음반, 방송)
저작권법

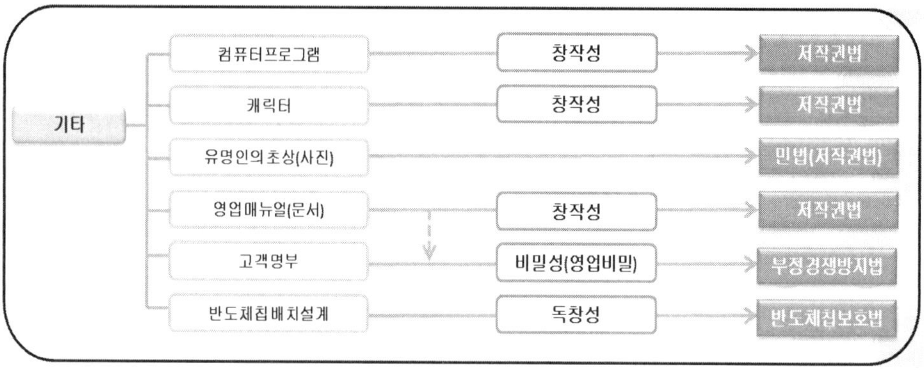
기타
컴퓨터프로그램
창작성
저작권법
캐릭터
창작성
저작권법
유명인의초상(사진)
민법(저작권법)
영업매뉴얼(문서)
창작성
저작권법
고객명부
비밀성(영업비밀)
부정경쟁방지법
반도체칩배치설계
독창성
반도체칩보호법

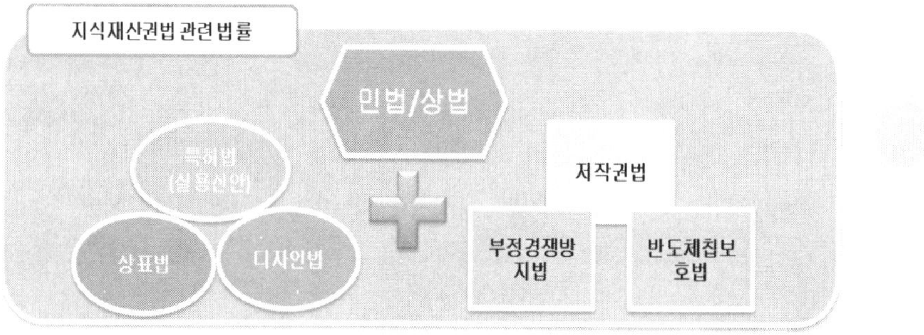
지식재산권법 관련 법률
민법/상법
특허법
(실용신안)
상표법
디자인법
저작권법
부정경쟁방
지법
반도체칩보
호법

2. 지식재산권의 이해

(1) 특허법 및 실용신안법

구분	내용
법의 목적	발명, 실용적 고안의 보호를 통한 ① 기술의 진보발전과 ② 국가산업 발전에 기여
보호 대상	자연법칙을 이용한 기술적 사상의 창작(발명, 실용신안)
보호 요건	① 산업상 이용가능성, ② 신규성, ③ 진보성
권리 내용	독점적 실시(생산, 사용, 판매, 수입, 전시 등의 행위)
보호 기간	① 특허 : 등록일 기준(출원일로 부터 20년), 다만 의약특허 등은 5년 연장가능 ② 실용신안 : 등록일 기준(출원일로부터 10년)
권리의 발생	등록
권리침해에 대한 보호	금지청구, 손해배상, 부당이득반환청구, 형사처벌(친고죄)

(2) 디자인법

법의 목적	디자인 창작의 보호를 통한 ① 디자인 창작의 장려와 ② 국가산업발전에 기여
보호 대상	시각을 통하여 미감을 일으키는 ① 물품의 형상, ② 모양, ③ 색체 또는 이들의 결합(산업디자인)
보호 요건	① 공업상 이용가능성, ② 신규성, ③ 창작비용이성
권리 내용	독점적 실시(생산, 사용, 판매, 수입, 전시 등의 행위)
보호 기간	등록일로부터 15년
권리의 발생	등록
권리침해에 대한 보호	금지청구, 손해배상, 부당이득반환청구, 형사처벌(친고죄)

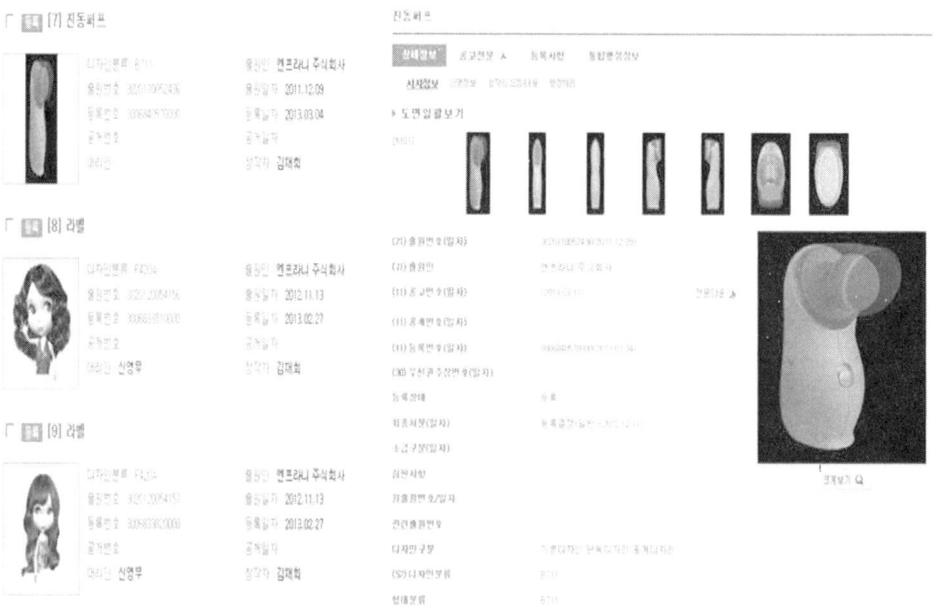

(3) 상표법

법의 목적	상표 보를 통한 ① 상표사용자의 신용보호와 ② 국가산업발전 및 수요자 이익보호
보호 대상	상품의 생산, 제조, 가공, 증명, 판매업자가 자기의 업무에 관련된 상품을 타인의 상품과 식별되도록 하기 위하여 사 용하는 표장 (서비스표, 단체표장 등 포함)
보호 요건	식별력(특별현저성)
권리 내용	독점적 사용
보호 기간	등록일로부터 10년 (계속사용하고자 하는 경우 10년씩 계속 갱신 가능)
권리의 발생	등록
권리침해에 대한 보호	금지청구, 손해배상, 부당이득반환청구, 형사처벌(비친고죄)

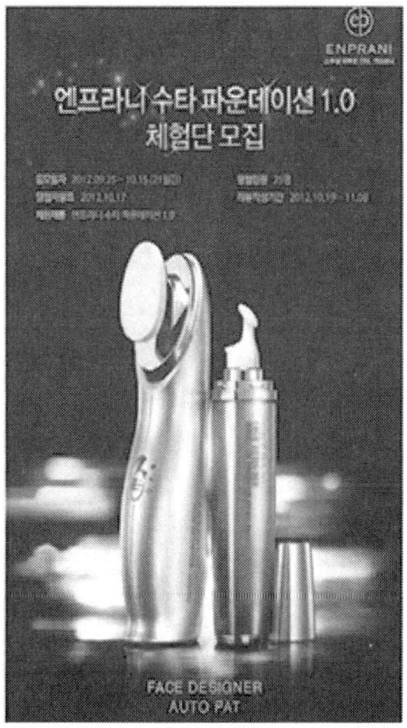

(4) 부정경쟁방지법

법의 목적	부정한 상업상 경쟁방지를 통한 상거래 질서유지
보호 대상	① 국내에서 널리 인식된 상표, 상호, 기타 상품 및 영업상 표지일체, ② 영업비밀
보호 요건	주지성
권리 내용	부정경쟁행위의 금지청구(반사적으로 독점적 사용보장)
보호 기간	없음(주지성, 비밀성 상실 시까지 영구 보호)
권리의 발생	주지성 획득 시
권리침해에 대한 보호	금지청구, 손해배상, 부당이득반환청구, 형사처벌(비친고죄)

OB맥주 'Cass'와 비슷한

'Cash'상표

부정경쟁 행위

대법원 "유죄" 판단

(5) 저작권법

법의 목적	저작자 및 저작인접권자의 보호와 저작물의 공정이용을 통한 문화발전에 기여
보호 대상	인간의 사상 또는 감정을 표현한 창작물 (인접권, 출판권, 컴퓨터 프로그램, 데이터베이스 포함)
보호 요건	창작성
권리 내용	① 재산권으로 복제, 공연 등을 할 수 있는 배타적 권리 ② 인격권규정 별도로 있음
보호 기간	저작자 생존 중과 사후 70년 ① 인접권은 실연, 방송, 고정 시로부터 70년 ② 영상저작물 및 프로그램은 공표한 때부터 70년
권리의 발생	창작
권리침해에 대한 보호	금지청구, 손해배상, 부당이득반환청구, 형사처벌 (친고죄, 다만 영리 또는 상습 시 비친고죄)

▲[illegible]

재판부는 "L사가 P사에 이용대가를 지불한 사실은 인정되지만 해당 이미지의 저작권이 정말 P사에 있는지 등록여부를 살펴야 하는 등 실제 저작권자를 확인하고자 노력했다고 인정할 증거가 없는 만큼 L사의 저작권 침해 행위로 추정된다"고 판단했다. 저작권법 125조 4항은 저작권이 침해된 경우 침해한 쪽에 과실이 있는 것으로 간주하도록 규정하고 있다.

(2014.2.11.기사)

(6) 반도체칩보호법

법의 목적	창작자의 권리 보호와 공정이용을 통한 반도체 관련 산업 등 국민경제발전 도모
보호 대상	반도체집적회로의 배치설계(소자 및 도선의 배치설계)
보호 요건	창작성
권리 내용	복제, 제조, 양도, 대여, 전시, 수입할 권리의 독점
보호 기간	등록시로부터 10년
권리의 발생	등록
권리침해에 대한 보호	금지청구, 손해배상, 부당이득반환청구, 형사처벌(친고죄)

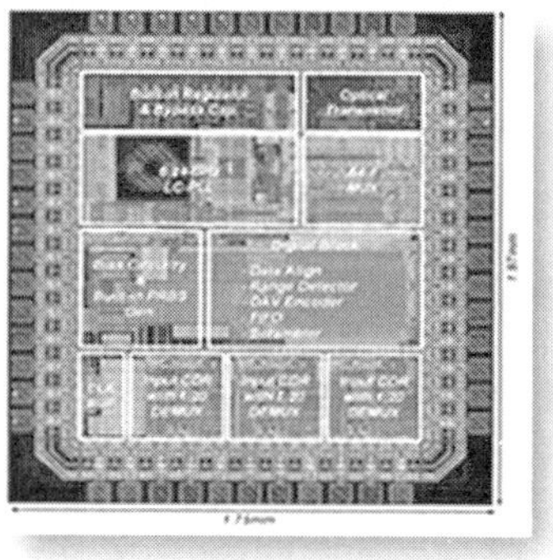

3. 지식재산권의 검색 및 가능시기

(1) 사이트 검색 및 위치

(2) 검색가능 시기

1) 특허 및 실용신안

공개 또는 등록된 특허에 한하여 검색이 가능하다.

2) 디자인

공개 또는 등록된 디자인에 한하여 검색이 가능하다.

3) 상표

출원시부터 검색이 가능하다.

제5장 근로기준법의 이해

창업자가 사업 또는 사업장에서 근로자에게 근로를 시킴에 있어서 기본적으로 알아야할 사항을 중점으로 살펴보고자 한다.

근로기준법은 전부적용대상자와 시행령 제7조에 따른 상시 4명이하의 근로자 사업장인 경우 일부적용대상자에 해당하므로, 아래의 서술한 적용대상자 기준을 통해 적용여부를 판단하고 이해하여야 한다.

1. 근로기준법의 이해

"근로기준법"은 헌법에 따라 근로조건의 기준을 정함으로써 근로자의 기본적 생활을 보장, 향상시키며 균형 있는 국민경제의 발전을 시키고자 하는 목적이 있다(근로기준법 제1조).

"근로자"라 함은 직업의 종류와 관계없이 임금을 목적으로 사업이나 사업장에서 근로를 제공해주는 자를 말하며, "근로"란 정신노동과 육체노동을 말하므로 일을 하는 모든 노동에 해당된다고 할 수 있다.

2. 적용대상

(1) 근로기준법 전부적용대상

상시 5명 이상의 근로자를 사용하는 모든 사업 또는 사업장에 해당하는 경우 적용대상으로 한다. (근로기준법 제11조 제1항).

(2) 근로기준법 일부적용대상

상시 4명 이하의 근로자를 사용하는 사업 또는 사업자에 대하여는 아래의 일부규정을 적용할 수 있다(근로기준법 제11조 제2항 및 동법 시행령 제7조 별표 1).

[별표 1] 상시 4명 이하의 근로자를 사용하는 사업 또는 사업장에 적용하 는 법 규정

구분	적용법규정
제1장 총칙	제1조부터 제13조까지의 규정
제2장 근로계약	제15조, 제17조, 제18조, 제19조제1항, 제20조부터 제22조까지의 규정, 제23조제2항, 제26조, 제35조부터 제42조까지의 규정
제3장 임금	제43조부터 제45조까지의 규정, 제47조부터 제49조까지의 규정
제4장 근로시간과 휴식	제54조, 제55조, 제63조
제5장 여성과 소년	제64조, 제65조제1항 · 제3항(임산부와 18세 미만인 자로 한정한다), 제66조부터 제69조까지의 규정, 제70조제2항 · 제3항, 제71조, 제72조, 제74조
제6장 안전과 보건	제76조
제8장 재해보상	제78조부터 제92조까지의 규정
제11장 근로감독관 등	제101조부터 제106조까지의 규정
제12장 벌칙	제107조부터 제116조까지의 규정(제1장부터 제6장까지, 제8장, 제11장의 규정 중 상시 4명 이하 근로자를 사용하는 사업 또는 사업장에 적용되는 규정을 위반한 경우로 한정한다)

(3) 근로기준법 적용제외 대상[105)]

1) 동거하는 친족만을 사용하는 사업 또는 사업장

친족 상호간에 사업자와 근로자의 구별이 곤란하기 때문이다. "친족"이라 함은 민법 제777조에서 말하는 8촌 이내의 혈족, 4촌 이내의 인척, 배우자를 말하며, “동거”라 함은 생계를 같이 하는 것을 말한다.

동거의 친족 이외의 근로자가 1명이라도 있으면 동거의 친족만을 사용하는 사업 또는 사업장이 아니므로 동거의 친족을 상시근로자수에 포함하여 5인 이상인지를 판단하여야 한다.[106)]

2) 가사(家事)사용인

근로기준법 제11조 제1항 후단에 의거한 규정으로, “가사사용인”이란 일반 가정의 가정부, 파출부 등 가사에 종사하는 자를 말한다.

이는 주로 개인의 사생활과 관련되어 있고 근로시간이나 임금에 관한 규제를 통하여 국가적 감독행정이 미치기 어렵기 때문에 근로기준법의 적용에서 제외하고 있다.[107)]

3) 특별법상 적용제외

선원, 공무원, 사립학교 교원, 청원경찰 등이 있다.

---

105) 고용노동부, 〈http://www.moel.go.kr/policyinfo/labor/view.jsp?cate=1&sec=1&smenu=3〉.

106) 1980.04.15, 법무 811-9087;

107) 2006.10.10., 근기 5557; 김수복,「채용에서 퇴직까지 법률지식」개정증보 제20판, ㈜중앙경제, 2012,20면.

4) 해외국내기업과 국내외국기업

근로기준법은 국내법으로서 국내에서만 적용되며 통치권이 미치지 못하는 국외의 사업에 대해서는 적용되지 않는 것이 원칙이다.

① 국내 회사가 현지에 독립된 법인을 설립하였을 경우 해외현지법인은 근로기준법이 적용되지 아니한다.[108)]

독립된 해외 현지법인에는 국내 근로기준법이 적용되지 않으나 국내에 본사가 있고 출장소, 지점 등이 국외에 있는 경우에는 근로기준법이 적용된다.[109)]

② 국내의 외국인 사업은 법령 또는 조약상 특별한 규정이 없는 한 속지주의 원칙에 따라 근로기준법이 적용되는 사업이다.

3. 근로계약

(1) 정의

"근로계약"이라 함은 근로자가 사업자에게 근로를 제공하고 사업자는 이에 대하여 임금을 지급하는 것을 목적으로 체결된 계약을 말한다(근로기준법 제2조 제4호). 즉, 근로자는 사업자의 지휘 및 명령을 통해 일을 하고 사업자는 근로자에게 일에 대한 대가인 임금을 지급하는 계약이다.

(2) 근로조건의 명시

사업자는 근로기준법 제17조에 의거하여 근로계약을 체결할 때에 근로자에게 다음의 사항을 명시하여야 한다.

1) 임금

2) 소정근로시간

---

108) 1999.12.31, 근기 68207-1002.

109) 1992.04.01, 근기 01254-465.

3) 휴일

4) 연차 유급휴가

5) 취업의 장소와 종사하여야 할 업무에 관한 사항

6) 사업자의 부속 기숙사에 근로자를 기숙하게 하는 경우 기숙사 규칙

7) 취업규칙 사항(상시 10명 이상의 근로자를 사용하는 사업자에 한하 며 본장 5. 취업규칙을 통해 후술하여 살펴보겠다.)

사업자는 근로계약 체결 이후 상기 명시된 사항을 변경하는 경우에도 동일한 사항을 명시하여야 하며, (1)내지 (4)까지의 사항이 명시된 서면을 근로자에게 교부하여야 한다(근로기준법 제17조 제2항).

(3) 금지사항

1) 손해배상의 예정금지(근로기준법 제20조)

사업자는 근로계약 불이행에 따른 위약금 또는 손해배상액을 예정하여 근로계약을 체결할 수 없으며, 이는 근로계약 존속기간에 한정 한다.

다만 영업비밀계약서 상 퇴직 후 계약위반행위에 대해서는 손해배상의 예정은 위반이 아닌 것으로 해석된다.[110)]

2) 전차금(前借金) 상계금지(근로기준법 제21조)

사업자는 전차금(前借金)이나 그 밖에 근로할 것을 조건으로 하는 전대채권과 임금을 상계하지 못하도록 규정하고 있다.

근로기준법 상의 전차금은 입사 시 근로자 등에게 대부를 해주는 것과 학교에 재학중인 학생에게 자신의 회사입사를 목적으로 장학금을 지급하거나 스카우트 등을 할 때 입사를 전제로 지급하는 계약금 등을 말한다. 즉, 해당 전차금을 입사 후 임금에서 상계하는 것을 금지하는 규정이다.

---

110) 1992.10.17, 근기 01254-1732; 김수복, 전게서, 106면.

3) 강제 저금의 금지(근로기준법 제22조)

사업자는 근로계약에 덧붙여 강제 저축 또는 저축금의 관리를 규정하는 계약을 체결할 수 없는 것이 원칙이나 근로자의 위탁으로 사업자가 저축을 관리하는 경우 사업자는 ① 저축의 종류와 기간, 금융기관을 근로자가 결정할 수 있도록 하고, 근로자 본인의 이름으로 저축을 하여야 하며, ② 근로자가 저축증서 등 관련 자료의 열람 또는 반환을 요구하는 경우 즉시 처리해주어야 한다.

(4) 해고

1) 유효한 해고절차

사업자가 근로자를 해고하기 위해서는 해고사유와 해고시기를 서면으로 통지한 경우에만 유효하며, 사업자가 근로자를 해고하기 전 적어도 30일 전에 해고사유와 해고시기를 서면으로 작성하여 예고를 실시하고 30일 전에 예고를 하지 않은 경우 30일분 이상의 통상임금을 지급하여야 한다[111](근로기준법 제26조, 동법 제27조).

2) 해고의 제한

① 일반적 해고의 제한

사업자는 근로자에게 정당한 이유 없이 해고, 휴직, 정직, 감봉, 그 밖의 징벌을 하지 못하며, 근로자가 업무상 부상 또는 질병의 요양을 위하여 휴업한 기간과 그 후 30일 동안 또는 산전, 산후의 여성이 본 법에 따라 휴업한 기간과 그 후 30일 동안은 해고하지 못한다.

111) 다만, 천재지변, 그 밖의 부득이한 사유로 사업을 계속할 수 없는 경우와 근로자가 고의로 사업에 막대한 지장을 초래 또는 재산상 손해를 끼친 경우로서 고용노동부령으로 정하는 사유에 해당하는 경우에는 제외된다.

② 경영상 이유에 의한 해고의 제한

사업자는 경영 악화를 방지하기 위한 목적으로 사업의 양도, 인수합병 등 긴박한 경영상의 필요가 있는 경우 근로자를 해고할 수 있다. 이 경우 사업자는 해고를 피하기 위한 노력을 하여야 하고 남녀차별 없이 공정한 해고의 기준을 정하여 대상자를 선정하는 등 근로기준법 제24조에 의거한 사항을 준수하여야 한다.

4. 근로시간

(1) 근로시간

사업자는 근로자에게 휴게시간을 제외하고 1일 8시간, 1주 40시간을 초과하여 근로를 시킬 수 없다.

근로시간을 산정함에 있어 작업을 위해 근로자가 사용자의 지휘 · 감독 아래에 있는 대기시간 등은 근로시간으로 본다(근로기준법 제50조).

(2) 연장근로의 제한

사업자와 근로자는 상호 합의하에 1주간 12시간을 한도로 근로시간을 연장할 수 있고, 사업자는 특별한 사정이 있는 경우 고용노동부장관의 인가와 근로자의 동의를 얻어 근로시간을 연장할 수 있다(근로기준법 제53조).

(3) 휴게 및 휴일

사업자는 근로시간이 4시간인 경우 30분 이상, 8시간 이상인 경우 1시간 이상의 휴게시간을 근로시간 도중에 주어야 하고, 휴게시간은 근로자가 자유롭게 이용할 수 있다(근로기준법 제54조). 또한 휴일은 1주일에 평균 1회 이상의 유급휴일을 제공하여야 한다(근로기준법 제55조).

5. 취업규칙

(1) 적용대상

상시 10명 이상의 근로자를 사용하는 사용자는 취업규칙을 작성하여 고용노동부장관에게 신고하여야 하며, 취업규칙을 변경하는 경우에도 동일한 절차를 수행하여야 한다(근로기준법 제93조). 해당 취업규칙은 상기 설명한 바와 같이 상시 4명 이하의 근로자를 사용하는 사용자는 적용대상에서 제외된다.

(2) 작성내용

취업규칙은 신고제로 다음의 내용을 기재하여 제출하면 된다(근로기준법 제93조).

1) 업무의 시작과 종료 시각, 휴게시간, 휴일, 휴가 및 교대 근로에 관한 사항
2) 임금의 결정 · 계산 · 지급방법, 임금의 산정기간 · 지급시기 및 승급에 관 한 사항
3) 가족수당의 계산 · 지급 방법에 관한 사항
4) 퇴직에 관한 사항
5) 「근로자퇴직급여 보장법」제4조에 따라 설정된 퇴직급여, 상여 및 최 저임금에 관한 사항
6) 근로자의 식비, 작업 용품 등의 부담에 관한 사항
7) 근로자를 위한 교육시설에 관한 사항
8) 출산전후휴가 · 육아휴직 등 근로자의 모성보호 및 일 · 가정 양립 지원 에 관한 사항
9) 안전과 보건에 관한 사항

9의2) 근로자의 성별 · 연령 또는 신체적 조건 등의 특성에 따른 사업장 환경의 개선에 관한 사항

10) 업무상과 업무 외의 재해부조(災害扶助)에 관한 사항

11) 표창과 제재에 관한 사항

12) 그 밖에 해당 사업 또는 사업장의 근로자 전체에 적용될 사항

(3) 규칙의 작성 및 변경 절차

사업자는 취업규칙의 작성 또는 변경과 관련하여 해당 사업 또는 사업장에 ① 근로자의 과반수로 조직된 노동조합의 있는 경우 그 노동조합의 의견을 들어야 하고, ② 근로자의 과반수로 조직된 노동조합의 없는 경우에는 근로자 과반수의 의견을 들어야 하며, 취업규칙의 내용이 근로자에게 불리하게 변경(불이익 변경)되는 경우 근로자에게 동의를 받는 경우에 한하여 변경할 수 있다.[112)]

사업자는 취업규칙을 신고할 때는 상기 작성내용이 기재된 서면을 첨부하여 제출하여야 한다(근로기준법 제94조).

6. 4대보험[113)]

(1) 정의

"4대보험"이라 함은 사회보장에 따른 사회보험으로 국민을 대상으로 질병 · 사망 · 노령 · 실업 기타 신체장애 등으로 인하여 활동능력의 상실과 소득의 감소가 발생하였을 때 보험방식에 의하여 해당 사항을 보장해주는 제도로 ① 업무상의 재해에 대한 "산업재해보상보험", ② 질병과 부상에 대한 "건강보험" 또는 "질병보험", ③ 폐질 · 사망 · 노령 등에 대한 "연금보험", ④ 실업에 대한 고용보험 제도를 말한다.

112) 류석희/고상진, "취업규칙의 불이익변경에 따른 제도개선방안",「취업규칙법론」, 경희대학교 노동법연구회, 2012, 281-282면; 1998.8.31, 근기 68207-2177.

113) 4대사회보험정보연계센터, 〈http://www.4insure.or.kr/ins4/ptl/guid/itrd/OurCnty Socl GrunLayout.do〉.

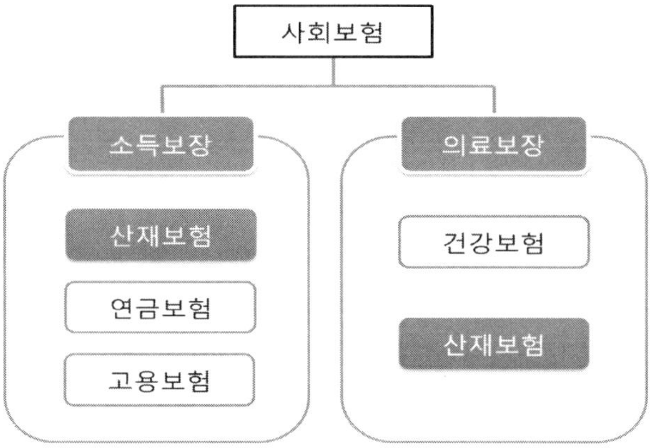

〈사회보험 적용형태〉

(2) 4대보험의 주요특성

구분	국민연금	건강보험	고용보험	산재보험
시행년도	1988년	1977년 (노인장기요양보험 2008.7.1 실시)	1995년	1964년
기본성격	소득보장 장기보험	의료보장 단기보험	실업고용 중기보험	산재보상 단기보험
급여방식	현금급여 소득비례	현물급여 균등급여	현금급여 소득비례	현물-균등급여 현금-소득비례
재정및관리	수정적립방식 전체일괄관리	부과방식 이원화(직장.지역)관리	수정적립방식	순부과방식
관리단위	개인별관리	사업장·세대별 관리	사업	사업장
보험료관장	보건복지부장관	보건복지부장관	고용노동부장관	고용노동부장관
자격관리방식	직장·지역 통합관리	직장·지역통합관리	사업별관리 가입자관리	사업별관리 가입자관리
보험료 부과단위	사업장, 지역(개인별)	사업장, 지역(세대별)	사업	사업

(3) 사업장 적용대상

구분	국민연금	건강보험	고용보험	산재보험
당연적용(의무가입) 대상	•1인 이상의 근로자를 사용하는 모든 사업장 •대사관 등 주한외국 기관으로서 1인 이상의 대한민국 국민인 근로자를 사용하는 사업장	•상시 1인 이상의 근로자를 사용하는 모든 사업장 •공무원 및 교직원을 임용 또는 채용한 사업장	•일반사업장 : 상시 근로 1인 이상의 근로자를 고용하는 모든 사업 및 사업장 ※ 다만, 농업, 임업, 어업, 수렵업 중 법인이 아닌 경우 5인 이상 •건설공사 : 주택건설사업자, 건설업자, 전기공사업자, 정보통신공사업자, 소방시설업자, 문화재수리업자가 아닌 자가 시공하는 총공사금액 2천만원 미만 건설공사 또는 연면적이 100제곱미터 이하인 건축물의 건축 또는 연면적이 200제곱미터 이하인 건축물의 대수선에 관한 제외한 모든 공사	•일반사업장 : 상시근로자 1인 이상의 사업 또는 사업장 ※ 다만, 농업, 임업 (벌목업제외), 어업, 수렵업 중 법인이 아닌 경우 5인 이상 •건설공사 : 고용보험과 동일
임의적용 가입대상	임의적용 가입대상 없음	임의적용 가입대상 없음	•고용보험법의 당연적용 대상 사업이 아닌 사업으로 가입여부가 사업주의 의사에 일임되어 있는 사업 (근로복지공단의 승인 필요)	•산업재해보상보험법의 당연적용 대상 사업이 아닌 사업으로 가입여부가 사업주의 의사에 일임되어 있는 사업 (근로복지공단의 승인 필요)
적용제외 대상			•사업의 규모 및 산업별 특성을 고려 대통령령으로 정하는 사업 - 농업·임업·어업 또는 수렵업 중 법인이 아닌 자가 상시 4명 이하의 근로자를 사용하는 사업 - 가사 서비스업 - 주택건설사업자, 건설업자, 전기공사업자, 정보통신공사업자, 소방시설업자 또는 문화재수리업자가 아닌 자가 시공하는 공사로서 다음 각 항목의 어느 하나에 해당하는 공사 ①「보험료징수법」 시행령 제2조제1항 제2호의 규정에 의한 총공사금액이 2천만원 미만인 공사 ②연면적이 100제곱미터 이하인 건축물의 건축 또는 연면적이 200제곱미터 이하인 건축물의 대수선에 관한 공사	•사업의 위험률·규모 및 장소 등을 고려 대통령령으로 정하는 사업 - 농업·임업(벌목업은 1인 기준)·어업·수렵업 중 법인이 아닌자의 사업으로서 상시근로자수가 5명 미만인 사업 - 가구 내 고용활동 - 다른 법령에 의하여 재해보상이 행하여지는 사업(「공무원연금법」, 「군인연금법」, 「선원법」·「어선원 및 어선재해보상보험법」 또는 「사립학교교직원연금법」에 의하여 재해보상이 행하여지는 사업) - 건설공사는 고용보험과 동일

(4) 사업장가입자 적용대상

구분	국민연금	건강보험	고용보험	산재보험
적용대상	•국민연금 적용사업장에 종사하는 18세 이상 60세 미만의 근로자와 사용자	•상시 1인 이상의 근로자를 사용하는 사업장에 고용된 근로자(연령제한 없음) •사용자 •공무원 •교직원 •시간제근로자	•「근로기준법」에 따른 근로자	
제외대상	•타공적연금가입자 •노령연금수급권을 취득한자 중 60세 미만의 특수직종근로자 •조기노령연금 수급권을 취득하고 그 지급이 정지되지 아니한자 •퇴직연금 등 수급권자 •국민기초생활보장법에 의한 수급자 •일용근로자 또는 1개월 이내의 신고 기한부로 사용되는 근로자 (1개월 이상 계속 사용되는 경우는 제외) (일용근로자, 시간제 근로자인 경우, 근로계약 여부 또는 근로계약 내용과 관계없이 고용기간이 1개월 이상이고, 근로시간이 월60시간 또는 주당 평균 15시간 이상인 경우에는 가입대상임) •법인의 이사 중 근로소득이 없는 자	•의료급여법에 따라 의료급여를 받는 자 •독립유공자예우에관한법률 및 국가유공자등 예우및지원에관한법률에 의하여 의료보호를 받는 자 •1월 미만의 기간 동안 고용되는 일용근로자 •하사(단기복무자에 한함)·병 및 무관후보생 •선거에 의하여 취임하는 공무원으로서 매월 보수 또는 이에 준하는 급료를 받지 아니하는 자 •비상근 근로자 또는 1월간의 소정 근로시간이 60시간 미만인 단시간근로자(교직원·공무원 포함) •소재지가 일정하지 아니한 사업장의 근로자 및 사용자 •근로자가 없거나 비상근 근로자 또는 1월간의 소정 근로시간이 60시간 미만인 단시간근로자만을 고용하는 사업장의 사업주	•65세 이상인 자 (다만 고용안정, 직업능력개발사업은 적용) •1월간 소정근로시간이 60시간 미만인 근로자(1주가 15시간 미만인 자 포함) -다만, 생업을 목적으로 근로자를 제공하는 자 중 3개월 이상 계속하여 근로를 제공하는 자와 1개월미만 동안 고용되는 일용근로자는 적용대상임 •공무원(별정직,계약직 공무원은 2008.9.22일부터 임의가입 가능) - 다만, 임용된 날부터 3개월 이내에 신청고용센터로 신청(3개월 이내 신청하지 않을 시 가입불가) •사립학교교직원연금법 적용자 •별정우체국 직원 •외국인 근로자 - 다만 아래의 경우는 당연적용 ※ 거주(F-2), 영주(F-5) 자격의 경우는 당연적용하며 주재(D-7)·기업투자 (D-8) 및 무역경영(D-9)의 경우는 상호주의에 따라 적용	•「공무원연금법」, 「군인연금법」, 「선원법」·「어선원 및 어선재해보상보험법」 또는 「사립학교교직원연금법」에 의하여 재해보상이 행하여지는 자

제6장 채권관리

창업자가 거래처를 통해 물건을 사거나 판매를 하는 경우 매출관리에만 관심을 두고 사업을 준비하거나 운영을 하는 것이 일반적이다.

그러나 매출관리뿐만 아니라 매출과 연계하여 채권관리에 대한 중요성도 인지를 하여 관리하는 것이 사업을 안정적이고 탄탄하게 만들어주는 기초가 될 것이다.

즉, 채권관리는 창업자가 사업을 함에 있어 자금운영을 원활하게 할 수 있도록 해주는 중요한 역할을 하며, 만약 채권의 연체 또는 부실이 발생할 경우 창업자는 어떻게 처리를 해야 할지 알 수 없어 어려움에 처하게 됨으로써 사업실패의 요인이 될 수도 있다.

따라서 채권관리의 중요성을 인지하여 상황별 대처를 할 수 있도록 지원하기 위한 기초적 채권관리의 지식이 필요하다.

1. 채권관리의 개념

(1) 정의

"채권"이라 함은 채무자에게 받을 돈 등을 말하며, "채무"는 채권자에게 지급하여야 할 돈 등을 말한다. 즉, 채권은 채무자의 행위를 "청구할 수 있는 권리"로 채권자와 채무자 사이에서 발생되는 법률관계를 '채권관계'라고 한다.

예로써 창업자(채권자)가 거래처(채무자)에 상품을 공급하고 거래처가 창업자와 약정한 기일까지 상품대금을 입금하지 않는 경우 창업자는 거래처에 입금을 독촉하면서 채권추심행위를 할 수 있는 법률관계가 형성된다.

(2) 실무상 채권관리의 형태

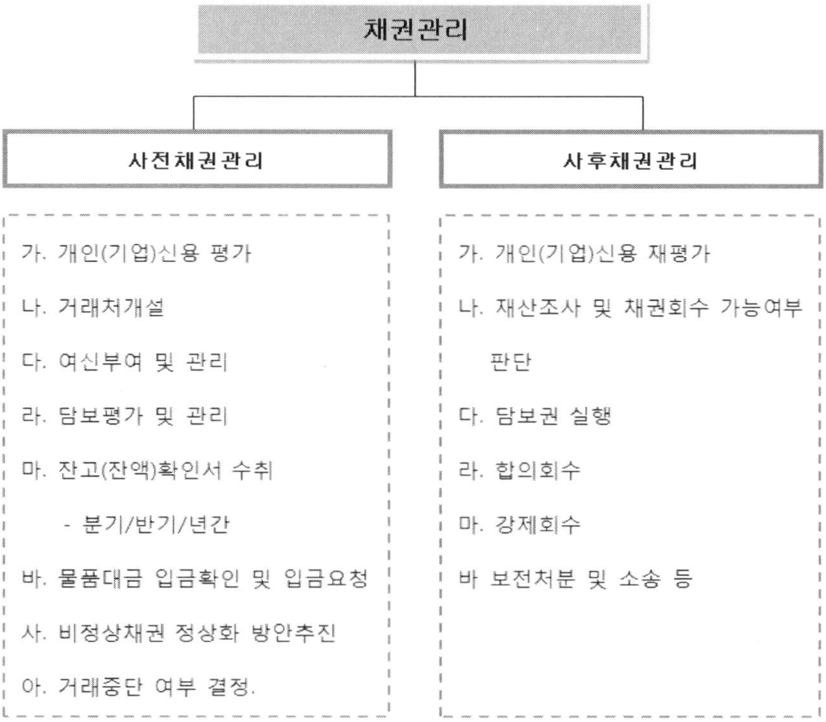

〈채권관리의 형태[114]〉

채권관리는 사전채권관리와 사후채권관리로 분류할 수 있다.

① "사전채권관리"라 함은 거래처와의 지속적인 거래가 유지되고 있음을 전제로 거래중단 전까지의 채권관리를 말하며, ② "사후채권관리"라 함은 불량채권에 대한 내부적 판단으로 단기, 중기, 장기 연체 채권 또는 중단된 거래처 채권에 대한 신속한 회수를 목적으로 한다.

114) 류석희/황일연, 전게서, 11면.

(3) 채권의 분류 및 당월회전일[115]

1) 정상채권

상품공급 시 창업자와 거래처는 약정된 여신(외상거래액)과 입금기일(회전일)을 정하여 거래를 하는 것이 일반적이다.

통상 여신에 따른 입금기일은 30일~45일 정도를 부여하며, 부여된 여신기일의 범위 내에 채권이 존재한다면 이는 정상채권으로 본다.

2) 비정상채권

정상채권을 기준으로 약정된 여신 기일의 범위를 벗어난 채권으로 비정상채권을 정상채권으로 정상화시키는데(입금 요청 등)집중하여야 하는 채권을 말한다.

비정상 채권을 집중적으로 회수하지 못하는 경우 창업자에게 손실이 발생할 수도 있다. 또한 창업자는 거래처가 빈번히 여신 기일을 초과하는 경우 거래처와의 지속적인 거래유무를 판단하여야 하는 중요한 시기이다. 일반적으로 비정상채권은 회전 일이 180일 이내인 경우로 본다.

3) 부실채권

정상채권이 비정상채권으로 전환되면서 거래의 중단 등에 따른 중단채권이 180일 이상이 됨으로써 대손설정채권의 요건 또는 채권회수의 어려움으로 인해 회수기간이 많이 소요 될 것으로 판단되는 채권을 말한다. 부실채권이 발생한 경우 창업자의 입장에서는 많은 시간과 노력이 필요하게 되어, 사업에 차질을 발생시킬 수도 있다.

---

115) 류석희/황일연, 전게서, 12면.

4) 당월 회전일 공식 및 중요성

당월 회전일 = 당월 잔고(1,000,000원)/당월 매출액(500,000원) * 해당월 일수(30일) = 60일(약 2개월 연체)

상기의 표와 같이 해당 월 마감 후 거래처에 대한 당월 회전 일을 구하여 연체기일을 파악하고, 채권에 대한 입금을 요청하여 안정적인 거래가 지속될 수 있도록 사전에 준비하는 것이 매우 중요하다.

2. 계약서의 기본 및 주요내용

(1) 정의

"계약"이라 함은 사법상의 일정한 법률효과의 발생을 목적으로 하는 당사자의 합의를 뜻하는 것을 말하며, 채권 · 채무의 발생을 목적으로 하는 합의(채권계약), 물권의 변동을 목적으로 하는 합의(물권계약), 채권양도에 관한 합의(준물권계약) 등을 포함하고, 일반적으로 계약은 채권계약을 의미한다.[116)]

(2) 계약자유의 원칙[117)]

민법의 근간인 사적자치의 원칙은 사법상의 법률관계를 개인의 의사에 의해 자유로이 형성할 수 있도록 한 것으로 전형적인 유형이 "계약의 자유"이다. 계약의 자유에 관한 사항은 다음과 같다.

116) 김준호,「민법강의」제18판, 법문사, 2012, 1358면.

117) 김준호, 상게서, 1360-1361면.

1) 체결의 자유

계약은 청약과 승낙에 의해 성립되며, 당사자는 청약의 의사표시를 할 자유가 있고 상대방 또한 승낙의 자유가 있다.

2) 상대방 선택의 자유

당사자는 자신이 원하는 상대방을 선택하여 자유롭게 계약을 체결할 수 있다.

3) 내용결정의 자유와 방식의 자유

당사자가 계약의 내용을 정함에 있어서도 자유이며, 이후 계약의 내용을 수정 및 보완하는 것을 포함한다.

일반적으로 계약의 내용과 관련하여서는 양당사자가 계약서의 내용을 주고받으면서, 검토와 수정 · 보완을 통해 최종 합의된 계약내용으로 계약을 체결한다.

구두계약 또한 법적으로 인정이 되나 실무적으로 분쟁이 발생할 시 우리나라의 경우 "증거재판주의"[118]를 채택하고 있는바 구두계약은 무의미한 계약으로 판단함으로써 실제 문서화된 계약을 체결하는 것이 일반화 되어있다.

(3) 계약서상 주요내용 요약

1) 목적

계약상 어떠한 목적을 위한 계약인지를 정확히 기재하여 향후 분쟁발생 시 해당 목적을 기준으로 계약에 대한 성질을 파악할 수 있다. 또한 필요한 경우 본 계약을 체결함과 동시에 구두합의 또는 서면합의 된 사항에 대한 효력을 상실시켜 최종 본 계약만이 실질계약임을 규정할 필요성이 있으며, 분쟁발생 시 본 계약만을 가지고 분쟁을 해결할 수 있다.

118) 증거에는 서증(서면증거)와 인증(사람증거)가 있으며, 서증을 더 신뢰한다.

> ex) 공급을 목적으로(외주용역을 목적으로, 제조를 목적으로)한다. 양당사자는 본 계약과 관련하여 필요한 권리와 의무를 명확히 규정하고, 신의성실의 원칙을 준수하며 본 계약을 이행하는데 목적이 있다. 또한 본 계약체결과 동시에 양당사자간의 사전협의 된 구두 또는 서면 상 사항은 즉시 무효로 함을 상호 합의한다.

2) 계약기간

통상 계약기간에 대한 명확한 일자를 기재하여 계약기간의 혼동이 없도록 하여야 하고, 계약에 대한 종료규정에 대하여 명확히 파악을 하여 향후 계약 연장에 따른 불이익이 발생하지 않도록 주의하여야 한다.

> ex) 본 계약은 2014.01.01.부터 2014.12.31.까지 (1)년간 유효한 것으로 한다. 다만 본 계약과 관련하여 계약 종료 (1)개월 전에 양당사자 중 일방이 서면을 통한 계약의 종료 또는 해지를 요청하지 않은 경우 본 계약은 (1)년간 자동연장된 것으로 한다.

3) 업무범위

계약서의 내용 중 가장 중요한 사항으로 계약과 관련된 업무범위(제작, 공급방법, 규격 등)을 세분화 하여 양당사자간의 합의된 사항을 빠짐없이 기재를 하여야 하며, 필요시 전문가의 계약검토 또는 작성을 통한 진행을 하는 것이 중요하다.

4) 양도금지

양도금지 조항은 계약당사자 이외에 제3자에게 업무처리에 대한 양도, 담보제공에 대한 양도 등을 할 수 없도록 규정해놓은 것이다. 특히 임대차계약의 경우 양도금지조항이 있는 경우 임대인의 추가적 서면동의 없이는 제3자에게 해당 채권(보증금)에 대한 양도를 할 수 없다. 따라서 필요에 따라 양도금지 조항의 유무를 결정하여 계약서 상 기재를 하는 것이 좋으며, 통상 양도금지 조항은 중요한 규정으로 대부분 기재를 하고 있다.

ex) case 1. 본 계약과 관련하여 양당사자는 제3자에게 양도 또는 담보제공 등을 할 수 없다.
case 2. 본 계약과 관련하여 양당사자는 타방의 서면동의 없이는 제3자에게 본 계약에 따른 권리와 의무를 양도 또는 담보로 제공할 수 없다.

5) 비밀유지의무

비밀유지의무는 계약에 따른 당사자의 주요한 영업 또는 경영상의 비밀사항을 보호하기 위한 규정으로 실무적으로 매우 중요하게 판단하여야 할 사항으로 계약서상 필수로 기재를 해놓는 것이 좋다.

ex) 양당사자는 본 계약과 관련하여 알게 된 영업 또는 경영상의 비밀 또는 노하우 등을 제3자에게 누설 또는 유출할 수 없으며, 본 조항을 위반하는 경우 손해(손실)을 배상(보상)하여야 한다.

6) 지식재산권의 침해

지식재산권은 실무상 지적재산권, 산업재산권으로도 불리며, 용역계약 또는 공급계약 등에 지식재산권이 포함되어 있는 경우 제3자로부터 침해주장이 발생되지 않도록 계약서상 기재를 해두거나 분쟁발생시 처리 방안 등을 명확히 기재해 놓은 것이 필요하다.

ex) 본 계약과 관련하여 양당사자는 제3자의 지식재산권의 침해가 없음을 보장하며, 분쟁발생시 본 조를 위반한 일방당사자는 타방당사자를 우선 면책하며, 일방당사자의 비용으로 신속히 분쟁을 해결하여야 하고, 지속적인 사용이 가능하도록 조치하여야 한다.

7) 손해배상

계약을 이행함에 있어 장래에 발생할 수 있는 손해에 대하여 계약서 상 명확히 명시를 함으로써 분쟁발생 시 이를 기초로 손해배상을 청구할 수 있도록 하여야 한다. 손해배상과 관련하여 위약금과 위약벌로 구분하여 살펴볼 수 있다.

① 위약금

"위약금"은 민법 제398조의 손해배상액의 예정한 것으로 추정된다.

② 위약벌

"위약벌"은 계약체결 시 채무의 이행을 강제하기 위해 채무불이행시 손해에 대한 배상과는 별도로 채무불이행에 대한 일종의 제재 금으로 따로 받을 수 있다. "위약 벌"은 손해배상액의 예정에 관한 민법 제398조 제2항을 유추 적용하여 감액할 수 없고, 그 의무의 강제에 의하여 얻어지는 채권자의 이익보다 약정된 벌이 과도할 경우 그 일부 또는 전부가 공서양속에 반하여 무효로 될 수는 있다.[119)]

ex) case 1. 본 계약과 관련하여 "을"은 "갑"에게 손해를 발생시킨 경우 "갑"이 "을"에게 지급한 공급대금의 3개월분을 현금으로 즉시 지급하기로 한다. case 2. 본 계약과 관련하여 "을"로 인해 "갑"에게 손해가 발생한 경우 "을"은 "갑"에게 위약벌로 일금 3천만원을 현금으로 즉시 지급하기로 한다.

8) 계약해지 또는 해제

계약과 관련하여 "해지" 또는 "해제"의 규정이 있으며, "해지"와 "해제"는 유효하게 성립한 계약을 당사자 일방의 의사표시만으로 실효시킨다는 공통점이 있으나 "해지"는 '계속적 계약'[120)]에 대해서 인정되며, 해제는 '일시적 계약'에 한하여 인정되는 차

119) 대법원 1993.3.23.선고 92다46905판결; 김준호, 전게서, 1105면.

120) 계속적 계약은 소비대차 · 사용대차 · 고용 · 위임 · 임치 · 조합 · 종신정기금을 말한다.

이점이 있다.[121]

> ex) 본 계약과 관련하여 양당사자는 다음 각 호의 사유발생시 본 계약을 해지할 수 있다. 1. 본 계약상의 권리와 의무를 미준수 또는 미이행 한 경우, 2. 본 계약과 관련하여 제3자에게 이미지 훼손을 한 경우, 3. 기타 객관적으로 본 계약을 이행할 수 없을 것이라고 판단된 경우

3. 실무적 담보

(1) 정의

담보는 채무자로부터 채권에 대한 보장을 받기 위한 수단으로 계약체결 또는 계약이행 시 실익 있는 담보를 수령하는 것이 보편적이다.

담보를 통한 안정적 거래를 할 수 있으며, 채무자의 도주 또는 폐업 시 담보에 대한 실익이 있는 경우 담보권을 실행하여 "채권의 만족"을 얻을 수 있다.

(2) 실무적 담보의 종류

1) 채권양도

① 정의

채권양도라 함은 계약상 채무자(양도인)와 채권자(양수인)간의 채권 · 채무발생에 따른 대금을 담보하기 위하여 채무자(양도인)가 채권자로서 채무자(제3채무자)에게 받아야 할 채권을 채권자(양수인)에게 양도하는 것을 말한다.[122]

121) 김준호, 전게서, 1446면.

122) 류석희/황일연, 전게서, 82-83면; 김준호, 전게서, 1168면.

② 정상적인 채권양도 프로세스

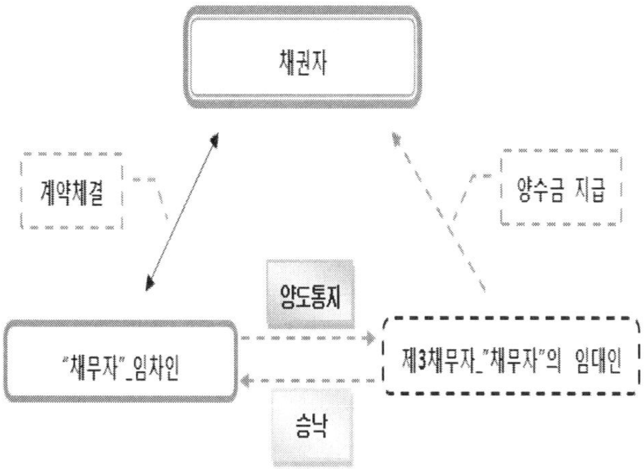

〈채권양도 프로세스〉

예로써 "채무자(양도인 겸 임차인)"가 제3채무자(임대인)에게 주택을 전세로 임차하여 살고 있고, 전세보증금이 4천 만원이라고 할 때 제3채무자(임대인)는 "채무자(양도인 겸 임차인)"에게 보증금 4천만원에 대한 채무를 지급할 책임이 있으므로 "채무자(양도인 겸 임차인)"는 제3채무자(임대인)를 통해 해당 보증금을 "채권자(양수인)"에게 정상적인 절차에 따른 채권양도를 하였는바 추후 제3채무자는 "채무자(양도인 겸 임차인)"가 아닌 "채권자(양수인)"에게 채권양도통지서 상 약정된 금액에 한하여 지급하면 된다.

③ 채권양도의 장단점

장점	제3채무자인 임대인의 승낙이 있을 경우 안정적인 준 담보로써 효력이 있다. 또한 제3채무자가 약정된 지급이행사항을 위반하여 "채무자(양도인 겸 임차인)"에게 변제를 한 경우 채권자(양수인)는 제3채무자에게 '양수 금 청구소송'을 통한 채권회수를 진행할 수 있다.
단점	제3채무자의 승낙이 없을 경우(양도금지 조항 등을 주장) 준 담보로써 효력이 없다. 또한 전세가 아닌 월세인 경우 채권양도는 준 담보로써의 가치가 하락된다.
주의사항	ㄱ. 월세유무 확인 ㄴ. 이중채권양도 여부 확인하여야 하며, 우선 채권양도 를 한 자에게 우선권이 있음

	ㄷ. 계약종료가 될 무렵 제3채무자에게 필히 내용증명 을 통한 대금지급 금지 안내를 하여야 함(재고지) ㄹ. 채권양도통지자의 원칙은 채권양도인임(효력관계)

2) 근저당

① 정의

근저당이라 함은 당사자사이의 계속적인 거래관계로부터 생기는 불특정채권을 담보하기 위하여 담보할 채무의 최고액만을 정하고 채무의 확정을 장래에 보류하여 설정하는 것을 말한다(민법 제357조).[123]

근저당은 근저당설정등기 시 만료기간을 정하지 않으며, 채무자가 채무금을 채권자에게 전액변제 완료할 때까지 채권자는 근저당설정해지를 해주지 않는다.

즉, 채무자가 지속적인 채무를 변제하지 않을 경우 담보권실행(임의 경매)을 통한 실익이 있는 경우 "채권의 만족"을 얻을 수 있다.[124]

② 대상물

ㄱ) 본인 소유의 부동산(아파트, 연립, 빌라, 임야, 전, 답 등)

ㄴ) 제3자로부터 담보제공을 받은 부동산

③ 주의사항

근저당을 설정할 담보물건에 대한 선순위(대출, 전세권 및 근저당설정 등) 및 보전조치(가압류 및 가처분 등)에 따른 총금액을 확인하고, 시세보다 높을 경우 실익이 없는바 담보설정을 하지 않는 것이 바람직하다.

---

123) 김준호, 전게서, 920면; 장석천,「담보물권법」, 진원사, 2013, 173면.

124) 류석희/황일연, 전게서, 85-86면.

3) 연대보증

① 정의

연대보증이라 함은 보증인이 채권자와의 보증계약을 통해 주 채무자와 연대하여 채무를 변제(부담)하기로 하는 보증 채무이다.[125)]

② 성립

연대보증의 성립은 ㄱ) 채권자와 보증인간의 '연대보증계약"을 체결하여 성립되며, ㄴ) 상법 제57조 제2항에 의거하여 보증인이 있는 경우 그 보증이 상행위이거나 주 채무가 상행위로 인한 것인 때에는 주 채무자와 보증인은 연대하여 보증할 책임을 갖는다.[126)]

③ 연대보증과 보증연대의 차이

보증연대는 수인의 보증인이 상호 연대하여 보증 채무를 부담하는 것으로 주 채무자와 연대하여 주 채무 전액을 지급할 책임이 있으나, 연대보증은 수인의 보증인이 있는 경우라도 주 채무 전액을 변제하여야 한다.[127)]

즉, 연대보증인은 최고의 항변권 및 검색의 항변권이 없는바 주 채무 전액을 수인의 보증인과 나누어 책임을 지는 것이 아닌 주 채무 전액을 책임지고 채권자에게 변제하여야 한다. 따라서 창업자가 연대보증을 하는 경우 주의하여야 한다.

4) 보증보험(서울보증보험을 기준으로 함)

① 정의

보증보험은 각종 거래행위에서 발생하는 신용위험을 감소시키기 위하여 보험에서 취급하는 보증 제도를 말한다.

---

125) 김준호, 상게서, 1345면; 류석희/황일연, 상게서, 86-87면.

126) 김준호, 전게서, 1345면.

127) 김준호, 상게서, 1345면.

보험회사(서울보증보험)가 보험료를 받고 채무자인 보험계약자가 채권자인 피보험자에게 계약상의 채무불이행 또는 관련 법령에 의한 채무 또는 의무불이행으로 손해를 발생 시킨 경우 해당 손해를 상호 체결한 계약에 의거하여 보험자가 피보험자에게 보상해주는 특수한 형태의 보험 상품이다.

보증보험은 보증적 기능을 기초로 보험의 방식에 따른 인수를 하여 채무자에게 신용을 공여함으로써 기업이나 개인의 경제활동에 필요한 인적 · 물적담보(각종 보증금, 연대보증인 및 부동산 담보 등)에 대신하여 이용할 수 있는 제도이다.[128]

② 이행보증보험

법인사업자 또는 개인사업자가 주로 사용하는 보증보험으로는 이행보증보험이며, 채권자는 채무자의 계약 미이행에 따른 손해발생시 신속한 채권회수를 위해 해당 이행보증보험을 통한 보상청구를 보험회사에게 요청하고, 보험회사는 채권자가 제출한 보상청구신청서를 확인 후 이상이 없을 경우 채권자의 지정계좌로 계약된 보험금액을 기준으로 채무자가 이행하지 않은 채무금을 선 보상하고 채무자에게 구상 권을 청구한다.

③ 이행보증상품

이행(입찰)보증보험	응찰자(보험계약자)가 각종 계약에 응찰하여 낙찰되었음에도 불구하고 계약을 체결하지 아니하거나 관계법령에서 정한 입찰보증금의 귀속사 유가 발생하였을 경우, 계약발주자(피보험자)가 입게 되는 손해를 보상함
이행(계약)보증보험	채무자(보험계약자)가 계약에서 정한 채무를 이행하지 아니함으로써 계약보증금이 채권자(피보험자)에게 몰수 또는 귀속되는 사유가 발생하였을 경우 채권자가 입게 되는 손해를 보상함
이행(차액)보증보험	예정가격 미만으로 낙찰된 계약의 채무자(보험계약자)가 계약을 이행하지 아니함으로써 차액보증금이 채권자(피보험자)에게 귀속되는 사유가 발생 하였을 경우 채권자가 입게 되는 손해를 보상함
이행(하자)보증보험	계약이행이 완료되어 준공검사 또는 검수가 끝난 후, 하자보증기간 중에 발생

128) 류석희/황일연, 87-88면.

	하는 하자에 대하여 채무자(보험계약자)가 하자보수요청을 받고도 이를 이행하지 아니함으로써 채권자(피보험자)가 입게 되는 손해를 보상함
이행(선금급)보증보험	선금급(전도금) 또는 전도자재가 지급되는 각종계약에서 채무자(보험계약자)가 선금급 등을 지급받고 계약을 이행하지 아니할 경우, 지급된 선금급(전도금) 또는 전도자재에 대하여 채권자 (피보험자)가 입게 되는 손해를 보상함
이행(상품판매대금) 보증보험	각종 물품매매계약에서 물품대금 지급채무를 지는 채무자(보험계약자)가 계약에서 정한 대금지급채무를 이행하지 아니함으로써 채권자(피보험자)가 입게 되는 손해를 보상함
이행(지급)보증보험	기타 각종 계약에서 정한 채무를 채무자(보험계약자)가 이행하지 아니할 경우 채권자(피보험자)가 입게 되는 손해를 보상함

〈이행보증보험 상품 및 보상내역[129]〉

5) 질권

① 정의

질권이라 함은 담보물권의 하나로써 목적물을 채권자가 맡아 두었다가 채무자가 채무변제를 하지 않을 시 해당 목적물을 처분하여 채권을 정리 할 수 있는 권리를 말한다.

즉, 채권자가 그 채권의 담보로 채무자 또는 제3자 물상보증인으로 부터 취득한 물건 또는 재산권을 채무변제가 있을 때까지 유치할 수 있고 변제가 없을 때에는 그 담보 목적물의 가액에서 우선 변제 받을 수 있는 권리이다.[130](민법 제329조~제355조 참조)

② 성립

질권은 채권자와 질권 설정자간의 질권 설정계약을 체결하는 경우에만 성립된다.

---

129) 서울보증보험, 〈https://www.sgic.co.kr/chp/iutf/hp/insurance/CHPINFO002VM0_06.mvc〉

130) 류석희/황일연, 90면; 김준호, 전게서, 841-842면; 장석천, 전게서, 43면.

③ 종류

ㄱ) 동산질권: 일반 동산을 대상으로 함

ㄴ) 권리질권: 예금, 채권 등 양도성을 가진 재산권을 대상으로 함

④ 예시(예금 질권)

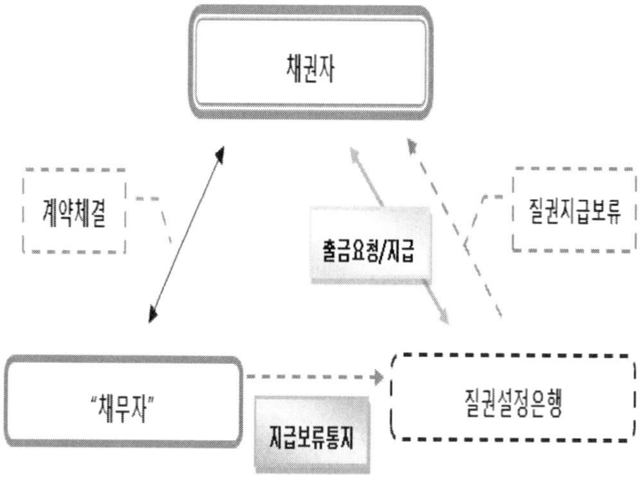

〈예금질권 프로세스[131]〉

131) 류석희/황일연, 91면.

4. 채권관리 주요 핵심요약

(1) 사전관리

1) 여신관리

① 의의

거래처와 거래를 함에 있어서 ㄱ) 외상거래를 할 것인지, ㄴ) 담보에 따른 외상거래 금액을 정하여 거래를 할 것인지, ㄷ) 약정된 외상금액과 입금일(회전일)을 정하여 거래를 하는 사전관리라고 할 수 있다.

② 여신관리방법

회사의 영업 및 재무상태에 따른 정책에 맞추어 합리적이고 형평성이 있도록 제도화하여 규정을 수립하는 것이 좋다. 일반적으로 담보가 있는 경우 총 유효담보액의 70~80%를 정상적 여신으로 부여하고 잔존 20~30%를 보충적으로 운영하되 최대 90%가 넘어가지 않도록 운영하고 있다.

2) 거래처 여론조사

담당자는 거래처의 담당자와 친해져야 하고 그를 통해 현재의 거래처 회사의 분위기 등을 살펴보는 방법이 매우 중요하다.

또한 해당 거래처에 납품을 하고 있는 업체가 있는 경우 타업체의 직원과도 이야기를 해보며, 해당 거래처에 채무금은 있는지 등도 자연스럽게 확인해 보면 살아있는 거래처의 정보를 확보할 수 있다.

3) 법인/개인사업자 구분

법인의 경우 등록번호 상 가운데 번호에 8이 들어가며, 그 외에는 개인사업자로 판

단하면 된다. ex) 123-81-12345

4) 사업자의 변경에 따른 조치

사업자의 변경이 있는 경우 舊)사업자와 채권채무를 정리하는 것이 원칙이다. 그러나 채무를 新)사업자가 인수를 하는 경우 중첩적 채무인수인계서를 필히 작성하여야 하며, 이 경우 중단시점의 채무금은 新/舊사업자에게 동시에 청구할 수 있다.

5) 공동사업자(대표)

사업장이 공동사업자가 운영하는 경우 원칙은 공동사업자 전체에게 날인 등을 받아야 하며, 만약 선정대표자 위임장을 받은 경우에는 선정된 대표자만 날인을 하더라도 법적 효력이 있다.

6) 사업자등록증 및 조회

국세청사이트를 통해 거래처의 사업자등록번호를 입력하여 현재의 존/폐/휴업 유무를 파악할 수 있다.

7) 임대차와 전세권의 비교

임대차는 임대차계약서 원본 상 확정일자만을 받아 놓은 것이며, 전세권은 임대차계약서를 통해 임대인으로부터 권리등기증을 받아 해당 물건에 전세기간에 한정하여 등기를 해놓은 것을 말한다.

8) 임차권등기명령

보증금을 못 받았으나 다른 곳으로 이사를 하여야 하는 경우 법원에 임차권등기명령신청을 통한 결정을 받아 다른 곳으로 이사를 가더라도 현재의 건물에 살고 있는 것으로 인정을 해주는 제도로 향후 해당 물건이 경매 등으로 낙찰된 경우 배당 등에 참여 할 수 있다.

9) 잔고확인서

거래처에 대한 잔고가 얼마인지 상호 확인 후 기록을 남기는 문서로 정상적인 거래를 하는 경우 가능할 시 월별로 하되 어려울 시 분기 또는 반기에 수령을 해놓는 것이 매우 중요하다. (향후 분쟁발생 시 확인을 통한 근거자료가 됨)

10) 채무상환계획서(변제각서)

변제각서로 채무자와 채무금 변제에 대한 입금 방식(입금 일자 및 입금약정액 등)을 정하는 것으로 미입금 시 이를 통한 소송을 할 시 매우 유용한 효과가 있다.

11) 중첩적 채무인수

채무금에 대해서 新)채무자와 舊)채무자 모두에게 청구를 할 수 있는 제도로 신채무자가 구채무자에 대한 변제를 약속하는 경우 이를 수령해 놓는 것이 좋으며, 연대보증 성격을 가진다.

12) 면책적 채무인수

舊)채무자에 대한 채무를 면책하고 新)채무자가 해당 채무에 대한 전부를 변제하도록 하는 제도로 채무자간의 합의에 의해 이를 채권자에게 요청하여 작성된다.

13) 중단보고서

거래처의 사업중단 또는 폐업 등이 발생한 경우 개설일자, 중단일자, 채무금, 담보 등을 기재하여 즉시 법적 조치 등을 할 수 있도록 득하는 품의이다.

이를 통해 거래처에 대한 최종 정리를 함으로써 이후 거래처에 대한 채권회수의 기준을 해당 중단보고서를 기준으로 할 수 있으므로 업무적 편리성이 있다.

(2) 사후관리

1) 거래처 부실징후 판단

거래처에 대한 부실징후와 관련하여 거래처의 직원들의 분위기를 많이 살펴보아야 하며, 입금을 잘해오던 거래처가 입금을 미룬다거나 연장을 요청하는 등의 상황이 발생한 경우 부실징후로 판단하는 것이 일반적인 원칙이다.

2) 최고서

내용증명으로 발송하며, 내용상 변제 기일을 제시하고, 미입금하는 경우 법적조치 등을 하겠다는 최고를 하는 문서이다.

3) 재산조사

재산조사는 부동산등기부등본(아파트 등), 자동차등록원부(자동차), 임대차계약 형태(전세, 월세), 카드가맹점, 주사용 은행 등의 파악이 일반적인 재산조사이다.

4) 임의회수

① 협의에 따른 회수

상호 합의를 통한 직접 입금 등에 따른 회수가 가장 이상형이다.

② 담보권실행

ㄱ) 임의경매

근저당 또는 전세권이 설정되어 있는 경우 법원의 집행권원 없이도 즉시 경매를 진행할 수 있다. 임의경매 전 해당 물건(부동산)에 대한 시세 및 순위 등을 상세히 파악을 하여 진행여부를 결정하는 것이 매 우 중요하다.

ㄴ) 보증보험 보상청구

보증보험 상 보장되는 보험액과 실제 입금을 받아야 하는 최종잔고를 살펴보아야 한다. 보증보험을 통한 보상을 많이 하는 경우 보증보험 사에 운영하는 기준의 신용등급이 낮아지므로 향후 수수료의 인상원 인이 되고 보증보험 발급 시 절차가 어려워 질 수도 있다.

③ 질권청구

질권계약서와 필요한 서류를 가지고 해당 질권설정은행에 방문을 하여 청구를 하면 된다. 다만, 질권설정자가 해당 질권설정은행에 대금지급 보류를 사유와 함께 요청할 시 은행은 이를 공탁하는 경우가 발생됨을 유념하여야 한다.

④ 양도담보환수

양도담보에 대한 물품을 가지고 오는 경우 필히 2인 이상의 직원이 함께 방문을 하고, 해당 거래처의 직원 또는 대표자의 입회하에 물품을 반출하여야 한다. 만약, 이러한 절차를 무시하는 경우 절도죄로 형사 고발되므로 주의하여야 하며, 필히 양도담보 반출 승낙서를 작성하고 반출완료시 상품 품명 및 단가 등을 기록하여 거래처의 직원 또는 대표자에게 반품완료에 따른 리스트 확인서를 작성하여 관리, 보관하여야 한다.

5) 가압류

채무자가 자신의 재산을 빼돌리지 못하도록 보전조치를 하는 것을 말한다.

① 카드회사를 통한 지급채권에 대한 가압류를 실시할 수 있다.

② 임대차보증금에 대한 가압류를 말하며, 월세인 경우 실익이 없는 경 우도 있다.

③ 통장의 잔고에 대해 채무자가 주로 사용하는 통장 및 해당 은행을 파악하여 가압류를 할 수 있다.

④ 채무자 소유의 부동산(아파트, 토지, 임야 등)에 한하여 가압류를 할 수 있다.

⑤ 상장사 또는 비상장사에 채무자가 가지고 있는 주식에 대해 가압류 를 할 수 있으나 향후 절차의 복잡함 등으로 인해 많이 사용되지는 않는다.

6) 가처분

채무자의 부동산을 다른 사람에게 팔지 못하도록 보전조치를 하는 것을 말한다.

① 부동산처분금지가처분 신청(부동산처분을 금지한다.)

② 부동산 점유이전 금지가처분 신청(부동산에 대해 제3자에게 점유 이 전하는 등의 행위를 금지한다.)

7) 지급명령

당사자간의 다툼이 없다고 판단되는 경우 활용하는 제도이며, 승소 시 결정문을 통해 추가적 법적조치를 할 수 있다.

8) 소송

당사자간의 다툼이 예상되는 경우 소송을 통한 처리를 하는 것이 신속한 업무절차이다.

① 물품대금 청구

양당사자간의 거래 시 발생한 물품대금을 청구하는 것을 말한다.

② 사해행위(채권자취소권)

채권자를 해할 목적으로 가족 또는 친척, 제3자에게 재산을 돌려놓 은 것을 원상회복시켜 줄 것을 요청하는 소송을 말한다.

③ 상호속용

채권자에게 변제하여야할 채무가 있음에도 불구하고 상호 등을 변경하 여 채권자에게 당사자여부에 혼동을 주는 행위를 함에 있어 동일한 장 소에서 동일한 제품을 동일한 자들이 그대도 사업을 하고 있는 경우 변경 전 · 후로도 같은 사업자임을 밝히어 채무에 대한 변제책임을 지도 록 하기 위한 소송을 말한다.

9) 재산명시

법원을 통해 채무자가 법원에 출석하여 자신의 재산을 밝히도록 하는 것을 말하며, 이를 이행하지 않을 시 법원의 판단으로 필요 시 20일간의 감치명령을 내릴 수 있다.

10) 재산조회

재산명시를 하였으나 만족하지 못할 경우 수수료를 내고 법원을 통해 재산조회신청서를 제출하면 해당 기관에서 채무자에 대한 재산적 현황을 확인하여 채권자가 확인할 수 있도록 하는 제도이다.

11) 채무불이행자등록

채무불이행자는 신용불량자를 말하며, 법원에 이를 신청하여 결정이 된 경우 채무자에 대한 채무불이행정보를 신용정보기관에 배포하여 신용상 불이익을 제공하도록 하는 제도이다.

12) 대손처리

파산, 강제집행 불능, 채권 소멸시효완성 등의 사유가 있는 경우 회사의 재무적 안정화를 위해 회계상 채권에 대한 대손처리를 한다.

이 경우 회사에서는 사전에 충당해놓은 대손충당금으로 처리를 하고 대손처리 이후에도 소멸시효가 완성되거나 개인회생 또는 파산된 거래처가 아닌 이상 적극적으로 채권회수를 할 수 있다.

제7장 불공정거래행위의 이해

창업자가 대기업 또는 관련기업 등과 거래행위를 함에 있어 거래상 지위남용 등에 따른 불공정한 대우를 받는 사례가 빈번히 발생하고 있고, 이로 인해 창업자가 사업상 어려움에 처하게 되는 경우가 많다.

따라서 공정거래위원회가 규정하고 있는 불공정거래행위에 대한 주요사항을 사전에 파악해놓는다면 창업자가 공정한 거래행위를 함에 있어 도움이 될 것이다.

본 내용은 2014.2.11.에 개정된 독점규제법 시행령 제36조(불공정거래행위의 지정) 제1항에 의거한 별표 1의2「불공정거래행위의 유형 및 기준」(이하 "유형 및 기준"이라 한다)을 기초로 사례는 공정거래위원회의 최근 심결례에 따른다.

1. 불공정거래행위의 의의

불공정거래행위에 관한 법률은「독점규제 및 공정거래에 관한 법률」에서 규정하고 있으며, 실무적으로는 독점규제법 상 · 경제법 상 · 공정거래법 상 불공정거래행위라고도 부르며, 본서에서는 혼용하여 사용한다.

"불공정거래행위"는 공정한 거래를 저해할 우려가 있는 행위를 말한다(독점규제법 제23조). 해당 규정의 내용 중 "공정한 거래"와 "저해할 우려"에 대한 요건에 대해 살펴보면 다음과 같다.

(1) 공정한 거래의 해석

공정거래법이 불공정거래행위를 금지하는 것은 사업자간의 공정하고 자유로운 경쟁을 포함한 경쟁자, 소비자의 이익을 보호하는데 목적이 있는바 이를 공정한 거래의 의미로 본다.[132]

(2) 저해할 우려의 해석

"저해할 우려"는 저해된 경우와 저해될 수 있는 우려가 있는 경우를 모두 포함한다고 해석되며, 명확한 기준을 정의할 수 없는바 일반적 또는 전체적인 평가를 통해서 판단을 하여야 한다.[133]

(3) 기타 해석

규정상 "부당하게", "정당한 이유 없이"의 문구를 기초로 불공정거래행위의 기준으로 하는 경우 일반적으로 부당하지 않고, 정당한 이유가 있는 경우에는 불공정한 거래행위로 판단하지 않음으로 해석될 수 있다.

그러나 최종 판단은 공정거래위원회가 부당성을 입증할 책임이 있는 것으로 보는 것이 일반적이다.[134]

---

132) 권오승,「경제법」제11판, 법문사, 2014, 304-305면; 신형윤,「경제법」제6판, 법문사, 2014, 272-273면.

133) 권오승, 상게서, 306면; 신형윤, 상게서, 273-274면.

134) 권오승, 전게서, 306면.

2. 거래거절

(1) 의의

"거래거절(Boycott)"이라 함은 부당하게 거래를 거절하는 행위를 말한다(독점규제법 제23조 제1항 제1호 전단).

(2) 유형 및 사례

1) 공동의 거래거절

① 유형

정당한 이유 없이 자기와 경쟁관계에 있는 다른 사업자와 공동으로 특정사업자에 대하여 거래의 개시를 거절하거나 계속적인 거래관계에 있는 특정사업자에 대하여 거래를 중단하거나 거래하는 상품 또는 용역의 수량이나 내용을 현저히 제한하는 행위를 말한다(유형 및 기준 제1호 가목).

② 사례

피심인 동양은 (주)ㅇㅇㅇㅇ이 발주한 "ㅇㅇㅇㅇ 돈사 신축공사"(이하 '이 사건 공사'라 한다)의 레미콘 납품과 관련하여, 시공사인 (주)ㅇㅇㅇㅇ이 레미콘 납품대금을 지급하지 않는다는 이유로 발주자인 (주)ㅇㅇㅇㅇ에게 미납된 레미콘 납품대금의 대납을 요청하였으나, (주)ㅇㅇㅇㅇ이 이를 거절하자 레미콘 공급을 중단하였고, 나머지 피심인들에게 (주)ㅇㅇㅇㅇ에 대하여 레미콘의 공급을 거절하도록 협조 요청하였는 바, 이에 따라 피심인들은 (주)ㅇㅇㅇㅇ에 대하여 공동으로 레미콘의 공급을 거절한 사실이 있다.[135]

135) 공정거래위원회, 2012구사2281 심결.

2) 기타의 거래거절

① 유형

부당하게 특정사업자에 대하여 거래의 개시를 거절하거나 계속적인 거래관계에 있는 특정사업자에 대하여 거래를 중단하거나 거래하는 상품 또는 용역의 수량이나 내용을 현저히 제한하는 행위를 말한다(유형 및 기준 제1호 나목).

② 사례

피심인 한국항공우주산업 주식회사(이하 "피심인"이라 한다)는, 한국항공우주연구원(이하 '발주자' 또는 '항우연'이라 한다)이 2009. 11. 25. 실시한 「다목적실용위성 3A호 위성본체 주관개발」사업자선정 입찰(이하 '이 사건 입찰'이라 한다)에 참가하여 우선협상대상자로 선정된 주식회사 쎄트렉아이에 이어 차순위협상대상자로 선정되었다.

피심인은, 이 사건 입찰 제안요청서상에 다목적실용위성 3A호(이하 '3A호'라 한다) 위성 본체를 구성하는 「통합컴퓨터, 전력조절 및 분배장치, 전기배선」(이하 '통합컴퓨터 등'이라 한다)이라는 위성 부분체(이하 위성 부분체는 '부분체'라 한다) 공급자로 명시된 자로서 우선협상대상자로 선정된 쎄트렉아이로부터 해당 위성부분체 공급과 관련한 견적서 제출을 요청 받았으나 이를 거절함으로써, 쎄트렉아이가 발주자로부터 우선협상대상자의 지위를 박탈당하여 주관개발사업자로 낙찰되지 못하는 결과를 초래하였다. 차순위협상대상자인 피심인은 이후 쎄트렉아이의 우선협상대상자 지위를 승계 받고 최종 낙찰자가 됨으로써 동 위성 본체의 주관개발사업자가 되었다.[136]

136) 공정거래위원회, 2010부사0687 심결.

3. 차별적 취급

(1) 의의

“차별적 취급”이라 함은 부당하게 상대방을 차별하여 취급하는 행위를 말한다(독점규제법 제23조 제1항 제1호 후단).

(2) 유형 및 사례

1) 가격차별

① 유형

부당하게 거래지역 또는 거래상대방에 따라 현저하게 유리하거나 불리한 가격으로 거래하는 행위를 말한다(유형 및 기준 제2호 가목).

② 사례

롯데칠성음료(주) 등 7개 청량음료업체의 가격차별행위로서 피심인 중 두산음료(주)는 자신과 단독으로 거래하는 편의점에는 일정량 이상 판매시 판매가격을 할인해 주는 물량별 거래가격체계를 약정하여 동일하게 적용하였으나 경쟁사와 거래하는 편의점에게는 같은 가격체계에 따른 가격보다 높은 가격으로 공급함으로써 거래처별로 상이한 가격으로 제품을 공급한 행위를 하였다.[137]

2) 거래조건차별

부당하게 특정사업자에 대하여 수량 · 품질 등의 거래조건이나 거래내용에 관하여 현저하게 유리하거나 불리한 취급을 하는 행위를 말한다(유형 및 기준 제2호 나목).

137) 공정거래위원회, 1993.10.28. 의결 제93-241호; 권오승, 전게서, 314면.

3) 계열회사를 위한 차별

① 유형

정당한 이유 없이 자기의 계열회사를 유리하게 하기 위하여 가격 · 수량 · 품질 등의 거래조건이나 거래내용에 관하여 현저하게 유리하거나 불리하게 하는 행위를 말한다(유형 및 기준 제2호 다목).

② 사례 1

현대자동차(주)와 기아자동차(주)가 현대캐피탈과의 오토할부약정에 기하여 오토할부의 할부 금리를 인하하는 것은 원고들이 제조 및 판매하는 자동차를 할부로 구매하려고 하는 고객들 중 현대캐피탈을 이용 또는 이용하려고 하는 고객들과 현대캐피탈이 아닌 비계열 할부금융사를 이용 또는 이용하려고 하는 고개들을 차별하는 행위라고 할 것이며, 이러한 차별로 인하여 현대캐피탈에게는 고객의 증가라는 차별효과가 귀속되게 되므로 원고들의 위 할부금리 인하행위는 계열회사인 현대캐피탈을 유리하게 하는 차별적 취급행위에 해당한다.[138)]

③ 사례 2

피심인 씨제이엔터테인먼트 주식회사(이하 "피심인"이라 한다)는 2003. 1월부터 2007. 3월까지 기간 동안 자신이 판권을 소유한 "살인의 추억" 등 영화 125편 중 124편을 대상으로 케이블티브이에서 방영할 수 있는 권리(이하 "케이블티브이 방영권"이라 함)를 자기의 계열회사인 씨제이미디어에게만 독점적으로 공급한 반면, 씨제이미디어와 경쟁관계에 있는 비계열회사인 케이블티브이 영화방송채널사업자(이하 "비계열 영화방송채널사업자"라 한)에게는 케이블티브이 방영권을 공급하지 아니한 사실이 있다. 그리고, 피심인은 씨제이미디어에게 케이블티브이 방영권을 공급함에 있어 씨제이미디어가 선투자 및 투자조합참여 등을 통하여 사실상의 판권을 전혀 확보하지 않았음

---

138) 대법원 2007.2.23.선고 2004두14052 판결; 공정거래위원회, 2002독점0605 심결; 신현윤, 전게서, 287면.

에도 영화 124편의 케이블티브이 방영권을 독점적으로 공급한 사실이 있다.[139)]

4) 집단적 차별

집단으로 특정사업자를 부당하게 차별적으로 취급하여 그 사업자의 사업활동을 현저하게 유리하거나 불리하게 하는 행위를 말한다(유형 및 기준 제2호 라목).

4. 경쟁사업자 배제

(1) 의의

“경쟁사업자 배제”라 함은 부당하게 경쟁자를 배제하는 행위를 말한다(독점규제법 제23조 제1항 제2호).

(2) 유형 및 사례

1) 부당염매

① 유형

자기의 상품 또는 용역을 공급함에 있어서 정당한 이유없이 그 공급에 소요되는 비용보다 현저히 낮은 대가로 계속하여 공급하거나 기타 부당하게 상품 또는 용역을 낮은 대가로 공급함으로써 자기 또는 계열회사의 경쟁사업자를 배제시킬 우려가 있는 행위를 말한다(유형 및 기준 제3호 가목).

② 사례

피심인은 자신의 홈플러스 안산점의 개점일인 2000. 8. 30.부터 같은 해 11. 2.까지 약 2개월간 안산점에서 다음 표와 같이 구입원가가 984.5원/1.5ℓ인 코카콜라 1병을 구입원가의 약 90.4% 수준인 890원에서 약 39.6% 수준인 390원까지 9회에 걸

---

139) 공정거래위원회, 2007제일4175 심결.

쳐 인하하여 판매한 사실이 있다.

피심인의 이와 같은 행위는 코카콜라가 소비자에게 인지도가 높은 상품이라는 점과 소비자들은 피심인의 매장에서 여러 가지 상품을 한 번에 구입한다는 점을 감안하여 보면 인지도가 높은 코카콜라를 미끼 상품으로 내세워 장기간 동안 고객을 유인함으로써 경쟁관계에 있는 다른 유통업자들의 사업활동을 곤란하게 하여 이들을 시장에서 배제하게 할 우려가 있는 행위로 인정된다.[140)]

2) 부당고가 매입

부당하게 상품 또는 용역을 통상거래가격에 비하여 높은 대가로 구입하여 자기 또는 계열회사의 경쟁사업자를 배제시킬 우려가 있는 행위를 말한다(유형 및 기준 제3호 나목).

5. 부당한 고객유인

(1) 의의

"부당한 고객유인"이라 함은 부당하게 경쟁자의 고객을 자기와 거래하도록 유인하는 행위를 말한다(독점규제법 제23조 제1항 제3호 전단).

(2) 유형 및 사례

1) 부당한 이익에 의한 고객유인

① 유형

정상적인 거래관행에 비추어 부당하거나 과대한 이익을 제공 또는 제공할 제의를 하여 경쟁사업자의 고객을 자기와 거래하도록 유인하는 행위를 말한다.(유형 및 기준 제4호 가목).

140) 공정거래위원회, 2001유거0037 심결.

② 사례

피심인 제이씨씨 마케팅 주식회사(이하 "피심인"이라 한다)는 2012. 12월 ~ 2013. 2월의 기간 동안 11,137명의 중앙일보 신규구독자를 확보한 사실이 있으며, 같은 기간 신규 구독자 중 342명에 대하여는 중앙일보 1년 이상 구독조건으로 유료신문 대금의 20%를 초과하는 무가지 및 경품류를 제공한 사실이 있다.[141]

2) 위계에 의한 고객유인

① 유형

부당한 표시 · 광고 외의 방법으로 자기가 공급하는 상품 또는 용역의 내용이나 거래조건 기타 거래에 관한 사항에 관하여 실제보다 또는 경쟁사업자의 것보다 현저히 우량 또는 유리한 것으로 고객을 오인시키거나 경쟁사업자의 것이 실제보다 또는 자기의 것보다 현저히 불량 또는 불리한 것으로 고객을 오인시켜 경쟁사업자의 고객을 자기와 거래하도록 유인하는 행위를 말한다(유형 및 기준 제4호 나목).

② 사례

이동통신사인 피심인·에스케이텔레콤(SKT)·엘지유플러스(LGU+)[이하 3사 모두를 가리킬 때는 '이동통신 3사'이라고 한다]는 단말기 보조금 경쟁이 본격화되면서 단말기 제조사인 엘지전자·삼성전자·팬택(이하 '제조 3사'라 한다)에게 보조금으로 사용하기 위한 금원을 요구하고, 제조 3사는 자신의 단말기가 경쟁모델보다 좋은 단말기로 인식될 수 있도록 이동통신 3사에게 경쟁모델과 유사한 출고가로 출시되도록 요구하는 과정에서, 피심인은 제조 3사와 각각 개별적으로 단말기 모델별로 협의를 통해 공급가 또는 출고가를 부풀려 소비자에게 지급할 보조금으로 사용하기 위한 재원을 조성하고, 소비자가 단말기를 구입하면서 이동통신 서비스에 가입하는 경우에 부풀리기 방식으로 조성한 보조금을 지급함으로써, 소비자로 하여금 고가의 단말기를 할인받아

141) 공정거래위원회, 2013서감1810 심결.

저렴하게 구입하는 것으로 오인시켜 자신의 이동통신 서비스에 가입하도록 유인하였다.[142)]

3) 기타의 부당한 고객유인

① 유형

경쟁사업자와 그 고객의 거래에 대하여 계약 성립의 저지, 계약불이행의 유인 등의 방법으로 거래를 부당하게 방해함으로써 경쟁사업자의 고객을 자기와 거래하도록 유인하는 행위를 말한다(유형 및 기준 제4호 다목).

② 사례

피심인 주식회사 비락(이하 "피심인"이라 한다)은 자신의 경쟁사업자인 참선진종합식품 소속 중구대리점, 양천대리점, 마포대리점, 광주대리점(이하 이들을 통칭할 때에는 '4개 대리점들'이라 한다)과의 사이에 '브랜드전환에 따른 대금지급계약, '녹즙판매대리점계약'을 체결하였는바, 각 대리점이 피심인의 대리점으로 전환하는 대가로 2011. 12. 30. ~ 2012. 3. 21. 기간 동안 각 대리점에게 거래중인 소비자 수를 기준으로 소비자 1인당 50천 원씩 산정하여 36,000천 원 ~ 200,000천 원의 현금을 지급하였다.[143)]

---

142) 공정거래위원회, 2011서감2524 심결.

143) 공정거래위원회, 2012부사0883 심결.

6. 거래강제

(1) 의의

"거래강제"라 함은 부당하게 경쟁자의 고객을 자기와 거래하도록 강제하는 행위를 말한다(독점규제법 제23조 제1항 제3호 후단).

(2) 유형 및 사례

1) 끼워팔기

① 유형

거래상대방에 대하여 자기의 상품 또는 용역을 공급하면서 정상적인 거래관행에 비추어 부당하게 다른 상품 또는 용역을 자기 또는 자기가 지정하는 사업자로부터 구입하도록 하는 행위를 말한다(유형 및 기준 제5호 가목).

② 사례

피심인 대학교(이하 "피심인"이라 한다)는 기숙사 시설을 운영하면서 직영기숙사 부속식당을 이용하는 기숙사 입사생에 대해서는 2009년 9월부터 2013년 3월까지, BTL기숙사 부속식당을 이용하는 기숙사 입사생에 대해서는 2009년 9월부터 심의일 현재까지 식비를 기숙사비에 통합하여 청구하는 방식으로 1일당 3식의 식권을 의무적으로 구입하도록 강제하였다. 이와 같은 사실은 '생활관 식당 의무식 제도 개선 계획' 및 '기숙사생 선발자 기숙사비 납부 공고문'의 내용에 의하여 인정된다.[144)]

144) 공정거래위원회, 2013구사1067 심결.

2) 사원판매

① 유형

부당하게 자기 또는 계열회사의 임직원으로 하여금 자기 또는 계열회사의 상품이나 용역을 구입 또는 판매하도록 강제하는 행위를 말한다(유형 및 기준 제5호 나목).

② 사례

피심인 엘지파워콤은 2005. 9.경 상품명 '엑스피드(Xpeed)'를 출시하여 초고속인터넷 서비스 시장에 진입한 이래 그 가입자 수를 늘리기 위하여 다음과 같은 방법으로 자기의 임직원으로 하여금 엑스피드의 가입자를 유치하도록 하고, 나아가 계열회사인 피심인 엘지화학, 같은 엘지전자, 같은 엘지마이크론으로 하여금 각 같은 행위를 하도록 요청한 사실이 있다.[145]

3) 기타의 거래강제

① 유형

정상적인 거래관행에 비추어 부당한 조건 등 불이익을 거래상대방에게 제시하여 자기 또는 자기가 지정하는 사업자와 거래하도록 강제하는 행위를 말한다(유형 및 기준 제5호 다목).

② 사례

피심인 주식회사 케이티(이하 "피심인"이라 한다)는 협력업체에게 회사 기여도(적합성 평가) 등 사후운영평가 결과를 토대로 하위 30%를 협력업체 재선정시에 탈락시킬 계획과 구체적 평가요소 및 기준을 통지하면서 상품판매실적이 사후운영평가에 반영된 다는 것을 고지한 한 사실이 있다.[146]

145) 공정거래위원회, 2006서경2421 심결.

146) 공정거래위원회, 2004경촉1279 심결.

7. 거래상 지위의 남용

(1) 의의

"거래상 지위의 남용"이라 함은 자기의 거래상의 지위를 부당하게 이용하여 상대방과 거래하는 행위를 말한다(독점규제법 제23조 제1항 제4호).

(2) 유형 및 사례

1) 구입강제

① 유형

거래상대방이 구입할 의사가 없는 상품 또는 용역을 구입하도록 강제하는 행위를 말한다(유형 및 기준 제6호 가목).

② 사례

피심인 남양유업 주식회사(이하 "피심인"이라 한다)는 제품회전율이 낮아 유통이 부진한 제품 등의 재고를 강제로 소진하기 위한 목적으로 2007. 10월경부터 2013. 5월경까지 불가리스 등 총 26개의 품목과 관련하여 대리점들로 하여금 유통기한이 임박한 제품 또는 주문하지 않은 제품 등을 지속적·상시적으로 구입하도록 강제한 사실이 있다.[147]

---

147) 공정거래위원회, 2013서경1385 심결.

2) 이익제공강요

① 유형

거래상대방에게 자기를 위하여 금전 · 물품 · 용역 기타의 경제상이익을 제공하도록 강요하는 행위를 말한다.(유형 및 기준 제6호 나목).

② 사례

피심인 대학교병원(이하 "피심인"이라 한다)은 피심인과 거래관계에 있는 5개 제약회사에 기부금 제공을 요구하여 2005년 3월부터 2006년 2월까지의 기간 중 피심인 연수원 신축부지 매입(이하 "부지매입 등"이라 한다)의 용도로 피심인 자신의 홍보대외협력팀을 통하여 이들 5개 제약회사로부터 총 470백만 원의 기부금을 수령한 사실이 있다.[148)]

3) 판매목표강제

① 유형

자기가 공급하는 상품 또는 용역과 관련하여 거래상대방의 거래에 관한 목표를 제시하고 이를 달성하도록 강제하는 행위를 말한다(유형 및 기준 제6호 다목).

② 사례

피심인 주식회사 새암푸드먼트(이하 "피심인"이라 한다)는 2009. 8. 26. 신고인에게 매월 판매목표를 정하여 제시하면서 이를 달성하도록 강제하였으며, 이러한 판매목표를 이행하지 못한 경우에는 계약상 모든 권리를 포기한다는 서약서를 제출하도록 강제한 사실이 있다.[149)]

---

148) 공정거래위원회, 2010제감0299 심결.

149) 공정거래위원회, 2010서경3052 심결.

4) 불이익제공

① 유형

가목 내지 다목에 해당하는 행위 외의 방법으로 거래상대방에게 불이익이 되도록 거래조건을 설정 또는 변경하거나 그 이행과정에서 불이익을 주는 행위를 말한다(유형 및 기준 제6호 라목).

② 사례

피심인 주식회사 롯데닷컴(이하 "피심인"이라 한다)은 2010. 2. 1.부터 2010. 12. 31. 까지의 기간 동안 A(주) 등 12개 납품업자들과 직매입 거래를 함에 있어 자신이 납품업자로부터 매입한 342,967천 원에 해당하는 컴퓨터, 침구류, 가방 등을 판매 부진으로 인한 과다재고(체화재고)를 이유로 반품한 사실이 있다. 또한 당해 반품이 납품업자에게 이익이 된다고 판단하여 납품업자가 자발적으로 반품을 서면으로 요청한 사실도 없다.[150]

5) 경영간섭

① 유형

거래상대방의 임직원을 선임 · 해임함에 있어 자기의 지시 또는 승인을 얻게 하거나 거래상대방의 생산품목 · 시설규모 · 생산량 · 거래내용을 제한함으로써 경영활동을 간섭하는 행위를 말한다(유형 및 기준 제6호 마목).

② 사례

피심인 주식회사 신세계(이하 "피심인"이라 한다)는 2006년 12월경에 자사와 경쟁백화점에 동시에 입점해 있는 브랜드의 매출현황을 파악하기 위해 주식회사 에이션패션 등 32개 납품업자(38개 브랜드)로부터 경쟁백화점의 EDI정보통신망에 접속할 수

150) 공정거래위원회, 2012가유0591 심결.

있는 아이디(ID) 및 패스워드(PW)를 취득하고, 그 이후에도 2008년 2월까지 5회(2007년 2월, 3월, 5월, 6월, 08년 2월)에 걸쳐 변경된 패스워드(PW)를 취득하였다. 피심인은 이렇게 취득한 매출정보를 바탕으로 중복브랜드의 매출대비율을 작성하고, 매출대비율이 저조할 경우에는 경쟁백화점과 동일하거나 유사한 수준의 행사를 실시하도록 하는 등 매출대비율을 관리하였다. 피심인은 2005년 8월 신세계백화점 본점 신관 개점 후인 2005. 8. 8 ~ 8. 25. 까지 기간 동안 전 장르에 걸쳐 신세계백화점 본점과 롯데백화점 본점 간 중복 브랜드의 매출대비 율을 분석하고, 2005년 9월 매출대비 율 개선을 위해 경쟁백화점에 대응하는 행사를 진행한 사실이 있다.[151]

8. 구속조건부거래

(1) 의의

"구속조건부 거래"라 함은 거래의 상대방의 사업 활동을 부당하게 구속하는 조건으로 거래하는 행위를 말한다(독점규제법 제23조 제1항 제5호 전단).

(2) 유형 및 사례

1) 배타조건부 거래

① 유형

부당하게 거래상대방이 자기 또는 계열회사의 경쟁사업자와 거래하지 아니하는 조건으로 그 거래상대방과 거래하는 행위를 말한다(유형 및 기준 제7호 가목).

② 사례

피심인 주식회사 석수와퓨리스(이하 "피심인"이라 한다)로 분할되기 전 회사인 (주)진로는 2004. 8. 3. 대리점과 대리점계약(계약기간 3년)을 체결하였다. (주)진로가 대

151) 공정거래위원회, 2008가유1977 심결.

리점과 체결한 대리점계약서에는 대리점이 타사 먹는 샘물을 취급하여 (주)진로의 매출이 감소하였을 경우 일정액의 위약금이 부과되고 대리점계약이 해지될 수 있도록 규정되어 있다.

피심인이 설립된 2006. 4. 10. 이후에도 피심인과 대리점은 새로운 대리점 계약체결 없이 (주)진로와 체결한 계약서로 대리점 운영을 지속해 왔다.

피심인은 2006. 6. 22. 내용통지서를 통해 호수대리점이 대리점계약서상 제14조의 타사 먹는샘물 취급금지 의무를 위반하였다는 이유로 위약금을 지급할 것과 그 시정을 요구하였으며, 호수대리점이 이를 이행하지 아니하자 2007. 6. 8. 대리점 계약해지를 통보한 사실이 있다.[152)]

2) 거래지역 또는 거래상대방의 제한

① 유형

상품 또는 용역을 거래함에 있어서 그 거래상대방의 거래지역 또는 거래상대방을 부당하게 구속하는 조건으로 거래하는 행위를 말한다.(유형 및 기준 제7호 나목).

② 사례

피심인 (학)삼육학원(이하 "피심인"이라 한다)은 2012. 3. 30. 작성한 자신의 업무매뉴얼을 통하여 총판 및 대리점간 영업지역 침해 시 피해대리점에 대하여 제품수거 및 재발방지 약속과 적절한 보상을 하도록 하고 있으며, 특이사항 발생 시 총판재계약기간을 1년에서 6개월로 단축할 수 있도록 하고 있다.

또한, 피심인은 총판 및 대리점간 영업지역 침해 및 인터넷 판매 금지를 총판 및 대리점들이 준수하도록 총판사업자를 대상으로 '각 지역 총판의 소속 대리점 관리방식 및 총판운영 전반'에 관하여 정기적으로 교육을 실시하고 있으며, 이와 관련하여 총판임원회의를 2010. 4월, 2013. 1. 29., 2013. 4. 17. 등 수시로 개최하여 영업지역

152) 공정거래위원회, 2007서경2089 심결.

침해 및 인터넷 판매 금지를 요청하면서 인터넷 유통망으로 제품이 유출되는 것을 차단하기 위하여 해당 제품 출처 확인 요청 시 이를 확인하여 총판에 통보하도록 적극 협조할 것을 약속한 바 있다.

이러한 영업지역 침해 및 인터넷 판매 관련 사안에 대한 지속적인 논의 과정에서 피심인은 2012. 2. 6.부터 2013. 5. 21.까지 총 82회에 걸쳐 지역 총판 또는 대리점으로부터 영업지역 침해 또는 인터넷 판매를 이유로 한 제품추적 의뢰를 받고, 해당 제품의 생산일시, 제품 코드번호 등의 분석을 통하여 유통경로를 추적한 후, 해당 총판 또는 대리점에게 제품출처를 통보하였다.[153]

9. 사업활동방해

(1) 의의

"사업활동 방해"라 함은 거래의 상대방의 사업 활동을 부당하게 구속하는 조건으로 다른사업자의 사업활도응ㄹ 방해하는 행위를 말한다(독점규제법 제23조 제1항 제5호 후단).

(2) 유형 및 사례

1) 기술의 부당이용

다른 사업자의 기술을 부당하게 이용하여 다른 사업자의 사업활동을 심히 곤란하게 할 정도로 방해하는 행위를 말한다(유형 및 기준 제8호 가목).

2) 인력의 부당유인 · 채용

① 유형

다른 사업자의 인력을 부당하게 유인 · 채용하여 다른 사업자의 사업활동을 심히 곤

153) 공정거래위원회, 2013구사2133 심결.

란하게 할 정도로 방해하는 행위를 말한다.(유형 및 기준 제8호 나목).

② 사례

피심인 현대자동차 주식회사(이하 "피심인"이라 한다)는 1995. 12. 11.에 전주공장 상용제품개발연구소의 사양입력 및 도면 CAD 입력작업 등 설계용역업무를 리빙인력개발과 위탁계약을 체결하고, 계약기간은 1년 단위로 하여 거래한 사실이 있다.

이와 같은 거래과정에서 피심인은 거래업체인 리빙인력개발이 문제가 있다하여, 1997. 5. 20. 자기의 소속 직원(현대자동차의 트럭 신차종 의장 · 설계 팀장 차장)이던 고**이 신설회사인 현대오토엔지니어링 설립등기를 마치기 직전인, 같은 달 16.에 현업체 문제점 및 향후 업체운영 방안을 리빙인력개발에 통보한 사실이 인정되고, 또한 1997. 6. 30.자로 계약해지됨을 같은 해 5. 22. 및 같은 달 27. 2회에 걸쳐 각각 통지한 사실이 있다.

한편 2차 계약해지 통보서의 요지는 ㄱ) 이미 현업체 문제점 및 향후 업체운영방안을 리빙인력개발에 통보한 바 있고, 1차 해지통보하였으나 동사가 그 수취를 거부한 바 있으며, ㄴ) 따라서 1997. 6. 30.에 계약을 해지한다는 내용이다.

이어서 1997. 7. 2. 피심인은 현대오토엔지니어링의 직원을 모집한다는 내용의 공고를 내도록 하는 한편, 피심인의 직원을 동원해 리빙인력개발 소속의 설계도면 CAD화 및 사양입력요원을 개별 접촉하여 현대오토엔지니어링으로의 응시원서 제출을 유인하게 함으로써 총 50명 중 41명(9명은 본인이 불원)이 응시한 사실이 있다.

한편 피심인은 현대오토엔지니어링과 1997. 7. 10.에 설계용역계약을 체결하고 동사와 거래를 개시한 사실이 있다.[154)]

154) 공정거래위원회, 9707경촉1043 심결.

3) 거래처 이전 방해

① 유형

다른 사업자의 거래처 이전을 부당하게 방해하여 다른 사업자의 사업활동을 심히 곤란하게 할 정도로 방해하는 행위를 말한다(유형 및 기준 제8호 다목).

② 사례

피심인 해태제과 주식회사(이하 "피심인"이라 한다)는 자기로부터 빙과류를 공급받던 소매점 농심가슈퍼가 공급가격이 비싸다는 등의 이유를 들어 계약기간이 종료(1998. 9. 31.)된 것을 기회로 자기와 거래를 끊고 1998. 10. 2. 공급가격 등에 있어 보다 유리한 조건을 제시한 롯데삼강부산영업소로 거래처를 전환하여 제품을 공급받으려 하자 동 영업소에게 자기 거래처를 함부로 빼앗는다고 거칠게 대응하며, 동 영업소의 위 소매점에 대한 제품반입을 저지하고 기 설치된 냉동고의 회수를 강요하는 등, 동 영업소로 하여금 부득이 제품공급을 포기하고 철수하도록 함으로써 위 농심가슈퍼가 끝내 거래처를 전환하지 못하게 한 사실이 있다.[155]

4) 기타의 사업 활동방해

① 유형

가목 내지 다목 외의 부당한 방법으로 다른 사업자의 사업활동을 심히 곤란하게 할 정도로 방해하는 행위를 말한다(유형 및 기준 제8호 라목).

② 사례

피심인 하이트진로음료주식회사(이하 "피심인"이라 한다)는 2008. 7. 17. 자신의 경쟁사업자인 마메든샘물(주)와 거래 중이던 대리점들을 자신의 대리점으로 영입하기 위하여 '법률지원(변호비용 50%), 물량지원(600%), 현금지원(총 5,000만 원)' 등의

155) 공정거래위원회, 9811부사1890 심결.

영입 조건이 포함된 '천안 맘에든 샘물 대리점 영입(건)'이라는 제목의 내부품의서를 확정하였고, 이에 따라 피심인은 2008. 8. 1. 마메든샘물(주)와 거래 중이던 11개 대리점 중 남부유통, 브이아이피유통, 대한유통, 생수유통, 동해상사, 아쿠아유통, 다은유통, 예산진로 등 8개 대리점(이하 이들을 통칭할 때에는 '8개 대리점'이라 한다)을 대상으로 먹는샘물 PC 제품 공급을 위한 대리점계약을 각 체결하면서 그 추가약정서의 내용에 위 내부품의서 상의 대리점 영입조건을 반영하여 추가약정을 체결하였다.[156]

10. 부당한 지원행위

(1) 의의

"부당한 자금지원"이라 함은 특수관계인[157] 또는 다른 회사를 지원하는 행위를 말한다(독점규제법 제23조 제1항 제7호).

(2) 유형 및 사례

1) 부당한 자금지원

특수관계인 또는 다른 회사에 대하여 가지급금 · 대여금 등 자금을 상당히 낮거나 높은 대가로 제공 또는 거래하거나 상당한 규모로 제공 또는 거래하는 행위를 말한다(유형 및 기준 제10호 가목).

156) 공정거래위원회, 2012제감1232 심결.

157) "특수관계인"이라 함은 독점규제법 시행령 제11조 동법 시행령 제12조의3을 기준으로 회사 또는 회사외의 자와 당해 회사를 사실상 지배하고 있는 자(동일인), 동일인관련자로써 동법 시행령 제3조의2 제1항의 규정에 의하여 동일인 관련자로부터 분리된 자를 제외한 동일인의 배우자 · 6촌 이내의 혈족 · 4촌 이내의 인척, 동일인이 지배하고 있는 계열회사 · 비영리법인 · 단체, 계열회사의 임원(동일인 관련자)과 경영을 지배하려는 공동의 목적을 가지고 당해 기업결합에 참여하는 자를 말한다.

2) 부당한 자산 · 상품 등 지원

특수관계인 또는 다른 회사에 대하여 부동산 · 유가증권 · 무체재산권 등 자산 또는 상품 · 용역을 상당히 낮거나 높은 대가로 제공 또는 거래하거나 상당한 규모로 제공 또는 거래하는 행위를 말한다(유형 및 기준 제10호 나목).

3) 부당한 인력지원

특수관계인 또는 다른 회사에 대하여 인력을 상당히 낮거나 높은 대가로 제공 또는 거래하거나 상당한 규모로 제공 또는 거래하는 행위를 말한다(유형 및 기준 제10호 다목).

4) 부당한 거래단계 추가 등

① 다른 사업자와 직접 상품 · 용역을 거래하면 상당히 유리함에도 불구하고 거래상 역할이 없거나 미미(微微)한 특수관계인이나 다른 회사를 거래단계에 추가하거나 거쳐서 거래하는 행위와 ② 다른 사업자와 직접 상품 · 용역을 거래하면 상당히 유리함에도 불구하고 특수관계인이나 다른 회사를 거래단계에 추가하거나 거쳐서 거래하면서 그 특수관계인이나 다른 회사에 거래상 역할에 비하여 과도한 대가를 지급하는 행위를 말한다(유형 및 기준 제10호 라목).

제8장 가맹사업법의 이해

가맹사업(프랜차이즈)은 창업과 관련하여 지속적인 성장과 발전을 하고 있는 산업이며, 가맹사업은「가맹사업거래의 공정화에 관한 법률」(이하 "가맹사업법"이라 한다)[158]을 기초로 계약과 절차 등에 관한 통제를 받고 있으며, 가맹사업은 가맹본부와 가맹점사업자(또는 가맹희망자)로 분류된다.

창업자가 가맹본부를 통한 가맹희망자를 모집하여 사업을 운영하고자 하는 경우 가맹사업법에 대한 이해가 없을 시 가맹사업법 위반에 따른 제재 및 행정벌(벌칙, 과태료 등)등의 조치를 받게 되므로 안정적이고 공정한 가맹사업을 운영하기 위한 방안으로 가맹사업법의 이해가 필요하다.

1. 가맹사업의 개념

(1) 가맹사업의 의의

"가맹사업"이라 함은 가맹본부가 가맹점사업자로 하여금 ①자기의 상표 · 서비스표 · 상호 · 간판 그 밖의 영업표지(이하 "영업표지"라 한다)를 사용하여 ② 일정한 품질기준이나 영업방식에 따라 상품(원재료 및 부재료를 포함) 또는 용역을 판매하도록 함과 ③ 이에 따른 경영 및 영업활동 등에 대한 지원 · 교육과 통제를 하며, ④ 가맹점사업자는 사용과 경영 및 영업활동 등에 대한 지원 · 교육의 대가로 가맹본부로 가맹금을 지급하는 계속적인 거래관계를 말한다(가맹사업법 제2조 제1호).

158) 가맹사업법은 2002.5.13.에 제정되어 2002.11.01.부로 시행되었으며, 상법상 '가맹업'을 모법으로 하고 있으나 가맹사업법과 일부 충돌되는 사항이 있다.

(2) 가맹사업법상 주요 정의

1) "가맹본부"

가맹사업과 관련하여 가맹점사업자에게 가맹점운영권을 부여하는 사업자를 말한다.

2) "가맹점사업자"

가맹사업과 관련하여 가맹본부로부터 가맹점운영권을 부여받은 사업자를 말한다.

3) "가맹희망자"

가맹계약을 체결하기 위하여 가맹본부나 가맹지역본부와 상담하거나 협의하는 자를 말한다.

4) "가맹점운영권"

가맹점사업자가 가맹본부의 가맹사업과 관련하여 가맹점을 운영할 수 있는 계약상의 권리를 말한다.

5) "가맹금"

명칭이나 지급형태에 상관없이 다음 사항에 해당하는 대가를 말한다. 다만, 가맹본부에 귀속되지 아니하는 것으로서 대통령령으로 정하는 대가[159]를 제외한다.

---

159) 가맹사업법 시행령 제3조(가맹금의 정의) 제1항.

1. 소비자가 신용카드를 사용하여 가맹점사업자의 상품이나 용역을 구매한 경우에 가맹점사업자가 신용카드사에 지불하는 수수료
2. 소비자가 상품권을 사용하여 가맹점사업자의 상품이나 용역을 구매한 경우에 가맹점사업자가 상품권 발행회사에 지급하는 수수료나 할인금
3. 소비자가 「전자금융거래법」 제2조제11호에 따른 직불전자지급수단 · 선불전자지급수단 또는 전자화폐를 사용하거나 「전자금융거래법」제2조제19호에 따른 전자지급결제대행 서비스를 이용하여 가맹점사업자의 상품이나 용역을 구매한 경우에 가맹점사업자가 지급수단 발행회사나 지급결제 대행회사에 지급하는 수수료나 할인금

① 가입비 · 입회비 · 가맹비 · 교육비 또는 계약금 등 가맹점사업자가 영업표지의 사용허락 등 가맹점운영권이나 영업활동에 대한 지원 · 교육 등을 받기 위하여 가맹본부에 지급하는 대가

② 가맹점사업자가 가맹본부로부터 공급받는 상품의 대금 등에 관한 채무액이나 손해배상액의 지급을 담보하기 위하여 가맹본부에 지급하는 대가

③ 가맹점사업자가 가맹점운영권을 부여받을 당시에 가맹사업을 착수하기 위하여 가맹본부로부터 공급받는 정착물 · 설비 · 상품의 가격 또는 부동산의 임차료 명목으로 가맹본부에 지급하는 대가

④ 가맹점사업자가 가맹본부와의 계약에 의하여 허락받은 영업표지의 사용과 영업활동 등에 관한 지원 · 교육, 그 밖의 사항에 대하여 가맹본부에 정기적으로 또는 비정기적으로 지급하는 대가로서 대통령령으로 정하는 것

⑤ 그 밖에 가맹희망자나 가맹점사업자가 가맹점운영권을 취득하거나 유지하기 위하여 가맹본부에 지급하는 모든 대가

6) "가맹지역본부“

가맹본부와의 계약에 의하여 일정한 지역 안에서 가맹점사업자의 모집, 상품 또는 용역의 품질유지, 가맹점사업자에 대한 경영 및 영업활동의 지원 · 교육 · 통제 등 가맹본부의 업무의 전부 또는 일부를 대행하는 사업자를 말한다.

7) "가맹중개인“

가맹본부 또는 가맹지역본부로부터 가맹점사업자를 모집하거나 가맹계약을 준비

---

4. 법 제2조제6호다목에 따라 가맹본부에 지급하는 대가 중 적정한 도매가격(도매가격이 형성되지 아니하는 경우에는 가맹점사업자가 정상적인 거래관계를 통하여 해당 물품이나 용역을 구입 · 임차 또는 교환할 수 있는 가격을 말하며, 가맹본부가 해당 물품이나 용역을 다른 사업자로부터 구입하여 공급하는 경우에는 그 구입가격을 말한다)
5. 그 밖에 가맹본부에 귀속되지 아니하는 금전으로서 소비자가 제3의 기관에 지불하는 것을 가맹본부가 대행하는 것

또는 체결하는 업무를 위탁받은 자를 말한다.

8) "**가맹계약서**"

가맹사업의 구체적 내용과 조건 등에 있어 가맹본부 또는 가맹점사업자(이하 "가맹사업당사자"라 한다)의 권리와 의무에 관한 사항(특수한 거래조건이나 유의사항이 있는 경우에는 이를 포함한다)을 기재한 문서를 말한다.

9) "**정보공개서**"

공정거래위원회의 표준화된 정보공개서 서식을 통해 다음의 사항을 수록한 문서를 말하며, 가맹사업법상 매우 중요한 문서이며 제공절차를 성실히 이행하여야 한다

10) "**점포환경개선**"

가맹점 점포의 기존 시설, 장비, 인테리어 등을 새로운 디자인이나 품질의 것으로 교체하거나 신규로 설치하는 것을 말한다. 이 경우 점포의 확장 또는 이전을 수반하거나 수반하지 아니하는 경우를 모두 포함한다.

11) "**영업지역**"

가맹점사업자가 가맹계약에 따라 상품 또는 용역을 판매하는 지역을 말한다.

2. 가맹사업법 적용배제

① 가맹점사업자가 가맹금의 최초 지급일부터 6개월까지의 기간 동안 가맹본부에게 지급한 가맹금의 총액이 100만원을 초과하지 아니하는 경우에는 가맹사업법을 적용받지 않는다.

② 가맹본부의 연간 매출액이 5천만원 미만인 경우와 해당 가맹본부가 가맹사업을

시작하기 전에 해당 가맹사업과 같은 품질기준이나 영업방식에 따라 상품이나 용역을 판매하는 직영점을 개설하여 1년 이상 운영하고 있는 경우에는 2억원(직영점의 매출액을 포함한다)미만인 경우에는 가맹사업법을 적용받지 않는다.

다만, 가맹본부와 계약을 맺은 가맹점사업자의 수가 5개 이상의 범위에서 대통령령으로 정하는 수 이상인 경우는 제외한다.

③ 상기 ①과 ②에도 불구하고 제9조(허위 · 과장된 정보제공 등의 금지) 및 제10조(가맹금의 반환)제1항 제1호[160]에 대해서는 모든 가맹사업거래에 대하여 적용한다.

3. 가맹사업의거래의 기본원칙

(1) 신의성실의 원칙

가맹사업당사자는 가맹사업을 영위함에 있어 각자의 업무를 신의에 따라 성실하게 수행하여야 한다.

(2) 가맹본부의 준수사항

1) 가맹사업의 성공을 위한 사업구상
2) 상품이나 용역의 품질관리와 판매기법의 개발을 위한 계속적인 노력
3) 가맹점사업자에 대하여 합리적 가격과 비용에 의한 점포설비의 설 치, 상품 또는 용역 등의 공급
4) 가맹점사업자와 그 직원에 대한 교육 · 훈련
5) 가맹점사업자의 경영 · 영업활동에 대한 지속적인 조언과 지원
6) 가맹계약기간중 가맹점사업자의 영업지역 안에서 자기의 직영점을 설치하거나 가맹점사업자와 유사한 업종의 가맹점을 설치하는 행위의 금지
7) 가맹점사업자와의 대화와 협상을 통한 분쟁해결 노력

160) 정보공개서를 14일 이내에 가맹희망자 또는 가맹점사업자에게 제공하지 않은 경우 등을 말한다.

(3) 가맹점사업자의 준수사항

1) 가맹사업의 통일성 및 가맹본부의 명성을 유지하기 위한 노력
2) 가맹본부의 공급계획과 소비자의 수요충족에 필요한 적정한 재고유 지 및 상품 진열
3) 가맹본부가 상품 또는 용역에 대하여 제시하는 적절한 품질기준의 준수
4) 3)의 규정에 의한 품질기준의 상품 또는 용역을 구입하지 못하는 경우 가맹본부가 제공하는 상품 또는 용역의 사용
5) 가맹본부가 사업장의 설비와 외관, 운송수단에 대하여 제시하는 적 절한 기준의 준수
6) 취급하는 상품 · 용역이나 영업활동을 변경하는 경우 가맹본부와의 사 전 협의
7) 상품 및 용역의 구입과 판매에 관한 회계장부 등 가맹본부의 통일적 사업경영 및 판매 전략의 수립에 필요한 자료의 유지와 제공
8) 가맹점사업자의 업무현황 및 (7)의 규정에 의한 자료의 확인과 기록 을 위한 가맹본부의 임직원 그 밖의 대리인의 사업장 출입허용
9) 가맹본부의 동의를 얻지 아니한 경우 사업장의 위치변경 또는 가맹 점운영권의 양도 금지
10) 가맹계약기간 중 가맹본부와 동일한 업종을 영위하는 행위의 금지
11) 가맹본부의 영업기술이나 영업비밀의 누설 금지
12) 영업표지에 대한 제3자의 침해사실을 인지하는 경우 가맹본부에 대 한 영업표지침해사실의 통보와 금지조치에 필요한 적절한 협력

4. 정보공개서[161)]

(1) 정보공개서의 의의

가맹사업법상 정보공개서라함은 가맹사업법 제2조(정의) 제10호에 의거하여 ① 가맹본부의 일반 현황, ② 가맹본부의 가맹사업현황[162)], ③ 가맹본부와 그 임원[163)]이 이 법 또는「독점규제 및 공정거래에 관한 법률」을 위반한 사실, 사기 · 횡령 · 배임 등 타인의 재산을 영득 또는 편취하는 죄에 관련된 민사소송에서 패소의 확정판결을 받았거나 민사상 화해를 한 사실, 사기 · 횡령 · 배임 등 타인의 재산을 영득 또는 편취하는 죄를 범하여 형을 선고받은 사실, ④ 가맹점사업자의 부담, ⑤ 영업활동에 관한 조건과 제한, ⑥ 가맹사업의 영업개시에 관한 상세한 절차와 소요기간, ⑦ 교육 · 훈련에 대한 설명[164)]을 정보공개서에 기재[165)]하여 한국공정거래조정원[166)]으로부터 등록을 완료 후 이를 가맹희망자에게 계약체결 전 14일 이전에 제공하고 가맹희망자는 제공받은 정보공개서를 통해 가맹본부에 대한 현황 및 조건 등을 사전에 확인하여 가맹사업운영여부를 판단 및 결정하는데 참고할 수 있도록 신뢰형성[167)]을 위한 업무적 지원

---

161) 류석희/소재선, “가맹사업법상 정보공개서 전자공시법적제도 도입방안에 관한 소고”,「경희법학」제48권 제1호, 경희대학교 법학연구소, 2013, 367-376면; 류석희, “가맹거래사 제도의 개선방안 연구”, 경희대학교 법학전문대학원 박사학위 논문, 2014, 124-136면에 대한 내용을 요약 정리하였다.

162) 가맹점사업자의 매출에 관한 사항을 포함한다.

163)「독점규제 및 공정거래에 관한 법률」제2조 제5호에 따른 임원을 말한다.

164) 교육 · 훈련에 대한 계획이 있는 경우에 한한다.

165) 가맹사업법 시행령 제4조(정보공개서의 기재사항) 제1항에 의거하여 별표1. 정보공개서의 기재사항을 구체화하고 있다.

166) 2013.1.1.부터 공정거래위원회에서 처리하던 정보공개서 관련 업무를 한국공정거래조정원에서 위탁받아 처리하는 것으로 법이 개정되었으며, 한국공정거래조정원은 전국의 모든 가맹본부에 대한 정보공개서 등록, 등록거부 및 공개 등에 관한 업무를 접수 및 처리하되 정보공개서 등록취소에 관한 업무는 지속적으로 공정거래위원회 가맹사업과에서 처리하는 것으로 업무 분담이 되었다.

167) Eillen A. Scallen, "Promise Broken v. Promises Betrayed : Metaphor,

을 하며, 당사자 간에 분쟁발생 시 가맹본부의 귀책사유 등에 대한 법적 위반사항을 판단할 수 있는 매우 중요한 자료이다.[168]

(2) 정보공개서 등록관련 규정

1) 정보공개서의 등록 절차

가맹본부는 정상적인 가맹사업 운영을 위해 한국공정거래조정원을 통해 정보공개서를 의무적으로 등록하여야 한다.

등록된 정보공개서에 한하여 가맹희망자 또는 가맹점사업자에게 제공을 할 수 있고 등록된 정보공개서 상 변경사항이 발생한 경우에도 약정된 기간 내에 변경등록을 완료하여야 한다.

가맹본부는 신규로 정보공개서를 신청하는 경우 정보공개서 신규 등록 신청서를 작성하여 ① 정보공개서, ② 바로 전 3개 사업연도의 대차대조표 및 손익계산서,[169] ③ 바로 전 사업연도 말 현재 운영 중인 직영점 및 가맹점 목록,[170] ④ 가맹계약서 양식 사본, ⑤ 바로 전 사업연도 말 현재 근무 중인 임직원 수를 확인할 수 있는 서류, ⑥ 그 밖에 정보공개서 내용과 관련 있는 서류를 첨부하여 공정거래위원회에 제출하여야 한다. 즉, 공정거래위원회에서는 가맹희망자 및 가맹점사업자의 보호를 위한 수단으로 정보공개서를 등록하여 가맹본부가 가맹사업을 하도록 의무화하고 있다. 특히 정보공개서를 공정거래위원회 홈페이지[171] 또는 가맹본부의 홈페이지 등을 통해 가맹

Analogy, and the New Fiduciary Principle", University of Illinois Law Review 1993(1993), p. 922.

168) 川越憲治,「フランチャイズシステムの法理論」, 商事法務研究會(2001), 213面; 류석희/소재선, 전게논문, 367-368면.

169) 가맹본부에서 재무제표를 작성하지 않는 경우에는 바로 전 3개 사업연도의 매출액을 확인할 수 있는 서류를 제출하면 된다.

170) 목록 작성 시 대표자, 소재지, 가맹계약체결일, 연락처를 기재하여야 한다.

171) 공정거래위원회이외에도 한국공정거래조정원 및 가맹사업관련 협회 등의 홈페이지를 통해서 정보공개서를 확인할 수 있도록 구성해놓고 있다.

사업법 규정에 따른 게재를 하도록 하고 있다.

2) 정보공개서 변경등록 절차 및 고지의무

정보공개서의 변경 등록 및 신청과 관련하여 가맹사업법 시행령 제5조의3의 규정과 별표 1의 2의 '정보공개서의 변경 사항 및 변경 기한'을 기준으로 변경등록신청에 대한 규정을 검토 시 해당 변경내용을 임의적으로 분류를 해보면, 수시로 변경을 하여야 하는 수시변경 사항과 정기적으로 변경을 하여야 하는 정기변경 사항으로 구분할 수 있다.

수시변경 사항은 ① 변경사유가 발생한 날로부터 30일 이내 변경하여야할 등록사항, ② 변경사유가 발생한 분기가 끝난 후 30일 이내 변경하여야할 등록사항, ③ 변경사유가 발생한 분기가 끝난 후 30일 이내 변경하여야할 신고사항이 있다.

정기변경 사항은 매 사업 년도가 끝난 후 120일 이내[172] 변경하여야할 등록사항이 있고 이를 정기변경으로 분류한 이유는 법인의 경우 매 사업 년도 말일 자를 기준으로 재무제표 및 가맹사업에 관한 보고서 작성 등이 확정된다.

이를 통한 정기주주총회까지 완료되는 시점으로 최종 확정되어 보고된 재무제표 등을 통해 매년 정기적으로 변경등록하기 때문이며, 이는 법인의 회계 감사보고서와 유사한 성격을 가지고 있다.

변경등록 신청절차는 별지 제4호 서식의 정보공개서 변경등록 신청서를 작성하여 ① 변경된 정보공개서, ② 변경내용을 증명하는 서류, ③ 정보공개서 등록증[173]을 첨부하여 제출하여야 하고 변경등록 처리기간은 신규 등록의 업무처리 기간인 30일보다 단축된 20일 이내에 처리를 완료해 주어야한다.

---

172) 1월 1일부터 4월 말일까지의 기간을 말하며, 대부분의 가맹본부는 제출 마지막 달인 4월 달의 기간 내에 정보공개서 정기변경등록신청을 집중적으로 제출하고 있다.

173) 정보공개서 등록증을 제출하는 기준은 정보공개서 등록증의 기재사항을 변경하는 경우 제출하여야 한다.

가맹본부는 정보공개서를 변경 등록한 경우 변 경 등록한 날 현재 가맹계약을 체결하고 있는 가맹점사업자에게 변경 등록한 날부터 15일 이내에 가맹사업법 시행령 제6조 제1항의 방법으로 통지하여야 한다.

3) 정보공개서의 등록거부

공정거래위원회는 정보공개서 등록증 발급 등을 하였음에도 불구하고 다음의 경우 1회에 한하여 상당한 기간을 정해 가맹본부에게 필요한 내용을 변경 또는 보완을 요구하거나 정보공개서의 등록을 거부할 수 있다.[174] 즉, ① 정보공개서의 기재사항이 사실과 다르거나 일부내용이 빠진 경우, ② 신규 등록 신청서 제출 시 첨부서류를 제출하지 않은 경우, ③ 해당 법인의 설립등기 전에 등록 신청하는 때에는 법인을 설립하려는 발기인의 주민등록표 등본을 제출하지 않은 경우, ④ 사업자등록증을 제출하지 않는 경우를 말한다. 공정거래위원회는 정보공개서의 기재사항이나 첨부 서류에 거짓이 있는 경우와 본 사항에 따른 변경 또는 보완요구를 하였음에도 불구하고 가맹본부가 조치를 하지 않은 경우 정보공개서 등록을 거부하고 이를 가맹본부에 통지하여야 한다.

4) 정보공개서의 등록취소

공정거래위원회는 정보공개서 상 ① 거짓이나 기타 부정한 방법으로 정보공개서가 등록이 된 경우, ② 가맹사업법 제2조(정의) 제10호 각목의 기재사항 중 대통통령으로 정하는 중요한 사항[175]이 누락된 경우 정보공개서의 등록을 취소할 수 있고 이는 사전에 가맹희망자의 피해를 예방하기 위한 조치 및 규정이다.[176]

---

174) 정보공개서 등록거부에 대한 조항은 가맹사업법 제6조의3(정보공개서 등록의 거부) 및 시행령 제5조의2(정보공개서 등록 등) 제4항 내지 제5항에 따른다.

175) 2012.5.7.에 개정된 가맹사업법 시행령 제4조 제1항 관련 별표 1.의 정보공개서의 기재사항을 말한다.

176) 정보공개서 등록 취소에 관한 규정은 가맹사업법 제6조의4(정보공개서 등록의

①에 의한 사유로 정보공개서의 등록이 취소가 되는 경우 공정거래위원회는 가맹본부에 등록이 취소된 날로부터 7일 이내에 서면을 통한 통지를 하여야 하며, 통지를 하는 경우 그 사실과 취소사유를 명확히 기재하여 알려주어야 한다.

②에 대한 사유에 의한 경우는 i) 가맹본부가 휴업 또는 폐업신고를 한 경우, ii) 가맹본부가 파산을 신청한 경우, iii) 가맹본부에 대하여 강제집행절차 또는 회생절차가 개시된 경우, iv) 가맹본부가 발행한 어음 또는 수표가 부도 등으로 지급 거절된 경우, v) 가맹본부가 대표자의 사망, 소재불명 등의 사유로 영업을 중단한 경우, vi) 그 밖에 i)~v)까지의 규정에 준하는 경우이다.

가맹본부가 가맹사업을 정상적으로 경영하기 어렵다고 공정거래위원회가 판단하는 경우에는 ㄱ) 가맹본부의 귀책정도, ㄴ) 회생가능성, ㄷ) 가맹희망자가 입을 피해가능성, ㄹ) 기존 가맹점사업자에게 미치는 영향 등을 종합하여 보완 요구 없이 정보공개서의 등록을 취소할 수 있도록 조치하고 있다.

(3) 정보공개서 제공 등 규정

1) 정보공개서 제공(금지사항 포함)

가맹본부는 공정거래위원회에 등록한 정보공개서를 가맹희망자에게 제공할 의무가 있다.

가맹본부는 등록된 정보공개서를 제공하지 않았거나 정보공개서를 제공한 날로부터 14일[177]이 지나지 않은 경우 가맹희망자로부터 가맹금을 수령하거나 가맹계약을

취소) 및 시행령 제5조의5(정보공개서 등록의 취소)에 따른다.

177) 가맹희망자는 정보공개서를 가맹사업법상 규정해놓은 전문가인 변호사 또는 가맹거래사를 통해 자문을 받은 경우 7일을 단축할 수 있다. 이는 전문가를 통한 검토를 통해 가맹본부에 대한 정보에 대해 설명 및 확인을 하였는바 전문가를 신뢰하여 기간을 단축하는 개념이나, 실효성이 있는지에 대해서는 의문이다. 또한 전문가들의 책임에 대한 규정은 있으나 문제발생 시 전문가들에게 어디까지 책임에 대한 손해배상을 요구할 수 있는 지에 대해서는 명확히 규정이 되어 있지 않으며, 가맹희망자가 전문가들의 귀책사유를 증명하기란 쉽지 않다고 생각된다.

체결하지 못하도록 규정하고 있다(가맹사업법 제7조 제2항).

가맹본부는 정보공개서 제공 후 가맹계약체결 전 중요한 사항이 변경된 경우 변경된 내용을 가맹희망자에게 지체 없이 알려야하고(가맹사업법 시행령 제6조 제3항), 정보공개서 제공시 가맹희망자의 점포예정지를 기점으로 인근에 있는 가맹점 또는 직영점의 10개 상호, 대표자명, 소재지, 전화번호를 기재한 문서를 같이 제공하여야 한다.

다만, 정보공개서를 제공할 때 장래 점포예정지가 확정되지 않은 경우 확정되는 즉시 제공을 하면 된다.

정보공개서 제공시점에 가맹희망자의 장래 점포예정지가 속한 광역지방자치단체에서 영업 중인 가맹점의 수가 10개미만인 경우 해당 광역지방자치단체 내의 가맹점 전체를 제공하여야 한다.

2) 정보공개서 제공방법 및 별도 문서작성

가맹사업법상 가맹본부가 가맹희망자에게 정보공개서를 제공 시 ① 직접전달, ② 우편(내용증명)으로 전달, ③ 자기디스크에 전자 파일형태로 제공, ④ 정보통신망을 이용하여 정보공개서의 내용을 게시한 후 게시사실을 가맹희망자에게 고지, ⑤ 가맹희망자의 전자우편 주소로 정보공개서의 내용이 포함된 전자적 파일로 보내도록 규정하고 있다.

가맹본부는 가맹희망자에게 직접제공을 하는 경우 i) 정보공개서를 제공받았다는 사실, ii) 제공받은 일시 및 장소, iii) 가맹희망자의 성명 · 주소 및 전화번호, iv) 가맹희망자의 서명 또는 기명날인을 하여 가맹희망자에게 제공하여야 한다.

5. 허위 · 과장된 정보제공 등의 금지[178)]

(1) 가맹본부의 정보제공 시 이행사항 및 정보제공행위의 유형

가맹본부는 가맹희망자 또는 가맹점사업자에게 ① 사실과 다른 정보제공 또는 부풀린 정보를 제공해서는 안 되며(이하 "허위 · 과장의 정보제공행위"라 한다), ② 계약의 체결 또는 유지에 영향을 미치는 사실을 은폐하거나 축소하여 정보를 제공(이하 "기만적인 정보공개행위"라 한다)하는 행위를 하여서는 안 된다.

즉, 가맹본부는 가맹희망자 또는 가맹점사업자에게 정보를 제공함에 있어 투명하게 근거를 제시할 수 있는 범위에서 정상적인 정보를 제공하여야 한다.

1) 허위 · 과장의 정보제공행위의 유형

① 객관적인 근거 없이 가맹희망자의 예상수익상황을 과장하여 제공하거나 사실과 다른 가맹본부의 최저수익 등을 보장하는 것처럼 정보를 제공하는 행위[179)], ② 가맹희망자의 점포예정지 상권의 분석 등과 관련하여 사실 여부가 확인되지 않은 정보를 제공하는 행위[180)], ③ 가맹본부가 취득하지 아니한 지식재산권을 취득한 것처럼 정보

---

178) 류석희/소재선, "개정 가맹사업법상 허위 · 과장된 정보제공 규정에 관한 소고",「법학연구」통권 제41집, 전북대학교 법학연구소, 2014, 17-22면; 류석희, 상게박사학위 논문, 68-80면에 대한 내용을 요약 정리하였다.

179) "A씨는 월 최저 500만 원의 수익을 보장하고, 하루 매출이 130만 원을 상회할 것이란 편의점업체 B사 가맹본부의 설명을 믿고 계약을 체결, 대전 유성구에서 편의점을 오픈했다. 그런데 실제 일 매출은 78만 원에 그쳤고, A 씨가 항의하자 가맹본부는 월 500만 원의 수익을 보장한 사실이 없다고 발뺌을 했다. 이에 A 씨는 가맹본부의 허위 · 과장 정보제공행위가 가맹사업법을 위반했다며 위약금 없는 가맹계약 해지 및 손해배상을 요구하고 나섰다"(금강일보, "가맹본부 감언이설에 소상공인 운다. 편의점 등 허위 · 과장 정보 따른 피해 속출", 보도기사, 2013.6, 〈http://www.ggilbo.com/news/articleView.html?idxno=133490 〉

180) "편의점을 운영하는 △△씨는 가맹본부로부터 가맹계약이전에 주변 상권 현황과 통행량, 가맹점의 예상 매출액 관련 정보가 기재된 '상권 분석 보고서'를 제공받

를 제공하는 행위 등이 있다.

2) 기만적인 정보제공행위의 유형

① 중요사항을 적지 않은 정보공개서를 가맹희망자에게 제공하는 행위, ② 가맹본부가 가맹점사업자에게 지원하는 금전, 상품 또는 용역 등이 일정 요건이 충족되는 경우에만 지원됨에도 불구하고 해당 요건을 제시하지 아니한 체 모든 경우에 지원되는 것처럼 제공하는 행위 등이 있다.

(2) 정보제공 방법 및 비치 · 열람자료

가맹본부는 ① 가맹희망자에게 예상매출액 · 수익 · 매출총이익 · 순이익 등 장래의 예상수익상황에 관한 정보를 제공하거나, ② 가맹점사업자에게 매출액 · 수익 · 매출총이익 · 순이익 등 과거의 수익상황 또는 장래의 예상수익상황에 관한 정보를 제공하는 경우에는 서면으로 하여야 한다.

가맹본부는 정보를 제공하는 경우 정보의 산출근거가 되는 자료로서 ① 현재수익 또는 예상수익의 산출에 사용된 사실적인 근거와 예측에 관한 자료, ② 현재수익 또는 예상수익의 산출근거가 되는 가맹사업의 점포(직영점과 가맹점을 포함)의 수와 그 비율, ③ 최근의 일정기간 동안 가맹본부 또는 가맹중개인이 표시 또는 설명하는 현재수익이나 예상수익과 같은 수준의 수익을 올리는 가맹점사업자의 수와 그 비율[181]에 관한 자료를 가맹본부의 사무소에 비치하고 가맹희망자 또는 가맹점사업자는 영업시간

고 2013년 1월경 가맹계약을 체결했다. 그러나 가맹점을 운영하는 약 2개월 동안의 실제 매출액이 상권 분석 보고서에서 피신청인이 제시한 월 예상 매출액에 현저히 미치지 못했다. 또 24시간 영입을 강요하면서 상권조사 시에는 심야 통행량을 조사하지 않은 오류가 있어 영업시간 재조정을 요구하면서 분쟁이 발생했다"(머니위크, "프랜차이즈 정보공개서서 제공의무위반 · 허위과장 정보제공 많아, 보도기사, 2014.2,<http://mnb.moneyweek.co.kr/mnbview.php? no=2014021112018041510>

181) 최근의 일정기간에 대한 시작 일자와 끝나는 일자를 표시하여야 한다.

중 언제든지 해당 자료를 열람할 수 있다.

(3) 의무제공 가맹본부 및 제공할 정보의 기준

개정된 현행 규정은 예상매출액 등을 의무적으로 제공하여야하는 가맹본부와 임의적으로 제공하는 가맹본부로 구분하여 규정하고 있다.

의무적으로 제공하여야하는 가맹본부는 가맹사업법 제9조 제5항에 따라 ① 중소기업자[182]가 아닌 가맹본부, ② 직전 사업연도 말 기준으로 가맹본부와 계약을 체결 및 유지하고 있는 가맹점사업자[183]의 수가 100개 이상인 가맹본부로 한다.

가맹사업법 제9조 제3항에도 불구하고 가맹계약 체결 시 가맹희망자에게 가맹희망자의 점포 예정지에서 영업개시일부터 1년간 발생할 것으로 예상되는 매출액의 최저액과 최고액으로 확정된 범위의 예상매출액과 산출근거를 서면으로 제공하여야 하고, 매출액의 최고액은 해당 매출액의 최저액의 1.7배를 초과할 수 없다.

다만, 가맹희망자의 점포 예정지가 특별시 · 광역시 · 특별자치시 · 도 · 특별자치도에 해당 가맹본부의 가맹점[184]이 5개 이상이 있는 경우 그 점포 예정지에서 가장 인접한 가맹점 5개 중 별표 1의3에 따른 직전 사업연도 매출환산액이 가장 작은 가맹점과 가장 큰 가맹점을 제외한 나머지 3개 가맹점의 같은 표에 따른 직전 사업연도 매출환산액 중 최저액과 최고액으로 확정된 범위로 가맹사업법 시행령 제9조 제3항에 따른 상기 범위로 갈음 할 수 있다. 별표 1의3에 따른 직전 사업연도 매출환산액의 계산방법은 다음과 같다.

182) 「중소기업기본법」제2조 제1항 또는 제3항.

183) 가맹본부가 복수의 등록된 영업표지를 가지고 있는 경우 동일 영업표지를 사용하는 가맹점사업자에 한정한다.

184) 직전 사업연도의 영업기간이 6개월 이상인 가맹점에 한정한다.

1. 직전 사업연도의 영업기간이 1년인 가맹점의 경우

$$\frac{\text{직전 사업연도에 발생한 매출액(원)}}{\text{매장면적(㎡)}}$$

2. 직전 사업연도의 영업기간이 6개월 이상 1년 미만인 가맹점의 경우

$$\frac{\text{직전 사업연도에 발생한 매출액(원)}}{\text{매장면적(㎡)}} \times \frac{365}{\text{직전 사업연도 영업일수}}$$

〈직전 사업연도 매출환산액 공식〉

6. 가맹예치금[185)]

(1) 가맹금에 관한 정의

가맹금은 가맹희망자 또는 가맹점사업자가 가맹점에 대한 운영을 위해 가맹본부에게 지급하는 비용으로[186)] 영업표지 및 노하우 등에 관한 라이선스에 관한 사용에 대한 대가를 말하며, 가맹금, 계약금, 보증금, 임대료 등의 명칭에 구분을 두지 않는다.[187)] 미연방거래위원회(Federal Trade Commission, 'FTC')의 규칙상 가맹금에 대한 정의로는 "지급대가(Required payment)로서 가맹점의 운영권을 얻거나 또는 가맹사업을 운영하기 위한 조건으로 가맹점사업자가 가맹본부에게 계약상 지급해야하는 대가"로 규정하고 있다.

185) 류석희/소재선, "가맹사업법상 가맹금예치제도에 관한 개선방안 소고",「외법논집」 제38권 제2호, 한국외국어대학교 법학연구소, 2014, 165-172면; 류석희, 상게박사학위논문, 142-153면에 대한 내용을 요약 정리하였다.

186) Bryan A. Garner, Black's Law Dictionary, 9thed, 2009, at 690; 최영홍, "가맹금의 개념과 정의조항", 「고려법학」제56호, 고려대학교 법학연구원, 2010, 578면.

187) Susan H. Morton, Advertising Co-op Contribution Were Indirect Franchise Fee, 8 No.5 LJN's Franchising Bus. & L. Albert 8, 2002, at. 1; 염규석, "개정가맹사업거래의 공정화에 관한 법률의 주요쟁점 및 문제점", 「재산법학회」제24권 제3호, 한국재산법학회, 2008, 197면.

(2) 가맹금에 대한 대가의 분류

가맹사업법상 가맹금에 관한 규정은 가맹금에 해당되는 대가와 가맹금에 해당되지 않는 대가로 구분을 하고 있다.

구분	내용	비고
가. 가입비 등	가입비 · 입회비 · 가맹비 · 교육비 또는 계약금 등 가맹점사업자가 영업표지의 사용허락 등 가맹점운영권이나 영업활동에 대한 지원 · 교육 등을 받기 위하여 가맹본부에 지급하는 대가	가맹사업법상 가맹금예치대상에 해당됨
나. 보증금[188)]	가맹점사업자가 가맹본부로부터 공급받는 상품의 대금 등에 관한 채무액이나 손해배상액의 지급을 담보하기 위하여 가맹본부에 지급하는 대가	가맹사업법상 가맹금예치대상에 해당됨
다. 정착물, 설비상품 가격 등	가맹점사업자가 가맹점운영권을 부여 받을 당시에 가맹사업을 착수하기 위하여 가맹본부로부터 공급받은 정착물 · 설비 · 상품의 가격 또는 부동산의 임차료 명목으로 가맹본부에 지급하는 대가	
라. 정기적, 비정기적지급대가	가맹점사업자가 가맹본부와의 계약에 의하여 허락받은 영업표지의 사용과 영업활동 등에 관한 지원 · 교육, 그 밖의 사항에 대하여 가맹본부에 정기적으로 또는 비정기적으로 지급하는 대가로서 대통령령으로 정하는 것[189)]	가맹사업법시행령 제3조 참고
마. 기타	그 밖에 가맹희망자나 가맹점사업자가 가맹점운영권을 취득하거나 유지하기 위하여 가맹본부에 지급하는 모든 대가	특허권 대가제외

〈가맹금 해당 대가[190)]〉

---

188) 보증금은 계약이행보증금, 물품이행보증금, 기타 보증금 등을 말한다.

189) 가맹사업법 제2조(정의) 제6호 라목에서 "대통령령으로 정하는 것"이란 다음 각 호의 어느 하나에 해당하는 대가를 말한다.

1. 가맹점사업자가 상표 사용료, 리스료, 광고 분담금, 지도훈련비, 간판류 임차료 · 영업지역 보장금 등의 명목으로 정액 또는 매출액 · 영업이익 등의 일정 비율로 가맹본부에 정기적으로 또는 비정기적으로 지급하는 대가
2. 가맹점사업자가 가맹본부로부터 공급받는 상품 · 원재료 · 부재료 · 정착물 · 설비 및 원자재의 가격 또는 부동산의 임차료에 대하여 가맹본부에 정기적으로 또는 비정기적으로 지급하는 대가 중 적정한 도매가격을 넘는 대가. 다만 가맹본부가 취득한 자신의 상품 등에 관한 「특허법」에 따른 권리에 대한 대가는 제외한다.

예치대상 가맹금은 현금으로 예치기관에 지급하는 경우에만 해당되고, 보증금을 현금이 아닌 담보설정[191]의 형태로 가맹본부에 지급하는 경우와 가맹점사업자피해보상보험을 가맹본부가 가맹희망자 또는 가맹점사업자에게 제공하는 경우 본 규정에는 해당되지 않는다.[192]

구분	내용
가. 신용카드 수수료	소비자가 신용카드를 사용하여 가맹점사업자의 상품이나 용역을 구매한 경우에 가맹점사업자가 신용카드사에 지불하는 수수료
나. 상품권 수수료나 할인금	소비자가 상품권을 사용하여 가맹점사업자의 상품이나 용역을 구매한 경우에 가맹점사업자가 상품권 발행회사에 지급하는 수수료나 할인금
다. 전자화폐 등 수수료 또는 할인금	소비자가「전자금융거래법」제2조 제11호에 따른 직불전자지급수단 · 선불전자지급수단 또는 전자화폐를 사용하거나「전자금융거래법」제2조 제19호에 따른 전자지급결제대행 서비스를 이용하여 가맹점사업자의 상품이나 용역을 구매한 경우에 가맹점사업자가 지급수단 발행회사나 지급결제 대행회사에 지급하는 수수료나 할인금
라. 적정한 도매가격	법 제2조 제6호 다목에 따라 가맹본부에 지급하는 대가 중 적정한 도매가격[193]
마. 기타	그 밖에 가맹본부에 귀속되지 아니하는 금전으로서 소비자가 제3의 기관에 지불하는 것을 가맹본부가 대행하는 것

〈가맹금에 해당되지 않는 대가[194]〉

190) 가맹사업법 제2조(정의) 제6호.

191) 근저당, 질권 설정 등의 담보를 말한다.

192) 공정거래위원회 가맹유통과, 진계자료, 2면.

193) 도매가격이 형성되지 아니하는 경우에는 가맹점사업자가 정상적인 거래관계를 통하여 해당 물품이나 용역을 구입 · 임차 또는 교환할 수 있는 가격을 말하며 가맹본부가 해당 물품이나 용역을 다른 사업자로부터 구입하여 공급하는 경우에는 그 구입가격을 말한다.

194) 가맹사업법시행령 제3조(가맹금의 정의) 제1항.

(3) 가맹금예치규정 및 프로세스

1) 가맹금 예치신청

① 가맹본부가 가맹금예치제도를 운영하기 위해서는 예치기관을 지정하여 가맹금 예치관련 계약을 체결하여야한다.

② 이후 가맹희망자 또는 가맹점사업자가 가맹금을 예치하여야하는 경우 해당 예치기관을 안내하여야 한다.

③ 가맹본부는 가맹희망자 또는 가맹점사업자에게 가맹금 예치신청서를 제공[195]하고 가맹희망자 또는 가맹점사업자는 가맹금 예치신청서를 작성하여 지정된 예치기관을 통해 약정된 가맹금을 예치하면 된다.

④ 예치기관의 장은 해당 가맹금을 예치기관의 명의로 예치[196]하여야 한다. 예치가맹금의 예치가 완료된 경우 예치기관의 장은 가맹본부와 가맹희망자에게 가맹금 예치증서를 발행해주어야 한다.

---

195) 가맹본부는 가맹희망자에게 가맹본부가 예치가맹금을 수령할 수 있는 가맹사업법상 규정을 명확히 설명 및 안내를 하여야 한다.

196) 예치기관의 장은 예치가맹금을 다른 금융자산과 분리하여 관리하여야 한다(가맹사업법 시행령 제5조의7 제4항).

가맹금예치관련 프로세스를 그림으로 정리하여 살펴보면 다음과 같다.

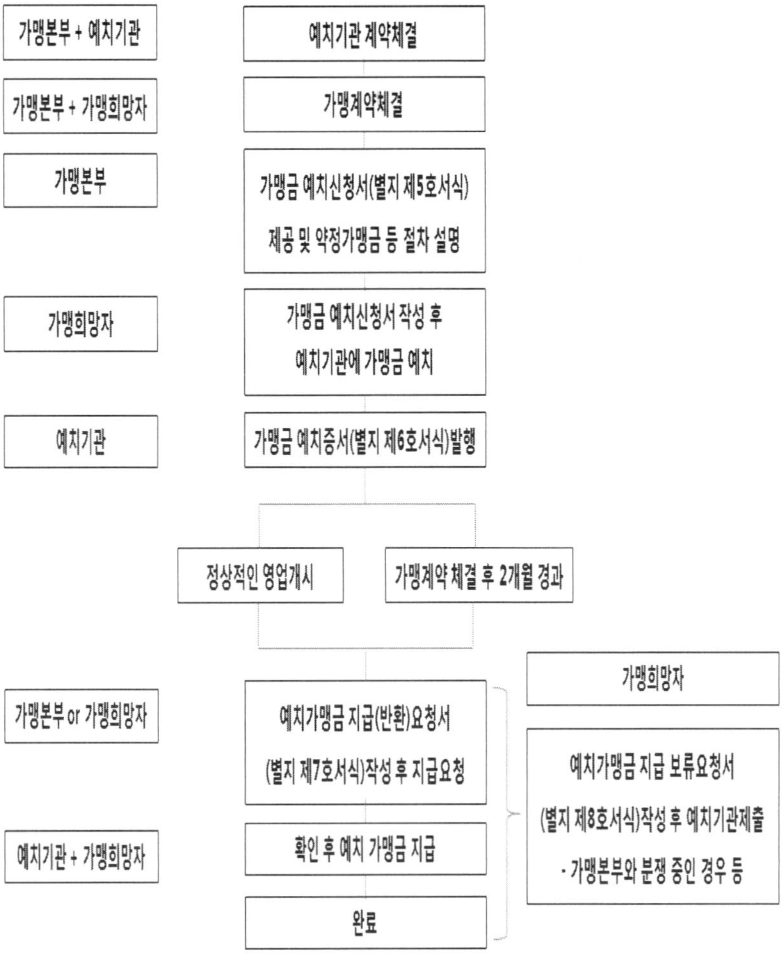

〈가맹금예치제도 프로세스[197]〉

2) 예치가맹금의 지급요청 및 지급보류요청

가맹본부는 가맹희망자가 정상적으로 영업을 개시하였거나 가맹계약 체결일로부터 2개월이 경과하여 예치가맹금 지급을 요청하는 경우 예치가맹금 지급요청서를 작성하

197) 가맹사업법상 예치가맹금관련 규정을 토대로 작성하였다.

여 예치기관의 장에게 제출하거나 가맹희망자로부터 영업을 개시하여 운영하고 있다는 확인서류로 제출하면 된다.

예치기관의 장은 확인 절차에 따라 이상이 없을 시 10일 이내에 가맹본부의 지정계좌로 예치된 가맹금을 지급하여야 한다.[198]

다만, 가맹희망자가

① 예치가맹금을 반환받기 위하여 소를 제기한 경우

② 예치가맹금을 반환받기 위하여 알선, 조정, 중재 등을 신청한 경우

③ 가맹사업법 제10조(가맹금 반환)의 위반을 이유로 가맹본부를 공정거 래위원회에 신고한 경우

④ 가맹본부가 거짓이나 그 밖의 부정한 방법으로 예치가맹금의 지급을 요청한 경우

상기와 같은 경우에는 증명서류를 첨부하여 예치가맹금 지급보류 요청서 작성을 통해 예치기관의 장에게 제출함으로써 예치가맹금 지급보류를 요청할 수 있다.[199]

(4) 가맹금예치제도와 가맹점사업자피해보상보험의 비교

구분	내용
가맹금예치제도	① 가맹점사업자가 예치기관에 예치 ② 일부 금융기관을 제외하고 수수료 無[200] ③ 가맹점사업자가 예치계좌를 구분하지 못 해 가맹본부계좌로 직접 입금할 수 있는 문제가 있으므로 정확한 안내 필요[201] ④ 가맹본부는 2개월 또는 영업개시 이후 가맹금을 수령하게 되어 예치 가맹금확보 에 기일이 소요

198) 가맹사업법 제6조의5(가맹금 예치) 제3항; 또한 가맹희망자가 가맹본부의 동의서를 첨부하여 예치가맹금 반환을 요청하는 경우 가맹금 지급·반환요청서를 예치기관의 장에게 제출하고 예치기관의 장은 요청일로부터 10일 이내에 예치가맹금을 가맹점사업자에게 반환하여야한다(가맹사업법 제6조의5 제7항).

199) 예치기관의 장은 해당 분쟁이 완료될 때까지 예치가맹금의 지급을 보류하여야 한다; 류석희/소재선, "개정 가맹사업법에 대한 주요규정 고찰",「경희법학」제49권 제2호, 경희대학교 법학연구소, 2014, 64-65면.

가맹점사업자피해보상보험	① 가맹본부는 보증보험 계약 이후 가맹본 부 계좌로 직접 수령하므로 신속한 가맹 금 확보가능 ② 가맹금 수령이후 보증보험 가입 시 법위 반에 해당되므로 수령시점 이전까지 가입 필요 ③ 보증보험 체결 과정에서 보증금액에 따 른 수수료 발생

〈가맹금예치제도와 가맹점사업자피해보상보험 비교[202]〉

7. 가맹계약

(1) 가맹계약서 상 필수기재 사항

1) 영업표지의 사용권 부여에 관한 사항
2) 가맹점사업자의 영업활동 조건에 관한 사항
3) 가맹점사업자에 대한 교육 · 훈련, 경영지도에 관한 사항
4) 가맹금 등의 지급에 관한 사항
5) 영업지역의 설정에 관한 사항
6) 계약기간에 관한 사항
7) 영업의 양도에 관한 사항
8) 계약해지의 사유에 관한 사항
9) 가맹희망자 또는 가맹점사업자가 가맹계약을 체결한 날부터 2개월 (가맹점사업자가 2개월 이전에 가맹사업을 개시하는 경우에는 가맹사 업개시일)까지의 기간 동안 예치가맹금을 예치기관에 예치하여야 한 다는 사항과 가맹점사업자피해보상보험계약 등을 체결한 경우 예치의 의무가 면제된다는 사항

200) 수수료를 부과하고 있는 금융기관도 있다.

201) 실무상 가맹본부의 정확한 안내에도 불구하고 가맹희망자는 가맹본부의 계좌로 직접 입금을 하는 사례도 발생하고 있다.

202) 장준근,「가맹사업법」, 한국학술정보, 2011, 103면.

10) 가맹희망자가 정보공개서에 대하여 변호사 또는 가맹거래사의 자문 을 받은 경우 정보공개서의 제공을 14일에서 7일로 기간을 단축하여 계약 등을 체결할 수 있다는 사항

11) 가맹사업당사자의 권리 · 의무에 관한 사항으로 세부적인 사항은 다음 과 같다.

① 가맹금 등 금전의 반환조건에 관한 사항

② 가맹점사업자의 영업설비 · 집기 등의 설치와 유지 · 보수 및 그 비용의 부담에 관한 사항

③ 가맹계약의 종료 및 해지에 따른 조치 사항

④ 가맹본부가 가맹계약의 갱신을 거절할 수 있는 정당한 사유에 관한 사항

⑤ 가맹본부의 영업비밀에 관한 사항

⑥ 가맹계약 위반으로 인한 손해배상에 관한 사항

⑦ 가맹본부와 가맹점사업자 사이의 분쟁 해결 절차에 관한 사항

⑧ 가맹본부가 다른 사업자에게 가맹사업을 양도하는 경우에는 종전 가 맹점사업자와의 계약에 관한 사항

⑨ 가맹본부의 지식재산권 유효기간 만료 시 조치에 관한 사항

(2) 가맹계약서 제공시기

가맹본부는 가맹희망자가 가맹계약의 내용을 미리 이해할 수 있도록 가맹계약서를 1) 가맹계약의 체결일, 2) 가맹금의 최초 수령일 중 빠른 날[203] 전에 가맹희망자에게 제공하여야 한다.

203) 가맹희망자가 예치기관에 예치가맹금을 예치하는 경우에는 최초로 예치한 날로 한다. 다만, 가맹희망자가 최초로 가맹금을 예치하기로 가맹본부와 합의한 날이 있는 경우에는 그 날로 한다.

(3) 가맹계약서 보관기간

가맹본부는 가맹계약서를 가맹사업의 거래가 종료된 날부터 3년간 보관하여야한다.

(4) 가맹계약의 갱신 등

1) 가맹본부는 가맹점사업자가 가맹계약기간 만료 전 180일부터 90일 까지 사이에 가맹계약의 갱신을 요구하는 경우 정당한 사유 없이 이 를 거절하지 못한다. 다만, 다음 사항의 경우에는 제외된다.

① 가맹점사업자가 가맹계약상의 가맹금 등의 지급의무를 지키지 아니 한 경우

② 다른 가맹점사업자에게 통상적으로 적용되는 계약조건이나 영업방침 을 가맹점사업자가 수락하지 아니한 경우

③ 가맹사업의 유지를 위하여 필요하다고 인정되는 것으로서 다음 각 목의 어느 하나에 해당하는 가맹본부의 중요한 영업방침을 가맹점사 업자가 지키지 아니한 경우

ㄱ) 가맹점의 운영에 필요한 점포 · 설비의 확보나 법령상 필요한 자격 · 면허 · 허가의 취득에 관한 사항

ㄴ) 판매하는 상품이나 용역의 품질을 유지하기 위하여 필요한 제조공 법 또는 서비스기법의 준수에 관한 사항

ㄷ) 그 밖에 가맹점사업자가 가맹사업을 정상적으로 유지하기 위하여 필요하다고 인정되는 것으로서 대통령령으로 정하는 사항

2) 가맹점사업자의 계약갱신요구 권은 최초 가맹계약기간을 포함한 전 체 가맹계약기간이 10년을 초과하지 아니하는 범위 내에서만 행사할 수 있다.

3) 가맹본부가 1)에 따른 갱신 요구를 거절하는 경우에는 그 요구를 받 은 날부터 15일 이내에 가맹점사업자에게 거절 사유를 적어 서면으 로 통지하여야 한다.

4) 가맹본부가 3)에 따른 거절 통지를 하지 아니하거나 가맹계약기간 만료 전 180일부터 90일까지 사이에 가맹점사업자에게 조건의 변경에 대한 통지나 가맹계약

을 갱신하지 아니한다는 사실의 통지를 서면으로 하지 아니하는 경우에는 계약 만료 전의 가맹계약과 같은 조건으로 다 시 가맹계약을 체결한 것으로 본다.

다만, 가맹점사업자가 계약이 만료되는 날부터 60일 전까지 이의를 제기하거나 가맹본부나 가맹점사업자에게 천재지변이나 그 밖에 대통 령령으로 정하는 부득이한 사유[204]가 있는 경우에는 해당되지 않는다.

(5) 가맹계약해지의 제한

가맹본부는 가맹계약을 해지하려는 경우에는 가맹점사업자에게 2개월 이상의 유예기간을 두고 계약의 위반 사실을 구체적으로 밝히고 이를 시정하지 아니하면 그 계약을 해지한다는 사실을 서면으로 2회 이상 통지하여야 한다.

다만, 가맹사업의 거래를 지속하기 어려운 경우로서 대통령령이 정하는 경우[205]에

---

204) 가맹사업법 시행령 제14조(가맹계약의 갱신거절사유) 제2항.
1. 가맹본부나 가맹점사업자에게 파산 신청이 있거나 강제집행절차 또는 회생절차가 개시된 경우
2. 가맹본부나 가맹점사업자가 발행한 어음 · 수표가 부도 등으로 지급거절 된 경우
3. 가맹점사업자에게 중대한 일신상의 사유 등이 발생하여 더 이상 가맹사업을 경영할 수 없게 된 경우

205) 가맹사업법 시행령 제15조(가맹계약의 해지사유)
1. 가맹점사업자에게 파산 신청이 있거나 강제집행절차 또는 회생절차가 개시된 경우
2. 가맹점사업자가 발행한 어음 · 수표가 부도 등으로 지불정지 된 경우
3. 천재지변, 중대한 일신상의 사유 등으로 가맹점사업자가 더 이상 가맹사업을 경영할 수 없게 된 경우
4. 가맹점사업자가 공연히 허위사실을 유포함으로써 가맹본부의 명성이나 신용을 뚜렷이 훼손하거나 가맹본부의 영업비밀 또는 중요정보를 유출하여 가맹사업에 중대한 장애를 초래한 경우
5. 가맹점사업자가 가맹점 운영과 관련되는 법령을 위반하여 이를 시정하라는 내용의 행정처분(과징금 · 과태료 등의 부과처분을 포함한다)을 통보받고도 행정청이 정한 시정기한(시정기한을 정하지 아니한 경우에는 통보받은 날부터 10일) 내에 시정하지 않는 경우
6. 가맹점사업자가 가맹점 운영과 관련되는 법령을 위반하여 자격 · 면허 · 허가 취소 또는 영업정지 명령(15일 이내의 영업정지 명령을 받은 경우는 제외한다) 등 그 시정이 불가능한 성격의 행정처분을 받은 경우. 다만, 법령에 근거하여 행정처분을 갈음하는 과징금 등의 부과 처분을 받은 경우는 제외한다.

는 해당되지 않는다. 특히 상기 규정에 따른 절차를 이행하지 않는 경우 가맹계약의 해지는 무효이다.

8. 가맹사업의 불공정거래행위

(1) 불공정거래행위의 유형

독점규제법상 불공정거래행위와 같이 가맹사업법상에서 불공정거래행위에 관한 규정이 있으며, 내용은 독점규제법상 규정과 유사하다. 가맹사업법상 불공정거래행위에 관한 규정은 다음과 같다.

유형	세부내역
1. 거래거절	가. 영업지원 등의 거절 나. 부당한 계약갱신 거절 다. 부당한 계약해지
2. 구속조건부 거절	가. 가격의 구속 나. 거래상대방의 구속 다. 가맹점사업자의 상품 또는 용역의 판매제한 라. 영업지역의 준수강제 마. 그 밖에 가맹점사업자의 영업활동의 제한
3. 거래상지위의 남용	가. 구입강제 나. 부당한 강요 다. 부당한 계약조항의 설정 또는 변경 라. 경영의 간섭 마. 판매목표 강제 바. 불이익제공

7. 가맹점사업자가 법 제14조제1항 본문에 따른 가맹본부의 시정요구에 따라 위반사항을 시정한 날부터 1년(계약갱신이나 재계약된 경우에는 종전 계약기간에 속한 기간을 합산한다) 이내에 다시 같은 사항을 위반하는 경우. 다만, 가맹본부가 시정을 요구하는 서면에 다시 같은 사항을 1년 이내에 위반하는 경우에는 법 제14조제1항의 절차를 거치지 아니하고 가맹계약이 해지될 수 있다는 사실을 누락한 경우는 제외한다.
8. 가맹점사업자가 가맹점 운영과 관련된 행위로 형사처벌을 받은 경우
9. 가맹점사업자가 공중의 건강이나 안전에 급박한 위해를 일으킬 염려가 있는 방법이나 형태로 가맹점을 운영하는 경우
10. 가맹점사업자가 정당한 사유 없이 연속하여 7일 이상 영업을 중단한 경우

4. 영업지역의 침해	부당하게 가맹계약을 위반한 영업지역의 침해 등
5. 그 밖의 불공정거래행위	타 가맹점사업자 유인에 따른 가맹점사업자의 영업상 불이익 제공 등

〈가맹사업법상 불공정거래행위 유형(시행령 별표 2.)〉

(2) 부당한 점포환경개선 강요 금지 등

1) 가맹본부는 ① 점포의 시설, 장비, 인테리어 등의 노후화가 객관적으 로 인정되는 경우와 ② 위생 또는 안전의 결함이나 이에 준하는 사유 로 인하여 가맹사업의 통일성을 유지하기 어렵거나 정상적인 영업에 현저한 지장을 주는 경우를 제외하고는 정당한 사유 없이 점포환경개 선을 강요할 수 없다.

2) 가맹본부는 가맹점사업자의 점포환경개선에 소요되는 비용으로서 ① 간판 교체비용, ② 인테리어 공사비용(장비 · 집기의 교체비용을 제외한 실내건축공사에 소요되는 일체의 비용을 말한다)의 100분의 40 이내 의 범위에서 대통령령으로 정하는 비율[206]에 해당하는 금액을 부담하 여야 한다.[207]
다만, ㄱ) 가맹본부의 권유 또는 요구가 없음에도 가맹점사업자의 자 발적 의사에 의하여 점포환경개선을 실시하는 경우, ㄴ) 가맹점사업자 의 귀책사유로 인하여 위생 · 안전 및 이와 유사한 문제가 발생하여 불 가피하게 점포환경개선을 하는 경우에는 비용부담에서 제외된다.

206) 가맹사업법 시행령 제13조의2(점포환경개선 비용부담 범위 및 절차 등) 제3항
1. 점포의 확장 또는 이전을 수반하지 아니하는 점포환경개선의 경우: 100분의 20
2. 점포의 확장 또는 이전을 수반하는 점포환경개선의 경우: 100분의 40

207) 가맹사업의 통일성과 관계없이 가맹점사업자가 추가 공사를 함에 따라 드는 비용은 제외한다.

(3) 부당한 영업시간 구속 금지

1) 가맹본부는 정상적인 거래관행에 비추어 부당하게 가맹점사업자의 영업시간을 구속하는 행위(이하 "부당한 영업시간 구속"이라 한다)를 할 수 없다.

2) 다음의 사항에 해당하는 가맹본부의 행위는 부당한 영업시간 구속으 로 본다.

① 가맹점사업자의 점포가 위치한 상권의 특성 등의 사유로 심야 영업 시간대인 오전 1시부터 오전 6시까지의 매출이 그 영업에 소요되는 비용에 비해 저조하여 가맹점사업자가 영업시간 단축을 요구한 날이 속한 달의 직전 6개월간 영업손실이 발생함에 따라 가맹점사업자가 영업시간 단축을 요구함에도 이를 허용하지 아니하는 행위와 ② 가맹 점사업자가 질병의 발병과 치료 등 불가피한 사유로 인하여 필요 최소 한의 범위에서 영업시간의 단축을 요구함에도 이를 허용하지 아니하는 행위를 부당한 영업시간의 구속으로 본다.

(4) 부당한 영업지역 침해금지

1) 가맹본부는 가맹계약 체결 시 가맹점사업자의 영업지역을 설정하여 가맹계약서에 기재하여야 한다.

2) 상권의 급격한 변화 등 대통령령으로 정하는 사유[208]가 발생하는 경 우에는 가맹계약 갱신과정에서 가맹본부와 가맹점사업자가 협의를 통 하여 기존 영업지역을 합리적으로 변경할 수 있다.

3) 가맹본부는 정당한 사유 없이 가맹계약기간 중 가맹점사업자의 영업 지역 안에서 가맹점사업자와 동일한 업종[209]의 자기 또는 계열회사의 직영점이나 가맹점을 설치할 수 없다.

---

208) 가맹사업법 시행령 제13조의4(영업지역 변경사유)
1. 재건축, 재개발 또는 신도시 건설 등으로 인하여 상권의 급격한 변화가 발생하는 경우
2. 해당 상권의 거주인구 또는 유동인구가 현저히 변동되는 경우
3. 소비자의 기호변화 등으로 인하여 해당 상품 · 용역에 대한 수요가 현저히 변동되는 경우
4. 제1호부터 제3호까지의 규정에 준하는 경우로서 기존 영업지역을 그대로 유지하는 것이 현저히 불합리하다고 인정되는 경우

209) 수요층의 지역적 · 인적 범위, 취급품목, 영업형태 및 방식 등에 비추어 동일하다고 인식될 수 있을 정도의 업종을 말한다.

9. 공정거래위원회 프랜차이즈(도소매업)표준계약서

공정거래위원회

이 표준계약서

소매업을 운영하는 가맹사업에 있어서 가맹본부와 가맹점사업자 간에 공정한 계약조건에 따라 가맹계약(프랜차이즈계약)을 체결하도록 하기 위한 표준적 계약조건을 제시함에 있습니다.

이 표준계약서에서는 도소매업 가맹사업의 운영에 있어서 표준이 될 계약의 기본적 공통사항만을 제시하였습니다. 따라서 실제 가맹계약을 체결하려는 계약당사자는 이 표준계약서의 기본 틀과 내용을 유지하는 범위에서 이 표준계약서보다 더 상세한 사항을 계약서에 규정하거나 특약으로 달리 약정할 수 있습니다.

또한 이 표준계약서의 일부 내용은 현행 「가맹사업거래의 공정화에 관한 법률」 및 그 시행령을 기준으로 한 것이므로 계약당사자는 이들 법령이 개정되는 경우에는 개정내용에 부합되도록 기존의 계약을 수정 또는 변경할 수 있으며 특히 개정법령에 강행규정이 추가되는 경우에는 반드시 그 개정규정에 따라 계약내용을 수정하여야 합니다.

이 표준계약서는 하위가맹본부(지사 등)가 가맹본부로부터 계약체결권을 부여받아 가맹점사업자를 모집할 경우에도 그 하위가맹계약의 표준이 될 수 있습니다.

제1장 총 칙

제1조 (목 적)

이 표준계약서는 상품 도소매업을 영업으로 하는 가맹사업에 있어서 가맹본부와 가맹점사업자 간에 공정한 계약조건에 따른 가맹계약을 체결하도록 하기 위한 표준적 계약조건을 제시함을 목적으로 한다.

제2조 (용어의 정의)

이 계약서에서 사용된 용어는 다음 각 호와 같은 의미를 갖는다.

1. “가맹사업”이라 함은 가맹본부가 가맹점사업자(가맹희망자를 포함한 다)로 하여금 자신의 상표 · 서비스표 · 상호 · 간판 그 밖의 영업표 지(이하 “영업표지”라 한다)를 사용하여 일정한 품질기준이나 영업방 식에 따라 상품을 판매하도록 함과 아울러 이에 따른 경영 및 영업활 동 등에 대한 지원 · 교육과 통제를 하고, 가맹점사업자는 이에 대한 대가로 가맹본부에 가맹금을 지급하는 것을 내용으로 하는 계속적인 거래관계를 말한다.
2. “가맹본부”라 함은 가맹계약과 관련하여 가맹점사업자에게 가맹점운 영권을 부여하는 사업자를 말한다.
3. “가맹점사업자”라 함은 가맹계약과 관련하여 가맹본부로부터 가맹점 운영권을 부여받은 사업자를 말한다.
4. “가맹금”이라 함은 명칭이나 지급형태의 여하에 관계없이 가맹점사업 자가 가맹계약에 따라 가맹본부에 지급하는 대가를 말하며, 최초가맹 금, 계속가맹금, 계약이행보증금을 포함한다.
5. “최초가맹금”이라 함은 가입비 · 입회비 · 계약금 · 할부금 · 오픈지 원비 · 최초교육비 등 명칭을 불문하고 가맹점사업자가 가맹점운영권 을 부여받아 가맹사업에 착수하기 위하여 가맹본부에 지급하는 대가 를 말한다.

6. "계속가맹금"이라 함은 상표사용료, 교육비, 경영지원비 등 명칭을 불 문하고 가맹점사업자가 가맹사업에 착수한 이후 가맹사업을 유지하기 위하여 영업표지의 사용과 영업활동 등에 관한 지원 · 교육, 그 밖의 사항과 관련하여 가맹본부에 정기적으로 또는 비정기적으로 지급하는 모든 대가를 말한다.
7. "계약이행보증금"이란 가맹점사업자가 가맹본부로부터 공급받는 상품 의 대금 등에 관한 채무액이나 이와 관련한 손해배상액의 지급을 담보 하기 위하여 가맹본부에 지급하는 대가를 말한다.
8. "영업비밀"이라 함은 공공연히 알려져 있지 아니하고 독립된 경제적 가치를 가지는 것으로서, 가맹본부의 상당한 노력에 의하여 비밀로 유 지된 생산방법, 판매방법, 그 밖에 영업활동에 유용한 기술상 또는 경 영상의 정보를 말한다.

제3조 (계약당사자의 지위)

① 가맹본부와 가맹점사업자는 상호간에 독립한 사업자로서 대등한 관계 에서 이건 가맹계약을 체결한다.
② 가맹본부와 가맹점사업자 사이에는 상호간에 대리관계나 위임관계, 사용자와 피용자 관계, 동업자 관계 등 여하한 특별한 관계도 존재하 지 아니한다.

제4조 (신의성실의 원칙)

가맹본부와 가맹점사업자는 이 가맹계약에 따라 가맹사업을 영위함에 있어서 각자의 업무를 신의에 따라 성실하게 수행하여야 한다.

제5조 (가맹본부의 준수사항)

가맹본부는 이 계약에서 정한 의무 외에 다음 각 호의 사항을 준수한다.
1. 가맹사업의 성공을 위한 사업구상
2. 상품이나 용역의 품질관리와 판매기법의 개발을 위한 계속적 노력

3. 가맹점사업자에 대하여 합리적 가격과 비용에 의한 점포설비의 설치, 상품 또는 용역 등의 공급
4. 가맹점사업자와 그 직원에 대한 교육 · 훈련
5. 가맹점사업자의 경영 · 영업활동에 대한 지속적인 조언과 지원
6. 정보공개서에서 달리 밝힌 경우가 아닌 한, 가맹계약기간 중 가맹점 사업자의 영업지역에서 자기의 직영점을 설치하거나 가맹점사업자와 유사한 업종의 가맹점을 설치하는 행위의 금지
7. 가맹점사업자와의 대화와 협상을 통한 분쟁해결 노력

제6조 (가맹점사업자의 준수사항)

가맹점사업자는 이 계약에서 정한 의무 외에 다음 각 호의 사항을 준수 한다.

1. 가맹사업의 통일성 및 가맹본부의 명성을 유지하기 위한 노력
2. 가맹본부의 공급계획과 소비자의 수요충족에 필요한 적정한 재고유지 및 상품진열
3. 가맹본부가 상품 또는 용역에 대하여 제시하는 적절한 품질기준의 준수
4. 제3호의 규정에 의한 품질기준의 상품 또는 용역을 구입하지 못하는 경우 가맹본부가 제공하는 상품 또는 용역의 사용
5. 가맹본부가 사업장의 설비와 외관, 운송수단에 대하여 제시하는 적절 한 기준의 준수
6. 취급하는 상품 · 용역이나 영업활동을 변경하는 경우 가맹본부와의 사전 협의
7. 상품 및 용역의 구입과 판매에 관한 회계장부 등 가맹본부의 통일적 사업경영 및 판매전략의 수립에 필요한 자료의 유지와 제공
8. 가맹점의 업무현황 및 제7호의 규정에 의한 자료의 확인과 기록을 위한 가맹본부의 임직원 그 밖의 대리인의 사업장 출입 허용
9. 가맹본부의 동의를 얻지 아니한 경우 사업장의 위치변경 또는 가맹 점운영권의 양도금지

10. 가맹계약기간 중 가맹본부와 동일한 업종을 영위하는 행위의 금지
11. 가맹본부의 영업기술이나 영업비밀의 누설 금지
12. 가맹본부의 영업표지 기타 지적재산권에 대한 침해사실을 인지하는 경우 가맹본부에 대한 침해사실의 통보와 금지조치에 필요한 적절한 협력

제7조 (불공정거래행위의 금지)

가맹본부는 다음 각 호의 어느 하나에 해당하는 행위로서 가맹사업의 공정한 거래를 저해할 우려가 있는 행위를 하거나 다른 사업자로 하여금 이를 행하도록 하는 행위를 하지 아니한다.

1. 영업지원 등의 거절, 부당한 계약갱신 거절, 부당한 계약해지 등의 방법으로 가맹점사업자에 대하여 상품이나 용역의 공급 또는 영업의 지원 등을 부당하게 중단 또는 거절하거나 그 내용을 현저히 제한하는 행위
2. 가격구속, 거래상대방 구속, 상품 또는 용역의 판매제한, 영업지역 준 수강제 등의 방법으로 가맹점사업자가 취급하는 상품 또는 용역의 가 격, 거래상대방, 거래지역이나 가맹점사업자의 사업활동을 부당하게 구속하거나 제한하는 행위
3. 구입강제, 경제적이익제공 또는 비용부담 강요, 부당한 계약조항의 설정 또는 변경, 경영간섭, 판매목표강제 기타 불이익제공 등의 방법으로 거래상의 지위를 이용하여 부당하게 가맹점사업자에게 불이익을 주 는 행위
4. 가맹계약을 위반하여 부당하게 가맹계약기간 중 가맹점사업자의 영업지역 안에서 가맹점사업자와 동일한 업종의 자기 또는 계열회사(「독점규제 및 공정거래에 관한 법률」제2조 제3호에 따른 계열회사를 말 한다)의 직영점이나 가맹점을 설치하는 행위
5. 부당하게 경쟁가맹본부의 가맹점사업자를 자기와 거래하도록 유인하는 행위 등 제1호 내지 제4호 외의 행위로서 가맹사업의 공정한 거래를 저해할 우려가 있는 행위

제2장 개점의 준비

제8조 (가맹점의 표시)

이 계약에 의하여 가맹점사업자가 개설하게 되는 가맹점의 표시는 다음과 같다.

(1) 점포 명 :

(2) 상호 및 대표자 :

(3) 점포 소재지 :

(4) 점포 규모 : ㎡

(5) 영업지역 : 별첨[1]에 표시된 지역

제9조 (가맹점운영권의 부여)

① 가맹본부는 가맹점사업자가 계약기간 중에 가맹본부의 영업시스템에 따라 도소매업을 운영하도록 하기 위하여 필요한 범위에서 가맹점사 업자에게 다음 각 호의 권리를 부여한다.

1. 가맹본부의 영업표지의 사용권
2. 가맹사업과 관련하여 등기 · 등록된 권리나 영업비밀의 사용권
3. 상품 또는 원 · 부자재(이하 “상품 등”이라 한다)를 공급받을 권 리
4. 노하우(know-how) 전수, 지도, 교육 기타 경영지원을 받을 권리
5. 기타 가맹본부가 본 계약상의 영업과 관련하여 보유하는 권리로 서 당사자가 사용허가의 대상으로 삼은 권리

② 이 계약에서 가맹점사업자에게 사용이 허가된 영업표지의 표시는 별 첨[2]와 같다.

제10조 (지식재산권의 확보)

① 가맹본부는 가맹사업에 사용하는 영업표지에 대한 배타적 독점권을 확보하여야 한다.

② 가맹본부는 가맹점사업자에게 사용을 허가한 각종 권리의 진정성과 적법성 및

대항력에 대하여 책임을 진다.

③ 가맹본부가 사용을 허가한 지식재산권이 기간 만료 등으로 인하여 더 이상 사용할 수 없게 된 경우 가맹본부는 가맹본부의 책임과 비용으로 가맹점사업자에게 이를 대체할 수 있는 수단을 제공하여야 하며 이로 인하여 발생한 손해를 배상할 책임을 진다.

제11조 (계약의 발효일과 계약기간)

이 계약은 20 년 월 일부터 발효되며 그 기간은 계약 발효일로부터 20 년 월 일까지 (　　)년간으로 한다.

제12조 (영업지역의 보호)

① 가맹본부는 정당한 사유 없이 계약기간 중 별첨[1]에 표시된 가맹점 사업자의 영업지역에서 직영점이나 가맹점을 개설할 수 없다.

② 가맹계약의 당사자는 계약기간 중 상대방의 동의 없이 영업지역을 변경할 수 없다. 가맹본부는 도로사정의 변경이나 재개발 등으로 인 하여 영업지역이 충돌되는 경우에는 가맹점사업자 상호간의 이해관계를 합리적으로 조정할 수 있다.

③ 가맹점사업자는 가맹본부와 약정한 영업지역을 준수하며, 영업지역 을 벗어나 다른 가맹점의 영업지역을 침범하지 아니한다. 가맹점사업 자가 자신의 영업지역을 벗어나 다른 가맹점사업자의 영업지역에 속 한 고객에게 영업활동을 하는 경우 가맹본부는 다음 각 호의 어느 하 나의 조치를 취하여 가맹점사업자 상호간의 이해관계를 합리적으로 조정할 수 있다.

1. 가맹본부가 두 가맹점사업자 간의 보상금 지불에 대한 중재안을 제시
2. 영업지역을 침해받은 가맹점사업자의 영업지역 조정 요구가 있는 경우 매출액 현황 조사 등 필요한 조치 수행
3. 특정 가맹점사업자가 다른 가맹점사업자의 영업지역을 반복적으로 침해하여

다른 가맹점사업자의 영업과 가맹본부의 가맹사업 경영에 심각한 손해를 가한 경우 그 가맹점사업자에게 행위의 시정을 요구 하고 손해배상 청구

제13조 (점포의 설비)

① 가맹점사업자의 점포설비(인테리어)는 가맹사업 전체의 통일성과 독창성을 유지할 수 있도록 가맹본부가 정한 사양에 따라 설계 · 시공 한다(기존시설을 변경하는 경우에도 같다). 가맹본부는 기본적인 설계 도면과 시방서를 마련하고 계약체결 이후 가맹점사업자에게 이를 제공 하여야 한다.

② 가맹점사업자는 가맹본부가 정한 사양에 따라 직접 시공하거나 가맹 본부가 지정한 업체를 선정하여 시공할 수 있다. 이 경우 가맹본부는 공사의 원활한 진행을 위하여 자신의 비용으로 직원을 파견할 수 있고, 영업설비기간 · 공사세부내역 · 구체적인 부담액 · 담보기간 등 구체적인 내용은 별도로 협의하여 정한다.

③ 가맹점사업자의 의뢰가 있는 경우에는 가맹본부가 직접 시공할 수 있다.

④ 점포설비에 따른 제반 인 · 허가는 이 계약체결일로부터 (　　)일 이내 에 가맹점사업자가 자신의 책임과 비용으로 취득한다. 다만, 가맹본부 가 직접 시공한 경우 또는 가맹본부가 지정하거나 권유한 업체를 통하여 시공한 경우에는 당사자간 협의하여 그 책임과 비용을 분담할 수 있다.

⑤ 가맹본부는 가맹사업의 개선을 위하여 필요한 때에는 점포의 실내장식, 시설, 각종의 기기를 교체 · 보수할 것을 요구할 수 있다. 이 경우 비용분담은 가맹본부와 가맹점사업자가 협의하여 결정한다.

제14조 (가맹점사업자 피해보상보험계약 등의 체결)

① 가맹본부는 가맹점사업자의 피해를 보상하기 위하여 다음 각 호의 어느 하나에 해당하는 계약(이하 “가맹점사업자 피해보상보험 등”이 라 한다)을 체결할 수 있다.

1. 「보험업법」에 따른 보험계약

2. 가맹점사업자 피해보상금의 지급을 확보하기 위한 「금융감독기구의 설치 등에 관한 법률」 제38조에 따른 기관의 채무지급보증계약
3. 공정거래위원회의 인가를 받아 설립된 공제조합과의 공제계약

② 가맹본부가 가맹점사업자 피해보상보험 등을 체결한 경우, 가맹본부 는 가맹점사업자로부터 최초가맹금을 직접 수령할 수 있다.

제3장 가맹점사업자의 부담

제15조 (최초가맹금)

① 가맹점사업자가 가맹본부에 지급하여야 할 최초가맹금의 내역은 다 음 표와 같다.

최초가맹금 내역	금액 (단위: 천원)	포함 내역	지급 기한	반환 조건	반환될 수 없는 사유
가입비		장소선정 지원비, 가맹사업운영매뉴얼 제공비, 오픈지원비 등			
최초교육비					
합계					

② 가맹점사업자는 가맹점 영업이 개시되거나 계약체결일로부터 (　)일 이 경과할 때까지 제1항의 최초가맹금 중 다음 표에 기재된 내역을 가맹본부가 지정하는 아래 금융회사에 예치하여야 한다. 다만, 가맹본부가 제14조의 가맹점사업자 피해보상보험 등을 체결한 경우에는 가맹본부가 직접 지급받을 수 있다.

예치가맹금 내역	금액(단위: 천원)
가입비	

최초교육비	
합계	

* 예치금융회사: 은행 지점 부
계좌번호: 예금주:

③ 가맹본부는 다음 각 호의 어느 하나에 해당하는 경우에 위 예치기관 의장에게 예치가맹금의 지급을 요청할 수 있다.

1. 가맹점사업자가 영업을 개시한 경우
2. 가맹계약 체결일로부터 2개월이 경과한 경우

제16조 [가맹금의 반환]

① 가맹점사업자 또는 가맹희망자는 다음 각 호의 어느 하나에 해당하는 경우에 이 계약의 체결일로부터 2개월 이내(제3호의 경우 가맹본부의 영업중단일로부터 2개월 이내)에 가맹본부에 서면으로 가맹금의 반환을 청구할 수 있다. 이 경우 반환하는 가맹금의 금액은 가맹계약 의 체결 경위, 금전이나 그 밖에 지급된 대가의 성격, 가맹계약기간, 계약이행기간, 가맹사업당사자의 귀책정도 등을 고려하여 당사자의 협의에 의하여 결정한다.

1. 가맹본부가 등록된 정보공개서를 제공하지 아니하거나 정보공개 서를 제공한 날로부터 14일(제41조에 따라 변호사 또는 가맹거래 사의 자문을 받은 경우에는 7일)이 지나지 아니하였음에도 가맹금을 수령(가맹금을 예치하는 경우에는 예치)하거나 가맹계약을 체 결한 경우
2. 가맹본부가 가맹희망자에게 정보를 제공함에 있어 허위 또는 과장된 정보를

제공하거나 중요사항을 누락하여 계약 체결에 중대한 영향을 준 것으로 인정되는 경우

3. 가맹본부가 정당한 사유 없이 가맹사업을 일방적으로 중단한 경 우

② 가맹점사업자는 계약기간 내에 자기의 귀책사유 없는 사유로 계약이 해지되는 등 가맹계약이 중도에 종료되는 경우에는 영업표지 사용료, 영업시스템의 계속적 이용료 등과 같이 전체 계약기간에 대한 선급금 의 성질을 갖는 가맹금 중 미경과 잔여계약기간의 비율에 해당하는 금액의 반환을 청구할 수 있다. 다만, 이는 손해배상의 청구에 영향을 미치지 아니한다.

③ 제2항의 경우에 최초교육비 등과 같이 계약기간에 따른 선급금의 성질을 갖지 않는 가맹금 중 이행이 완료된 급부의 대가에 해당하는 가맹금에 관하여는 공평의 관념에 어긋나지 않는 범위에서 당사자의 약정에 따라 반환하지 아니할 수 있다.

④ 제1항 또는 제2항에 의해 가맹본부가 가입비의 일부를 반환해야 하 는 경우에는 가맹점사업자의 청구가 있는 날로부터 (　)일 이내에 반 환하여야 한다.

※ 가맹사업법 제10조 제2항에 의하여 가맹점사업자의 청구가 있는 날로부터 1개월을 초과할 수 없음

제17조 (계속가맹금)

① 가맹점사업자가 가맹본부에 지급하여야 할 계속가맹금의 내역은 다 음 표와 같다.

계속가맹금 내역	금액 (단위: 천원)	지급 기한	반환 조건	반환될 수 없는 사유
영업표지 사용료				
수시교육비				
광고비				
판촉비				

합계				

② 가맹점사업자는 분기 종료 후 ( )일 까지 직전 분기의 총매출액 을 서면 또는 POS시스템을 통하여 가맹본부에게 통지하여야 한다.

제18조 (계약이행보증금)

① 가맹점사업자는 영업표지 사용료, 광고 · 판촉비(가맹점사업자가 부 담하게 되는 금액에 한한다) 등 계속가맹금 및 상품 등의 대금과 관련한 채무액 또는 손해배상액의 지급을 담보하기 위하여 계약이행보증금으로 ( )원을 가맹본부에게 지급하거나 이에 상당하는 계약이행보증보험증권 또는 담보를 제공하여야 한다.

② 전항의 계약이행보증금을 금전으로 지급하는 경우, 가맹점사업자는 가맹점 영업이 개시되거나 계약체결일로부터 ( )일이 경과할 때까지 위 금전을 제15조 제2항에 지정된 금융회사에 예치하여야 한다. 다만, 가맹본부가 제14조의 가맹점사업자 피해보상보험 등을 체결한 경우에 는 가맹본부에 직접 지급할 수 있다.

③ 계약이 기간만료 또는 해지 등의 사유로 인하여 종료된 경우 가맹본부는 기간만료일 또는 해지일로부터 ( )일 이내에 가맹점사업자에게 계약이행보증금으로 잔존 채무액과 손해배상액을 정산한 잔액을 상환 하고 정산서를 교부하여야 한다.

④ 물적담보가 제공된 경우에는 가맹본부는 가맹점사업자로부터 잔존 채무액과 손해배상액을 지급받음과 동시에 물적담보의 말소에 필요한 서류를 담보권설정자에게 교부하여야 한다.

제4장 영업활동의 조건

제19조 (교육 및 훈련)

① 가맹본부가 정한 교육 및 훈련과정을 이수하지 아니하는 자는 가맹점의 관리자로 근무할 수 없다.

② 가맹본부의 교육훈련은 다음 표와 같이 구분하여 실시한다.

교육훈련과정	실시시기	가맹점사업자 부담비용 (단위: 천원)
최초교육		
정기교육	연 ( )회	
특별교육		

③ 정기교육은 이를 실시하기 (　　)일 전에 그 교육계획을 수립하여 가 맹점사업자에게 서면으로 통지한다.

④ 특별교육은 이를 실시하기 (　　)일 전에 장소와 시간을 정하여 서면으로 통지한다.

⑤ 가맹본부는 실비를 기준으로 교육비용을 산출하고, 그 산출근거를 명시한 서면에 의하여 가맹점사업자에게 그 지급을 요구하여야 한다.

⑥ 가맹점사업자는 자신이 비용을 부담하여 가맹본부에게 교육 및 훈련 요원의 파견을 요청할 수 있다.

제20조 (경영지도)

① 가맹본부는 가맹점사업자의 경영활성화를 위하여 경영지도를 할 수 있다.

② 가맹점사업자는 자신의 비용부담으로 가맹본부에게 경영지도를 요청할 수 있다. 다만, 가맹점사업자가 부담하여야 할 비용은 가맹금에 포함된 통상의 경영지도 비용을 초과한 부분에 한한다.

③ 제2항의 요청을 받은 가맹본부는 경영지도계획서를 가맹점사업자에 제시하여야 한다.

④ 제3항의 경영지도계획서에는 경영지도내용, 기간, 경영진단 및 지도 관계자의 성명, 소요비용 등이 포함되어야 한다.

⑤ 가맹본부는 경영지도결과 및 경영개선방안을 가맹점사업자에게 서면으로 제시하여야 한다.

제21조 (감독 및 통제)

① 가맹본부는 가맹점사업자의 경영상태를 파악하기 위하여 월(주) (　　)회 점포를 점검하고 가맹점사업자에 그 결과를 지체 없이 통지하여야 하며 기준에 위반하는 사항에 대한 시정을 요구할 수 있다.

② 점포의 점검은 청결, 위생, 회계처리, 각종설비관리, 상품 등의 관리 상태를 대상으로 한다.

③ 가맹본부는 점포관리기준을 가맹점사업자에게 제시하고, 제시 후 (　　)일부터 그 기준에 의하여 점검한다. 점포관리기준을 변경하는 경우 에도 같다.

제22조 (설비 및 기기)

① 가맹점사업자는 가맹점운영에 필요한 설비 및 기기를 구비하여야 한 다.

② 가맹본부는 가맹점사업자의 요청이 있는 경우 가맹점 영업에 필요한 설비 · 기기를 유상으로 대여할 수 있다. 이 경우 대여할 설비 및 기기의 내역, 대여비용 등 구체적인 사항은 당사자간에 합의하여 별도 로 결정한다.

③ 가맹점사업자는 대여 받은 설비 · 기기를 제3자에게 양도하거나 담보로 제공할 수 없다.

④ 가맹점사업자는 대여 받은 설비 · 기기를 자신의 비용으로 유지 · 보수한다.

⑤ 가맹점사업자가 대여 받은 설비 · 기기를 멸실 · 훼손한 경우에는 구입가격에서

감가상각한 금액으로 배상한다.

제23조 (광고)

① 가맹본부는 가맹사업 및 가맹점 영업의 활성화를 위하여 전국단위 및 지역단위로 광고를 시행할 수 있다. 다만, 해당지역 가맹점사업자 과반수의 반대가 있는 경우에는 그러하지 아니하다.

② 광고의 목적 · 횟수 · 시기 · 매체 등에 관한 기본적 사항은 가맹본부가 정하는 바에 의한다. 이와 관련하여 필요한 세부사항은 가맹본부가 합리적으로 결정하여 시행하고 위 세부사항을 기재한 서면으로 가맹점사업자에게 사후 통지한다.

③ 전국단위 광고에 소요되는 비용은 가맹본부가 (　　)%, 해당 가맹점사업자가 (　)% 씩 각각 분담한다. 가맹점사업자 간의 개별 분담액은 광고시행 직전 분기의 각 가맹점사업자의 총매출액 비율에 따라 산정한다.

④ 가맹본부는 당해분기에 지출한 광고비 중에서 각 가맹점사업자가 부 담해야 할 금액을 다음 분기 첫달의 말일까지 명세서를 첨부하여 통 지하고, 가맹점사업자는 그 통지를 받은 날로부터 (　)일 이내에 지급한다.

⑤ 가맹점사업자는 자기의 비용으로 영업지역 내에서 광고를 시행할 수 있다. 이 경우 가맹점사업자는 광고의 계획과 문안, 기타 광고와 관련 된 세부사항에 관하여 사전에 가맹본부의 승인을 받아야 한다.

제24조 (판촉)

① 가맹본부는 가맹사업 및 가맹점 영업의 활성화를 위하여 전국단위 및 지역단위로 할인판매, 경품제공, 이벤트 등과 같은 판촉활동을 시 행할 수 있다. 다만, 해당지역 가맹점사업자 과반수의 반대가 있는 경우에는 그러하지 아니하다.

② 판촉활동의 횟수 · 시기 · 방법 · 내용 등에 관한 기본적 사항은 가맹본부가 정하는 바에 의한다. 이와 관련하여 필요한 세부사항은 가맹본부가 합리적으로 결정하여

시행하고 위 세부사항을 기재한 서면으로 가맹점사업자에게 사후 통지한다.

③ 가맹점에서 판매하는 상품의 할인비용이나 제공하는 경품 · 기념품 등의 비용은 당해 가맹점사업자가 부담하며, 판촉활동을 위한 통일적 팜플렛 · 전단 · 리플렛 · 카달로그 등의 제작비용 등은 가맹본부가 부담한다.

※ 이 계약에서 위와 달리 부담비율을 명시하여 달리 정할 수 있음

④ 제3항에서 규정하지 않은 그 밖의 판촉행위에 소요되는 비용은 가맹본부와 가맹점사업자가 균등하게 분담한다. 이 경우 가맹본부는 분담액 산출근거를 서면으로 제시하여 해당 가맹점사업자 과반수의 동 의를 얻어야 한다.

※ 이 계약에서 위와 달리 부담비율을 명시하여 달리 정할 수 있음

⑤ 가맹점사업자는 자기의 비용으로 자기 지역 내에서 판촉활동을 할 수 있다. 이 경우 가맹점사업자는 판촉활동의 구체적 내용에 관하여 가맹본부와 사전에 협의하여야 한다.

제25조 (상품 등의 조달과 관리)

① 가맹본부가 가맹점사업자에게 공급하여야 할 상품 등의 내역 및 가격은 별첨[3]와 같다. 다만, 물가인상 기타 경제여건의 변동으로 인하 여 상품 등의 공급내역, 가격의 변경이 필요할 경우 가맹본부는 변경 내역, 변경사유 및 변경가격 산출 근거를 가맹점사업자에 서면으로 제시하고 양 당사자가 협의하여 결정한다.

② 가맹본부가 공급하지 아니하거나 합리적 사유 없이 공급을 지연하는 상품 등은 가맹점사업자가 직접 조달하여 판매할 수 있다. 이 경우 가맹점사업자는 브랜드의 동일성을 해치지 않도록 하여야 한다.

③ 가맹본부는 가맹점사업자가 제2항에 의하여 직접 조달하는 상품 등 에 대하여 품질관리기준을 제시하고 그 기준의 준수여부를 검사할 수 있다. 이 경우 가맹점사업자는 가맹본부의 품질검사에 협조하여야 한 다.

④ 가맹본부와 가맹점사업자는 관련 법률에서 정한 설비와 장비를 갖추 고 상품 등

의 성질에 적합한 방법으로 운반 · 보관하여야 한다.

⑤ 가맹본부는 가맹사업의 목적달성에 필요한 합리적 사유가 있는 경우 에는 상품 등의 공급원을 자기 또는 특정한 제3자로 한정할 수 있다.

⑥ 가맹점사업자는 공급받은 상품 등을 가맹본부의 허락 없이 타인에게 제공하거나 대여할 수 없다.

제26조 (상품 등의 검사와 하자통지의무)

① 가맹점사업자는 상품 등을 공급받는 즉시 수량 및 품질을 검사하여 야 하고, 하자를 발견하였을 경우 지체 없이 이를 서면으로 가맹본부 에게 통지하여야 한다.

② 가맹점사업자가 상품 등의 성질상 수령 즉시 하자를 발견할 수 없는 경우에는 6개월 이내에 이를 발견하여 통지하고 완전물로 교환을 청구할 수 있다.

③ 가맹점사업자가 제1항 및 제2항의 검사를 태만히 하여 이로 인한 손해가 발생한 경우에는 가맹본부에 대하여 반품 · 수량보충 또는 손해배상을 청구할 수 없다. 다만, 가맹본부가 상품 등에 하자가 있음을 알면서 공급한 경우에는 제2항의 기간과 상관없이 가맹본부에 손해 배상 등을 청구할 수 있다.

④ 가맹본부는 그의 상표를 사용하여 공급한 상품 등의 하자로 인하여 소비자 등 제3자가 입은 손해에 대하여 책임이 있다. 다만, 가맹본부 가 공급하지 않은 상품 등을 가맹점사업자가 판매하여 제3자에게 손해를 가한 경우나 가맹점사업자의 보관상의 주의의무위반, 가맹점사 업자의 상품제공상의 별도 과실로 인한 경우에는 이에 대한 책임을 지지 아니한다.

⑤ 계약이 기간만료, 해지 등으로 인하여 종료한 때에는 가맹점사업자 는 공급된 상품 등의 중에서 완전물을 가맹본부에 반환할 수 있고, 이 에 대하여 가맹본부는 공급가격으로 상환하여야 한다. 다만, 가맹점사 업자의 책임 있는 사유로 인하여 해지된 경우에는 그러하지 아니하다.

⑥ 제5항의 경우에 하자 있는 상품 등에 대하여는 그 상태를 감안하여 가맹본부와

가맹점사업자의 협의에 의하여 상환가격을 결정한다.

제27조 (상품 등 공급의 중단)

① 가맹본부는 다음 각 호의 어느 하나에 해당하는 경우에는 (　)일 전에 해당사유를 적시한 서면으로 예고하고 가맹점사업자에 대한 상 품 등의 공급을 중단할 수 있다. 다만, 위 기간 중 가맹점사업자가 해당사유를 시정한 경우에는 그러하지 아니하다.

1. 가맹점사업자가 (　)개월에 걸쳐 3회 이상 상품 등에 관한 대금 등의 지급의무를 지체하는 경우
2. 가맹점사업자가 2회 이상 정기납입경비의 지급을 연체하는 경우
3. 가맹점사업자가 정기납입경비의 산정을 위한 총매출액 또는 매출액 증가비율을 3회 이상 허위로 통지하는 경우
4. 가맹본부의 품질관리기준을 (　)개월에 걸쳐 3회 이상 위반하는 경우
5. 가맹점사업자가 가맹본부와의 협의 없이 점포 운영을 3일 이상 방치하는 경우
6. 가맹점사업자가 가맹본부와 약정한 판매촉진활동을 이행하지 않 는 경우
7. 가맹점사업자가 정당한 사유 없이 제13조 제5항에 의한 노후 점 포설비의 교체 · 보수 요청에 따르지 않는 경우
8. 가맹점사업자가 가맹본부로부터 본 계약상의 의무위반을 지적받고 상당한 기간 내에 시정조치를 취하지 않는 경우

② 가맹본부는 다음 각 호의 어느 하나에 해당하는 경우에는 즉시 상품 등의 공급을 중단할 수 있다.

1. 가맹점사업자에게 파산 신청이 있거나 강제집행절차 또는 회생 절차가 개시된 경우
2. 가맹점사업자가 발행한 어음 · 수표가 부도 등으로 지급거절된 경우
3. 천재지변, 중대한 일신상의 사유 등으로 가맹점사업자가 더 이상 가맹사업을

경영할 수 없게 된 경우

4. 가맹점사업자가 공연히 허위사실을 유포함으로써 가맹본부의 명성이나 신용을 뚜렷이 훼손하거나 가맹본부의 영업비밀 또는 중요정보를 유출하여 가맹사업에 중대한 장애를 초래한 경우
5. 가맹점사업자가 가맹사업의 운영과 관련되는 법령의 위반사실을 통보받은 후 10일 이내에 이를 시정하지 아니한 경우
6. 가맹점사업자의 가맹사업과 관련한 가맹본부의 시정요구에 따른 후에 다시 같은 위반행위를 2회 이상 반복한 경우
7. 가맹점사업자가 가맹점 운영과 관련된 행위로 형사처벌을 받은 경우
8. 가맹점사업자가 공중의 건강이나 안전에 급박한 위해를 일으킬 염려가 있는 방법이나 형태로 가맹점을 운영하는 경우
9. 가맹점사업자가 정당한 사유 없이 연속하여 7일 이상 영업을 중단한 경우

③ 제1항 및 제2항의 경우 가맹본부는 상품 등의 공급중단조치를 취함 과 동시에 재공급조건을 가맹점사업자에 서면으로 통지하여야 한다.

제28조 (영업)

① 가맹점사업자는 주 (　)일 이상 월 (　)일 이상 개장하여야 하고, 연속하여 (　)일 이상 임의로 휴업할 수 없다.

② 가맹점사업자가 특정일에 점포를 열지 못할 특별한 사정이 있는 경우에는 이를 3일 전부터 매장 입구에 개시하여 고객이 알 수 있도록 하여야 한다.

③ 가맹점사업자가 일정기간 휴업할 경우에는 사전에 가맹본부에게 그 사유를 서면으로 통지하고 가맹본부의 승인을 얻어야 한다.

제29조 (복장)

① 가맹점사업자와 종업원은 가맹점영업과 관련하여 가맹본부가 지정한 복장을 착

용하여야 한다.

② 가맹본부는 복장의 색상, 규격을 가맹점사업자에게 서면으로 통지한 다.

③ 가맹본부는 가맹점사업자의 청구에 따라 종업원의 복장을 공급할 수 있다.

④ 가맹점사업자는 임직원 및 종업원이 도소매업소에 근무하는 자로서 의 품격에 어긋나지 않는 복장상태를 유지하도록 하여야 한다.

제30조 (보고의무)

① 가맹점사업자는 가맹점 영업과 관련하여 영업장부와 회계자료를 성 실히 작성 · 유지하여야 한다.

② 가맹점사업자는 년(월, 주) ( )회 매출상황과 회계원장 등을 가맹본 부에 서면 또는 POS시스템을 통하여 보고하여야 한다.

③ 가맹점사업자는 가맹본부가 파견한 경영지도원의 서면에 의한 요구 가 있을 때에는 영업장부 등 관련서류를 제시하여야 한다.

④ 가맹점사업자는 가맹본부로부터 사용허가를 받은 영업표지와 특허권 등에 대한 침해를 이유로 제3자가 소를 제기한 경우에는 이를 가맹 본부에 보고하여야 한다.

제31조 (보험)

① 가맹본부는 가맹점사업자가 영업상 과실, 상품의 하자, 점포의 화재 등으로 소비자나 제3자에게 부담하는 손해배상책임을 보장하기 위하 여 책임보험에 가입할 것을 권유할 수 있다.

② 가맹점사업자는 자신의 책임으로 보험업자, 보험의 종류, 피보험자를 정한다.

제32조 (영업양도 및 담보제공)

① 가맹점사업자는 가맹본부의 승인을 얻어 영업을 양도, 임대하거나 영업재산을 담보로 제공(이하 "영업양도 등"이라 한다)할 수 있다.

② 제1항의 경우 가맹점사업자는 영업양도일(또는 영업임대일, 담보제공일. 이하 같다) ( )일 전에 가맹본부에 대하여 서면으로 영업양도 등의 승인을 요청하여야 한다.

③ 가맹본부는 전항의 승인을 요청받은 날로부터 ( )일 이내에 그 사유를 명시한 서면으로 승인 또는 거절의 의사를 표시하여야 한다. 가맹본부가 이 기간 중에 이유를 적시하여 거절하지 않으면 영업양도 등을 승인한 것으로 본다.

④ 영업양도의 경우 영업양수인은 가맹점사업자의 가맹본부에 대한 권리와 의무를 승계한다.

⑤ 영업양수인, 영업임차인은 제15조의 최초가맹금의 지급의무가 면제 된다. 다만, 양도 등에 따라 가맹본부에게 초래된 행정적 실비 및 소 정의 교육비, 계약이행보증금은 면제되지 아니한다.

⑥ 가맹본부는 영업양수인이 요청하는 경우에는 영업양도인의 잔여 계약기간 대신에 완전한 계약기간을 영업양수인에게 부여할 수 있다. 이 경우에는 신규계약을 체결하여야 한다.

⑦ 가맹본부가 가맹사업을 타인에게 양도하는 경우 가맹점사업자는 가맹계약을 종료하고 계약관계에서 탈퇴할 수 있다. 이 경우 가맹본부는 가맹점사업자에 대하여 제16조 제2항의 금원을 반환하여야 한다.

⑧ 가맹본부는 가맹점운영권의 양도와 관련된 분쟁을 예방하기 위하여, 승인 전후를 불문하고 양도인의 투자비 내역, 영업 현황 등의 자료를 양수희망자 또는 양수인에게 제공할 수 있다.

제33조 (영업의 상속)

① 가맹점사업자의 상속인은 가맹점 영업을 상속할 수 있다.

② 상속인이 영업을 상속할 경우에는 상속개시일로부터 3개월 이내에 상속사실을 가맹본부에게 통지하여야 한다.

③ 상속인이 미성년자, 금치산자, 한정치산자에 해당하거나 이에 준하는 사유가 있는 경우 가맹본부는 영업의 상속을 승인하지 아니할 수 있으며, 이 경우 가맹계약은 종료한다. 다만, 가맹본부는 상속인에게 제36조 제2항 및 제3항의 금원을 지급하여야 한다.

④ 상속인에 대해서는 제15조의 최초가맹금이 면제된다. 단, 소정의 교육비, 계약이행보증금은 면제되지 아니한다.

제5장 계약의 갱신, 해지, 종료

제34조 (계약의 갱신과 거절)

① 가맹본부는 가맹점사업자가 가맹계약기간 만료 전 180일부터 90일 까지 사이에 가맹계약의 갱신을 요구하는 경우에는 정당한 사유가 없으면 이를 거절하지 못한다. 다만 가맹점사업자가 다음 각 호의 어느 하나에 해당하는 경우에는 갱신을 거절할 수 있다.

1. 가맹계약상의 가맹금 등의 지급의무를 지키지 아니한 경우
2. 다른 가맹점사업자에게 통상적으로 적용되는 계약조건이나 영업 방침을 가맹점사업자가 수락하지 아니한 경우
3. 가맹점의 운영에 필요한 점포 · 설비의 확보나 법령상 필요한 자격 · 면허 · 허가의 취득에 관한 가맹본부의 중요한 영업방침 을 지키지 아니한 경우
4. 상품의 품질을 유지하기 위하여 필요한 제조공법 또는 서비스기 법의 준수에 관하여 가맹본부가 정한 영업방침을 지키지 아니한 경우
5. 가맹본부의 가맹사업 경영에 필수적인 지식재산권의 보호에 관하여 가맹본부가 정한 영업방침을 지키지 아니한 경우
6. 다른 가맹본부가 통상적으로 요구하는 비용에 의하여 가맹본부 가 가맹점사업자에게 정기적으로 실시하는 교육 · 훈련의 준수에 관한 가맹본부의 영업방침을 지키지 아니한 경우.

② 제1항의 가맹점사업자의 계약갱신요구권은 최초 가맹계약기간을 포함한 전체 가맹계약기간이 10년을 초과하지 아니하는 범위 내에서만 행사할 수 있다.

③ 가맹본부가 제1항에 따른 갱신요구를 거절하는 경우에는 갱신을 요구받은 날로부터 15일 이내에 가맹점사업자에게 거절사유를 적은 서 면으로 통지하여야 한다.

④ 가맹본부가 제1항 단서의 어느 사유를 들어 계약만료 전 180일부터 90일까지 갱신하지 않는다는 사실을 서면으로 통지하거나 제3항의 거절통지를 한 경우가 아니면, 가맹계약은 종전계약과 동일한 조건으로 (   )년간 갱신된 것으로 본다.

⑤ 다음 각 호의 어느 하나에 해당하는 경우에는 제4항을 적용하지 아니한다.

1. 가맹점사업자가 계약만료 60일전까지 이의를 제기한 경우
2. 천재지변 등 양 당사자에게 책임 없는 사유로 인하여 가맹계약 을 유지하기 어려운 경우
3. 가맹본부나 가맹점사업자에게 파산신청이 있거나 강제집행절차 또는 회생절차가 개시된 경우
4. 가맹본부나 가맹점사업자가 발행한 어음 · 수표가 부도 등으로 지급거절된 경우
5. 가맹점사업자에게 중대한 일신상의 사유가 발생하여 더 이상 가맹사업을 경영할 수 없게 된 경우

제35조 (계약의 해지)

① 가맹본부는 가맹점사업자에게 제27조 제1항 각호의 사유가 있는 경우에는 가맹계약을 해지할 수 있다. 이 경우 가맹계약을 해지하기 위해서는 가맹점사업자에게 2개월 이상의 유예기간을 두고 계약의 위반사실을 구체적으로 밝히고 이를 시정하지 아니하면 그 계약을 해지 한다는 사실을 서면으로 2회 이상 통지하여야 하고, 이 절차를 거치 지 아니한 가맹계약의 해지는 그 효력이 없다.

② 가맹본부는 가맹사업의 거래를 지속하기 어려운 경우로서 다음 각 호의 어느 하나에 해당하는 경우에는 제1항의 절차를 거치지 아니 하고 계약을 해지할 수 있다.

1. 가맹점사업자에게 파산신청이 있거나 강제집행절차 또는 회생절차 가 개시된 경우
2. 가맹점사업자가 발행한 어음 · 수표가 부도 등으로 지급 거절된 경 우
3. 천재지변, 중대한 일신상의 사유 등으로 가맹점사업자가 더 이상 가맹사업을 경영할 수 없게 된 경우
4. 가맹점사업자가 공연히 허위사실을 유포함으로써 가맹본부의 명성이나 신용을 뚜렷이 훼손하거나 가맹본부의 영업비밀 또는 중요 정보를 유출하여 가맹사업에 중대한 장애를 초래한 경우
5. 가맹점사업자가 가맹사업의 운영과 관련되는 법령의 위반사실을 통보받은 후 10일 이내에 이를 시정하지 아니한 경우
6. 가맹점사업자가 제1항 후문에 따른 가맹본부의 시정요구에 따른 후 다시 같은 위반행위를 2회 이상 반복한 경우
7. 가맹점사업자가 가맹점운영과 관련된 행위로 형사처벌을 받은 경 우
8. 가맹점사업자가 공중의 건강이나 안전에 급박한 위해를 일으킬 염려가 있는 방법이나 형태로 가맹점을 운영하는 경우
9. 가맹점사업자가 정당한 사유 없이 연속하여 7일 이상 영업을 중단한 경우.

③ 가맹점사업자는 가맹본부가 약정한 상품 등의 공급, 경영지원 등을 정 당한 이유 없이 이행하지 않거나 지체하는 경우 등 이 계약상 의무를 불이행하는 경우에는 상당한 기간을 정하여 서면으로 그 시정을 요구 하고 그래도 시정하지 않을 경우에는 가맹계약을 해지할 수 있다.

④ 가맹점사업자는 다음 각 호의 어느 하나에 해당하여 재정상태가 객관 적으로 악화됨에 따라 본 계약의 유지가 어렵다고 합리적 · 객관적으로 판단되는 경우에는 최고 없이 즉시 계약을 해지할 수 있다.

1. 가맹본부가 파산한 경우
2. 가맹본부가 발행한 어음 · 수표가 부도 등으로 지급 거절된 경우
3. 가맹본부가 (가)압류, 가처분, 강제집행, 체납처분 또는 이와 유사 한 법적 ·

행정적 처분을 당한 경우

4. 천재지변으로 가맹점 운영이 곤란한 경우

⑤ 가맹본부와 가맹점사업자는 계약기간 중에도 서면에 의하여 양 당사자가 합의하여 해지할 수 있다. 다만, 해지를 원하는 당사자는 상대방에 대하여 「약관의 규제에 관한 법률」 제8조(손해배상액의 예정) 에 위반되지 아니하는 범위 내에서 금 (　　)원을 위약금으로 지급하여야 하며, 이는 손해배상액의 예정으로서의 성격을 갖는다.

제36조 (계약의 종료와 조치)

① 계약이 기간만료나 해지로 인하여 종료된 경우, 가맹점사업자는 지 체 없이 가맹본부의 상호 · 간판 등 영업표지의 사용을 중단하고 이를 철거 내지 제거하여야 하며, 가맹본부가 제공한 설비, 전산시스템 등 영업관련 자산을 가맹본부에 반환하여야 한다.

② 제1항의 규정에도 불구하고 가맹점사업자가 계약이행보증금을 지급 한 경우에는 가맹본부로부터 제18조 제3항의 정산잔액과 정산서를 받을 때까지(계약이행보증보험증권이나 물적 담보를 제공한 경우에는 잔존 채무 · 손해배상액의 통지서를 받을 때까지) 제1항의 의무이행 을 거절할 수 있다. 가맹본부가 제16조 제2항에 의하여 가맹금의 일부를 반환해야 하는 경우에도 또한 같다.

③ 제1항의 철거 · 원상복구의 비용은 계약이 가맹점사업자의 귀책사유 로 종료되는 경우에는 가맹점사업자가 부담하고 가맹본부의 귀책사유 로 종료되는 경우에는 가맹본부가 부담한다. 다만, 합의해지의 경우에 는 가맹본부와 가맹점사업자가 협의하여 비용을 분담할 수 있다.

④ 가맹본부는 가맹계약서를 가맹사업의 거래가 종료된 날부터 3년간 보관하여야 한다.

제6장 기 타

제37조 (가맹점사업자의 비밀유지, 경업금지 의무)

① 가맹점사업자는 계약 및 가맹점 운영상 알게 된 가맹본부의 영업비 밀을 계약기간은 물론 계약종료 후에도 제3자에게 누설해서는 안 된다.

② 가맹점사업자는 가맹본부의 허락 없이 교육과 세미나 자료 기타 가맹점운영과 관련하여 가맹본부의 영업비밀이 담긴 관계서류의 내용을 인쇄 또는 복사할 수 없다.

③ 가맹점사업자는 계약의 존속 중에 가맹본부의 허락 없이 자기 또는 제3자의 명의로 가맹본부의 영업과 동종의 영업을 하지 않는다.

제38조 (지연이자)

계약의 일방당사자가 본 계약과 관련하여 상대방에게 부담하는 일체의 금전지급의무를 지체하는 경우에는 미지급액에 대하여 지급기일의 다음날부터 지급하는 날까지 연 ( )%의 비율에 의한 지연이자를 가산하여 지급한다.

제39조 (손해배상)

이 계약의 당사자는 상대방의 계약위반이나 불법행위로 인한 손해에 대하여 이 계약상 구제수단 외에 별도로 손해배상을 청구할 수 있다.

제40조 (분쟁의 해결)

① 이 계약의 당사자는 이 계약의 해석 또는 이 계약에 의하여 명시되지 아니한 사항에 관하여 다툼이 있을 경우 우선적으로 대화와 협상 을 통하여 분쟁을 해결하도록 최선을 다한다.

② 제1항에 의한 해결이 되지 아니한 경우에는 「가맹사업거래의 공정화에 관한 법

률」 제22조에 따라 한국공정거래조정원의 가맹사업거래 분쟁조정협의회에 조정을 신청하거나 다른 법령에 의하여 설치된 중재 기관에 중재를 신청할 수 있다.

③ 가맹본부 및 가맹점사업자의 협의에 의하여 제2항에 의한 중재를 신청하지 아니하는 경우, 이 계약에 관한 분쟁의 관할법원은 가맹점사 업자의 주소지나 점포소재지를 관할하는 법원으로 한다. 다만, 가맹본부와 가맹점사업자가 합의하여 관할법원을 달리 정하는 경우에는 그러 하지 아니하다.

제41조 (정보공개서의 자문)

① 가맹본부는 이 계약을 체결하기 전에 가맹희망자에게 정보공개서를 제공하고 충분한 숙고기간을 부여하여야 하며 정보공개서의 이해를 돕기 위하여 가맹거래사 또는 변호사의 자문을 받을 수 있다는 사실 을 고지하여야 한다.

② 가맹점사업자는 제1항의 자문을 받은 경우 자문일자가 기재된 확인서를 가맹본부에 제출하여야 한다.

제42조 (정보공개서 및 가맹계약서의 수령일)

① 가맹점사업자는 가맹금의 일부를 지급하거나 이 계약을 체결하는 날 로부터 14일(제41조의 자문을 받은 경우에는 7일) 이상 이전인 20 년 월 일에 가맹본부로부터 관련 정보공개서를 제공받았음을 인한다.

② 가맹점사업자는 가맹본부가 가맹금을 최초로 수령한 날(가맹금을 예치한 경우에는 예치한 날, 예치하기로 합의한 경우에는 예치 예정일) 과 이 계약을 체결한 날 중 빠른 날 전인 20 년 월 일에 이 계약서를 사전제공 받았음을 확인한다.

별첨 [1] : 영업지역의 표시

별첨 [2] : 가맹점사업자에게 사용이 허가된 영업표지의 표시

별첨 [3] : 공급 상품 등의 내역

가맹본부와 가맹점사업자는 이 가맹계약서에 열거된 각 조항을 면밀히 검토하고 충분히 이해하였으며, 이 계약의 체결을 증명하기 위하여 계약서 2통을 작성하여 각각 기명 · 날인한 후 각 1통씩 보관한다.

20 년 월 일

[가맹본부]

대 표 자: (인)
사업자등록번호:
상 호:
주 소:
연 락 처:

[가맹점사업자]

성 명: (인)
주민등록번호:
점 포 명:
주 소:
연 락 처:

별첨 [1] : 영업지역의 표시

※ 영업지역을 표시한 지도를 첨부하여 주십시오.

별첨 [2] : 가맹점사업자에게 사용이 허가된 영업표지의 표시

(1) 허용대상 영업표지

영업표지 견본	
등록번호(출원번호)	
등록결정(심결) 연월일	
존속기간 (예정) 만료일	
지정상품 또는 지정서비스업	
등록권리자	

(2) 영업표지 사용방법

: 간판, 상징물, 홍보물, 집기 비품, 문구류 등에 표시

(3) 영업표지의 사용기간

: 이 계약의 효력이 존속되는 기간과 원칙적으로 동일함

(4) 영업표지의 사용지역

: 별도 약정이 없는 한 해당 영업지역 내로 한정됨

별첨 [3] : 공급상품 등의 내역

연번	상품명	공급가격

10. 가맹사업거래 정보공개서 표준양식에 관한 고시

가맹사업과 관련하여 정보공개서는 매우 중용한 문서로 이를 가맹본부는 이를 명확히 작성하여야 하고, 가맹희망자 또는 가맹점사업자는 해당 정보공개서를 명확히 이해할 수 있는 능력을 구비하여야 한다.

따라서 해당 정보공개서에 대한 작성방법 등에 대하여 표준양식을 기초로 눈에 익히고 실제 가맹사업으로 창업을 할 경우 적극 활용하도록 한다.

제정 2005. 7. 13. 공정거래위원회 고시 제2005-14호
개정 2008. 6. 17. 공정거래위원회 고시 제2008-08호
개정 2009. 8. 20. 공정거래위원회 고시 제2009-32호
개정 2010. 12. 22. 공정거래위원회 고시 제2010-11호
개정 2012. 12. 20. 공정거래위원회 고시 제2012-70호
개정 2014. 3. 11. 공정거래위원회 고시 제2014-03호

가맹사업거래의 공정화에 관한 법률 제7조【정보공개서의 제공의무 등】제4항 및 같은 법 시행령 제7조【정보공개서의 표준양식】에 따라 가맹사업거래 정보공개서 표준양식에 관한 고시(공정거래위원회 고시 제2012-70호) 별지 서식을 별지와 같이 하여 고시한다.

제1조(목적)

이 고시는 가맹사업거래의 공정화에 관한 법률(이하 "법"이라 한다) 제7조(정보공개서의 제공의무 등) 제4항 및 법 시행령 제7조(정보공개서의 표준양식)에 따라 정보공개서의 표준양식을 정하여 가맹본부 또는 가맹본부로 구성된 사업자단체에게 그 사용을 권장함으로써 가맹희망자에게 실효적인 정보공개서를 제공하고 가맹본부의 업무편의를 높이며 나아가 가맹사업의 공정한 거래관행이 정착되게 함을 목적으로 한다.

제2조(용어의 정의)

이 고시에서 "표준정보공개서"란 가맹본부 또는 가맹본부로 구성된 사업자단체에게 그 사용이 권장되는 정보공개서의 표준양식으로 법 시행령 제4조(정보공개서의 기재사항) 제1항의 내용을 포함한 것을 말한다.

제3조(정보공개서 작성원칙)

가맹본부는 다음 각 호의 원칙에 따라 정보공개서를 작성한다.

1. 정보공개서는 가맹희망자나 가맹점사업자의 입장에서 읽기 쉽도록 명확하면서도 구체적으로 작성하여야 한다.
2. 정보공개서는 읽는 사람의 이해를 쉽게 하기 위하여 표, 그림, 그래프 등 시각적 효과를 높이는 도구를 가능한 많이 사용하고 중요한 내 용은 별도의 색상, 글꼴, 글씨 크기 등으로 작성하여야 한다.
3. 정보공개서의 내용 중 사실과 가맹본부의 의견(전망, 예상, 추정 등을 포함한다)은 분리하여 작성하여야 한다.
4. 정보공개서는 법 시행령 별표1에 따른 기재사항 순서대로 작성하여 야 한다.

제4조(표준정보공개서의 이용)

① 표준정보공개서는 별지 서식과 같다.

② 가맹본부는 표준정보공개서의 내용을 자신이 영위하는 가맹사업에 맞 도록 수정하여 사용할 수 있으나, 법 시행령 제4조 제1항의 정보공개 사항을 임의로 삭제하여서는 아니 된다.

③ 공정거래위원회는 필요하다고 인정하는 경우에는 이 고시에서 정한 표 준정보공개서에 대하여 업종별 · 업태별 또는 용도별로 세부적인 정보공개사항을 추가 또는 변경할 수 있다.

제5조(재검토기한)

「훈령 · 예규 등의 발령 및 관리에 관한 규정」(대통령훈령 제248호)에 따라 이 고시 발령 후의 법령이나 현실 여건의 변화 등을 검토하여 이 고시의 폐지, 개정 등의 조치를 하여야 하는 기한은 2015년 8월 20일까지로 한다.

> ※ 정보공개서는 **영업표지(브랜드) 별로 작성 · 등록**하여야 합니다.
>
> ※ 목차는 가맹본부에 맞게 더 자세하게 나누십시오.
>
> ※ 이하의 내용은 공정거래위원회가 가상의 가맹본부를 상정하여 작성한 것입니다. 본 표준정보공개서를 사용하려는 가맹본부는 자신의 상황에 맞게 내용을 작성하시고, 특히 대괄호[ ] 안의 내용은 가맹본부의 영업방침에 따라 수정하시기 바랍니다. 또한, **해당되는 사항이 없는 경우에도 반드시 "해당없음", "그러한 사실이 없습니다." 등으로 일반인이 알기 쉽게 표시**하십시오. 아무 표시가 없는 경우 정보공개서 **기재사항을 누락한 것으로 간주합니다.**
>
> ※ 본문 내용 중 보충설명이 필요한 부분에는 **점선으로 된 글상자** 안에 그 내용을 기재하였으니 참고하십시오.
>
> ※ **객관적인 사실에 근거하지 않거나 계약서의 관련 내용과 다른 사항**이 정보공개서에 기재될 경우 **관련법에 따라 처벌될 수** 있으니 주의하시기 바랍니다.
>
> ※ 표준정보공개서는 가맹사업법령에 따른 정보공개서 기재사항을 모두 포함하고 있으나 본 양식을 사용한 것만으로 정보공개서 등록이 항상 이루어지는 것은 아니므로 **법적 검토를 하신 후 사용**하시기를 부탁드립니다.

[가맹본부의 로고가 있는 경우 로고]

[정보공개서 등록번호]
[정보공개서 최초 등록일]
[정보공개서 최종 등록일]

[가맹본부의 홈페이지 주소 및 대표 이메일 주소]

[가맹희망자가 운영하게 될 영업표지(브랜드명)]

정 보 공 개 서

[가맹본부명]은 「가맹사업거래의 공정화에 관한 법률」제7조 및
같은 법 시행령 제4조 제1항에 따라 귀하에게 이 정보공개서를 드립니다.

20 . . .

[가맹본부명]

〈주 의 사 항〉

이 정보공개서는 귀하께서 체결하려는 가맹계약 및 해당 가맹사업에 대한 전반적인 정보를 담고 있으므로 그 내용을 정확하게 파악한 후에 계약체결 여부를 결정하시기 바랍니다. **「가맹사업거래의 공정화에 관한 법률」**에 따라 가맹희망자에게는 정보공개서의 내용을 충분히 검토하고 판단할 수 있도록 일정한 기간이 주어집니다. 따라서 이 **정보공개서를 제공받은 날부터 14일(변호사나 가맹거래사의 자문을 받은 경우에는 7일)이 지날 때까지는 가맹본부가 귀하로부터 가맹금을 받거나 귀하와 가맹계약을 체결할 수 없습니다.**

이 정보공개서는 법령이 정한 기재사항을 담고 있는 것에 불과하며 그 **내용의 사실 여부를 한국공정거래조정원에서 모두 확인한 것은 아닙니다.** 또한, 귀하께서는 어디까지나 **가맹계약서의 내용에 따라 가맹사업을 운영하게 되므로 정보공개서의 내용에만 의존하여서는 아니 됩니다.** 귀하께서 **가맹계약서에 서명하는 순간**부터 그 내용에 구속됩니다. 따라서 충분한 시간을 갖고 정보공개서나 가맹계약서의 내용을 검토하시고 **기존 가맹점사업자를 방문하여 얻은 정보**에 근거하여 가맹본부의 신뢰성을 판단하도록 하십시오. 가맹사업은 **법률, 회계, 경영** 등 다양한 분야의 지식이 필요한 분야이므로 **가맹거래사 등 전문가의 자문**을 받는 것을 권장합니다. 귀하가 과거 사업 경력이 없는 경우 관련 업종에서 경험을 쌓아 경영 수행 능력을 갖출 필요가 있습니다.

마지막으로 사업 초기에 많은 자금이 소요되므로 **귀하의 재정상태를 확실히 점검**한 다음 창업에 임하시기 바랍니다.

[가맹본부의 주된 사무소의 소재지]
[가맹본부의 대표전화번호]
[가맹본부의 대표팩스번호]
[가맹사업 담당부서 및 전화번호]

목 차

〈 정보공개서를 읽기 전에 〉

◇ 정보공개서는 가맹본부의 자료에 기초하여 작성된 것이므로 귀하가 실제 운영할 사업 내용과는 **차이가 있을 수 있습니다.** 따라서 사전에 충분히 **내용의 타당성을 검토**하고 별다른 문제가 없는 경우에 가맹계약을 체결하여야 합니다.

◇ 정보공개서의 내용을 이해하기 위해서는 일정한 법률 지식이 필요합니다. 이해가 가지 않는 부분은 가맹본부 측에 **충분한 설명을 요구**하고 필요한 경우 **가맹거래사나 변호사 등 전문가에게 자문을 요청**하는 것이 바람직합니다.

◇ 가맹본부로부터 제공받은 정보공개서와 한국공정거래조정원에 등록한 정보공개서(http://franchise.ftc.go.kr)를 비교하여 다른 내용이 있는 경우 한국공정거래조정원(http://franchise.ftc.go.kr)에 알려 주시기 바랍니다.

◇ 정보공개서 기재사항에 허위 · 과장된 정보가 포함된 경우에는 그 사실을 **공정거래위원회 또는 가맹사업거래홈페이지(http://franchise.ft c.go.kr)**로 신고하실 수 있습니다.

◇ 가맹사업거래의 공정화에 관한 법률에 따라 정보공개서와 함께 귀하가 창업하려고 하는 **점포 예정지 인근 10곳의 정보(가맹점명, 소재지, 전화번호)**를 제공받아야 합니다. 인근 점포를 직접 방문하셔서 가맹본부를 신뢰할 수 있는지 확인하시기 바랍니다.

◇ 가맹본부와 상담하기 전 **'창업희망자가 알아야 할 10가지 필수사항'**과 **'창업희망자를 위한 가맹사업 계약체결 안내서'**를 확인하시고 **가맹사업법 관련 조항**도 찾아보십시오.

가맹사업거래홈페이지(http://franchise.ftc.go.kr) – '정보마당' – '교육자료'

가맹사업거래홈페이지(http://franchise.ftc.go.kr) – '법령 및 제도' – '법령자료'

◇ 가맹본부와 분쟁이 발생한 경우 정보공개서는 중요한 단서가 될 수 있습니다. **정보공개서를 계약서와 함께 잘 보관하십시오.**

Ⅰ. 가맹본부의 일반 현황

1. 가맹본부의 일반 정보

당사의 일반 정보는 다음과 같습니다.

<table>
<tr><th>상호</th><th colspan="2">영업표지</th><th colspan="4">주 소</th></tr>
<tr><td rowspan="4">(주)공정위</td><td colspan="2">반포삼겹살 외 1개</td><td colspan="4">서울시 서초구 반포로 9999번지</td></tr>
<tr><td colspan="2">법인 설립등기일①</td><td>사업자등록일</td><td colspan="2">대표자</td><td>대표전화번호</td><td>대표팩스번호</td></tr>
<tr><td colspan="2">1999.3.15.</td><td>1999.3.17.</td><td colspan="2">김공정</td><td>02-1234-5678</td><td>02-1234-5679</td></tr>
<tr><td>법인등록번호</td><td colspan="2">111111-2222222</td><td colspan="2">사업자등록번호</td><td colspan="2">123-45-67890</td></tr>
</table>

① 개인사업자의 경우 법인 설립등기일 란에 "개인사업자"로 표기합니다.

2. 특수관계인※의 일반 정보

당사의 최근 3년 동안 특수관계인의 일반 정보는 다음과 같습니다.

<table>
<tr><th>관계</th><th>이름/상호①</th><th>영업표지</th><th colspan="3">주 소</th></tr>
<tr><td rowspan="3">배우자</td><td rowspan="3">이친절
(주)서초건강</td><td rowspan="3">1004건강</td><td colspan="3">서울시 서초구 강남대로 10000번지</td></tr>
<tr><td>대표자</td><td>대표전화번호</td><td>대표팩스번호</td></tr>
<tr><td>백철민</td><td>02-2000-9999</td><td>02-2000-8888</td></tr>
<tr><td>관계</td><td>이름/상호</td><td>영업표지</td><td colspan="3">주 소</td></tr>
<tr><td rowspan="3">사용인
(임원)</td><td rowspan="3">최거래</td><td rowspan="3">반포삼겹살
외 1개</td><td colspan="3">서울시 서초구 반포로 9999번지</td></tr>
<tr><td>대표자</td><td>대표전화번호</td><td>대표팩스번호</td></tr>
<tr><td>-</td><td>02-1234-5678</td><td>02-1234-5679</td></tr>
<tr><td>관계</td><td>이름/상호</td><td>영업표지</td><td colspan="3">주 소</td></tr>
<tr><td rowspan="2">사용인
(임원)</td><td rowspan="2">송가맹</td><td rowspan="2">반포삼겹살
외 1개</td><td colspan="3">서울시 서초구 반포로 9999번지</td></tr>
<tr><td>대표자</td><td>대표전화번호</td><td>대표팩스번호</td></tr>
</table>

			-	02-1234-5678	02-1234-5679
관계	이름/상호	영업표지④	주 소		
계열회사③	조정원(주)	잠원우동 외 1개	서울시 서초구 잠원로 1234번지		
			대표자	대표전화번호	대표팩스번호
			박조정	02-9876-5432	02-9876-5431
	법인등록번호	333333-4444444	사업자등록번호	987-65-43210	
계열회사⑤	나도해(주)	삼겹구어 외 1개	서울시 서초구 반포로 7777번지		
			대표자	대표전화번호	대표팩스번호
			박협회	02-1234-3333	02-1234-3334
	법인등록번호	777787-666666	사업자등록번호	123-45-67890	
....					

※ 특수관계인의 범위(가맹사업거래의 공정화에 관한 법률 시행령 별표1 제2호 나목)

1) 다음에 해당하는 회사나 개인을 간추립니다.

가) 가맹본부를 사실상 지배하고 있는 자: 임원 여부와 무관하게 실제로 의사결정을 하는 자를 의미

나) 가)의 배우자, 6촌 이내의 혈족, 4촌 이내의 인척

다) 가맹본부의 계열회사

라) 가맹본부나 계열회사의 사용인: 임원 여부와 무관하게 가맹사업 경영에 실질적으로 참여하는 자를 의미

2) 1)에 해당하는 회사나 개인이 **최근 3년 이내에 가맹사업을 경영한 적이 있거나 현재 경영하고 있습니까?**

예→ 특수관계인에 해당 / 아니오→ 해당없음

3) 더 자세한 내용은 독점규제 및 공정거래에 관한 법률 시행령 제3조제

1호 및 제11조제1호를 참고하십시오.

① 회사인 경우 상호를, 개인인 경우 이름을 기재합니다. 개인인 특수관계인이 다른 가맹본부의 임원인 경우 그 회사명도 표시합니다.
② 특수관계인이 가맹본부의 계열사이거나 다른 회사의 임원인 경우 그 회사의 대표자를 기재합니다.
③ 계열회사인 경우 법인등록번호 및 사업자등록번호를 기재합니다.
④ 특수관계인이 운영하는 영업표지가 복수인 경우 대표 영업표지 1개 외 몇 개식으로 기재합니다.
⑤ 계열회사가 최근 3년 동안 가맹사업을 경영하였으나 폐업 등으로 정보공개서 등록 취소 등을 하고 더 이상 가맹사업을 경영하지 않는 경우에도 빠짐없이 기재합니다.

3. 가맹본부의 인수 · 합병 내역

당사는 바로 전 3년 동안 다음과 같이 다른 기업(가맹사업 영업표지를 포함하여 가맹사업을 경영한 기업)을 인수 · 합병(다른 기업의 가맹 관련 사업을 양수 또는 양도한 경우도 포함한다)하거나 다른 기업에 인수 · 합병된 적이 있습니다.

인수 · 합병 여부	기업명	영업표지	인수 · 합병일	주 소	대표자
가맹본부가 다른 기업을 인수함	해당없음				
가맹본부가 다른 기업의 가맹사업 일부를 인수함	해당없음				
다른 기업에 가맹사업 일부를 인도함	청산변곡 (주)	달려라 한입	2011.11.24.	상원도 OO군 OO로 OO번지	나국어
다른 기업이 가맹본부를 합병함	해당없음				

※ 기재기간: 바로 전 3년

4. 가맹희망자가 앞으로 경영할 가맹사업(앞으로 [반포삼겹살]이라 합니다)의 내용

귀하는 앞으로 아래 표에 따른 가맹사업을 경영하게 됩니다.

구 분	내 용	추가 설명
명 칭①	반포삼겹살	명칭의 유래 설명
상 호②	반포삼겹살 OO점	
상표(서비스표)③		서비스표등록번호: OOOOOOOOOOO
광 고④		
그 밖의 영업표지		

[반포삼겹살은... 영업표지 홍보를 하고 사진 등의 자료도 첨부합니다.]※

※ 가맹본부의 로고, 간판 등의 그림을 기재하는 것도 가능합니다.

① 영업표지를 기재합니다.

② 가맹점이 사용하게 될 점포명을 기재합니다.

③ 상표법에 따라 등록한 상표(서비스표 포함)가 아니더라도 제3자의 입장에서 가맹본부의 영업표지가 경쟁사의 영업표지와 구별될 수 있는 표지(로고 포함)를 기재합니다.

④ 광고에 사용되는 캐릭터 등이 있으면 기재합니다.

5. 바로 전 3개 사업연도①의 대차대조표 및 손익계산서

1) 당사의 바로 전 3년 동안의 재무상황 요약은 다음과 같습니다.

(단위: 천원, 부가세 미포함)

연도	자산총계②	부채총계	자본총계	매출액	영업 이익	당기 순이익
2011년						
2012년						
2013년						

그 근거자료는 별첨 1과 같습니다. [※대차대조표, 손익계산서 사본은 가맹사업거래의 공정화에 관한 법률 시행령에 따라 반드시 삽입하셔야 합니다.]

① 정보공개서 최종 등록일에 따라 기재 기간이 달라집니다.
- 2014년에 등록할 경우 : 2011~2013년도 대차대조표 및 손익계산서
- 2014년 이후 등록할 경우 : 직전 3개 사업연도의 대차대조표 및 손익계산서

* 주식회사의 외부감사에 관한 법률에 따라 외부감사의 대상이 되는 가맹본부(자산총액 70억 이상 주식회사, 주권 상장법인, 코스닥 상장법인)는 감사보고서상의 대차대조표 및 손익계산서를 기재하며, **그 내용을 임의로 수정하지 마십시오.**

② 자산, 부채, 자본의 경우 직전 사업연도 말일을 기준으로 기재합니다. 기재기간은 ①과 같습니다.

※ 대차대조표 및 손익계산서를 작성하지 않는 가맹본부는 최근 3개 사업연도의 매출액을 확인할 수 있도록 **부가가치세신고서 등의 증명서류**를 삽입합니다.

재무상황의 기재방법은 원칙적으로 **기업회계기준**을 따릅니다.

[당사는 [   ]년[   ]월 개인사업자[법인사업자]에서 법인사업자[개인사업자]로 전환하였습니다. 따라서, 0000년도 이전은 법인사업자[개인사업자]로 전환하기 전 개인사업자[법인사업자]로서의 가맹본부 매출액이며, 0000년 이후에는 현재 법인사업자[개인사업자]의 매출액임을 알려드립니다.]

※ 가맹본부가 최근 3년 사업연도에 **개인사업자에서 법인사업자로 전환**하였거나 법인사업자에서 개인사업자로 전환한 경우 **전환 전 사업연도의 매출액**은 전환 전 **개인사업자**(또는 법인사업자)의 **매출액임을 반드시 추가 명기**하시기 바랍니다.

2) 당사의 바로 전 3년 동안의 가맹사업 관련 매출액①은 다음과 같습니 다.

당사의 가맹사업 관련 매출액

(단위: 천원, 부가세 미포함)

영업표지②	연도	가 사업 관련 매출액③④		
		매출액	상한	하한
반포삼겹살	2011년			
	2012년			
	2013년			
과천보쌈	2011년			
	2012년			
	2013년			
....				

① 가맹본부가 가맹사업 이외의 사업을 경영하지 않아 **1)의 매출액과** 가맹사업 관련 매출액이 **같을 경우에는** 1)의 매출액과 **같음을 표기하고 추가로 기재하시지 않으셔도 됩니다.**
② 가맹본부가 다수의 영업표지를 경영하고 있을 경우에는 **영업표지별로 분류**하여 **기재**하시되, 분류가 어려울 경우에는 그 합계를 기재하실 수 있습니다.
③ 관련 매출액 근거자료 제시나 매출액 산정이 곤란할 경우, 추정된 매출액임을 밝히고 그 상한과 하한을 기재하셔야 합니다. 또한, 매출액 산정시 그 산정기준을 제시하여야 합니다.
④ 직영점이 있을 경우에는 직영점 매출액도 포함하여 기재합니다.

[당사에서 추정한 가맹사업 관련 매출액은 당사 전체 매출액의 60%입니다.]

[당사는 가맹사업(반포삼겹살, 과천보쌈) 외, 육류 도매업도 하고 있으며, 당사의 매출액은 가맹사업별로 가맹점사업자들에게 공급하는 육류매출액과 육류 도매매출액으로 구성됩니다.

당사가 각 가맹사업 영업표지별로 가맹점사업자들에게 공급하는 육류의 매출액은 전체 매출액과 대비하여 60%에 해당하며, 가맹사업 관련 매출액 중 반포삼겹살 가맹점사업자들에게 공급하는 육류매출액은 50%~52%이며, 과천보쌈 가맹점사업자들에게 공급하는 육류매출액은 48%~50% 입니다. 따라서 관련 매출액은 반포삼겹살은 000천원과 000천원 사이에 있으며, 과천보쌈은 000천원과 000천원 사이에 있을 것으로 추정됩니다.]

※ 가맹사업 관련 매출액을 산정(추정)시 그 근거자료를 제시하시기 바랍니다.

6. 가맹본부의 임원① 명단 및 사업경력②

당사의 임원 내역은 다음과 같습니다.

관련여부[3]	이름	현 직위	사업경력		
			기간[4]	직위	담당 업무
가맹사업 관련 임원	김공정	대표이사	2008.1.~2011.3.	AB학원(주) 상무	가맹점 관리
			2011.3.~2012.11.	AB학원(주) 전무	회계 · 자금
			2012.11.~현재	(주)공정위 대표이사	회사 업무 총괄
	송가맹	감사	2009.1.~2011.5.	(주)가나식품 전무	가맹점 관리
			2008.5.~현재	(주)공정위 감사	
가맹사업 비관련 임원	최거래	이사	2007.6.~2011.5.	한강대학교 교수	경영학
			2009.5.~현재	(주)공정위 이사	경리
	…				

① 임원의 범위(자세한 내용은 독점규제 및 공정거래에 관한 법률 제2조제5호를 참고하십시오.)

1) 이사 · 대표이사: 등기여부를 불문
2) 업무집행을 하는 무한책임사원
3) 감사
4) 지배인 등 본점이나 지점의 영업전반을 총괄적으로 처리할 수 있는 상업사용인
5) 그 밖에 이에 준하는 사람

② 사업경력은 **시간 순서**에 따라 기재합니다. 동일한 기간에 여러 사업을 수행한 경우에는 **가맹사업과 관련된 내용을 우선 기재**하고 그밖의 업무는 중요도를 고려하여 기재합니다.

③ 가맹본부의 임원이지만 가맹사업에 관여하지 않는 임원은 나누어 기재합니다.

④ 기재기간: 최근 3년

※ 임원의 **개인정보(집 주소, 집 전화번호, 휴대 전화번호, 주민등록번호, 생년월일 등)는 기재하지 않습니다.**

7. 바로 전 사업연도 말 임직원 수

당사의 바로 전 사업연도 말 임직원 수는 다음과 같습니다.

시점	임원수(명)		직원수(명)①
	상근	비상근	
2013년 12월 31일	3	1	30

[※ 사업연도가 연도 말이 아닌 가맹본부는 사업연도 말을 기준으로 기재합니다.]

① **직원수**는 가맹본부가 관할 세무서장에게 신고한 바로 전 사업연도 말(12월) **원천징수이행상황신고서** 상의 **월급여간이세율(A01)의 총인원**을 기준으로 하며, 등록심사시 근거자료도 제출합니다.

8. 가맹본부 및 가맹본부의 특수관계인의 가맹사업 경영 사실

당사 및 당사의 특수관계인은 정보공개일 현재 최근 3년 동안 다음과 같이 가맹사업을 경영하였거나 경영하고 있습니다.

관계	상호/이름	구분	기간①	사업내용②
가맹본부	(주)공정위	가맹사업 경영	2006.1. ~ 현재	과천보쌈(등록번호: 20120000019)이라는 영업표지의 한식사업 경영
		가맹사업 경영	2007.2. ~ 2011.11. *해당 가맹사업을 다른 회사에 인도함	달려라한입(등록번호: 20080000001)이라는 영업표지의 분식사업 경영
특수관계인 (배우자)	이친절	다른 가맹본부 [(주)서초건강] 이사로 재직	2008.11. ~ 현재	1004건강(등록번 0002)이라는 영업표지의 식품사업 경영
		친절식품(주)라는 식품 업체 경영	2008.7. ~ 현재	(주)공정위에 식자재 등 납품
특수관계인 (계열회사)	나도해(주)	가맹사업 경영	2008.9. ~ 2011.1. *경영난으로 폐업하여 정보공개서 자진취소③	삼겹구어(등록번호 : 20080000004)이라는 영업표지의 한식사업 경영
		가맹사업 경영	2010.2. ~ 현재	세종오겹살(등록번호 : 2010000010)이라는 영업표지의 한식사업 경영

① 기재기간: 최근 3년

② 구체적으로 기재하되, **가맹사업의 영업표지 · 업종, 정보공개서 등록번호**는 반드시 포함합니다.

③ 최근 3년 동안 가맹사업을 경영한 적이 있으나 폐업 등의 사유로 정보공개서를 자진취소한 경우도 **포함**하여 **기재**하여야 합니다.

9. 사용을 허용하는 지식재산권①

당사가 귀하에게 사용을 허용하는 지식재산권은 다음과 같습니다.

명칭	권리내용②	등록 및 등록신청 여부(일자)	출원번호 및 등록번호	소유자 (등록신청자)	존속기간 만료일 (가맹본부의 사용기간③)
반포삼겹살 (상표권)		2004.5.10. 출원 2004.7.21. 등록	출원 제OO-O 등록 제OO-O	(주)공정위	2014.7.21.
특제소스 1 (특허권)	제품 사용 및 대가 수수	2004.4.11. 출원 2006.1.20. 등록	출원 제OO-O 등록 제OO-O	(주)공정위	2024.4.11.
특제소스 2 (특허권)	제품 사용 및 대가 수수	2010.6.2. 출원 2010.9.2. 등록	출원 제OO-O 등록 제OO-O	나가맹	2030.6.2. (2015.2.4.)
특제소스 3 (특허권)	제품 사용 및 대가 수수	2010.9.3. 출원 2010.10.29. 출원거절 2010.11.22. 이의신청	출원 제00-0	((주)공정위)	
....					

귀하가 허용된 범위를 벗어나 당사의 상표(특허)를 사용할 경우에는 민형사상 책임을 질 수 있으니 주의하여야 합니다.

당사의 지식재산권 내용은 한국특허정보원 특허정보검색서비스(http://www.kipris.or.kr)에서 확인할 수 있습니다.

① 특허청에 상표 · 실용신안 · 특허 등의 **출원신청을 하고 접수된 이후의 사항**에 대해서 기재합니다. 특히 가맹본부가 외국법인인 경우, 국제 PCT 특허 출원이 있는 경우에 한정하여 기재합니다.

지식재산권이 등록되지 않은 경우(출원신청만 한 경우)에는 **"당사의 상표 등을 사용하는 권리는 관계법으로 보호받지 못합니다."**라는 내용을 반드시 기재합니다.

② 가맹점사업자에게 사용이 허용되는 범위를 구체적으로 기재합니다.

③ 지식재산권 소유자가 가맹본부가 아닌 자일 경우, 소유자로부터 가맹본부가 사용권을 부여받은 기간을 괄호로 표현합니다.

※ 참고: 가맹본부가 **외국기업**인 경우 작성요령

① 국내에 가맹본부의 영업 사무소(국내지사 포함)가 있고 국내 사무소가 가맹사업을 진행하는 경우 및 ② 국내에 가맹본부의 영업 사무소가 없고 국제 가맹계약(라이선스 계약 포함)을 통하여 별도의 사업자가 가맹사업을 진행하는 경우(이 경우 국내사업자가 국내에서 가맹사업운영권을 부여받은 기간을 포함하여 기재합니다.)

가. 가맹본부의 상호, 영업표지, 설립일, 명칭 등은 국제적으로 통용되는 원 가맹본부의 정보를 기재합니다. 다만, 가맹희망자의 이해를 돕기 위하여 국내 사무소(또는 국내 사업자)의 정보도 함께 표시합니다.

나. 기타 정보(가맹본부의 주소, 사업자등록일, 전화번호, 특수관계인, 인수합병 내역, 재무제표, 임원 명단 등)는 국내 사무소(또는 국내 사업자)를 기준으로 작성합니다.

③ 국내에 가맹본부의 영업 사무소가 있으나 실제 영업은 별도 계약을 맺은 국내 사업자가 수행하는 경우

→ 실제 사업을 수행하는 국내 사업자가 국내 사무소 대신 정보공개서를 작성합니다.

Ⅱ. 가맹본부의 [반포삼겹살] 가맹사업 현황

1. 〔반포삼겹살〕을 시작한 날: 1997년 3월 21일

(직영점을 시작한 날: 1996년 5월 23일)

※ 최초의 가맹점이 영업을 시작한 날을 기재합니다. 가맹점 없이 직영점을 먼저 개설하여 사업을 운영하고 있었다면 최초의 직영점이 영업을 시작한 날을 추가로 기재하고 그 사실을 표시합니다. 다른 영업표지를 인수·합병한 경우에도 동일합니다. 또한 영업을 시작한 날을 확실하게 알기 어려운 경우에는 계약일을 기재하고 그 사실을 표시합니다.

2. 〔반포삼겹살〕 연혁

가맹본부 상호	영업표지	대표자의 이름	가맹사업 경영 기간	주된 사무소의 소재지
공정위	서초삼겹살	김사업	1997.3.21.~1999.3.16.	서울시 송파구 송파1동 999번지
(주)공정위	반포삼겹살	김사업	1999.3.17.~2012.10.31.	서울시 서초구 반포로 9999번지
(주)공정위	반포삼겹살	김공정	2012.11.1.~현재	서울시 서초구 반포로 9999번지

※ 변경사항이 발생하면 기재하시기 바랍니다. 다만, 가맹본부 상호, 영업표지, 대표자 이름, 경영기간에 변경이 없이 주된 사무소의 소재지 등만 변경된 경우에는 연혁에 별도로 기재하지 않으셔도 됩니다.

3. 바로 전 3년간 사업연도 말 영업 중인 [반포삼겹살] 가맹점 및 직영점의 총 수

(단위: 개)

지역	2011.12.31.			2012.12.31.			2013.12.31.		
	전체	가맹점수	직영점수	전체	가맹점수	직영점수	전체	가맹점수	직영점수

전체	54	50	4	58	55	3	68	64	4
서울	44	40	4	40	37	3	49	45	4
부산	–	–	–	–	–	–	–	–	–
대구	–	–	–	–	–	–	–	–	–
인천	–	–	–	–	–	–	–	–	–
광주	–	–	–	–	–	–	1	1	–
대전	–	–	–	2	2	–	2	2	
울산	–	–	–	–	–	–	–	–	–
경기	10	10	–	16	16	–	16	16	–
강원	–	–	–	–	–	–	–	–	–
충북	–	–	–	–	–	–	–	–	–
충남	–	–	–	–	–	–	–	–	–
전북	–	–	–	–	–	–	–	–	–
전남	–	–	–	–	–	–	–	–	–
경북	–	–	–	–	–	–	–	–	–
경남	–	–	–	–	–	–	–	–	–
제주	–	–	–	–	–	–	–	–	–

※ 직영점과 가맹점 수는 영업 중인 점포 수를 기준으로 기재합니다. 다만, 가맹점의 경우 영업을 시작한 시점이 불분명할 경우 가맹계약을 체결한 가맹점 수를 기준으로 기재합니다. 다만, 가맹본부가 개인사업자에서 법인사업자로 전환하거나, 법인사업자에서 개인사업자로 전환한 경우 전환 전 연도의 가맹점 및 직영점 수에 대한 설명을 추가합니다.

4. 바로 전 3년간 [반포삼겹살] 가맹점 수

(단위: 개)

연도	연초	신규 개점	계약 종료①	계약 해지②	명의 변경③	연말
2011	41	11	1	1	2	50
2012	50	12	5	2	–	55
2013	55	10	1	–	1	64

[반포삼겹살] 가맹점의 자세한 내역은 별지를 확인하십시오.④

※ 연초: 1월 1일, 연말: 12월 31일 기준으로 가맹점 수를 기재합니다.

① 계약종료: **계약기간이 만료**되어 종료하는 경우

② 계약해지: 가맹본부나 가맹점사업자의 귀책사유 등으로 **계약을 중도에 종료**하는 경우

③ 명의변경: 가맹점운영권을 **가맹점사업자간 양도한 경우**(가맹본부가 파악할 수 있는 내용만 기재합니다)에 한하며, 가맹본부가 가맹점사업자의 운영권을 환매하여 직영점으로 운영하는 경우에는 계약 해지에 포함합니다.

④ 가맹점사업자의 상호(OO점), 소재지 및 전화번호를 기재한 가맹점사업자 내역을 별지로 제공하는 것이 바람직합니다. 양이 많은 경우 전자우편 등으로 제공할 수도 있습니다.

5. [반포삼겹살]외에 가맹본부가 경영하거나 특수관계인이 경영하는 가맹 사업 현황

당사는 [반포삼겹살]외에도 가맹본부 및 가맹본부의 특수관계인이 경영하고 있는 가맹사업의 바로 전 3년간 현황은 다음과 같습니다.

(단위: 개)

구분	상호/이름	영업표지	정보공개서 등록번호	업종①	가맹점/직영점의 수②		
					2011.12.31.	2012.12.31.	2013.12.31.
가맹본부	(주)공정위	과천보쌈	20120000019	한식	11/1	11/1	11/2
특수관계인(배우자)	(주)서초건강	1004건강	20080000050	식품사업	23/1	25/0	25/0
특수관계인(계열회사)	조정원(주)	잠원우동	2008000003	분식	67/0	122/2	79/2
		랄랄라영어	2008000005	영어학원	40/5	50/6	55/3
특수관계인(계열회사)	나도해(주)	세종오겹살	2010000010	한식	20/1	25/3	40/3

① 일반인이 쉽게 구별할 수 있도록 대표상품(서비스)을 기재하는 것도 좋습니다.
② 기재기간: 바로 전 3년간 사업연도 말 기준

6. 바로 전 사업연도 가맹점사업자①의 연간 평균 매출액(직영점 매출은 제외)과 그 산정기준②

[반포삼겹살] 가맹점사업자 한 명이 2013년에 올린 연간 평균 매출액 및 지역별 매출액은 아래와 같을 것으로 추정됩니다③. 보다 정확한 금액은 매출액 표의 상한과 하한 금액 사이에 있을 것으로 판단됩니다.

(단위 : 천원, 부가세 미포함)

지역[④]	2013년 말 가맹점 수	2013년 가맹점사업자의 연간 평균 매출액			비고[⑤]
		연간 평균 매출액	상한	하한	
전체[⑥]	64	92,000	125,300	52,300	
서울	45	99,000	125,300	72,700	
부산	-	해당없음			
대구	-	해당없음			
인천	-	해당없음			
광주	1	해당없음			5곳 미만
대전	2	해당없음			5곳 미만
울산	-	해당없음			
경기	16	87,600	121,100	54,100	
강원	-	해당없음			
충북	-	해당없음			
충남	-	해당없음			
전북	-	해당없음			
전남	-	해당없음			
경북	-	해당없음			
경남	-	해당없음			
제주	-	해당없음			

※ 가맹점매출액은 부가세를 포함하지 않고 기재합니다. 매출액 산정근거 자료에 부가세가 포함되어 있을 경우에는 부가세 부분(10%)은 제외하고 기재하여 주시기 바랍니다.

예시1)

[당사의 가맹점사업자 연간 평균 매출액은 가맹점별 POS(Point of Sales)상의 매출액을 근거로 하여 기재한 것입니다]

[특히 서울지역의 경우, 3개월 이상⑦ 영업한 가맹점의 매출액을 1년치로 환산하여 전체 연간평균 매출액을 추정하는데 근거수치로 포함하였으나, 2013년 10월 이후 영업을 개시한 2개 가맹점(00점, 00점) 매출액은 1년치로 환산하여 전체 연간평균 매출액을 추정하는데 근거자료로 사용하는 것은 합리적이지 않다고 판단하여 매출액 추정 근거자료로 활용하지 않았습니다.

따라서 표에서 기재한 연간 평균 매출액은 전체 가맹점 수 64개가 아닌 실제 62개 가맹점의 연간 평균 매출액 추정 자료임을 알려드립니다.]

예시 2)

[당사에서 추정한 매출액은 다음의 산식을 따른 것입니다.]

[매출액 = 당사가 가맹점에 공급하는 물품 공급액 × 추정비율⑧( )]

[당사가 보유한 가맹점사업자 원가 분석 자료에 따르면 물품 공급액이 차지하는 비율이 42%~46%인 것으로 보이므로 이를 역산하여 매출액을 추정하였습니다.]

[특히 서울지역의 경우, 3개월 이상 영업한 가맹점의 매출액을 1년치로 환산하여 전체 연간평균 매출액을 추정하는데 근거수치로 포함하였으나, 2013년 10월 이후 영업을 개시한 2개 가맹점(00점, 00점) 매출액은 1년치로 환산하여 전체 연간평균 매출액을 추정하는데 근거자료로 사용하는 것은 합리적이지 않다고 판단하여 매출액 추정 근거자료로 활용하지 않았습니다.

따라서 표에서 기재한 연간 평균 매출액은 전체 가맹점 수 64개가 아닌 실제 62개 가맹점의 연간 평균 매출액 추정 자료임을 알려드립니다.]

[매출액은 가맹점사업자별로 물품 공급액, 시장상황, 점주의 노력 등에 차이가 있기 때문에 달라질 수 있습니다. 따라서 위 표에 나타난 매출액이 귀하가 올릴 수 있는 미래 수입과 같지는 않다는 점을 명심하여야 합니다.]

[가맹사업거래의 공정화에 관한 법률 제9조 제3항 · 제4항 및 같은 법 시행령 제9조 제1항에 따라 당사가 매출액 추정에 사용한 자료는 당사의 본사 사무실에 비치하고 있습니다. 귀하가 OOO으로 방문하여 소정의 신청서를 작성하면 열람이 가능합니다.]

① **바로 전 사업연도 말에 영업중**인 **모든** 가맹점사업자를 대상으로 합니다.

② 매출액 산정기준은 가맹본부가 가지고 있는 **내부 자료**를 토대로 자체적으로 작성하시되, **근거자료가 없는 경우 매출액을 기재하지 않는 대신 "당사는 가맹점사업자의 매출액을 추정할 수 있는 근거자료가 없습니다"라는 사실을 반드시 기재합니다.** 근거자료는 가맹본부가 확보한 직접 자료(매출액) 외에도 간접 자료(물품 공급액, 원가율, 동종업계 관행, 과거 매출액 자료 등)가 모두 포함됩니다. 한편 매출액을 정보공개서에 기재할 경우에는 가맹사업거래의 공정화에 관한 법률 시행령 제9조제1항에 따른 자료를 **사무실에 비치**하고 있어야 합니다.

1) **현재수익 또는 예상수익에 사용된 사실적인 근거와 예측에 관한 자료**

2) **현재수익 또는 예상수익의 산출근거가 되는 가맹사업의 점포(직영점과 가맹점을 포함)의 수와 그 비율**

3) **최근의 일정기간 동안에 가맹본부나 가맹중개인이 표시 또는 설명하는 현재수익 또는 예상수익과 같은 수준의 수익을 올리는 가맹점사업자의 수와 그 비율 (이 경우 최근의 일정기간에 대하여 시작하는 날짜와 끝나는 날짜를 표시하여**

야 한다)

③ 가맹본부가 가맹점사업자의 매출액을 정확하게 파악하기 어려운 경우가 대부분이므로 **추정된 매출액임을 밝히고, 상한과 하한을 포함한 구간**으로 나타내어야 합니다. 또한, 산정기준이 지역별로 다를 경우에는 그 내용도 포함시켜야 합니다.

④ **직전 사업연도 말에 영업중인 가맹점사업자가 5곳 이상인 광역지방자치단체(시 · 도)**인 경우만 분류할 수 있고 5곳 미만인 경우에는 "해당없음"으로 기재할 수 있습니다. 다만, 5곳 미만이라도 **지역별 가맹점 수는 반드시 기재**하시기 바랍니다.

⑤ 가맹점사업자의 매출액을 기재하지 않은 경우 그 사유를 기재합니다.

⑥ 가맹점사업자의 전체 **연간 평균 매출액**은 5곳 미만인 광역지방단체의 가맹점사업자를 포함한 **모든 가맹점사업자**의 평균 매출액을 기재합니다.

⑦ 보다 합리적인 산정을 위하여 가맹점이 실제 **영업한 개월수가 3개월 이상**이면 1**년치로 환산**하여 연간 평균 매출액 산정자료에 포함하시고, 가맹점의 영업 개월수가 **3개월 미만**일 경우에는 해당 가맹점의 매출액은 **매출액 산정자료에 포함하지 않습니다.**

⑧ 추정비율은 일부 산정이 가능한「(표본)가맹점사업자의 매출액/(표본)가맹점사업자에 대한 가맹본부의 물품공급매출액」 등을 위주로 산정하실 수 있으나 그 외 더 합리적인 산정방법이 있으면 그에 따라 추정비율을 산정하시기 바랍니다. 또한 추정비율 산정근거 자료를 제출하시기 바랍니다.

7. 가맹지역본부(지사, 지역총판)①의 일반 정보

당사는 [반포삼겹살] 가맹점 관리를 위하여 다음과 같이 지역사무소를 운영하고 있습니다.

<table>
<tr><td>관리지역②</td><td>상호/명칭③</td><td colspan="2">주 소</td></tr>
<tr><td rowspan="2">서울시 동부</td><td>동부사무소</td><td colspan="2">서울시 OO구 OO로 OO번지</td></tr>
<tr><td>대표자</td><td>대표전화번호</td><td>관리 가맹점수④</td></tr>
</table>

<table>
<tr><td rowspan="4"></td><td></td><td colspan="2"></td><td></td></tr>
<tr><td>서일중</td><td colspan="2">02-7777-8888</td><td>14</td></tr>
<tr><td>가맹본부와의 계약기간</td><td>가맹점 모집권한</td><td>가맹계약
체결권한⑤</td><td>가맹금
수령권한⑥</td></tr>
<tr><td>2009.4.1.~2015.3.31.</td><td>○</td><td>×</td><td>×</td></tr>
<tr><td rowspan="6">서울시 서부</td><td>상호/명칭</td><td colspan="3">주소</td></tr>
<tr><td>서부총판</td><td colspan="3">서울시 OO구 OO로 OO번지</td></tr>
<tr><td>대표자</td><td>대표전화번호</td><td colspan="2">관리 가맹점수</td></tr>
<tr><td>이승</td><td>02-666-9999</td><td colspan="2">16</td></tr>
<tr><td>가맹본부와의 계약기간</td><td>가맹점 모집권한</td><td>가맹계약
체결권한</td><td>가맹금 수령권한</td></tr>
<tr><td>2010.5.2.~2016.5.1.</td><td>○</td><td>×</td><td>×</td></tr>
<tr><td rowspan="5">경기도</td><td>삼미실업(주)</td><td colspan="3">경기도 OO시 OO로 OO번지</td></tr>
<tr><td>대표자</td><td colspan="2">대표전화번호</td><td>관리 가맹점수④</td></tr>
<tr><td>장종훈</td><td colspan="2">031-5555-6666</td><td>11</td></tr>
<tr><td>가맹본부와의 계약기간</td><td>가맹점 모집권한</td><td>가맹계약
체결권한</td><td>가맹금 수령권한</td></tr>
<tr><td>2009.4.1.~2015.3.31.</td><td>○</td><td>○</td><td>×</td></tr>
</table>

① 가맹본부가 직접 가맹점을 관리하지 않으면서 본사의 지사형태로 운영하거나 다른 기업(총판, 대리점) 등으로 운영하는 경우를 모두 포함합니다.

② 가맹희망자가 자신을 담당할 관리지역을 알 수 있도록 쉽게 표현합니다.

③ 별도 회사인 경우 상호를, 가맹본부의 직영일 때에는 명칭을 쓰면 됩니다.

④ **직진 사업연도 말** 기준 관리 가맹점 수를 기재합니다.

⑤ ⑥ 가맹본부가 가맹지역본부(지사, 지역총판 등 명칭 불문)에게 부여한 권한내역을 구체적으로 기재하시기 바랍니다.

8. 광고 · 판촉 지출 내역

당사에서 [2013년]에 [반포삼겹살]과 관련하여 광고비 및 판촉비로 사용한 금액은 다음과 같습니다. 광고비 및 판촉비를 가맹점사업자와 분담하는 기준은 [ ]쪽을 참고하십시오.

구분①	수단②	기간③	지출 비용(단위: 천원, 부가세 미포함)			비고④
			합계	가맹본부	가맹점	
합계			342,000	295,000	47,000	
광고	소계		230,000	230,000	–	
	TV	2013.3.1. ~ 3.7.	150,000	150,000	–	KTV
	라디오	2013.10. ~ 12.	30,000	30,000	–	반포라디오
	인터넷	연중	50,000	50,000	–	ftc.com
판촉	소계		112,000	65,000	47,000	
	1월 행사	2013.1.5. ~ 1.18.	35,000	20,000	15,000	
	추석 행사	2013.9.15. ~ 9.29.	77,000	45,000	32,000	한가위와 함께하는 돈돈돈! 이벤트

① 광고: **구체적인 행사와 관계없이** 회사 이미지 제고, 가맹점 모집, 신상품 출시 홍보 등을 위한 홍보 활동을 의미

판촉: **개별 행사와 관련하여 수행하는 홍보 활동**으로 월간 행사 외에도 명절, Day 이벤트 등을 포함

② 최대한 자세히 구분하십시오.(예: TV, 라디오, 인터넷, 신문, 잡지, 입간판 등) **구분이 어려운 경우 총액만 쓰시기 바랍니다.**

③ **직전 사업연도** 중에 광고 및 판촉이 실제로 이루어진 기간을 기재합니다.

④ **광고의 경우 매체명, 판촉의 경우 행사명**을 기재하십시오.

⑤ 해당 가맹사업 이외의 가맹사업을 경영하거나, 가맹사업이 아닌 사업을 경영하고 있고 해당 가맹사업에 관련된 광고비 및 판촉비를 산정하기 곤란하여 손익계산서상의 광고판촉비를 기재하실 경우에는 기재한 액수에 해당 가맹사업 외

의 광고비 및 판촉비도 포함되어 있음을 추가 설명하시기 바랍니다.

9. 가맹금 예치

귀하가 당사와 계약을 체결하기 위하여 가맹금을 지급하는 경우에는 [(주)한강은행]에 예치하여야 하며 자세한 내용은 다음과 같습니다.

예치기관 상호	담당 지점 또는 부서	주소	전화번호
(주)한강은행	수신부 프랜차이즈팀	서울시 OO구 OO로 OO번지	02-XXX-XXXX

자세한 예치방법은 다음과 같습니다.

귀하는 가맹금을 당사의 소정서식을 작성하여 [한강은행] 에 [계약 체결 다음 날까지] 예치신청 하여야 합니다. [예치방법은 한강은행의 인터넷 홈페이지에 접속하여 공인인증서를 다운받아 설치한 후 "예치 서비스"를 클릭한 다음 (주)공정위를 찾아 금액을 입력하면 됩니다.]※

※ 가맹본부와 예치기관(은행, 우체국, 보험회사) 간의 맺은 약정에 따른 예치방법을 자세히 안내하여야 합니다. 그림을 사용하여 알기 쉽게 설명하는 것이 바람직합니다. 한편 가맹본부는 가맹사업거래의 공정화에 관한 법률 시행령 별지 제5호서식의 **예치신청서**를 가맹점사업자에게 내 주어야 하므로 그 서식을 별첨하는 것이 좋습니다.

귀하는 또한 [한강은행]에서 발급한 예치증서를 보관하고 있어야 하며 아래 주의사항을 반드시 알아 두어야 합니다.

가맹금 예치와 관련하여 가맹점사업자가 알아두어야 할 사항

1. 가맹점사업자가 영업을 시작하거나 가맹계약 체결일부터 2개월이 지난 경우에는 이 가맹예치금은 가맹본부에 지급됩니다.
2. 다만, 다음의 경우에는 가맹금의 지급이 보류됩니다.
   가. 가맹점사업자가 예치가맹금을 반환받기 위하여 소를 제기한 경우
   나. 가맹점사업자가 예치가맹금을 반환받기 위하여 알선, 조정, 중재 등을 신청한 경우
   다. 가맹점사업자가 가맹금반환 사유가 발생하여 가맹본부를 공정거래위원회에 신고한 경우
3. 2번의 가~다의 조치를 취한 경우 그 사실을 예치기관에 서면으로 통보하여야 합니다. 그렇지 않은 경우 예치가맹금은 가맹본부에 지급될 수 있습니다.

※ 가맹점사업자피해보상보험 등에 가입하여 예치 의무가 없는 경우에는 그 사실을 기재합니다.

10. 가맹점사업자피해보상보험 등의 체결 내역

당사는 가맹점사업자의 피해를 예방하기 위하여 [(주)한강보증보험]과 피해보상보험 계약을 체결하였으며 자세한 내용은 다음과 같습니다.

항목	내용	비고
보험인(보험회사)	(주)한강보증보험	
보험계약자	(주)공정위	가맹본부
피보험인(보험금을 지급받는 자)	가맹점사업자	
보험기간	가맹금 기간(가맹계약체결일로부터 2개월이 경과한 날 또는 가맹점사업자 영업 개시일까지)	
보험금액	예치금액	
보장범위	가맹점사업자의 피해액 일부 보장	
지급조건	가맹본부의 가맹금반환의무 불이행	
보험금의 수령절차	가맹점사업자의 보험금 신청 → 가맹본부 경유 → 보험회사 접수 → 보험회사 조사 → 지급 여부 결정 → 보험금 지급	평균( )개월 소요

[※ 보험증권 본문의 사본이 있는 경우 삽입하는 것이 바람직합니다.]

※ 가맹점사업자피해보상보험에 가입한 경우 보험사의 로고 등을 사용할 수 있습니다. 가맹점사업자피해보상보험 등에 가입하지 않은 경우 [해당없음]으로 표시하십시오.

Ⅲ. 가맹본부와 그 임원의 법 위반 사실

1. 공정거래위원회의 시정조치①

당사와 당사의 임원은 정보공개일 현재 최근 3년 동안 가맹사업거래와 관련하여 가맹사업거래의 공정화에 관한 법률, 독점규제 및 공정거래에 관한 법률 및 약관의 규제에 관한 법률을 위반하여 공정거래위원회로부터 [4]회의 시정조치를 받은 사실이 있으며 자세한 내용은 다음과 같습니다.

시정조치 대상	의결번호 (사건번호)	위반법령	위반내용 (위반법조문)②	조치일자③	조치내용④
(주)공정위	의결 2011-00 (2011가맹OOOO)	가맹사업법	가맹금 미반환 (제10조제1항)	2011.12.3.	시정명령 과징금 10백만원
㈜공정위	시권 2012-00 (2012약관OOOO)	약관규제법	부당하게 과중한 손해배상의무 부담 (제8조)	2012.9.10.	시정권고
대표이사 김공정	의결(약)2011-00 (2011서경OOOO)	가맹사업법	부당한 계약해지 (제12조제1항제1호)	2011.7.21.	시정명령 가맹점사업자에게 통지
감사 송가맹	의결(약)2013-00 (2013제감OOOO)	공정거래법	거래거절 (제23조제1항)	2013.5.6.	시정명령
(주)공정위			정보공개서 변경등록 불이행	2012.1.1.	정보공개서 (과천보쌈 200800000) 직권취소

당사는 〔과천보쌈〕 정보공개서의 변경등록 불이행으로 정보공개서가 직권취소 되었으나, 직권취소된 2012.1.1.부터 정보공개서를 신규로 재등록한 2012.8.5.까지 신규로 가맹계약을 체결하지 않았을 뿐 현재까지〔과천보쌈〕경영하고 있습니다.

① 공정거래위원회로부터 **시정권고 이상의 조치(시정권고, 시정명령, 과징금 부과, 정보공개서 등록취소 등)**를 받은 경우에 한하며, **자진시정 · 경고 · 조정 성립 등은 해당하지 않습니다.**
② 복수의 위반행위가 있는 경우 대표 위반행위를 기재합니다.
③ **의결일**을 기재합니다.
④ 의결 주문 내용을 요약하여 작성하십시오.

2. 민사소송 및 민사상 화해

당사와 당사의 임원은 정보공개일 현재 최근 3년 동안 가맹사업거래와 관련하여 가맹사업거래의 공정화에 관한 법률 또는 독점규제 및 공정거래에 관한 법률을 위반하거나, 사기 · 횡령 · 배임 등 타인의 재물이나 재산상 이익을 영득 또는 이득하는 죄로 받은 유죄의 확정판결과 관련된 민사소송에서 패소의 확정판결을 받았거나, 민사상 화해를 한 사실이 다음과 같이 있습니다.

원고①	피고	사건번호	최종 법원명	판결(선고) 일자	청구 취지 및 내용	판결 또는 화해 내용
(주)OOO	(주)공정	2011OOO OOO	대법원	2011.12.3.	피고는 원고에게 금 300만원 지급	청구 취지와 동일

※ **사건이 계속 중(항소, 상고 등)인 경우에는 기재하지 않습니다.**
① 원고의 실명은 생략하고 **이니셜**(김OO, K 전자회사 등)로 표시합니나.

3. 형(刑)의 선고

당사와 당사의 임원은 정보공개일 현재 최근 3년 동안 사기 · 횡령 · 배임 등 타인의 재물이나 재산상 이익을 영득 또는 이득하는 죄를 범하여 형의 선고를 받은 사실이 다음과 같이 있습니다.

피고	사건번호	선고 법원	선고 일자	죄명 및 범죄사실	선고 내용
(주)공정위	2011OOO	대법원	2011.7.5.	횡령죄 (OOOOOOOO)	벌금 500만원
대표이사 김공정	2012OOO	OO 지방법원	2012.5.3.	사기죄 (OOOOOOOO)	벌금 100만원

※ 최종심 이전의 **하급심에서 선고를 받은 경우에도 기재합니다.** 다만, 같은 사건의 경우 **현재까지 진행된 최종심의 선고 내용**만 기재합니다.

Ⅳ. 가맹점사업자의 부담

1. 영업개시 이전의 부담

귀하가 [반포삼겹살] 가맹사업을 시작하기 위해서는 아래와 같은 금액이 소요됩니다. 이 금액에는 귀하가 지불하여야 하는 [점포의 임대비용 등]※이 제외되어 있습니다. 또한, 귀하가 운영하게 될 점포의 위치 및 규모, 내부 설비의 종류, 영업 시작까지 걸리는 시간 등이 상이하므로 실제 지불하는 금액과는 차이가 있을 수 있습니다.

※ 가맹사업을 시작하는데 필요한 비용에서 제외된 항목을 구체적으로 기재하여 가맹점사업자가 오인하지 않도록 주의합니다.

귀하가 부담하여야 할 대가는 매우 다양하나 크게 다음의 세 가지로 구분할 수 있습니다.

구분	지급 대상	예치 대상 여부	비고
최초 가맹금	가맹본부	예치	확정 금액
보증금	가맹본부	예치	확정 금액
기타 비용	가맹본부 또는 다른 업체	예치하지 않음	추정 금액

1) 최초 가맹금을 자세히 나누면 다음 표의 내용과 같습니다.

(단위: 천원, 부가세 포함)

구분①	금액②	지급 기한	반환조건③	반환될 수 없는 사유	비고
총계	[,950]				

가입비	3,300	계약 체결 후 20일 이내	영업 개시 이전까지 계약 해지	가맹점 모집을 위해 소요된 실제비용	반환시 당사에서 정한 기준의 위약금을 공제 (계약금을 별도로 지급하는 경우, 사후 가입비로 전환)
교육비	1,100	교육 시작 7일 이전	교육 시작 1일 이전에 계약 해지		교육이 시작되면 반환되지 않음
개점행사비	550	계약 체결 후 20일 이내	영업개시 이전까지 계약 해지	영업개시 행사를 위한 소요된 실제비용	반환시 당사에서 정한 기준의 위약금을 공제
....					

① 가맹본부의 실정에 맞게 작성하고 최대한 자세히 구분하되 서로 겹치지 않도록 항목을 조정하여 기재합니다.

② 정액으로 금액이 특정되면 그 금액을, 정률 기준이 있으면 그 기준을 기재합니다.

③ 반환조건, 반환될 수 없는 사유, 비고란은 가맹본부의 계약 내용을 자세히 기재합니다.

2) 보증금을 자세히 나누면 다음 표의 내용과 같습니다. 보증금은 계약 종료시 전액이 귀하에게 반환되는 대가입니다. 다만, 귀하의 귀책사유가 있는 경우에는 그러하지 아니 합니다.

(단위: 천원, 부가세 없음)

구분①	금액②	지급 기한	가맹점사업자의 귀책사유③	비고
총계	[35,000]			
(현금)보증금	5,000	계약 체결 후 20일 이내	가맹금 미지급, 본사가 공급한 물품 파손 등	직전년도 전체 가맹점사업자의 1회 평균 상품 등의 대금(원·부재료 대금 포함)의 3배 이내④
담보목적물	30,000	계약 체결 후 20일 이내	〃	가맹희망자의 동산에 질권설정
…				

① 가맹본부의 실정에 맞게 작성하고 최대한 자세히 구분하되 서로 겹치지 않도록 항목을 조정하여 기재합니다.

② 금전으로 수령하는 경우에는 그 금액을, 별도의 기준이 있으면 그 기준을 기재합니다.

③ 보증금을 반환할 경우에 가맹점사업자의 귀책사유에 따라 일정 금액을 공제하도록 하고 있다면 그 내용을 기재합니다.

④ 표준가맹계약서상의 적정 계약이행보증금 산정기준으로서 동 기준 내에서 계약이행보증금을 산정하는 것을 권장합니다.

3) 예치가맹금의 범위와 그 금액

가맹사업거래의 공정화에 관한 법률에 따라 귀하가 예치하여야 하는 가맹금의 자세한 내역은 다음과 같습니다.

구분	금액(단위: 천원, 부가세 포함)
합계	9,950
가입비	3,300
교육비	1,100
개점행사비	550
(현금)보증금	5,000

① 예치하여야 하는 가맹금의 범위(가맹사업거래의 공정화에 관한 법률 제2조제6호)

가. 가입비 · 입회비 · 가맹비 · 교육비 또는 계약금 등 가맹점사업자가 영업표지의 사용허락 등 가맹점운영권이나 영업활동에 대한 지원 · 교육 등을 받기 위하여 가맹본부에 지급하는 대가

나. 가맹점사업자가 가맹본부로부터 공급받는 상품의 대금 등에 관한 채무액이나 손해배상액의 지급을 담보하기 위하여 가맹본부에 지급하는 대가

(가+나를 합친 금액을 예치하여야 함)

② **가맹본부가 피해보상보험계약** 등을 가입한 경우에는 가맹금을 예치하실 필요가 없음을 알려주시기 바랍니다. 다만, **보험으로 대체되는 예치가맹금 액수는 반드시 기재**하시기 바랍니다.

4) 귀하가 그 밖에 지급하여야 하는 비용을 자세히 나누면 다음 표의 내용과 같습니다. 귀하가 가맹점을 운영하기 위하여 필요한 물품의 품목은 [ ]쪽에서 확인할 수 있습니다.

(단위: 천원, 부가세 포함)

구분①	지급대상②	금액③	지급 기한	반환조건	비고④
총계		[54,500~63,000]			
필수설비(정착물)	(주)공정위, OO기계 외 1개사	24,700	설치 1일 이전	설치 전 계약취소	
인테리어 (점포 내장공사)	튼튼디자인 외 2개사	21,000(보통형) 27,000(고급형)	내부 인테리어 공사 시작 3일 이후	공사 전 계약취소	33㎡ 기준 3.3㎡ 늘어날 때마다 700천원 추가부담(보통형, 고급형의 경우 800천원)
최초 공급 상품 비용	(주)공정위	7,000~9,000	물품 공급 1일 이전	상품 미공급시	
기타 개점에 소요되는 비용	(주)공정위	1,800~2,300	계약 체결 후 20일 이내	개점전 계약취소 (그간 소요 비용 제외)	소모품비, 사업자등록 등 대행 대가
....					

[위 표의 금액은 당사가 그 동안의 가맹점 운영 경험을 토대로 추정한 것으로 실제 지불 금액과는 다를 수 있습니다.]

[※ 위 표에 기재된 비용 중 가맹본부 또는 가맹본부가 지정한 업체가 아닌 다른 업체와 거래할 경우 가맹본부에 추가로 비용을 지불(예: 당사 또는 당사가 지정한 업체가 아닌 다른 업체와 인테리어 공사를 진행할 경우 인테리어 공사 관련, 당사의 설계 및 감리 대가로 33㎡ 기준으로 500천원을 내부 인테리어 공사 완료 후 3일 이후에 당사에 추가 지급하여야 합니다)하도록 하고 있다면 그 내용을 반드시 기재합니다.]

① 가맹본부의 실정에 맞게 작성하고 최대한 자세히 구분하되 서로 겹치지 않도록 항목을 조정합니다. 필수설비, 정착물, 인테리어 비용은 **가맹사업의 통일성을 위하여 가맹본부가 요구 또는 권장하는 경우만 해당합니다.** 위 표에 기재된 비용 중 가맹본부 또는 가맹본부가 지정한 업체가 아닌 다른 업체와 거래할 경우 가맹본부에 **추가로 비용을 지불(예: 인테리어 자체 시공시 가맹본부에 감리비 지급)**하도록 하고 있다면 그 내용을 반드시 기재합니다.

② 가맹본부가 직접 제공하거나 업체를 지정(계열사 포함)하는 경우, 가맹본부와 가맹본부가 지정한 업체를 구별하되 업체의 수가 많을 경우 요약하여 기재합니다. 여기서 '지정'이라 함은 업체 소개, 유도, 요구, 제한 등 실질적으로 가맹본부가 가맹점사업자로 하여금 자신이 정한 업체와 계약하도록 하는 모든 행위를 포함합니다.

③ 금액이 확정되지 않는 경우에는 **추정치임을 알 수 있도록 상한과 하한을 포함한 구간**으로 표시합니다.

④ 가맹희망자가 각 비용의 성격을 알 수 있도록 내용을 기재하고, 필요한 경우 주석을 다는 것도 바람직합니다.

5) 가맹점 입지 선정 주체 및 선정 기준

당사는 신규 가맹점 입지를 다음과 같이 정하고 있습니다.

선정 주체①	선정 기준②
당사 점포개발팀 (전화:02-XXX-XXXX)	담당자 배정 → 상담을 통하여 가맹희망자가 원하는 지역 파악 → 현장 조사 등 시장 분석 → 최적의 입지 도출 → 가맹희망자에게 동의 여부를 구함 ※ 가맹희망자가 동의하지 않는 경우 새로운 입지를 정할 수 있으나 영업이 늦어지는데 따라 발생하는 비용을 추가로 부담할 수 있습니다.

① 담당 임원이나 담당자가 정해져 있는 경우 그 내용을 기재할 수 있습니다. 가맹희망자가 직접 입지를 정할 경우 그 내용을 기재합니다.
② 선정까지의 절차를 나타내되, 가맹희망자와의 협의 여부, 가맹본부가 정한 입지를 가맹희망자가 원하지 않는 경우 해결 방법 등을 자세히 기재합니다.

6) 가맹점사업자와 그 종업원의 교육 및 계약 · 채용 기준

당사와 계약을 체결하여 교육을 받거나 귀하가 운영하는 가맹점에 종업원을 채용하기 위하여 필요한 조건은 다음과 같습니다.

구분	교육 기준①	계약 · 채용 기준②
가맹점사업자	국외여행에 결격사유가 없을 것	금치산자 · 한정치산자가 아닐 것 OOO 자격증을 소유할 것 만20세 이상일 것
종업원	특별한 기준 없음	만18세 이상일 것

① 가맹점사업자나 종업원이 교육을 받기 위해 필요한 **자격요건이나 결격사유**가 있으면 기재합니다.
② 가맹점사업자가 계약을 맺거나 종업원을 채용하기 위한 기준을 작성합니다. 계약서에 기재된 자격요건이나 결격사유를 기재합니다.

7) 가맹점 운영에 필요한 설비 등의 내역 및 공급방법 · 공급업체

[반포삼겹살] 가맹점을 운영하기 위해서는 다음의 물품이 필요합니다.

[※물품의 상세 내역은 첨부한 카탈로그를 참고하기 바랍니다.]

물품 내역①		공급방법②	공급업체③
주방집기	냉장고	가맹계약 체결시 별도 계약	OO전자(지정업체)
	가스레인지	가맹계약 체결시 별도 계약	OO전자(지정업체)
	그릇	시장에서 자체 조달 (30인분 이상)	-
외부	간판	추후 별도 계약	OO디자인(지정업체)
	입간판	추후 별도 계약	OO아트(지정업체)
내장재	실내공사	가맹계약에 포함	(주)공정위
기타	금전출납기	가맹계약에 포함	(주)공정위
…			

① **원재료, 부재료, 상품, 서비스 등은 제외**하고 가맹점 운영에 필요한 **설비(집기)를** 자세히 기재합니다.

② **가맹본부가 직접 공급하거나 업체(계열사 포함)를 지정**하는 경우에는 계약 체결 방법을 기재하고, 가맹점사업자가 **자체 조달하는 경우에는 품질, 수량** 등 지켜야 할 사항을 기재합니다.

③ 가맹본부가 직접 공급하거나 업체를 지정한 경우에만 기재합니다.

※ 품목이 많은 경우 별지를 이용하거나 "OO외 몇 종"식으로 대표 품목별로 묶어서 기재하는 것도 가능합니다.

8) 한편, 귀하가 당사에 가맹금을 한 번에 납부하기 어려운 경우 다음과 같은 절차를 거쳐 가맹금을 납부할 수 있습니다.

구분	총액	계약금	중도금(1)	중도금(2)	…	잔금
금액(천원)		총액의 10%	15%	15%		10%
납부일		계약일	계약일+15일	계약일+1월		계약일+2월
비고						

2. 영업 중의 부담

1) 비용 부담

귀하가 영업을 시작한 후에도 다음과 같은 비용을 부담하여야 합니다. 특히 광고분담금에 대한 세부 분담기준은 [ ]쪽에 나와 있습니다.

(단위: 천원, 부가세 포함)

구분①	지급대상②	금액③	지급기한	반환조건	반환될 수 없는 사유	비고④
상표사용료	(주)공정위	월 200	다음 월 10일			
리스료		해당없음				
광고 분담금	(주)공정위	월 매출액 0.5% 등	다음 월 20일			
판촉분담금		행사별로 분담 등				
교육훈련비	(주)공정위	770	교육 실시 10일 이전			교육 필요시 지급
간판류 임차료		해당없음				
영업표지 변경 등에 따른 간판변경	공정광고기획(주)	1,500~3,000	간판 변경 후 2일 이내			부득이한 경우 변경될 수 있으며, 교체비용은 당사자의

비용⑤						귀책사유 등을 고려하여 협의결정
영업지역 보장금		해당없음				
시설, 각종 기기의 교체보수비용		14,000 ~ 16,000	교체·보수 이내			교체보수 필요시 시설, 기기 등의 내구연수 등을 감안하여 당사와 협의하여 결정
점포환경개선 비용	튼튼디자인외 2개사	가맹본부 분담비용을 제외한 나머지				55페이지 참조
재고관리 비용	(주)공정위	150	재고조사 후 7일 이내			3개월마다 지급
회계처리 비용		해당없음				
POS 사용료	OO시스템	월 150	다음 월 5일			
지연이자⑥	㈜공정위	연10 ~ 20%	지급기일의 다음날부터 지급하는 날까지			월 계속가맹금의 지급기한을 경과했을 시 부담
....						

① 가맹본부의 실정에 맞게 작성하고 최대한 자세히 구분하되 서로 겹치지 않도록 항목을 조정합니다.

② **가맹본부와 가맹본부가 지정한 업체(관계자, 계열사 포함)를 구별**하되 업체의 수가 많을 경우 요약하여 기재합니다.

③ 정액인 경우 그 금액을, 정률인 경우 그 기준을 기재하되 금액이 확정되지 않는 경우에는 **추정치임을 알 수 있도록 상한과 하한을 포함한 구간**으로 표시합니다.

④ 가맹희망자가 각 비용의 성격을 알 수 있도록 내용을 기재하고, 필요한 경우 주석을 다는 것도 바람직합니다.

⑤ 영업표지 변경 등으로 가맹본부가 가맹점사업자에게 계약기간 중에 간판을 변경

하도록 요구할 경우, 변경비용의 분담 기준을 기재합니다.

⑥ 가맹점사업자가 금전지급의무(월 계속가맹금, 원·부재료 상품대금, 지체배상금, 위약별 등 가맹계약과 관련하여 부담하는 일체의 금전지급의무) 지체 시 지연이자를 부담하는 경우, 그 내용에 대해 기재합니다.

2) 가맹점사업자에 대한 감독

당사는 귀하의 영업 상황에 대하여 일정한 감독을 실시하고 있으며 자세한 내용은 다음과 같습니다.

감독 항목	내 용	시기	비고
재고관리	실재제고 수량을 조사하여 장부상 재고와 비교	분기별 1회	문의: OO팀 (02-XXX-XXXX)
회계처리	가맹점사업자의 매출누락에 대한 회계 조사 실시	1년 1회	문의: OO팀 (02-XXX-XXXX)
....			

3. 계약 종료 후의 부담(부담이 없는 경우에는 그 사실을 기재합니다)

1) 계약연장이나 재계약 과정의 추가 부담

귀하가 당사와 계약이 종료된 후에 연장(갱신, 재계약을 포함한다)하기 위해서는 아래의 금액을 지급하여야 합니다.

(단위: 천원, 부가세 포함)

구분①	금액②	지급 기한	반환조건③	반환될 수 없는 사유	비고
총계	[ ]				
추가 교육비④	협의하여 결정	교육 시작 7일 이전	교육 시작 1일 이전에 계약 해지		추가교육 필요시
점포 이전비⑤	협의하여 분담	점포 이전 후 10일 이내	점포 이전에 합의하지 않을 경우		점포이전 합의시
....					

[당사는 계약종료 시점에 점포 위치에 대한 정기 점검을 실시하고 있어, 가맹점 운영에 반드시 필요하다고 당사가 판단하여 협의한 결과 가맹점도 이에 동의하면 점포 이전비가 추가 될 수 있습니다.]

① 가맹본부의 실정에 맞게 작성하고 최대한 자세히 구분하되 서로 겹치지 않도록 항목을 조정합니다.
② 정액으로 금액이 특정되면 그 금액을, 정률 기준이 있으면 그 기준을 기재합니다.
③ 반환조건, 반환될 수 없는 사유, 비고란은 가맹본부의 계약 내용을 자세히 쓰고 신규 계약과 비교할 수 있도록 작성하기 바랍니다.
④ 추가 교육이 필요한지 여부, 최초 계약시 수료하는 교육의 양과 질에 비하여 추가교육의 수준이 다른지 여부 등을 감안하여 그에 상응하는 비용 책정 등 가맹본부의 교육방침을 기재합니다.
⑤ 가맹본부의 필요에 의하여 점포 이전할 경우, 그 이전사유를 감안하여 그 비용 분담내용을 기재합니다.

2) 가맹본부의 사정에 의해 계약종료시 조치사항

가) 가맹본부가 가맹사업을 다른 사업자에게 양도하는 경우 기존 가맹점사업자와의 계약승계 여부

당사가 가맹사업을 타인에게 양도하는 경우 가맹점사업자는 가맹계약을 종료하고 계약관계를 탈퇴할 수 있습니다. 다만, 가맹점사업자가 양수한 사업자(가맹본부)와의 계약 관계 유지를 원할 경우에는 가맹계약을 유지할 수 있습니다. 가맹관계를 탈퇴할 경우, 당사의 귀책사유로 인한 계약해지에 해당되므로 가맹점사업자는 남은 가맹계약 기간을 고려하여 일부 가맹금의 반환을 청구할 수 있습니다.

나) 가맹본부가 사용을 허락한 지식재산권의 유효기간이 만료되는 경우 조치사항

당사가 가맹점운영을 위하여 가맹점사업자에게 사용을 허가한 상표권, 특허권 등 지식재산권이 존속기간의 만료, 소유권(사용권) 변경, 효력 상실 등의 사유로 더 이상 지식재산권을 독점적으로 사용할 수 없게 된 경우에는 당사의 책임과 비용으로 이를 대체할 수 있는 수단을 제공하며, 이로 인해 가맹점사업자에게 손해가 발생하면 가맹점사업자와 협의하여 이를 배상하도록 하겠습니다.

또한, 대체할 수 있는 수단을 제공하지 못하거나 대체수단이 만족스럽지 못할 경우에는 가맹점사업자는 체결한 가맹계약을 해지하실 수 있으며, 이 경우 귀책사유 등을 감안하여 일부 가맹금의 반환을 청구할 수 있습니다.

다) 가맹본부가 해당 가맹사업을 중단하는 경우 조치사항

당사는 원칙적으로 모든 가맹계약이 종료될 때까지 가맹사업을 중단하지 않습니다.

다만, 예상치 못한 사정으로 당사가 가맹사업을 중단하게 될 경우에는 이를 미리 가맹점사업자에게 통지하고 협의하여 계약을 해지할 것입니다. 이 경우 계약해지의 귀책사유를 고려하여 일부 가맹금의 반환을 청구할 수 있습니다.

3) 가맹점 운영권 양도 과정의 부담

귀하가 운영하는 [반포삼겹살] 운영권을 다른 사람에게 양도할 경우에는 귀하가 [(주)공정위]에 지급해야 할 비용은 없습니다. 다만, 양수인은 가맹점을 운영하기 위하여 요구되는 교육을 받아야 하며 이에 필요한 교육비를 지급하여야 합니다. 또한 계약보증금도 가맹본부에 지급하여야 합니다. 운영권 양도에 관한 자세한 절차는 [ ]쪽에 나와 있습니다.

※ 양도 과정에서 가맹점사업자가 직접 비용을 부담하는 경우에 기재합니다. 또한, 기존 가맹점사업자와 별도로 **양수인이 가맹본부에 교육비, 보증금 등을 지급하는 경우에는 그 내용을 기재합니다.**

4) 계약 종료 후의 조치 사항

[가맹점사업자는 계약이 종료된 경우에는 지체없이 상호·간판 등 영업표지의 사용을 중단하고 이를 철거 내지 제거하여야 하며, 가맹본부가 제공한 설비, 전산시스템 등 영업관련 자산을 가맹본부에 반환하여야 합니다. 이상의 내용을 준수하지 아니한 경우에는 가맹점사업자는 일정한 금액을 손해배상액으로 당사에 지급하여야 합니다.]

[다만, 가맹점사업자가 지급한 계약이행보증금의 정산잔액과 정산서를 받을 때까지는 상호·간판 등의 철거 내지 제거, 영업관리 자산의 반환의무 이행을 연기할 수 있습니다. 또한 위 의무이행과 관련하여 필요한 비용은 계약종료에 책임 있는 당사자가 부담합니다.]

[또한, 가맹점사업자가 당사 또는 당사가 지정한 자로부터 공급받은 물품을 반품하고자 하는 경우, 물품의 재고량, 오·훼손 등 관리상태, 유통기한 등을 고려하고 일정범위 내(10%~90%)에서 반품이 가능하며, 구체적인 내용은 당사와 협의하여 결정합니다.]

※ 가맹본부의 계약서 및 영업방침의 내용을 중심으로 작성하기 바랍니다.

V. 영업활동에 대한 조건 및 제한※

귀하는 당사와 가맹계약을 체결하게 되면 사업의 동일성 유지를 위하여 영업활동에 일부 제한을 받을 수 있습니다. 따라서 앞으로 기재된 내용을 신중히 살펴본 후 계약 체결 여부를 판단할 것을 권장합니다.

※ 본 항목은 **불공정거래행위**와 관련되어 있으므로 최대한 자세히 기재하기 바랍니다. 정보공개서에 정확하게 기재되지 않거나 기재하더라도 지나치게 가맹점사업자의 영업활동을 제한하는 경우 **가맹사업법에 따라 처벌**될 수 있으므로 **법률 자문**을 거친 후에 작성하는 것을 권장합니다.

1. 물품 구입 및 임차

귀하가 [반포삼겹살]을 시작하거나 경영하기 위하여 필요한 부동산 · 용역 · 설비 · 상품 · 원재료 또는 부재료 등의 구입 또는 임차와 관련하여, 당사 또는 당사가 지정하는 자와 거래해야 할 품목은 다음과 같습니다.

구분①	품목②	규격③	거래 형태④	거래 상대방⑤	비고⑥
부동산	해당없음				
용역	POS 사용료	시스템 사용료	강제	OO시스템	
	....				
설비	냉장고	1,000 ℓ	강제	OO전자	
	....				
상품	기름과자	-	권장	OO식품	
	마늘		권장	OO식품	
	....				
원 · 부재료	삼겹살	1등급	강제	(주)공정위	매일 발주 후 익일 정산
....					

[귀하가 위 표에 기재된 물품을 지정된 사업자가 아닌 사업자에게 공급받으려는 경우에는 사전에 가맹본부에게 서면으로 통지하여 승인을 받아야 합니다. 그렇지 않을 경우 불이익을 받을 수 있으므로 주의하여야 합니다.]

[당사는 경영환경의 변화 등으로 필요한 경우 위 표에 기재된 상품 · 용역 외에 다른 품목도 추가할 수 있습니다 이 경우 가맹점사업자의 동의를 미리 얻도록 하고 있으며, 동의가 없는 경우에는 본 정보공개서의 내용에 따라 사업을 진행합니다.]

① 상품은 직접 소비자에게 판매하는 형태일 때, 원、부재료는 가공하여 판매하는 형태일 때로 구분합니다.
② 품목이 많은 경우 별지에 기재하거나 "외 몇 종" 등으로 줄여 기재할 수도 있습니다.
③ 상품의 규격 또는 서비스의 내용을 기재합니다.
④ **강제사항(요구)인지 권장사항인지 구분**하여 기재합니다.
⑤ 거래 상대방은 **가맹본부 또는 가맹본부가 지정한 사업자**인 경우만 해당합니다.
⑥ 가맹희망자가 각 비용의 성격을 알 수 있도록 내용을 기재하고, 필요한 경우 주석을 다는 것도 바람직합니다.
※ 가맹본부가 **소매업(다수의 일상품을 판매)**에 해당하는 경우에는 구체적인 품목명은 생략할 수 있습니다.

※ 가맹사업법 시행령 관련 조문(별표2 제2호 구속조건부 거래 나목)

나. 거래상대방의 구속

부동산ㆍ용역ㆍ설비ㆍ상품ㆍ원재료 또는 부재료의 구입ㆍ판매 또는 임대차 등과 관련하여 **부당하게 가맹점사업자에게 특정한 거래상대방(가맹본부를 포함한다)과 거래할 것을 강제**하는 행위

다만, 다음의 요건을 충족하는 경우에는 그러하지 아니하다.

(1) **부동산 · 용역 · 설비 · 상품 · 원재료 또는 부재료가 가맹사업을 경영하는 데에 필수적이라고 객관적으로 인정될 것**

(2) **특정한 거래상대방과 거래하지 아니하는 경우에는 가맹본부의 상표권을 보호하고 상품 또는 용역의 동일성을 유지하기 어렵다는 사실이 객관적으로 인정될 것**

(3) **가맹본부가 미리 정보공개서를 통하여 가맹점사업자에게 해당 사실을 알리고 가맹점사업자와 계약을 체결할 것**

2. 거래 요구 또는 권장①의 대가 내역

당사는 [반포삼겹살] 가맹점사업자로 하여금 상품 또는 용역을 특정한 거래상대방에게 거래하도록 요구 또는 권장하여 특정한 거래상대방이나 가맹점사업자에게 다음과 같은 대가를 받고 있습니다.

(단위: 천원, 부가세 포함)

상품 · 용역②	거래상대방	대가 지불③	산정기준④	금액⑤	비고⑥
갈비살	OO축산	가맹점사업자	거래액의 2%	연간 거래총액 250,000	2013년 기준
식탁	OO가구	OO가구	정액	건당 100	
간판	OO디자인	OO디자인	정액	건당 200	

[당사는 이러한 대가의 일부를 가맹점사업자를 위하여 사용하고 있습니다. 구체적인 내용은 첨부 파일을 참고하시기 바랍니다.]

① Ⅴ.1번에 기재된 가맹점사업자의 거래 상대방을 제한하는 경우를 제외하고 **가맹본부가 가맹점사업자의 편의를 위하여 거래상대방을 주선하여 대가를 받는 경우**만 기재합니다.
② 소비자 판매 대상 상품뿐만 아니라 가맹점사업자가 사용하는 **설비, 장비, 정착물 등도 포함**합니다.
③ 거래상대방 또는 가맹점사업자로 구분하여 기재합니다.
④ 대가를 산정하는 구체적인 기준이 있는 경우 기재합니다.
⑤ 정확한 금액이 산정되지 아니하는 경우에는 **추정된 금액임을 밝히고 상한과 하한을 포함한 구간**으로 표시합니다.
⑥ 가맹희망자가 각 대가의 성격을 알 수 있도록 내용을 기재하고, 필요한 경우 주석을 다는 것도 바람직합니다.

3. 상품 · 용역, 거래상대방, 가격 결정

1) 가맹점사업자가 취급하는 상품 · 용역의 판매 제한

당사의 상표권을 보호하고 상품 또는 용역의 동일성을 유지하기 위하여 귀하는 지정된 상품 · 용역만을 판매하여야 하며 그 자세한 내용은 다음과 같습니다.

상품 · 용역명①	제한내용 및 조건②	위반시 책임③	비고④
흑미삼겹살	왼쪽에 기재된 이외의 제품을 판매할 수 없음	1회 위반: 구두 경고 2회 위반: 2회 이상 서면 시정요구 3회 이상 위반: 계약 해지	
쫄깃오겹살			
....			
대박갈비살			

[귀하가 위 표에 기재되지 않은 상품 · 용역을 판매하려는 경우에는 사전에 가맹본부에게 서면으로 통지하여 승인을 받아야 합니다. 그렇지 않을 경우 불이익을 받을 수 있으므로 주의하여야 합니다.]

[당사는 경영환경의 변화 등으로 필요한 경우 위 표에 기재된 상품 · 용역 외에도 판매 제한을 가할 수 있습니다. 이 경우 당사는 가맹점사업자의 동의를 미리 얻고 있습니다.]

① ~ ③ 계약서 내용을 중심으로 구체적으로 기재하기 바랍니다.
④ 가맹점사업자에게 필요한 내용을 기재하고 필요한 경우 주석을 다는 것도 좋습니다. 또한 가맹점사업자가 가맹본부의 승인을 얻어 상품을 판매할 수 있다는 내용을 예시와 같이 언급하여야 합니다.

2) 거래상대방(고객)에 따른 상품 · 용역의 판매 제한

당사의 상표권을 보호하고 상품 또는 용역의 동일성을 유지하기 위하여 귀하는 지정된 고객에 대해 상품 · 용역을 판매하지 않아야 하며 자세한 내용은 다음과 같습니다.

거래상대방 (고객)①	상품 · 용역명②	제한내용 및 조건③	위반시 책임④	비고⑤
고등학교 재학생	주류	거래상대방별로 기재된 제품은 판매할 수 없음	1회 위반: 구두 경고 2회 위반: 2회 이상 서면 시정요구 3회 이상 위반: 계약 해지	
....				

[귀하가 위 표에 기재된 거래상대방에게 제한된 상품 · 용역을 판매하려는 경우에는 사전에 가맹본부에게 서면으로 통지하여 승인을 받아야 합니다. 그렇지 않을 경우 불이익을 받을 수 있으므로 주의하여야 합니다.]

[당사는 경영환경의 변화 등으로 필요한 경우 위 표에 기재된 거래상대방(고객) 외에도 판매 제한을 가할 수 있습니다. 이 경우 당사는 가맹점사업자의 동의를 미리 얻고 있습니다.]

① ~ ④ 계약서 내용을 중심으로 구체적으로 기재하기 바랍니다.

⑤ 가맹점사업자에게 필요한 내용을 기재하고 필요한 경우 주석을 다는 것도 좋습니다. 또한 가맹점사업자가 가맹본부의 승인을 얻어 상품을 판매할 수 있다는 내용을 예시와 같이 언급하여야 합니다.

※ 가맹사업법 시행령 관련 조문(별표2 제2호 구속조건부 거래 다목)

다. 가맹점사업자의 상품 또는 용역의 판매제한

가맹점사업자에게 **부당하게 지정된 상품 또는 용역만을 판매하도록 하거나 거래상대방에 따라 상품 또는 용역의 판매를 제한**하는 행위

다만, 다음의 요건을 충족하는 경우에는 그러하지 아니하다.

(1) **가맹점사업자의 상품 또는 용역의 판매를 제한하지 아니하는 경우에는 가맹본부의 상표권을 보호하고 상품 또는 용역의 동일성을 유지하기 어렵다는 사실이 객관적으로 인정될 것**

(2) **가맹본부가 미리 정보공개서를 통하여 가맹점사업자에게 해당 사실을 알리고 가맹점사업자와 계약을 체결할 것**

3) 가맹점사업자의 가격 결정의 제한

당사는 귀하가 판매하는 상품이나 용역의 가격을 정하여 이를 따르도록 권장하도록 하고 있으며 자세한 내용은 다음과 같습니다.

상품 · 용역명①	권장가격(단위: 원)②	가격 통보 방법	비고③
흑미삼겹살	5,000(180g)	월별로 홈페이지에 공지	2013.12월 기준
쫄깃오겹살	6,000(180g)	〃	〃
....			
대박갈비살	10,000(120g)	〃	〃
....			

[귀하가 위 표에 기재된 권장가격과 다른 가격으로 상품 · 용역을 판매하려는 경우에는 사전에 서면으로 당사와 협의하여야 합니다.]

① 권장가격이 있는 상품 · 용역만 기재합니다. 내용이 많은 경우 별지에 작성합니다.

② 소비자가격을 표시합니다.

③ 가맹점사업자에게 필요한 내용을 기재하고 필요한 경우 주석을 다는 것도 좋습니다. 또한 가맹점사업자가 가격을 결정하거나 변경하기에 앞서 가맹본부와 사전협의를 할 수 있다는 등의 내용을 예시와 같이 언급할 수도 있습니다.

※ 가맹사업법 시행령 관련 조문(별표2 제2호 구속조건부 거래 가목)

가. 가격의 구속

정당한 이유없이 가맹점사업자가 판매하는 상품 또는 용역의 가격을 정하여 그 가격을 유지하도록 하거나 가맹점사업자가 상품 또는 용역의 가격을 결정하는 행위를 부당하게 구속하는 행위

다만, 다음의 어느 하나에 해당하는 행위는 제외한다.

(1) **판매가격을 정하여 가맹점사업자에게 이를 따르도록 권장하는 행위**

(2) **가맹점사업자에게 판매가격을 결정하거나 변경하는 경우 그 내용에 관하여 사전에 협의하도록 하는 행위. 다만, 사전협의를 통해 판매가격을 강요하는 행위는 가격을 구속하는 행위로 본다.**

4. 가맹점사업자의 영업지역 보호

※ 영업지역 보호(개정 가맹사업법 제12조의4) 규정이 시행되는 2014. 8. 14. 이전에는 유형 1 과 유형 2 중에 가맹본부가 선택하여 기재 가능하나, 유형 1 로 정보공개서를 작성하는 경우 영업지역 보호 규정이 시행되는 2014. 8. 14. 에 맞추어 유형 2 로 정보공개서를 변경하여야 합니다.

〈유형 1(구 가맹사업법)〉

1) 영업지역 제도 유무와 독점적 · 배타적 영업지역 설정 여부

당사는 영업지역과 관련하여 기본적으로 다음과 같은 방침을 갖고 있습 니다.

영업지역 제도 운영 여부①	독점적 · 배타적 영업지역 여부②
O	×(직영점이나 다른 가맹점 설치 가능)

[당사는 가맹점사업자의 영업지역 내에 반포삼겹살을 추가 설치하지 않으며, 향후에도 돼지고기 또는 소고기 구이를 전문으로 하는 동일업종의 영업표지를 가진 가맹사업을 해당 영업지역에 추가 개설하지 않습니다.]

① 가맹본부가 특정 가맹점사업자별로 영업지역을 정하는 제도를 운영하고 있는 경우 "O"로 표시합니다. 별도의 영업지역 제도가 없는 경우에는 "X"로 표시합니다.

② 계약기간 동안 특정 가맹점사업자의 영업지역 안에서 해당 가맹사업의 영업표지 또는 해당 가맹사업과 같은 업종의 다른 영업표지를 사용하는 가맹본부 또는 그 계열회사가 직영점이나 다른 가맹점을 설치하지 않도록 **계약서에 명문화**되어 있는 경우에는 예시와 같이 "O"로 기재하고, 그렇지 않은 경우 **직영점이나 다른 가맹점을 설치할 수 있다는 내용을 반드시 기재**합니다. 또한 **독점적·배타**

적 영업지역 제도를 운영하는 경우에는 해당 가맹사업과 같은 업종의 범위 및 영업표시의 종류도 **반드시 기재**합니다.

2) 영업지역의 설정 기준과 변경 가능성 및 그 사유

당사는 영업지역을 다음과 같이 정하고 있으며 경우에 따라 일부 변경될 수 있습니다.

설정 기준①	설정방법②	변경 가능 여부③	변경 사유④
인구 ○만명 당 1점포	별지에 영업지역 표시	가맹점사업자 동의시	상권 변화(기관 입주, 아파트 입주 등), 고객 선호 변화, 경쟁 영업표지 입점의 사유로 기존 가맹점사업자의 영업지역 내 예상매출액이 다른 가맹점사업자의 평균예상매출액보다 2.5배 이상으로 나타나는 경우
점포를 중심으로 반경 00㎞	별지에 영업지역 표시	가맹점사업자 동의시	상권 변화(기관 입주, 아파트 입주 등), 고객 선호 변화, 경쟁 영업표지 입점의 사유로 기존 가맹점사업자의 영업지역 내 예상매출액이 다른 가맹점사업자의 평균예상매출액보다 2.5배 이상으로 나타나는 경우
행정구역당 1점포	별지에 영업지역 표시	가맹점사업자 동의시	상권 변화(기관 입주, 아파트 입주 등), 고객 선호 변화, 경쟁 영업표지 입점의 사유로 기존 가맹점사업자의 영업지역 내 예상매출액이 다른 가맹점사업자의 평균예상매출액보다 2.5배 이상으로 나타나는 경우
....			

① 가맹점사업자의 영업지역을 정하는 구체적인 기준을 기재하십시오.

② 예시: 계약서 별지에 구역(지도)으로 표시, 행정구역별로 표시 등

③ 독점적·배타적 영업지역 설정으로 영업지역은 변경가능하지 않으나, 가맹점사업자가 동의할 경우는 가능

④ 영업지역을 변경할 수 있는 사유를 구체적으로 기재**하되, 계약서상의 내용과 일치하여야 합니다.**

3) 영업지역을 재조정(변경)하는 경우의 절차

당사는 영업지역을 재조정하기에 앞서 가맹점사업자의 동의를 얻고 있으며 구체적인 절차는 다음과 같습니다.

재조정 절차	동의를 얻는 방법
재조정 사유 발생 → 당사 담당팀 검토 → 영업지역 변경(안) 작성 → 가맹점사업자에게 서면 통지 → 가맹점사업자 동의 → 영업지역 변경 완료	영업지역 변경(안)을 서면으로 통지하고 30일 이내에 동의 여부 회신 동의가 있는 경우 15일 이내에 영업지역 재조정 완료(신규 점포 입점 가능)

[당사는 계약기간 중 가맹점사업자의 동의 없이 영업지역을 변경할 수 없습니다. 다만, 가맹본부는 도로사정의 변경이나 재개발 등으로 인하여 영업지역이 충돌되는 경우에는 가맹점사업자 상호간의 이해관계를 합리적으로 조정할 수 있습니다.]

〈유형 2(개정 가맹사업법)〉

1) 독점적 · 배타적 영업지역 설정

[당사는 가맹사업거래의 공정화에 관한 법률 제12조의4에 의거 가맹계약 체결 시 가맹점사업자의 영업지역을 설정하여 가맹계약서에 영업지역을 명시하고 있습니다.]

[당사 및 당사의 계열회사는 가맹계약기간 중에는 정당한 사유없이 가맹점사업자의 영업지역 내에 동일한 업종의 직영점 · 가맹점을 추가 개설하지 않습니다. 동일한 업종의 범위 및 동일한 업종에 해당하는 당사 및 당사의 계열회사의 영업표지는 다음과 같습니다.]

동일한 업종 범위①	동일한 업종 영업표지②	
	가맹본부	계열회사
돼지고기 또는 소고기 구이를 전문으로 하는 가맹사업	반포삼겹살	세종오겹살

① 동일한 업종이란 수요층의 지역적 · 인적 범위, 취급품목, 영업형태 및 방식 등에 비추어 동일하다고 인식될 수 있을 정도의 업종을 말하며, 가맹본부가 운영하는 가맹사업과 동일한 업종의 범위를 상세하게 기재합니다.
② 동일한 업종에 해당하는 가맹본부 및 계열회사의 영업표지의 종류를 가맹본부와 계열회사로 구분하여 기재합니다.

2) 영업지역 설정기준

[당사는 영업지역을 다음과 같이 정하고 있습니다.]

설정 기준①	설정방법②
인구 ○만명 당 1점포	별지에 영업지역 표시 (지도별첨을 원칙으로 함)
점포를 중심으로 반경 00㎞	별지에 영업지역 표시 (지도별첨을 원칙으로 함)
행정구역당 1점포 단, 특수상권(백화점, 마트, 시장, 지하상가, 공항, 호텔 등)은 행정구역과 상관없이 별도의 영업지역으로 인정	별지에 영업지역 표시 (지도별첨을 원칙으로 함)
....	

① 가맹점사업자의 영업지역을 정하는 구체적인 기준을 기재하십시오.
② 예시: 계약서 별지에 구역(지도)으로 표시, 행정구역별로 표시 등

3) 가맹계약 갱신과정에서 영업지역을 재조정할 수 있는 사유 및 절차

[당사는 가맹사업거래의 공정화에 관한 법률 제12조의4에 의거 가맹계약 갱신시 다음과 같은 사유가 발생하는 경우에 한해서 가맹점사업자와 협의를 통하여 기존 영업지역을 합리적으로 조정할 수 있습니다. 구체적인 절차는 다음과 같습니다.]

영업지역 재조정 사유	재조정 절차	동의를 얻는 방법
① 재건축, 재개발, 신도시 건설 등 대규모개발로 인하여 상권의 급격한 변동이 발생하는 경우 ② 해당 상권의 거주인구 또는 유동인구가 현저히 변동되는 경우 ③ 소비자의 기호변화 등으로 인하여 해당 상품·용역에 대한 수요가 현저히 변동되는 경우 ④ 위의 사유에 준하는 사유로 인하여 영업지역을 그대로 유지하는 것이 현저히 불합리하다고 인정되는 경우	재조정 사유 발생 → 당사 담당팀 검토 → 영업지역 변경(안) 작성 → 가맹점사업자에게 서면통지 →	영업지역 변경(안)을 서면으로 통지하고 30일 이내에 동의 여부 회신 동의가 있는 경우 15일 이내에 영업지역 재조정 완료 (신규 점포 입점 가능)

4) 영업지역 밖의 고객에게 상품이나 용역을 판매하는 데에 따르는 제한

[가맹점사업자는 가맹본부와 약정한 영업지역을 준수하시기 바랍니다. 영업지역을 벗어나 다른 가맹점사업자의 영역지역에 속한 고객에게 영업활동을 하는 경우 가맹본부는 다음의 조치를 취하여 가맹점사업자 상호간의 이해관계를 합리적으로 조정할 수 있습니다.]

[첫째, 가맹점사업자가 다른 가맹점사업자의 영업지역의 고객과 거래하는 경우 가맹본부가 두 가맹점사업자 간의 보상금 지불에 대한 중재안을 제시하는 행위]

[둘째, 영업지역을 침해받은 가맹점사업자의 영업지정 조정 요구가 있는 경우 매출액 현황 조사 등 필요한 조치를 취하는 행위]

[셋째, 특정 가맹점사업자가 다른 가맹점사업자의 영업지역을 반복적으로 침해하여 '반포삼겹살' 영업표지 이미지에 심각한 손해를 가한 경우 그 가맹점사업자에게 행위의 시정을 요구하고 손해배상액을 청구하는 행위]

※ 가맹점사업자의 영업지역을 **가맹본부가 침해하는 것은 불공정거래행위**로 문제가 될 수 있으나 **다른 가맹점사업자가 침해하는 것은 원칙적으로 허용**됩니다. 따라서 가맹점사업자 간 분쟁은 **민사문제**로 해결하도록 하시되, 법령에서 허용된 범위에서 필요한 조치를 예시와 같이 기재하시기 바랍니다.

※ 가맹사업법 시행령 관련 조문(별표2 제2호 구속조건부 거래 라목)

라. 영업지역의 준수강제

부당하게 가맹점사업자에게 영업지역을 준수하도록 조건을 붙이거나 이를 강제하는 행위

다만, 다음의 어느 하나에 해당하는 행위는 제외한다.

(1) **가맹본부가 가맹점사업자의 영업거점지역을 정하는 행위**

(2) **가맹점사업자가 자기의 영업지역에서의 판매책임을 다한 경우에 영업지역 외의 다른 지역에서 판매할 수 있도록 하는 행위**

(3) **가맹점사업자가 자기의 영업지역 외의 다른 지역에서 판매하고자 하는 경우 그 지역의 가맹점사업자에게 광고선전비 등 판촉비용에 상당하는 일정한 보상금을 지불하도록 하는 행위**

5) 그 밖에 영업지역에 관한 내용

※ 상기의 기재사항 외, 영업지역 관련 영업방침이 있을 경우 기재합니다.

5. 계약기간, 계약의 갱신 · 연장 · 종료 · 해지 · 수정

1) 가맹계약 및 갱신 기간

[반포삼겹살] 가맹사업의 계약기간은 〔계약체결일로부터〕 [ ]년이며, 가 맹계약 갱신시 계약기간은 〔계약갱신일로부터〕 [ ]년입니다.

※ 가맹계약의 종류(type)가 여러 가지가 있고, 각각 계약기간이 다른 경우 나누어 기재합니다.

2) 계약 연장이나 재계약, 또는 계약 종료에 필요한 절차

가맹사업거래의 공정화에 관한 법률 제13조 및 같은 법 시행령 제14조에 따라 귀하에게는 가맹계약의 갱신을 요구할 수 있는 권리가 최초 계약일로부터 10년간 주어집니다. 구체적인 절차는 다음과 같습니다.

순 서	기간(계약만료일: D-day)
① 가맹점사업자가 계약갱신을 요구하였습니까? 예→②, 아니오→⑦	D-180 ~ D-90
② 3)에서 정한 계약갱신 거절 사유에 해당합니까? 예→④, 아니오→③	D-180 ~ D-90
③ 가맹본부가 계약조건 변경을 서면으로 통지하였습니까? 예→⑤, 아니오→A	D-180 ~ D-90
④ 가맹본부가 가맹점사업자에게 거절 사유를 적은 서면으로 거절 통지를 하였습니까? 예→B, 아니오→A	①+15일 이내
⑤ 가맹점사업자가 계약조건 변경에 동의하였습니까? 예→C, 아니오→⑥	
⑥ 변경된 계약조건이 다른 가맹점사업자에게 통상적으로 적용되는 계약조건입니까? 예→B, 아니오→D	
⑦ 가맹본부가 계약갱신을 하지 않겠다는 사실을 서면으로 통지하였습니까? 예→B, 아니오→⑧	D-180 ~ D-90
⑧ 가맹점사업자가 계약갱신 또는 계약조건에 대하여 이의를 제기하였습니까? 예→E, 아니오→A	D-60일 이전
A. 종전과 같은 조건으로 다시 가맹계약 체결	D-day
B. 계약기간이 만료되는 날 계약 종료	D-day
C. 변경된 조건으로 다시 가맹계약 체결	D-day

D. 양자가 합의하여 계약조건을 바꾸어야 함(가맹본부가 계약 변경을 강행할 경우 불공정거래행위에 해당할 수 있음)	–
E. 양자가 합의하여 계약을 만료하거나 변경된 조건으로 다시 가맹계약 체결(민사상 문제로 가맹사업법에서 특별하게 제한하는 규정 없음)	–

3) 계약 갱신 거절(종료) 사유

당사가 가맹계약의 갱신요구를 거절할 수 있는 사유는 다음과 같습니 다.

갱신요구 거절 사유	관련 계약조문
ㅇ 가맹계약 등의 지급의무를 지키지 아니한 경우	O조 O항
ㅇ 다른 가맹점사업자에게 통상적으로 적용되는 계약조건이나 영업방침을 귀하가 수락하지 아니한 경우	O조 O항
ㅇ 가맹점 운영에 필요한 점포 · 설비의 확보나 법령상 필요한 자격 · 면허 · 허가의 취득을 하지 못한 경우	O조 O항
ㅇ 판매하는 상품이나 용역의 품질을 유지하기 위하여 필요한 제조공법 또는 서비스기법을 지키지 않은 경우	O조 O항
ㅇ [반포삼겹살] 경영에 필수적인 지식재산권을 보호하기 위한 방침을 지키지 않은 경우	O조 O항
ㅇ 정기적으로 실시하는 교육 · 훈련을 준수하지 않은 경우(다만, 교육 · 훈련 비용이 같은 업종의 다른 가맹본부가 통상적으로 요구하는 비용보다 뚜렷하게 높은 경우는 제외합니다.)	O조 O항

※ 가맹계약서에 기재되지 않은 사유를 정보공개서에 기재하여서는 아니 됩니다.

4) 계약 해지 사유 및 그 절차

당사가 귀하와의 가맹계약을 해지할 수 있는 사유는 다음과 같습니다.

계약 해지 사유	관련 계약조문
ㅇ	O조 O항
ㅇ	O조 O항
ㅇ	O조 O항
....	

가맹사업거래의 공정화에 관한 법률 제14조와 같은 법 시행령 제15조에 따라 당사는 가맹계약을 해지하려는 경우에는 귀하에게 서면으로 2개월 이상의 유예기간을 두고 계약의 위반 사실 및 이를 시정하지 않을 경우 계약을 해지한다는 사실을 2회 이상 통지하고 있습니다. 이러한 절차를 거치지 않은 계약해지는 무효가 됩니다.

다만, 가맹사업법 시행령 제15조의 계약해지 사유에 해당되는 아래의 경우에는 2개월 이상의 유예기간이나 2회 이상의 서면통지 없이 계약서에 따른 절차를 거쳐 계약이 해지될 수 있으므로 주의하여야 합니다.

즉시계약 해지 사유	관련 계약조문
ㅇ 가맹점사업자에게 파산 신청이 있거나 강제집행절차 또는 회생절차가 개시된 경우	O조 O항
ㅇ 가맹점사업자가 발행한 어음 · 수표가 부도 등으로 지불정지된 경우	O조 O항
ㅇ 천재지변, 중대한 일신상의 사유 등으로 가맹점사업자가 더 이상 가맹사업을 경영할 수 없게 된 경우	O조 O항
ㅇ 가맹점사업자가 공연히 허위사실을 유포함으로써 가맹본부의 명성이나 신용을 뚜렷이 훼손하거나 가맹본부의 영업비밀 또는 중요정보를 유출하여 가맹사업에 중대한 장애를 초래한 경우	O조 O항
ㅇ 가맹점사업자가 가맹점 운영과 관련되는 법령을 위반하여 이를 시정하라는 내용의 행정처분(과징금 · 과태료 등의 부과처분을 포함한다)을 통보받고도 행정청이 정한 시정기한(시정기한을 정하지 아니한 경우에는 통보받은 날부터 10일) 내에 시정하지 않는 경우	O조 O항
ㅇ 가맹점사업자가 가맹점 운영과 관련되는 법령을 위반하여 자격 · 면허 · 허가 취소 또는 영업정지 명령(15일 이내의 영업정지 명령을 받은 경우는 제외한다) 등 그 시정이 불가능한 성격의 행정처분을 받은 경우. 다만, 법령에 근거하여 행정처분을 갈음하는 과징금 등의 부과 처분을 받은 경우는 제외한다.	O조 O항
ㅇ 가맹점사업자가 법 제14조제1항 본문에 따른 가맹본부의 시정요구에 따라 위반사항을 시정한 날부터 1년(계약갱신이나 재계약된 경우에는 종전 계약기간에 속한 기간을 합산한다) 이내에 다시 같은 사항을 위반하는 경우. 다만, 가맹본부가 시정을 요구하는 서면에 다시 같은 사항을 1년 이내에 위반하는 경우에는 법 제14조제1항의 절차를 거치지 아니하고 가맹계약이 해지될 수 있다는 사실을 누락한 경우는 제외한다.	O조 O항
ㅇ 가맹점사업자가 가맹점 운영과 관련된 행위로 형사처벌을 받은 경우	O조 O항

ㅇ 가맹점사업자가 공중의 건강이나 안전에 급박한 위해를 일으킬 염려가 있는 방법이나 형태로 가맹점을 운영하는 경우	O조 O항
ㅇ 가맹점사업자가 정당한 사유 없이 연속하여 7일 이상 영업을 중단한 경우	O조 O항

※ 보다 자세한 내용은 **가맹사업법 제14조 및 같은 법 시행령 제15조**를 참고하기 바랍니다.

※ **가맹계약서에 기재되지 않은 사유를 정보공개서에 기재하여서는 아니됩니다.**

※ **가맹계약 즉시해지사유는** 가맹사업법 제14조 및 같은 법 시행령 제15조에 규정된 사유를 기재하시기 바랍니다.

5) 계약 수정의 사유, 사전 통보 여부 및 동의 절차

당사는 계약기간 중에 계약서의 내용을 변경하지 않는 것을 원칙으로 합니다. 다만, 다음의 경우에는 [귀하의 동의를 얻어] 계약 조건을 수정할 수 있습니다.

계약 수정 사유	관련 계약조문
ㅇ	O조 O항
ㅇ	O조 O항
ㅇ	O조 O항
· · · ·	

재조정 절차	동의 절차
계약 수정 사유 발생 → 당사 담당팀 검토 → 수정계약서(안) 작성 → 가맹점사업자에게 서면 통지 → 가맹점사업자 동의 → 수정 완료	수정 계약서(안)를 서면으로 통지하고 30일 이내에 동의 여부 회신 동의가 있는 경우 수정계약서에 정한 날부터 효력 발생

※ 예시처럼 계약 수정 절차나 동의를 얻는 방법은 최대한 자세히 기재하되, **동의를 얻지 못할 경우 가맹본부의 조치에 대해서도 반드시 기재**하여야 합니다.

6. 가맹점운영권의 환매 · 양도 · 상속 및 대리행사

1) 가맹점운영권의 환매

당사는 [귀하가 가맹점을 운영하다가 개인 사정 등으로 조기에 계약을 해지하려는 경우 새로운 가맹점사업자를 찾을 때까지 일시적으로]① 가맹점운영권을 다시 사들여 직영점 체제로 운영하는 제도를 운영하고 있습니다. 자세한 내용은 다음과 같습니다.

환매 조건②	환매 절차③	비고④
ㅇ 가맹점에게 계약서 OO조, OO조, OO조, OO조의 계약 해지 사유가 존재하지 않을 것 ㅇ 가맹점사업자의 매출액이 당사가 정한 기준 이상일 것 ㅇ 가맹점운영 기간이 2년 이상일 것 ㅇ	가맹점사업자가 소정의 양식을 갖추어 가맹본부에 환매 신청 → 당사 담당팀 검토(현장조사 포함, 20일 가량 소요) → 환매 여부 통지	문의: OO팀 (02-XXX-XXXX)

① 가맹점운영권 환매 제도를 운영하고 있는 경우에 그 사유를 알기 쉽게 기재합니다.

② 환매에 필요한 조건을 자세하기 기재합니다.

③ 대략적인 소요기간 등도 가능하면 기재합니다.

④ 그 밖에 가맹점사업자에게 필요한 내용을 기재합니다.

2) 가맹점운영권의 양도①

귀하가 가맹점운영권을 다른 사업자에게 양도하기 위해서는 [사전에 당사에게 서면으로 그 사실을 통지하여야 하고, 당사의 승인이 있어야만 합니다.] 자세한 내용은 다음과 같습니다.

양도 가능 조건②	양도 절차③	비고④
○ 양수인이 당사가 정한 가맹점 운영 기준을 준수할 것 ○	가맹점사업자가 서면으로 양도 신청 → 당사 담당팀 검토(양수인 면담 포함, 30일 가량 소요) → 승인 여부 통지 → 양도인, 양수인, 가맹본부의 양수·양도 계약 체결(5일 소요) → 가맹점운영권 이전 완료	문의: OO팀 (02-XXX-XXXX)

[당사가 양도를 승인하면 양수인은 양도인의 모든 권리의무를 승계하게 되며 양수인은 교육비 및 계약이행 보증금을 납입하여야 합니다. 다만, 양수인이 원할 경우 당사는 양수인과 신규 가맹계약을 맺을 수 있습니다. 이 경우 신규가맹계약일지라도 가맹점 모집비용, 개점행사비 등이 일반적인 신규가맹계약보다 적게 소요될 경우에는 비용 소요액에 상응하는 가맹금을 당사와 협의하여 지급하실 수 있습니다.]

① 가맹점사업자가 계약기간 중에 **운영권을 양도·양수계약을 통해 다른 사람에게 넘기는 경우** 해당됩니다.

② 양도에 필요한 조건을 자세하기 기재합니다. **가맹점사업자는 가맹본부와 독립된 사업자로서 조건을 지나치게 까다롭게 설정하는 경우 불공정거래행위에 해당할 수 있습니다.**

③ 대략적인 소요기간 등도 가능하면 기재합니다.

④ 그 밖에 가맹점사업자에게 필요한 내용을 기재합니다.

3) 가맹점운영권의 상속, 대리행사, 위탁 등

가맹점운영권은 원칙적으로 당사와 가맹계약을 체결한 귀하에게 주어집니다. 따라서 개인사정 등으로 가맹점운영권을 다른 사람에게 대리행사하게 할 경우에는 당사에 사전에 서면으로 그 사실을 통지하여야 합니다.

가맹점사업자의 상속인은 가맹점 영업을 상속할 수 있으며, 이 경우 상속개시일로부터 3개월 이내에 상속사실을 통지하여야 합니다. 다만, 상속인이 미성년자, 피성년후견인에 해당하거나 이에 준하는 사유가 있는 경우에는 가맹계약은 종료합니다.

구분①	가능 여부(조건)②	이전 범위③	절차④	기타 의무사항⑤
상속	상속인 사후통지시	모든 권리의무	[앞서 내용을 참고하여 작성]	교육수료 및 교육비 지급
대리행사	본부 승인시 가능	가맹점사업자가 지정한 범위 내의 권리의무		
업무위탁	본부 승인시 가능	-		
. . . .				

① 가맹점사업자가 계약기간 중에 **운영권의 전부 또는 일부를 양수·양도 계약 외의 방법으로 다른 사람에게 넘기는 경우**에 해당됩니다.
② ①의 행위가 인정되는지 여부를 기재하고, 인정될 경우 그 조건을 기재합니다.
③ 상속인(대리인, 수탁인 등 포함)에게 이전되는 가맹점운영권의 범위를 기재합니다.
④ 대략적인 소요기간 등도 가능하면 기재합니다.
⑤ 가맹점 운영에 필요한 교육이수에 따른 교육비 등이 있으면 기재합니다.

7. 경업금지, 영업시간 제한, 가맹본부의 영업장 관리 · 감독

1) 경업금지의 범위

당사는 계약기간 동안 [지역 내에서] 귀하가 [반포삼겹살]과 동일한 업종의 영업을 하는 행위를 금지하고 있습니다. 만약 귀하가 그러한 행위를 하기 위해서는 [사전에 가맹본부에 서면으로 그 사실을 통지하여야 합니다.] 자세한 내용은 다음과 같습니다.

경업금지 되는 업종①	경업허가 절차②	비고③
ㅇ 일반인에게 식사류를 제공하면서 돼지고기나 쇠고기를 철판에 굽는 형태로 판매하는 업종 ㅇ	가맹점사업자가 서면으로 경업허가 신청 → 당사 담당팀 검토(시장조사 포함, 30일 가량 소요) → 허가 여부 통지 → 완료	문의: OO팀 (02-XXX-XXXX)

① 가맹점사업자가 쉽게 알 수 있도록 자세히 기재합니다.

② 대략적인 소요기간 등도 가능하면 기재합니다.

③ 그 밖에 가맹점사업자에게 필요한 내용을 기재합니다.

※ 경업금지의 범위를 동일업종이 아니라 **유사한 업종까지 확대하는 것은 약관규제법상 무효**가 됩니다.

2) 영업시간 및 영업일수 제한

당사는 [반포삼겹살]의 영업시간 및 영업일수를 제한하고 있습니다. 자세한 내용은 다음과 같습니다.

영업시간	영업일수	비고
1일 24시간	365일 연중 무휴 영업	문의: OO팀 (02-XXX-XXXX)

가맹사업거래의 공정화에 관한 법률 시행령 제15조제10호에 따라 귀하가 정당한 사유없이 연속하여 7일 이상 영업을 중단한 경우 가맹계약 해지가 될 수 있으므로 주의하시기 바랍니다.

[귀하는 가맹사업거래의 공정화에 관한 법률 제12조의3에 의거 오전 1시부터 오전 6시까지의 매출이 영업에 소요되는 비용에 비하여 저조하여 6개월간 영업손실이 발생하거나, 질병의 발생과 치료 등 불가피한 사유가 발생하는 경우 당사에 영업시간 단축을 요청할 수 있으며 영업시간을 조정해야 할 경우에는 사전에 담당팀에 통지하시기 바랍니다.]

3) 권장 종업원 수 및 영업장 근무 여부

당사는 귀하가 운영하는 가맹점포(영업장)의 종업원 및 근무 형태를 제한하고 있으며 자세한 내용은 다음과 같습니다.

권장① 종업원수	직접 근무 여부②	대체 가능 인력③	비고④
3명 이상	직접 근무	점주의 배우자, 직계가족	점주의 부재시 가맹본부에 사전 통보

① 가맹본부가 종업원수를 제한하고 있는 경우 그 내용을 기재합니다.
② 가맹점사업자가 직접 영업장에서 근무해야 할 경우 그 내용을 기재합니다.
③ 가맹점사업자가 개인사정 등으로 직접 근무하지 못하는 경우 대체 가능 인력과 절차를 기재합니다.
④ 그 밖에 가맹점사업자에게 필요한 내용을 기재합니다.

4) 가맹본부의 영업장 관리 · 감독

당사는 귀하가 운영하는 가맹점포(영업장)를 정기적으로 관리 · 감독하고 있으며 자세한 내용은 다음과 같습니다.

관리 · 감독 항목①	감독 절차	빈도 및 시기	담당팀②	비고③
매장 청결(4항목)	담당자 매장 방문 → 청결도 확인 → 관리표 작성 → 가맹점사업자 확인 및 서명 → 완료	4회/1주일	각 지역 XX팀	
친절도(5항목)	담당자 매장 암행방문 → 주문 → 친절도 확인 → 관리표 작성 → 완료	1회/2주일	본사 OO팀	
품질 관리(7항목)	담당자 매장 방문 → 품질 확인 → 관리표 작성 → 가맹점사업자 확인 및 서명 → 완료	4회/1주일	각 지역 XX팀	
. . . .				

[당사는 감독의 공정성을 기하기 위하여 다음과 같은 가맹점 관리표를 작성하고 있습니다. 본 표는 감독이 끝난 후 귀하의 서명을 받아 (주)공정위와 귀하가 각 1부씩 보관하게 됩니다. ※ 관리표가 있는 경우 첨부합니다.]

① 가맹점사업자의 영업장을 관리 · 감독하는 항목을 자세히 기재합니다. 양이 많은 경우 별지에 기재합니다.
② 관리 · 감독을 실제 수행하는 담당팀을 기재합니다. 필요한 경우 연락처도 함께 기재합니다.
③ 그 밖에 가맹점사업자에게 필요한 내용을 기재합니다.

8. 광고 및 판촉 활동

1) 가맹본부와 가맹점사업자의 비용 분담 기준

당사는 [반포삼겹살 영업표지 이미지 제고 및 매출액 증대를 위한 전국 단위의] 광고 및 판촉 활동을 위해 필요한 비용을 [가맹점사업자와 나누어 부담하고 있습니다.] 자세한 내용은 다음과 같습니다.

<table>
<tr><th rowspan="2">구분①</th><th rowspan="2">광고 성격②</th><th colspan="2">부담비율</th><th rowspan="2">분담 절차④</th><th rowspan="2">비고⑤</th></tr>
<tr><th>본사부담③</th><th>가맹점부담</th></tr>
<tr><td rowspan="3">광고
전체 행사</td><td>상품광고</td><td>광고비의
50%</td><td>광고비 50%
중 가맹점
총매출액 비율
따라 산정</td><td rowspan="3">광고 계획 공고 → 가맹점의
광고참여 여부 결정 →
가맹점부담액 제시(명세서)</td><td rowspan="3">대중매체 광고
명절, Day
이벤트 행사
(전국 행사)</td></tr>
<tr><td>상품광고+가
맹점모집광고</td><td>광고비의
75%</td><td>광고비 25%
중 가맹점
총매출액 비율
따라 산정</td></tr>
<tr><td>가맹점
모집광고</td><td>전액 부담</td><td>없음</td></tr>
<tr><td rowspan="4">판촉행사</td><td>할인행사</td><td>할인금액
(소비자가)
50%</td><td>할인금액
(소비자가)
50%</td><td>행사계획 공고 →
가맹점부담액 제시 →
가맹점의 행사 참여 결정 →
행사 시행 → 종료 후
최종분담금 확정</td><td>판촉행사 동의
절차를 거친 후
전체 가맹점
사업자의 70%
이상의 동의시
전체 적용</td></tr>
<tr><td>증정행사</td><td>증정상품
출하가
50%</td><td>증정상품
출하가 50%</td><td>〃</td><td>〃</td></tr>
<tr><td>팜플렛 등 제작</td><td>판촉물
제작비용
50%</td><td>판촉물
제작비용
50%</td><td>〃</td><td>〃</td></tr>
<tr><td>기타 개별행사</td><td colspan="2">행사에 따라 유동적
(2013년의 경우 행사별로
가맹점당 20~50만원
부담)</td><td>〃</td><td>〃</td></tr>
<tr><td>할인카드·멤
버십
제휴서비스</td><td>제휴행사</td><td>서비스로
인한 월
할인금액
의 50%</td><td>서비스로 인한
월 할인금액의
50%</td><td>(가맹점) 월 할인금액 제시 →
(가맹본부) 자료제출일로부터
10일 이내 부담액 송금</td><td>할인서비스 등의
종료시까지</td></tr>
<tr><td></td><td></td><td colspan="2"></td><td></td><td></td></tr>
</table>

[전국단위의 광고일 경우 가맹점부담액은 광고비 중 일부를 광고시행 직전 분기의 각 가맹점사업자의 총매출액 비율에 따라 분담합니다. 지역 광고일 경우에는 해당 지

역 내 가맹점사업자가 가맹점부담액 부분을 분담합니다.]

※ 실제 가맹본부의 광고 및 판촉활동 내용의 기재하셔야 합니다. 특히 **할인카드·멤버스 제휴 서비스가** 있으신 경우 해당 내용을 **반드시 기재**하셔야 합니다.

① **광고와 판촉행사를 구분**하되 가능한 자세히 기재합니다. 할인카드、제휴서비스 사용으로 인한 비용 부담도 포함합니다.
② 반드시 **광고의 성격(상품광고인지, 가맹점 모집광고인지 등)에 따라 구분**하여 **기재**합니다.
③ 분담 비율이 있으면 비율을, 가맹점사업자가 정액으로 부담하면 그 액수를 기재합니다.
④ 분담 기준이 매번 달라질 경우 그 절차를 기재합니다.
⑤ 그 밖에 가맹점사업자에게 필요한 내용을 기재합니다.
※ 가맹점부담 비율을 제시할 경우에는 광고에 따른 예상이익 등을 고려해서 **광고비의 산출근거를 명확하게 제시**하여야 합니다. 특히 가맹점의 월매출액 대비 일정비율을 광고비로 부담시키는 경우에는 **가맹점 매출을 구체적으로 산정하는 기준을 제시**하여야 합니다.

2) 가맹점사업자의 독자적 광고 · 판촉 활동

[개별 가맹점사업자가 스스로 또는 다른 가맹점사업자와 함께 독자적으로 광고 · 판촉 활동을 할 수 있습니다. 이 경우 특별하게 필요한 절차는 없습니다.]

※ 가맹본부가 가맹점사업자의 독자적인 광고、판촉 활동에 대해 **별도의 조건(사전 협의 등)을 요구하는 경우에는 그 내용을 기재**합니다.

9. 영업비밀 보호에 관한 사항

당사의 영업비밀이란, 공공연히 알려져 있지 아니하고 독립된 경제적 가치를 가지는 것으로서, 가맹본부의 상당한 노력에 의하여 비밀로 유지된 생산방법, 판매방법, 그 밖에 영업활동에 유용한 기술상 또는 경영상의 정보를 말합니다.

귀하는 계약체결 및 가맹점 운영상 알게 된 가맹본부의 영업비밀을 계약기간은 물론 계약종료 후에도 제3자에게 누설해서는 안 됩니다. 가맹본부의 허락 없이 교육과 세미나자료 기타 가맹점운영과 관련하여 영업비밀이 담긴 관계서류의 내용을 인쇄 또는 복사할 수 없습니다.

당사의 영업비밀을 무단으로 유출할 경우 부정경쟁방지 및 영업비밀보호에 관한 법률에 의해 처벌 받을 수 있음을 알려드립니다. 또한, 당사의 영업비밀은 한국특허정보원의 영업비밀 원본 증명 서비스에 가입되어 있습니다.〔※ 해당사항이 있는 경우 기재합니다.〕

10. 가맹계약 위반시 손해배상에 관한 사항

이 계약의 당사자는 상대방의 계약위반이나 불법행위로 인한 손해에 대하여 손해배상액의 예정으로서 위약금을 청구하거나 별도로 손해배상을 청구할 수 있다.

※ 가맹계약서에 기재된 내용을 구체적으로 기재하시기 바랍니다.

Ⅵ. 가맹사업의 영업 개시에 관한 상세한 절차와 소요기간

1. 상담 · 협의 과정에서부터 가맹점 영업 시작까지 필요한 절차 요약

귀하가 당사와 가맹계약을 체결할 경우 상담일로부터 실제 가맹점이 개설될 때까지 걸리는 시간과 필요한 절차는 다음과 같습니다.

(단위: 천원, 부가세 포함)

구분	내용	소요기간①	소요비용②
합계		47일 내외	[00p~00p 참조]
가맹희망자 문의	- 전화문의 접수 - 희망지역 확인, 담당자 배정	D-47	
사업 설명 · 상담	- 정보공개서 제공 - 인근 10개 가맹점 현황문서 제공 - 가맹희망자 상담	D-46~45	
점포개발 및 상권분석 실시	- 입지선정 - 입지 주위 점포 정보 제공	필요시 실시	
최종 협의	- 개설 승인 - 계약서 제공	D-34~31	
가맹계약 체결	- 계약 체결	D-30	
가맹금 예치	- OO기관에 가맹금 예치	D-29(1일)	
점포실측/설계	- 투자비 산출	D-27~25 (3일)	
실내외 공사착수	- 도면협의 및 공사일정 확인	D-24(1일)	
인테리어 공사	- 공사 실시	D-24~5 (20일)	
교육 실시	- 점포운영교육 실시	D-7~4(3일)	
점포 개설	- 가맹점 개설 및 영업시작	D-day	

위 표에 따른 소요기간은 평균적인 가맹점을 기준으로 작성된 것으로, 협의 과정에서 시장상황 등에 따라 그 기간이 늘어날 수 있습니다.

귀하는 본사와 계약을 체결하는 과정에서 변호사나 가맹거래사의 자문을 받을 수 있습니다. 자문이 필요하신 경우는 본사에 소속되어 있거나 업무 연관성이 있는 변호사나 가맹거래사를 제외하고 귀하께서 선택하신 변호사나 가맹거래사에게 정보공개서 및 가맹계약서 등에 대하여 자문을 받으시기 바라며, 특히 정보공개서에 대하여 자문을 받으신 경우에는 계약체결일이 정보공개서 제공 14일 후에서 7일 후로 단축됩니다.

① 소요기간이 정확하게 산정되지 않을 경우에는 **추정된 기간임을 밝히고 상한과 하한을 포함한 구간**으로 표시합니다.
② 소요비용은 앞서 기재한 가맹점사업자의 부담내용 관련 페이지를 참조하도록 합니다.
③ 기간이 늘어날 수 있는 사유를 구체적으로 기재합니다.

2. 가맹본부와의 분쟁 해결 절차

[가맹계약 당사자는 계약의 해석 또는 계약에 의해 명시되지 아니한 사항에 관하여 다툼이 있을 경우 법적 절차에 이르기 전까지 우선적으로 대화와 협상을 통해 분쟁을 해결하도록 합니다.]

[대화와 협상으로 분쟁이 해결되지 아니할 경우, 가맹사업거래의 공정화에 관한 법률 제22조에 따라 한국공정거래조정원의 가맹사업거래분쟁조정협의회에 조정을 신청하거나(연락처: 1588-1490, 홈페이지: http://www.kofair.or.kr) 다른 법령에 의해 설치된 중재기관에 중재를 신청할 수 있습니다.]

[중재를 신청하지 아니한 경우, 법적 분쟁에 관한 소송은 민사소송법상의 관할법원에 제기합니다. 단, 가맹본부와 가맹점사업자가 관할법원에 대해 약정할 경우에는 그러하지 아니합니다.]

※ 가맹본부가 분쟁 해결을 위하여 별도의 통제 시스템을 갖추고 있는 경우 자세히 기재합니다. 또한 가맹사업거래의 공정화에 관한 법률에 따른 분쟁조정협의회에 관한 내용도 기재하고, 민사소송 외에 중재제도를 통해 분쟁을 해결할 경우 그 내용도 포함합니다.

Ⅶ. 가맹본부의 경영 및 영업활동 등에 대한 지원

1. 점포환경개선 시 비용지원 내역

[당사는 가맹사업거래의 공정화에 관한 법률 제12조의2 및 시행령 제13조의2 규정에 의거 다음의 사유가 발생하는 경우에 한하여 점포환경개선을 실시하고 있으며, 가맹점사업자의 점포환경개선에 소요되는 비용의 일부를 분담하고 있습니다. 분담비율 및 구체적 절차는 다음과 같습니다.]

[다만, 가맹사업거래의 공정화에 관한 법률 제12조의2 규정에 의거 가맹점사업자의 자발적 의사에 의하여 점포환경개선을 실시하는 경우 및 가맹점사업자의 귀책사유로 인하여 위생 · 안전 및 이와 유사한 문제가 발생하여 불가피하게 점포환경개선을 하는 경우에는 비용분담을 하지 않습니다.]

점포환경개선 사유①	가맹본부 부담 비용항목②	가맹본부 부담 비용비율③	지급절차④	비용부담 제외사유⑤	비고
ㅇ점포의 시설, 장비, 인테리어 등의 노후화가 객관적으로 인정되는 경우 ㅇ위생이나 안전의 결함으로 인하여 가맹사업의 통일성을 유지하기 어렵거나 정상적인 영업에 현저한 지장을 주는 경우	ㅇ간판교체 비용 ㅇ인테리어 공사비용(장비·집기의 교체비용을 제외한 실내건축공사에 소요되는 일체의 비용. 단, 가맹사업의 통일성과 무관하게 가맹점사업자가 추가 공사를 실시함에 따라 소요되는 비용은 제외)	ㅇ점포의 확장 또는 이전을 수반하지 않는 점포환경개선 : 20% ㅇ점포의 확장 또는 이전을 수반하는 점포환경개선 : 40%	ㅇ가맹점사업자의 비용 청구(공사계약서 등 공사비용을 증빙할 수 있는 서류 첨부) → 90일 이내에 가맹본부 부담액을 가맹점사업자에게 지급 (단, 가맹본부와 가맹점사업자간 별도의 합의가 있는 경우 1년의 범위내에서 분할지급 가능) 〈분할지급 시 절차〉 ㅇ가맹점사업자의 비용 청구(공사계약서 등 공사비용을 증빙할 수 있는 서류 첨부) → 3차에 걸쳐 가맹본부 부담액	ㅇ점포환경개선일로부터 3년 이내에 가맹본부의 책임없는 사유로 계약이 종료(계약의 해지 · 영업양도 포함)되는 경우 가맹본부 부담액 중 잔여기간에 비례하는 부담액은 지급하지 아니하거나 이미 지급한 경우에는 환수 가능	

			을분할 지급 (1차 : 청구일로부터 90일 이내, 총 부담액의 30%, 2차 : 1차 지급일로부터 60일 이내, 총 부담액의 30%, 3차 : 2차 지급일로부터 60일 이내, 총 부담액의 40%)		
ㅇ점포의 시설, 장비, 인테리어 등의 노후화가 객관적으로 인정되는 경우 ㅇ위생이나 안전의 결함으로 인하여 가맹사업의 통일성을 유지하기 어렵거나 정상적인 영업에 현저한 지장을 주는 경우	ㅇ간판교체비용 ㅇ인테리어 공사비용 (장비·집기의 교체비용을 제외한 실내 건축공사에 소요되는 일체의 비용. 단, 가맹사업의 통일성과 무관하게 가맹점사업자가 추가 공사를 실시함에 따라 소요되는 비용은 제외) ㅇ집기·장비교체비용	ㅇ가맹점사업자의 투자금액(임차료 등), 월평균 매출액 등을 고려하여 -점포의 확장 또는 이전을 수반하지 않는 점포환경개선 : 50%~100% -점포의 확장 또는 이전을 수반하는 점포환경개선 : 50~80% -단, 집기·장비교체비용은 20% 부담	〃	〃	
....					

① 가맹사업거래의 공정화에 관한 법률 시행령 제13조의2 규정상의 점포환경개선 사유를 기재합니다.
② 가맹본부가 부담하는 비용항목을 기재하되, 가맹사업거래의 공정화에 관한 법률에 따라 의무적으로 부담하여야 하는 항목(간판교체비용 및 인테리어 공사비용)은 반드시 포함하여 기재하여야 합니다.
③ 가맹본부가 부담하는 비용부담 비율을 기재하되, 가맹사업거래의 공정화에 관한 법률에 따라 의무적으로 부담하여야 하는 비율(점포 이전 · 확장 수반 시 40%, 점포 이전 · 확장 미수반 시 20%)은 반드시 포함하여 기재하여야 합니다.
④ 가맹사업거래의 공정화에 관한 법률 시행령 제13조의2 규정상의 지급절차를 기재하되, 분할지급 시 분할지급 시기, 분할지급 비율 등의 분할지급 절차를 상세히 기재합니다.
⑤ 가맹사업거래의 공정화에 관한 법률 시행령 제13조의2 규정상의 비용부담 제외 사유를 기재합니다.

2. 판매촉진행사 시 인력지원 등 내역

[당사는 가맹점을 개설 또는 운영함에 있어 다음과 같은 지원제도를 운영하고 있습니다. 다만, 해당 지원제도는 가맹본부의 경영사정 등에 의하여 가맹계약 기간 중이라도 지원여부 및 그 범위가 변경 또는 추가될 수 있습니다.]

(단위 : 천원, 부가세 별도)

지원정책①	주요 내용②	지원조건③	지원기간	지원금액④	비고⑤
개점행사비	가맹점 오픈시 판촉인원 파견 및 전단지, 기념품 등의 판촉비용 지원	가맹점의 매장면적, 예상매출액에 따라 판촉인원 수 및 판촉비용 차등 지원	오픈일로부터 3일간	300만원 한도	
판촉장려금	매월 가맹점	직전 2개월 평균 매입	가맹계약기간	직전 2개월 평균	익월

	매입금액의 5% 이내 범위에서 장려금 지원	금액이 1000만원 이상 가맹계약 위반사항이 없을 것 *지원조건 미충족시 지원하지 않음		매입금액이 1000~2000만원 : 매입금액의 2% 2000만원 초과~ 3000만원 : 매입금액의 3% 3000만원 초과시 : 매입금액의 5%	상품대금 차감방식으로 지원
판촉지원	매월 전체 가맹점의 제품 주문량의 1~5%를 가맹점의 판촉물로 지원	없음 (전 가맹점 해당)	가맹계약기간	소요되는 비용 전액 당사 부담	
판매용 집기 무상대여	가맹점에 필요한 판매용집기를 계약기간 동안부상대여	없음 (전 가맹점 해당)	가맹계약기간	소요되는 비용 전액 당사 부담	
반품지원	시즌행사(크리스마스, 연말연시, 가정의날등)시 출시되는 제품류 중 일정한 품목에 대하여 반품지원	시즌행사 제품류 중 반품지원 품목 지정상품에 한함	시즌행사 종료 후 30일 이내	가맹점매입금액의 80% 인정하여 지원금액 산정	
마일리지	구매회원에 대한 2~5% 마일리지 적립	없음 (전 가맹점 해당)	가맹계약기간	소요되는 비용 전액 당사 부담	가맹점 판촉마일리지 지급
CRM	우수고객에 대한 고객 유입 DM발송	없음 (전 가맹점 해당)	분기별 1회	소요되는 비용 전액 당사 부담	
테스터	고객이 사용할 수 있는 테스터공급 지원	없음 (전 가맹점 해당)	신제품 출시시	소요되는 비용 전액 당사 부담	
....					

① 가맹본부가 운영하는 지원제도를 작성하되 최대한 자세히 구분하고 서로 겹치지 않도록 항목을 조정합니다.
② 가맹희망자가 지원하는 내용을 알 수 있도록 구체적으로 기재하고, 필요한 경우 주석을 다는 것도 바람직합니다.
③ 지원조건이 있는 경우 그 내용을 기재하고, 지원조건을 충족하지 못하면 지원을 하지 않는 경우 그 내용도 함께 기재합니다.
④ 정액인 경우 그 금액을, 정률인 경우 그 기준을 기재하되 금액이 확정되지 않는 경우에는 추정치임을 알 수 있도록 상한선과 하한을 포함한 구간으로 표시합니다.
⑤ 그 밖에 필요한 내용을 기재합니다.
※ 가맹본부가 운영하는 지원제도가 없는 경우에는 "해당없음"으로 기재합니다.

3. 경영활동 자문

[당사는 가맹점사업자의 경영활성화를 위하여 가맹점사업자의 경영활동에 대한 경영지도를 하고 있으며 자세한 내용은 다음과 같습니다.]

구 분	대상 및 내용①	절 차②	비용부담	비 고
가맹본부 요청 시	상품, 설비(집기), 판매촉진, 고객관리, 위생관리, 교육훈련, 회계 등 가맹점 운영 전반에 대한 경영지도	가맹본부는 경영지도계획서(경영지도내용, 기간, 경영진단 및 지도관계자의 성명, 소요비용 등 포함)를 가맹점사업자에게 제시 → 경영지도 후 [ ]일 이내에 가맹본부 담당자가 가맹점사업자에게 직접 방문하여 경영지도 결과 및 경영개선방안을 서면으로 제시하고 이를 설명	가맹본부 부담	문의: OO팀 (02-XXX-XXXX)
가맹점사업자	상품, 설비(집기), 판매촉진, 고객관리,	가맹점사업자 경영지도 요청 → 가맹본부는 경영지도계획서(경영	가맹점 부담	문의: OO팀 (02-XXX-XX

요청 시	위생관리, 교육훈련, 회계 등 가맹점 운영 전반에 대한 경영지도	지도내용, 기간, 경영진단 및 지도관계자의 성명, 소요비용 등 포함)를 가맹점사업자에게 제시 → 경영지도 후 [ ]일 이내에 가맹본부 담당자가 가맹점사업자에게 직접 방문하여 경영지도 결과 및 경영개선방안을 서면으로 제시하고 이를 설명	(가맹금에 포함된 통상의 경영지도 비용을 초과한 부분에 한함)	XX)
....				

① 가맹본부가 경영지도하는 대상 및 내용을 가맹희망자가 알 수 있도록 구체적으로 기재합니다.

② 경영지도가 이루어지는 절차를 가맹희망자가 알 수 있도록 구체적으로 기재합니다.

※ 가맹본부가 가맹점사업자의 경영활동에 대해 경영지도를 하지 않는 경우에는 "해당없음"으로 기재합니다.

4. 신용 제공 등 내역

당사는 [반포삼겹살] 가맹점사업자를 위하여 다음과 같이 신용 제공 또는 알선을 하고 있습니다.

(단위: 원, 부가세 포함)

신용명 또는 내용①	신용제공자②	금액③	신용 형태④	신용제공 조건⑤
자금 지원	(주)공정위	최대 5천만원	신용 대출	임원 면담 후 결정
프랜차이즈 우대신용 대출	한강은행	최대 3천만원	담보 대출	가맹본부 확인 신용등급 OO이상 5천만원 이상 담보 제공

[구체적인 신용제공 조건은 귀하의 신용상태에 따라 달라질 수 있습니다. 신용 지원을 원하는 경우 02-XXX-XXXX로 상담하기 바랍니다.]

① 신용제공 상품명이 있으면 기재하기 바랍니다.
② 가맹본부 또는 신용제공 기관의 상호를 기재합니다.
③ 최대 제공 금액을 기재합니다.
④ 신용 대출, 담보 대출, 가맹본부 보증 등 실제 신용이 제공되는 형태를 기재합니다.
⑤ 신용 제공이 가능한 조건(필요 서류 포함)을 기재하되, 양이 많은 경우 별도의 주석을 다는 것도 바람직합니다.

Ⅷ. 교육 · 훈련에 대한 설명

1. 교육 · 훈련의 주요내용

[당사는 반포삼겹살 운영에 필요한 제반 지식 및 노하우를 귀하에게 전수하기 위하여 교육 · 훈련을 실시하고 있습니다. 자세한 내용은 다음과 같습니다.]

구분	주요내용	교육방식①	기한	비고②
신규 교육	회사 소개 음식 가공 POS 사용, 입금 방법 등	합숙 실습교육 집단 강의	가맹계약 체결 후 1개월 이내	필수 교육
보수 교육	신메뉴 가공 종업원 관리 실무 등	실습교육	매년 가맹계약 체결일로부터 1개월 이내	매년 필수적으로 이수
…				

① 집단 강의 및 실습 교육을 구분하여 기재합니다.

② 가맹점사업자가 반드시 이수하여야 하는 필수적 사항인지 여부를 포함합니다.

2. 교육 · 훈련의 최소시간 및 비용

귀하가 [반포삼겹살] 가맹사업을 운영하는데 필요한 교육 · 훈련의 최소시간 및 비용은 다음과 같습니다.

구분	최소시간	비용(단위: 천원, 부가세 포함)	비고
신규 교육	7일(2박 3일 합숙 포함)	1,100	최초 계약시 이수
보수 교육	3일	770	매년 필수적으로 이수
…			

3. 교육 · 훈련의 주체

교육 · 훈련은 가맹계약을 맺는 당사자가 직접 받아야 합니다. [다만, 귀하가 직접 받기 어려운 경우에는 본사의 사전 승인을 받아 가맹점을 함께 운영하는 사람으로 하여금 대신하게 할 수 있습니다.] 또한, 가맹계약 당사자가 원하여 당사자 외 직원도 같이 교육을 받게 되면 인원 추가에 따라 비용도 추가됩니다.

※ 교육 · 훈련을 받는 주체가 가맹계약 당사자가 아닌 경우 그 내용을 반드시 기재합니다.

4. 교육 · 훈련 불참 시에 받을 수 있는 불이익

[기한내 신규 교육을 받지 않은 경우에는 가맹계약서 OO조에 따라 OO일 내로 교육을 이수하여야 합니다. 그렇지 않은 경우에는 가맹계약이 해지될 수 있습니다.]

[기한내 보수 교육을 받지 않은 경우에는 가맹계약서 XX조에 따라 XX일 내로 교육을 이수하여야 합니다. 그렇지 않은 경우에는 본사가 정한 기준에 따라 벌점을 부여받는 등 불이익이 있을 수 있습니다.]

※ **정기적이고 의무적으로 실시되는 교육 · 훈련에 가맹점사업자가 불참한 경우에 받을 수 있는 불이익**에 대하여 기재합니다.

〈 정보공개서 내용 문의 〉

◇ 이상의 정보공개서에 대하여 문의 사항이 있거나 정보공개서와 다른 사실을 발견한 경우에는 당사 OO팀(02-XXX-XXXX)으로 연락 주시면 친절하게 안내해 드리겠습니다.

◇ 가맹사업거래의 공정화에 관한 법률 관련 내용이 궁금하신 경우에는 **공정거래위원회 고객지원담당관실**(044-200-4239-4241) **또는 가맹거래과**(help@ftc.go.kr)로 문의하십시오. 개별 정보공개서 내용에 관한 문의는 받지 않고 있으니 주의하시기 바랍니다.

◇ 이 정보공개서는 당사의 홈페이지[ ] 또는 **가맹사업정보제공시스템**(http://franchise.ftc.go.kr)에서도 확인하실 수 있습니다.

저자소개

■ 류석희

법학박사

(현) 전주대학교 창업선도대학(경영 · 법률분야) 책임 멘토

(현) SERI 채권관리전문가포럼 부시삽 겸 교수

(현) SERI 기업경영전문가포럼 부시삽 겸 교수

- 회사경력

육군중사 제대/ 이마트준법관리자/ CJ계열 법무심사/ GS엠비즈(주)법무기획/
대상계열사 법무기획(지배인)/ 엔프라니(주) 법무기획(지배인)

- 강의경력

CJ채권협의회, 대상(주), 포스코계열사, 태평양물산(주), 대상베스트코(주), GS엠비즈(주)_사내강사, 엔프라니(주)_사내강사, 전주대학교, 고려사이버대학교, SERI 포럼 강의, 창업진흥원 강의 등

- 연구경력 및 개발

NCS(국가직무능력표준) 채권추심 전문개발위원(2014)

경희대학교 법학연구소 연구원

- 자격

채권법무관리사 1급

- 저서 및 논문

〈저서〉

교과서에선 알려주지 않는 사후채권관리실무(법률출판사_2007)

교과서에선 알려주지 않는 채권관리실무(법률출판사_2009)

채권관리의 달인이 된 신입사원(아이이펍_2011)

채권관리 완전정복(법률출판사_2013)

〈논문〉

가맹사업의 지적재산권 사후관리에 대한 법적 제도개선방안 연구(석사논문)

가맹거래사제도의 개선방안연구(박사논문)

가맹사업법상 정보공개서 전자공시법적제도 도입방안에 관한 소고(KCI)

개정가맹사업법상 허위/과장된 정보제공규정에 관한 소고(KCI)

가맹사업법상 가맹금예치제도에 관한 개선방안 소고(KCI)

개정가맹사업법에 대한 주요규정 고찰(KCI)

가맹사업법상 가맹사업절차 이행확인제도 도입방안(KCI)

「채권의 공정한 추심에 관한 법률」상채권추심자범위 확대 적용 필요성에 관한 소고(KCI)

가맹계약의 체결에 관한 개선방안(KCI)

가맹업자의 출원 중인 상표사용에 관한 소고(KCI)

■ 김송병

경영학박사

(현) 대경대학교 입학처장, 전산정보센터장, 자동차딜러과 학과장

(현) 한국의사결정학회 이사

(현) 한국관광산업학회 부회장

호주 빅토리아 대학교 객원교수

(전) 대경대학교 교학처장, 입시기획처장, 총괄실장 역임

– 연구 및 개발

한국마케팅과학회 이사

한국산업경영학회 이사

한국전략마케팅학회 이사

한국유통정보학회 이사

– 주요사회활동

중소기업청 경영진단위원

중소기업경영진단 위원

중소기업청 중소기업 기술경쟁력 심사위원

(사) 영상아카데미 운영위원

(재) 경북테크노파크 경북청년창업지원센터 입소선정 심사위원

대구광역시 시민민원콜센터 운영위원

■ 황일연

경영학박사

(현) KB신용정보(주) 본부장

(현) SERI 기업경영전문가포럼 대표시삽

(현) SERI 채권관리전문가포럼 대표시삽

(현) SERI 성공클럽 대표시삽

- 주요강의 경력

국민은행 전문심사역

삼성그룹, 포스코, 표준협회, 한국전력, 국제금융연수원, 농협연수원, 보험연수원, 새마을금고연수원, 일진그룹 등 강의

NCS(국가직무능력표준) 채권추심 전문개발위원(2014)

- 자격

경영지도사, 채권관리지도사, 신용분석사, 대출심사역, 지식창조전문강사, 신용관리사, M&A거래사, 사회복지사 2급, 채권법무관리사 1급, 요양보호사 1급

- 저서 및 논문

우리나라 벤처캐피탈의 특성과 역할 증진에 관한 연구(1988)

광역자치단체 기관평가의 문제점과 개선방안(2001)

초일류 국가로 성장하기 위한 정부와 기업의 경영에 관한 연구(2003)

채권관리사 시리즈 민사실체법규 외 3권 공저(도서출판 형설 2003)

지식으로 부자가 되라 외 1권 공저(도서출판 형설_2004)

교과서에서 알려주지 않는 사후채권관리 실무 공저(법률출판사_2007)

교과서에선 알려주지 않는 채권관리 실무(법률출판사_2009)

자주적 JUMP를 위한 매출채권관리 실무 공저(법률출판사_2010)

채권관리의 달인이 된 신입사원(아이이펍_2011)

채권관리 완전정복(법률출판사_2013)

창업경영과 법률

2015년 3월 20일 1판 1쇄 인쇄
2015년 3월 25일 1판 1쇄 발행

저 자 류석희·김송병·황일연 공저

발 행 인 김 용 성
발 행 처 법률출판사
서울시 동대문구 휘경동 187-20 오스카빌딩 4층
☏ 02)962-9154 팩스 02)962-9156
등록번호 제1-1982호
E-mail : lawnbook@hanmail.net

정가 29,000원 ISBN 978-89-5821-255-3 93320